THE BLUE BOOK
OF HUBEI'S MANUFACTURING INDUSTRY 2019

湖北省制造业发展蓝皮书

（2019）

湖北省制造强省建设专家咨询委员会编写组 ◎ 编著

华中科技大学出版社
http://www.hustp.com
中国·武汉

内 容 简 介

本书从综合、产业、专题、区域四个方面展开：首先介绍了全球制造业发展态势、我国制造业发展概况以及中部地区制造业发展现状；然后深入阐述了湖北省制造业整体发展情况、六大重点产业、八项重点工程以及十七个市州制造业发展情况，系统地总结了贯彻落实"一芯两带三区"区域和产业布局一年来的成功经验和做法，展示了湖北省主导产业、重点工程、重点区域和产业战略布局高质量发展的态势和亮点；同时，以图文并茂的形式，针对湖北省重点产业进行了"产业布局"以及"产业链"的分析，目的在于更好地指导实践，为行业发展服务，为行业管理部门各项工作和企业创新发展提供决策参考。

本书数据详实，论证充分，系统全面，具有较强的针对性与实用性。本书可作为各级政府部门以及企业、科研院所和中介组织坚持新发展理念、科学务实推进制造强省建设和推动制造业高质量发展的权威性指导性读本。

图书在版编目(CIP)数据

湖北省制造业发展蓝皮书.2019/湖北省制造强省建设专家咨询委员会编写组编著.—武汉:华中科技大学出版社,2020.8
 ISBN 978-7-5680-6459-0

Ⅰ.①湖⋯ Ⅱ.①湖⋯ Ⅲ.①制造工业-经济发展-研究报告-湖北-2019 Ⅳ.①F426.4

中国版本图书馆 CIP 数据核字(2020)第 160027 号

湖北省制造业发展蓝皮书(2019)　　湖北省制造强省建设专家咨询委员会编写组　编著
Hubeisheng Zhizaoye Fazhan Lanpishu(2019)

策划编辑：张　毅	
责任编辑：张　毅	
封面设计：廖亚萍	
责任校对：李　弋	
责任监印：徐　露	
出版发行：华中科技大学出版社(中国·武汉)	电话：(027)81321913
武汉市东湖新技术开发区华工科技园	邮编：430223
录　　排：华中科技大学惠友文印中心	
印　　刷：湖北恒泰印务有限公司	
开　　本：787mm×1092mm　1/16	
印　　张：22.25	
字　　数：486 千字	
版　　次：2020 年 8 月第 1 版第 1 次印刷	
定　　价：168.00 元	

本书若有印装质量问题，请向出版社营销中心调换
全国免费服务热线：400-6679-118　竭诚为您服务
版权所有　侵权必究

编 委 会

主任委员：李培根
副主任委员：李德仁　余少华　丁　汉
委　　员：（按姓氏笔画排序）

王存文　王学海　王祺扬　邓亚东
邓楚祥　吕晓华　朱永平　华　林
刘　元　严　俊　肖绪明　吴方军
冷承秋　张新访　陈　文　陈　达
陈　赣　陈建共　周开斌　周先芳
周桂峰　郑岳嘉　孟春林　赵　军
施其武　徐长生　郭　涛　盛章学
蔡小勇　黎苑楚

编 写 组

湖北省经济和信息化厅：

  周开斌 冷承秋 王 冬 王 隽

  周志清 陈光亮 徐 伟 马小雪

湖北省机电研究设计院股份公司：

  朱国平 吴大德 曾赤良 郭 俊

  李俊文 游润娟 刘腊春 周利民

  李成林 金志平 曾卫华 王立兵

  张艺轩

前 言
Foreword

制造业是立国之本、强国之基,从根本上决定着一个国家的综合实力和国际竞争力。我国经济已由高速增长阶段转向高质量发展阶段。高质量发展既是新时代我国经济转型升级的综合体现,也是制造业可持续发展的必然要求。

党的十九大报告提出:"加快建设制造强国,加快发展先进制造业。"这是以习近平同志为核心的党中央深刻洞悉世情国情和中国经济社会发展新阶段的时代特征,把握经济社会发展基本规律,加速中国由制造大国向制造强国、由中国制造迈向中国创造而做出的战略部署。经济发展新时代,必须把握经济规律,抓住制造业高质量发展的"时间窗口",加快制造业转型升级再上新台阶,以创新驱动推进制造业实现质量变革、效率变革、动力变革。

当前,世界经济增长持续放缓,仍处在国际金融危机后的深度调整期,世界大变局加速演变的特征更趋明显,全球动荡源和风险点显著增多。我国正处在转变发展方式、优化经济结构、转换增长动力的攻关期,结构性、体制性、周期性问题相互交织,经济下行压力加大。同时,2020年是我国"十三五"规划的收官之年,也是实现第一个百年奋斗目标,全面建成小康社会的决胜之年,要实现第一个百年奋斗目标,为"十四五"发展和实现第二个百年奋斗目标打好基础,做好经济工作十分重要。为此,要进一步贯彻落实党的十九大精神和2019年12月中央经济工作会议的决策部署,坚持稳中求进工作总基调,更加突出新发展理念,坚持以供给侧结构性改革为主线,推动湖北省制造业高质量发展。

以"一芯驱动、两带支撑、三区协同"为主要内容的高质量发展区域和产业战略布局,是湖北省委省政府贯彻落实习近平新时代中国特色社会主义思想和习近平总书记视察湖北重要讲话精神,以新发展理念为引领,坚持区域协调、城乡融合、产业协同、特色分工原则,进一步完善全省重大生产力布局和区域协调发展战略规划,也是推进湖北高质量发展的"导航图""规划图"。目前,湖北省区域发展不平衡、产业发展不协调问题仍较突出,把科教资源基础转化为创新能力,以全要素生产力激活创新动能,打造能够参与国际竞争的先进制造业,进一步提高湖北发展的协调性、平衡性、可持续性,仍然是湖北省在未来的区域和产业发展中必须破解的难题。随着国家"一带一路""长江经济带""中部地区崛起""汉江生态经济带"等多重战略叠加,湖北工业发展面临极为难得的机遇,必须抢抓国际国内产业调整和升级的重大窗口机遇期,加快实施"一芯驱动、两带支撑、三区协同"为主要内容的高质量发展区域和产业战略布局,充分发挥湖北省产业基础、科教人才、区位交通等优势,推动湖北制造业质量变革、效率变革、动力变革,努力实现湖北速度向湖北质量转变、制造大省向制造强省转变、湖北制造向湖北创造转变。

湖北省经济和信息化厅(以下简称"湖北省经信厅")委托湖北省制造强省建设专家咨询委员会及省内相关领域的研究机构联合编著了《湖北省制造业发展蓝皮书(2019)》(以下简称"蓝皮书")。蓝皮书旨在及时全面总结全省贯彻落实省委、省政府"一芯两带三区"区域和产业战略布局以及推进制造业高质量发展等方面的工作举措和实际成效,客观反映2019年湖北省制造业发展总体情况;评估相关政策、措施和工程等的实施效果和重点产业发展情况,分析了湖北省推进制造业高质量发展面临的机遇与挑战,并提出了推动制造业高质量发展的路径与建议。蓝皮书从综合、产业、专题、区域四个角度,系统梳理了湖北省制造业整体发展情况、六大重点产业年度运行情况、八项重点工作推进情况、重点区域和产业战略布局的发展情况。

其中,综合篇重点分析了全球制造业发展格局演变、环境特征、面临的机遇与挑战以及发展趋势;分析了我国制造业的发展现状,存在的差距与问题、面临的发展机遇与挑战;分析了中部地区制造业的发展态势、发展特点以及存在的差距;分析了湖北省制造业发展态势、"一芯两带三区"战略布局、推进举措、面临的挑战与机遇,以及湖北省制造业发展展望和建议;分析了湖北省制造业高质量发展面临的机遇与挑战、以及进一步推动湖北省制造业高质量发展的路径和建议。

产业篇重点介绍了装备工业、原材料工业、消费品工业、电子信息产业、医药及医疗器械产业、人工智能与工业互联网等六大产业年度运行发展情况,分析了各产业发展存在的问题、产业布局与产业链以及行业展望,并提出发展建议。

专题篇重点介绍了湖北省开展智能制造试点示范、制造业创新中心、工业强基、绿色制造、服务型制造、智能化技改、质量品牌提升、制造业国际化等八项重点工作的基本情况、面临的问题、推进措施以及发展建议。

区域篇围绕武汉市、襄阳市、宜昌市等十七个市州,分析了区域制造业的发展概况,介绍了各市州在贯彻落实湖北省委、省政府"一芯两带三区"区域和产业战略布局,以及在产业结构、发展定位、协调发展、制造业高质量发展等方面的主要举措和取得的成绩,指出了各市州存在的问题,并对各市州制造业发展提出了建议。

时值《湖北省制造业发展蓝皮书(2019)》出版之际,2020年年初新冠肺炎疫情肆虐全球,一场史无前例的全球危机,让世界经济陷入停摆,全球经济正面临着需求供给双重冲击,任何经济体都难以独善其身。由于近些年贸易保护主义和新一轮科技和产业革命的影响,全球供应链已经呈现出本地化、区域化、分散化、数字化的趋势,而疫情对全球生产网络的巨大冲击,正加重这种趋势,全球供应链布局将会面临巨大调整可能。总体上,疫情给中国制造业带来了巨大冲击和挑战,但是中国经济长期向好的基本面没有改变,中国是制造业大国,门类齐全,产业链相对完整,而且国内市场潜力巨大。如果应对得当,本次疫情将是中国促进产业链水平现代化、价值链高端化的巨大机遇,也是中国制造业实现凤凰涅槃,迈入高质量发展的新起点。

《湖北省制造业发展蓝皮书(2019)》的出版,其目的在于更好地服务于湖北省制造业高质量发展建设实践,为行业管理部门开展工作和企业创新发展提供参考,鉴于制造业种类繁多、量大面广,涉及经济发展的各个领域,重点、难点和瓶颈问题众多,本书的研究和撰写难免有不妥和疏忽之处,欢迎广大读者批评指正。

湖北省制造强省建设专家咨询委员会编写组
2020 年 6 月

目录 Contents

综合篇

第一章　全球制造业发展态势 ·· 3
　　第一节　全球制造业发展格局演变 ································ 3
　　第二节　全球制造业发展环境特征 ································ 7
　　第三节　制造业面临的机遇与挑战 ································ 9
　　第四节　全球制造业发展趋势 ···································· 10

第二章　我国制造业发展概况 ·· 13
　　第一节　我国制造业发展现状 ···································· 13
　　第二节　我国制造业存在的差距与问题 ···························· 16
　　第三节　我国制造业面临的机遇与挑战 ···························· 20

第三章　中部地区制造业发展现状 ······································ 25
　　第一节　中部地区制造业发展态势 ································ 25
　　第二节　中部地区制造业发展特点 ································ 29
　　第三节　中部地区制造业存在差距 ································ 35
　　第四节　中部地区制造业发展展望 ································ 36

第四章　湖北省制造业发展概况 ·· 39
　　第一节　湖北省制造业发展态势 ·································· 39
　　第二节　湖北省"一芯两带三区"战略布局 ························ 45
　　第三节　湖北省多措并举推动制造业高质量发展 ···················· 65
　　第四节　湖北省制造业面临的机遇与挑战 ·························· 68
　　第五节　湖北省制造业展望与建议 ································ 71

第五章　湖北省制造业高质量发展路径与建议 ···························· 77
　　第一节　制造业高质量发展面临的机遇与挑战 ······················ 77

第二节　推动制造业高质量发展的路径 ……………………………… 78

第三节　推动制造业高质量发展的建议 ……………………………… 80

产　业　篇

第六章　装备工业 …………………………………………………… 87
　　第一节　发展情况 …………………………………………………… 87
　　第二节　存在问题 …………………………………………………… 93
　　第三节　布局与产业链 ……………………………………………… 94
　　第四节　行业展望 ………………………………………………… 105
　　第五节　发展建议 ………………………………………………… 109

第七章　原材料工业 ………………………………………………… 111
　　第一节　发展情况 ………………………………………………… 111
　　第二节　存在问题 ………………………………………………… 113
　　第三节　布局与产业链 …………………………………………… 115
　　第四节　行业展望 ………………………………………………… 118
　　第五节　发展建议 ………………………………………………… 120

第八章　消费品工业 ………………………………………………… 122
　　第一节　发展情况 ………………………………………………… 122
　　第二节　存在问题 ………………………………………………… 127
　　第三节　布局与产业链 …………………………………………… 127
　　第四节　行业展望 ………………………………………………… 130
　　第五节　发展建议 ………………………………………………… 131

第九章　电子信息产业 ……………………………………………… 133
　　第一节　发展情况 ………………………………………………… 133
　　第二节　存在问题 ………………………………………………… 136
　　第三节　布局与产业链 …………………………………………… 137
　　第四节　行业展望 ………………………………………………… 142
　　第五节　发展建议 ………………………………………………… 143

第十章　生物医药与医疗器械产业 ………………………………… 145
　　第一节　发展情况 ………………………………………………… 145
　　第二节　存在问题 ………………………………………………… 148
　　第三节　布局与产业链 …………………………………………… 148
　　第四节　行业展望 ………………………………………………… 150

第五节　发展建议 ··· 151
第十一章　人工智能与工业互联网产业 153
　　　第一节　发展情况 ··· 153
　　　第二节　存在问题 ··· 156
　　　第三节　布局与产业链 ·· 157
　　　第四节　行业展望 ··· 160
　　　第五节　发展建议 ··· 161

专 题 篇

第十二章　智能制造试点示范 167
　　　第一节　基本情况 ··· 167
　　　第二节　面临的问题 ·· 169
　　　第三节　推进措施及建议 ·· 170
第十三章　制造业创新中心 173
　　　第一节　基本情况 ··· 173
　　　第二节　面临的问题 ·· 176
　　　第三节　推进的措施及建议 ·· 177
第十四章　工业强基 181
　　　第一节　基本情况 ··· 181
　　　第二节　面临的问题 ·· 182
　　　第三节　推进措施及建议 ·· 183
第十五章　绿色制造 187
　　　第一节　基本情况 ··· 187
　　　第二节　面临的问题 ·· 189
　　　第三节　推进措施及建议 ·· 190
第十六章　服务型制造 192
　　　第一节　基本情况 ··· 192
　　　第二节　面临的问题 ·· 195
　　　第三节　推进措施及建议 ·· 196
第十七章　智能化技改 199
　　　第一节　基本情况 ··· 199
　　　第二节　面临的问题 ·· 201
　　　第三节　推进措施及建议 ·· 202

第十八章　质量品牌提升 207
第一节　基本情况 207
第二节　面临的问题 208
第三节　推进措施及建议 209

第十九章　制造业国际化 212
第一节　基本情况 212
第二节　面临的问题 216
第三节　推进措施及建议 217

区 域 篇

第二十章　武汉市 223
第一节　发展概况 223
第二节　主要措施 231
第三节　存在问题 234
第四节　发展建议 235

第二十一章　襄阳市 236
第一节　发展概况 236
第二节　主要措施 242
第三节　存在问题 245
第四节　发展建议 246

第二十二章　宜昌市 248
第一节　发展概况 248
第二节　主要措施 249
第三节　存在问题 251
第四节　发展建议 252

第二十三章　黄石市 255
第一节　发展概况 255
第二节　主要措施 258
第三节　存在问题 261
第四节　发展建议 261

第二十四章　荆州市 263
第一节　发展概况 263
第二节　主要措施 265

第三节	存在问题	267
第四节	发展建议	269

第二十五章　十堰市　271
第一节	发展概况	271
第二节	主要措施	275
第三节	存在问题	277
第四节	发展建议	278

第二十六章　荆门市　279
第一节	发展概况	279
第二节	主要措施	281
第三节	存在问题	282
第四节	发展建议	283

第二十七章　孝感市　285
第一节	发展概况	285
第二节	主要措施	287
第三节	存在问题	289
第四节	发展建议	289

第二十八章　鄂州市　291
第一节	发展概况	291
第二节	主要措施	292
第三节	存在问题	294
第四节	发展建议	294

第二十九章　黄冈市　296
第一节	发展概况	296
第二节	主要措施	297
第三节	存在问题	299
第四节	发展建议	300

第三十章　咸宁市　302
第一节	发展概况	302
第二节	主要措施	303
第三节	存在问题	305
第四节	发展建议	305

第三十一章　随州市　307
第一节	发展概况	307
第二节	主要措施	309

第三节　存在问题 …… 310
第四节　发展建议 …… 311

第三十二章　恩施州 …… 313
第一节　发展概况 …… 313
第二节　主要措施 …… 315
第三节　存在问题 …… 316
第四节　发展建议 …… 316

第三十三章　神农架林区 …… 318
第一节　发展概况 …… 318
第二节　主要措施 …… 319
第三节　存在问题 …… 320
第四节　发展建议 …… 321

第三十四章　天门市 …… 325
第一节　发展概况 …… 325
第二节　主要措施 …… 327
第三节　存在问题 …… 328
第四节　发展建议 …… 329

第三十五章　仙桃市 …… 331
第一节　发展概况 …… 331
第二节　主要措施 …… 332
第三节　存在问题 …… 333
第四节　发展建议 …… 334

第三十六章　潜江市 …… 336
第一节　发展概况 …… 336
第二节　主要措施 …… 339
第三节　存在问题 …… 341
第四节　发展建议 …… 341

综 合 篇

第一章　全球制造业发展态势

第二章　我国制造业发展概况

第三章　中部地区制造业发展现状

第四章　湖北省制造业发展概况

第五章　湖北省制造业高质量发展路径与建议

第一章　全球制造业发展态势

当前,新一轮科技和产业革命方兴未艾,制造业的生产方式、组织形态、商业模式和技术创新路径正在发生显著变化,全球制造业正经历深刻变革。与此同时,世界面临百年未有之大变局,逆全球化思潮开始涌现,保护主义、单边主义加剧,国际格局失衡、全球治理滞后等各种风险和挑战频出,不稳定、不确定因素明显增加,全球价值链重构契机已初露端倪,世界制造业发展格局面临重大调整。

第一节　全球制造业发展格局演变

一、全球制造业格局从"三足鼎立"演变为"一核两翼"

从生产的角度看,2004—2019 年,全球制造业增加值主要由东亚和太平洋地区、欧洲和中亚地区、北美地区这三大区域贡献,拉丁美洲和加勒比地区、中东和北非地区、南亚地区、撒哈拉以南非洲地区这四大区域的制造业增加值占比较低。在此期间,东亚和太平洋地区、欧洲和中亚地区、北美地区三大区域的制造业增加值的总和占全球比重最高达 89.5%(2004 年),最低也有 85.7%(2010 年),平均值为 87%。也就是说,过去十多年里,东亚和太平洋地区、欧洲和中亚地区、北美地区这三大区域作为一个整体,在驱动全球制造业增长方面的地位没有变化。不过,在此期间,这三大区域之间的相对地位已经发生显著改变。其中,东亚和太平洋地区制造业增加值占全球的比重已从 2004 年的 31.6% 逐步提高至 2018 年的 48.8%,并且自 2008 年超越欧洲和中亚地区成为全球制造业增加值占比最高的地区之后,其领先优势逐年扩大;欧洲和中亚地区制造业增加值占全球的比重从 2004 年的 33.4% 逐渐降低至 2018 年的 23.4%,从领先东亚和太平洋地区变为仅有后者的一半多一点;而北美地区制造业增加值占全球比重的位次尽管一直保持在全球第三位,但其占比却从 2004 年的 24.6% 降低为 2018 年的 18.4%。可以认为,驱动全球制造业增长的重点动力区域,已从东亚和太平洋地区、欧洲和中亚地区、北美地区"三足鼎立"演变为"一核两翼"。这一区域格局演变的背后,是中国制造业的快速崛起。如果不计入中国制造业增加值占全球的比重,那么东亚和太平洋地区制造业增加值占全球的比重在 2004—2018 年基本呈逐步下降态势。2018 年,除中国之外的东亚和太平洋地区制造业增加值占全球的比重为 16.9%,比 2004 年的 22.9% 降低了 6 个百分点,降幅超过 26.2%。

根据世界银行发布的信息,2018 年全球前五大制造业大国分别是中国、美国、日本、德国、韩国。其中,中国的制造业增加值约为4万亿美元,稳居全球第1名(国内生产总值(GDP)全球第2名),约为全球所有国家和地区的制造业增加值总和的28%以上,且约为美国、日本、德国三国制造业增加值的总和。美国的制造业增加值约为2.3万亿美元左右,全球排第2名(美国领先中国的主要是服务业)。第3名是日本,其制造业增加值约为1.01万亿美元。第4名是德国,其制造业增加值已经低于1万亿美元了,在2018年约为8324.3亿美元。第5名是韩国,其2018年的制造业增加值约为4409.4亿美元,远比印度、意大利、英国、法国、加拿大、澳大利亚、巴西、俄罗斯、印度尼西亚、西班牙等国的制造业增加值更高。

2018年欧盟其他主要国家的制造业增加值:意大利约为3108.98亿美元,法国约为2695.84亿美元,英国约为2519.86亿美元,西班牙约为1802.65亿美元,爱尔兰约为1238.9亿美元,荷兰约为1014.78亿美元,其他各国均低于1000亿美元。整个欧盟28国,在2018年的制造业增加值约为27275.23亿美元,超过美国的制造业增加值,但仅约为中国的68.2%。目前在世界制造业份额中,美国虽然仅占16.3%,但占据了全球制造业产业链的很多高端领域,那些真正的高精尖技术研发和高利润行业仍被牢牢握在美国手中,如航空航天、飞机制造、油气开采、电子业等。

由于世界两个制造业大国——中国和美国之间经贸和关税问题持续紧张,2019年世界制造生产增长放缓。根据联合国工业发展组织发布的《2020年国际工业统计年鉴》显示:全球制造业增长率已连续第二年下降,2019年的增长率只有2%,中国的制造业增加值增速在几十年来首次降至6.0%,美国的制造业增加值增速从2018年的3.2%降至2019年的2%,欧洲和其他工业化经济体的制造业增加值增速也呈现类似趋势。在同一时期,制造业增加值在其他发展中国家和最不发达国家国内生产总值中的份额略有增加。但是,迄今发展中国家观察到的增速幅度不足以满足实现可持续发展目标的要求。

二、亚洲是驱动全球制造业增长的核心区域

如前所述,2004—2019年,在制造业生产领域,全球的地区格局已从"三足鼎立"转变为"一核两翼",东亚和太平洋地区制造业增加值的全球占比已超过欧洲和中亚地区较大幅度。如果把视野放到整个亚洲,则会看到,过去十多年里,亚洲在全球制造业版图中的地位变得更加突出了。亚洲制造业增加值占全球比重自2004—2019年保持上升的态势。2019年亚洲制造业增加值超过了7万亿美元,占全球的比重超过50%,其中中国在其中占比接近60%。随着劳动力资源丰富的印度等南亚国家和越南等东南亚国家融入全球产业分工体系的进程逐步深化,以及中国、日本、韩国等东亚经济体在全球价值链上的攀升,亚洲制造业的发展前景将会在基础设施互联互通、进出口贸易更加畅通的条件下变得更加光明,在未来较长一段时期亚洲都将是驱动全球制造业增长的核心区域。当然,在亚洲国家内部,尽管南亚、东南亚的制造业增长速度较快,但其在规模上与东亚国家差距很大,所以,未来较长一段时期内,南亚、东南亚制造业相对于东亚制造业而言都处于从属地

位。而西亚和中亚的制造业不但规模较小,而且波动较大,这说明它们目前都缺乏稳定增长的基础,将来还需要创造更好的环境将其工业资源优势转变为制成品竞争优势。

三、新一轮世界科技革命重塑全球经济增长新动力

世界经济新周期发展的核心,在于尽快培育形成全球经济增长的新动力,通过新旧动力转换引领新老周期转型。新经济增长理论表明,驱动世界经济新周期发展的内生性动力,主要源自知识创新和技术进步的重大突破,通过"破坏式创造"和"颠覆性创新",重新塑造新周期发展的新动力。这便意味着现阶段的世界经济迫切需要再发生一轮类似过去数百年内已发生过的几次具有"革命意义"的新科技革命。时至今日,人类历史上共发生过三次真正具有变革性意义的科技革命,无一不极为深刻地影响了人类文明发展进程,每次都为世界经济格局带来了空前巨变。具体而言,全球科技革命对世界经济发展的巨大影响及重要意义主要表现在以下方面:

第一,科技革命引发全球性的产业变革和生产变迁,有助于推动世界经济重大转型调整并进入新一轮增长轨道。科技革命之所以能引发产业变革进而推动世界经济新增长,是因为科技创新和技术变革驱动的是一种结构性增长,有助于摆脱上一经济周期内形成的资源错配、供求失衡、要素边际收益递减等带来的发展限制,并推动生产组织模式和资源配置效率等经济基础发生革命性突破,从而为实现新一轮的经济持续稳定增长奠定基础。

第二,科技革命引起世界各国的大国消长和霸权更迭,有助于促进全球科技和政治经济格局重构。历次科技产业革命都导致大国兴衰、世界经济中心转移和国际竞争格局调整,尤其是带来了中、美、欧三极之间的板块轮动。科技革命成为引起国际实力更迭的催化剂,而把握世界科技革命和产业变革的历史契机,带动科技创新水平和产业竞争实力的跨越式提升,是新兴大国崛起的成功之道。

第三,科技革命引领人类社会发展和文明进步,有助于推动世界现代化进程和全球化发展。科技革命本质上是一种生产力革命,它必然会深刻影响世界现代化、全球化的未来走向,从而改变人类文明历史进程和世界政治经济格局。一方面,科技革命加速世界现代化进程。第一次科技革命开启了世界工业化序幕,第二次科技革命则继续推动了这一进程,而第三次科技革命进一步把世界现代化进程从工业化提升到信息化阶段。在此过程中,科技革命一次又一次催生出各种新型社会生产组织形式,驱动社会生产方式、流通方式、消费方式等不断朝更加现代化、高级化、多元化方向更迭演进,并带动全球产业结构、就业结构、消费结构、社会结构等产生前所未有的巨变。另一方面,科技革命促进经济全球化发展。第一次科技革命作为世界工业化的起点,使世界形成一个不可分割的整体;第二次科技革命推动资本主义经济飞速发展,世界市场逐步形成;在第三次科技革命的作用下,世界各国的相互联系和依赖更趋紧密,经济全球化进程不断加快。

第四,全球科技革命带来的技术进步和产业变革,对于世界经济的结构性调整及周期

性转型具有重大意义。在当前世界经济新旧动能转换、新老周期转型的关键时刻,亟须通过新一轮全球科技革命和产业变革,重新发现并塑造新周期内的新要素、新产业和新动力,推动世界经济尽快进入新的发展周期。目前,全球技术创新日趋活跃,新科技产业革命在世界范围内孕育兴起。与以往历次革命不同,这一轮科技革命与产业变革的一个显著特征在于,信息技术、生物技术、新能源技术、新材料技术、人工智能技术等不同技术领域呈现群体性、融合性重大革新态势,技术创新与商业模式、金融资本深度融合,持续催生新的经济增长点和就业创业空间。

目前世界各地相继涌现并快速发展的新技术、新产业、新业态、新模式,如大数据、共享经济等,本质上基本都属于20世纪互联网信息技术领域的进一步拓展和延伸。而包括新能源、人工智能、新材料等在内的少数具有颠覆性特征的新技术革命,确实在某些方面或相当程度上已展现出很大威力,但它们总体上都还处于孕育发展期,尚未进入全面产业化、市场化、商业化开发利用阶段,仍未能全面深度改造人类社会生产生活方式、产业形态和社会结构,因此还无法完全成为支撑和驱动世界经济长期增长的中流砥柱。

总之,当前如火如荼的新技术革命是否会引发和推动全球生产方式、制造和服务模式的重大变革,究竟能否最终对全球创新驱动发展和产业结构升级形成颠覆性影响,还需要进一步深入的观察和分析。[①]

四、"一带一路"国际合作重构经济全球化发展新格局

除了新科技革命的新动力支撑,世界经济步入发展新周期还需要一系列新的引擎。当前,全球贸易、投资持续低迷,传统的增长引擎对世界经济的拉动作用已趋式微,新科技产业革命也尚在孕育阶段,对世界经济有着巨大影响的经济全球化的发展方向同样出现了动摇,走出结构性低迷、走向新发展周期的世界经济需要有新的引擎带动,经济全球化的新发展也需要新的动力支撑。"一带一路"建设作为全球合作发展新平台,不仅有助于为陷入增长限制和结构性低迷的世界经济注入新动能,也有助于驱散"逆全球化"暗流的干扰和阻滞,引领并推动全球化走向深入发展的新阶段。

一方面,作为全球经贸合作新平台,"一带一路"建设有助于推动全球贸易投资增长,加强国际金融合作,深化全球经济联系,从而为世界经济的积极复苏及新周期发展注入新动能。而且,作为一个以"发展"为核心指针的全球经济合作新平台,"一带一路"建设有助于促进基础设施互联互通,推动贸易投资自由化、便利化及相关体制机制创新,提高沿线国家和地区的经济社会发展水平,培育和提升发展中国家的"供给能力",帮助发展中国家补齐发展短板,从而有助于改善全球经济发展的结构性失衡,为实现"发展"这一全球治理中最重要的议题提供新的解决方案。

另一方面,面对"逆全球化"思潮泛起,"一带一路"建设有助于纠正经济全球化进程中

---

① 盛垒,权衡.三大变革引领世界经济新周期之变[J].国际经济评论,2018(4).

出现的发展不平等、不平衡及普惠性缺失等问题,以共商共建共享、开放合作共赢的新理念,引领和促进包容性全球化深入发展。经济全球化是世界经济持续发展的重要动力机制,也一直指引着世界经济前行的方向。但历经近20年快速发展后,经济全球化不断遭遇全球性金融危机冲击、世界经济内在结构性困境、全球收入分配不平等加剧、全球劳动-资本关系恶化、国际权力结构震荡、全球治理赤字等多重困扰和冲击,各种反对全球化的声音和观点层出不穷,使经济全球化发展的方向变得扑朔迷离。尽管2008年金融危机爆发以来,全球范围内的金融、贸易、投资等规则和秩序正在加速重构,但总体是在朝着推动贸易自由化、投资便利化、金融开放化、营商环境法治化、全球市场一体化的大方向持续优化、升级和转型,并未真正偏离其本来的发展轨道,因此经济全球化发展不存在回潮甚至逆转的趋势和动力。

在这样的趋势和背景下,"一带一路"建设将为经济全球化的转型调整与创新发展注入新动力和新活力。"一带一路"建设首倡"共商、共建、共享"的发展原则,为全球化新调整、新发展及其自我修复提供了新理念和新指向。在未来的经济全球化发展过程中,参与全球化的各方力量将逐步以"共商、共建、共享"新理念取代并摒弃"主导论"、"强国论"、"唯我论"等传统国际经贸合作思维,成为指引新型全球化发展的行动指南。遵循"共商、共建、共享"的全球化合作新理念,不仅充分反映了广大发展中经济体加速崛起的客观事实,同时也更加契合全球化参与各方的利益诉求,有助于引领更加平等、合理、包容的经济全球化发展。此外,作为"一带一路"建设的重点内容,"五通"倡议既是加快促进经济全球化创新发展的新路径,也是促进世界投资增长、全球贸易开放、要素跨国流动、区域经济合作的新引擎,将为开启经济全球化新征程提供新动力。

总之,"一带一路"国际合作新平台着眼于缩小全球经济地区鸿沟、促进世界经济互联互通、提高国际贸易投资便利化水平、深化各国政策与人文沟通能力,在为世界经济新增长注入更强劲动力与活力的同时,也进一步丰富和拓展了全球化发展模式的内涵与路径,是"新世纪经济全球化实现包容、开放和普惠发展的重要动力,有助于重塑21世纪的经济全球化发展新格局,从而为推动世界经济持续复苏并迈向发展新周期提供重要动力机制"。①

第二节 全球制造业发展环境特征

进入21世纪以来,新工业革命风起云涌,信息网络技术日新月异,制造业的生产方式、组织形态、商业模式和技术创新路径正在发生显著变化,与此同时,逆全球化思潮开始涌现,贸易保护主义不断抬头,全球价值链重构契机已初露端倪,世界制造业发展格局面

---

① 盛垒,权衡.三大变革引领世界经济新周期之变[J].国际经济评论,2018(4).

临重大调整,国际制造业发展环境将呈现四大特征。[①]

一、新一轮科技革命和产业变革深入推进

当前,新一轮科技革命推动全球产业呈现颠覆性创新与延续性创新并存的创新态势,全球以信息网络、智能制造、新能源和新材料为代表的技术创新浪潮,主要体现为信息技术与传统制造业相互渗透、深度融合,正在掀起新一轮产业变革,对制造业发展产生重大而深远的影响。

在此背景下,各国正在力图通过新技术与制造业的融合发展,占据全球制造业高端领域的有利位置。制造业发展既面临可以乘势而上,实现产业转型升级和抢占全球价值链中高端的发展机遇,也面临新一轮变革可能带来的市场垄断、关键领域技术攻关难度加大等一系列挑战。

二、逆全球化思潮开始涌现

自2008年国际金融危机以来,以价值链为主导的全球化并没有消除世界各国的发展失衡,使得人们开始反思全球化的负面影响并将其归罪于过度的全球化,逆全球化思潮开始涌现。逆全球化思潮使发达国家收缩全球范围内的经济布局,美国的多项保护主义政策、美国宣称要退出北美自由贸易协定以及英国启动脱欧等,被视为逆全球化力量的集中展示。

由此可见,全球化进程受挫是不争的事实。此外,国际贸易保护主义强化与全球贸易规则重构相互交织,国际贸易环境变化面临新的挑战。上述现象的出现,不仅会影响各国经济的发展与合作,也将导致全球贸易增长受到越来越大的阻力,并会对全球经济复苏和制造业生产产生明显的负面冲击。

三、全球制造业竞争格局面临重大调整

当前,制造业全球分工面临重构态势,制造业正面临发达国家"高端回流"和新兴经济体"中低端分流"的双重压力。一方面,2008年国际金融危机后,发达国家为重振经济和防范金融风险,纷纷实施以重塑制造业优势为重点的"再工业化"战略,力图从中高端发力抢占制造业领域国际竞争的制高点,如美国发布《先进制造伙伴计划》,德国发布《工业4.0》等。在发达国家各项政策举措下,部分中高端产业已开始出现转移回流。另一方面,新兴经济体为在新一轮制造业全球分工中获取更大利益,利用资源、劳动力等要素成本优势,以中低端制造业为主要方向积极承接产业转移,如越南、印度等一些东南亚国家依靠资源、劳动力等比较优势,开始在中低端制造业上发力,以更低的成本承接劳动密集型制造业的转移。

---

① 张厚明. 国际发展环境呈现四大特征,世界制造业格局面临重大调整[N]. 中国电子报,2019-9-29.

四、全球价值链重构已经拉开序幕

20世纪70年代以来,以产品内分工为代表的国际分工使全球经济紧密联系在一起,国际生产突破传统的"中心-外围"模式,过渡到全球价值链生产模式。在这样的背景下,美国作为全球霸主,在把控价值链核心环节的同时,通过对外投资、离岸外包等方式进行全球价值链的治理,获得了举世瞩目的经济发展。

然而,美国经济脱实向虚,最终引爆了席卷全球的金融危机。2008年国际金融危机以来,随着国际生产要素结构性发展和生产组织方式革命性进步,国际贸易结构发生变化,国际产业转移出现回流,发达国家的跨国企业通过价值链拆分和转移占领高附加值领域,而发展中国家只能通过简单的组装等方式进入价值链的低附加值领域,全球价值链面临重构的契机已经显现。

第三节 制造业面临的机遇与挑战

一、发达国家纷纷实施"再工业化"战略

发达国家纷纷实施"再工业化"战略,加强对先进制造业前瞻性布局,抢占未来产业竞争制高点。美国在发布《先进制造业国家战略计划》后,又发布《先进制造业美国领导力战略》等政策文件,提出聚焦发展人工智能、先进制造、量子科技和5G技术等关键领域;德国发布《国家工业战略2030》,强调要坚持以制造业为基础的发展模式;英国、日本也相继推出了各种"再工业化"战略。

二、创新成为推动制造业持续发展的主要动力

全球制造业进入新一轮技术升级周期,创新促进制造业重新洗牌。信息技术、人工智能、云计算和绿色技术等新兴技术的发展和应用,促进制造业生产组织和管理模式变化;数字技术应用和互联网平台的发展,促进制造业与物流、服务一体化联动发展。技术、管理和商业模式创新提高了制造业的生产力,创新成为推动制造业持续发展的主要动力。

三、制造业竞争力从成本优势转向效率优势

制造业成本优势发生较大变化,大部分国家的制造业成本上升,必须依靠提高效率抵御成本增加,制造业竞争力从成本优势转向效率优势。

四、国际制造业的贸易规则正在变化

国际制造业的贸易规则正在变化,贸易保护主义与区域自由贸易并存,部分国家和地区签署双边和区域贸易协议,重塑地区间经贸关系。这些规则变化将对国际经济格局、发

展方式、产业链布局产生影响。

五、疫情全球蔓延对制造业发展的挑战

2020年初，新冠肺炎疫情的爆发与蔓延，对中国乃至全球经济社会发展带来了多方面挑战和冲击，全球价值链分工下供给和需求互相叠加冲击，全球供应链中断风险不断上升，疫情对经济社会影响的全局性、严重性、非短期冲击性已成为共识。

北美自由贸易区、欧盟区和东亚地区等全球三大制造网络受到冲击后，从积极应对疫情冲击角度，各国都会从供应链安全角度进行供应链的调整，这种调整必然会加剧去全球化的趋势。由于近些年贸易保护主义和新一轮科技和产业革命的影响，全球供应链已经呈现出本地化、区域化、分散化、数字化的趋势，而疫情对全球生产网络的巨大冲击，会加剧这种趋势，全球供应链布局可能会面临巨大调整。

第四节 全球制造业发展趋势

推动"制造业回归"和"再工业化"，是发达国家和新兴经济体应对经济下行风险的"胜负手"之一，是提升国际竞争力的关键。发达国家集中发力于高端制造领域，新兴经济体则依靠低成本优势致力于建设新的"世界工厂"。全球制造业呈现出高低两端同时发力、分化组合、重构优势的新特征。但从全球看，"制造业回归"之路并不平坦，发达国家"去工业化"仍是大势难改。

一、全球产业链、供应链、价值链将重新布局

一方面，全球产业布局会形成链状，虚拟链接的产业链、供应链、服务链和价值链，成为更具有黏性、更具有依赖性的经济联系。这种产业联系和经济联系的调整不是靠政府命令、政府规划，而是由市场机制的决定性作用形成的内在联系，产业的高端会越来越集中在创新能力强的地方，产业的中低端则会越来越集中在那些资源密集的地方，产品最终配置或集成的环节一定会靠近市场。

另一方面，也不排除人为因素打断产业链的风险，诸如在美国发起的全球性贸易战特别是中美贸易摩擦中，采取单边主义、封闭主义、保护主义和霸凌主义的态度，采取切断产业链联系的做法，这必然伤及产业链上庞大的虚拟企业群体，也包括美国在产业链上的企业，在一定条件下会倒逼产业链进行调整和再调整。还有一方面，产业链特别是处于中低端的产业链，正在向具有劳动力红利、人力资本红利和市场红利的国家转移，形成新的产业链布局。2019年中国14亿人口，劳动力平均年龄为38岁；印度13.2亿人口，劳动力平均年龄为28岁；非洲12亿人口，劳动力平均年龄为27岁；印度尼西亚2.58亿人口，劳动力平均年龄不到30岁。中国之外的这些国家和地区劳动力月工资平均在100～150美元，比中国的工资水平低很多。现在中国以体力劳动为主的人口红利释放空间被大大压

缩,全球产业链特别是劳动力密集型产业正在自动迁移或再次重构。①

二、制造业在全球范围呈现多层次发展态势

国际金融危机后,制造业成为技术创新的主战场,成为经济复苏和振兴的主战场,也成为重构国际分工体系的主战场。发达国家利用其雄厚的制造业基础和强大的技术创新能力,占据着高端制造业的领先地位,智能制造的推进速度和成果超乎想象。发达国家制造业最突出的核心竞争力在于产品承载着科技创新能力,研发活动聚焦于高科技领域。作为全球科技创新中心,美国在制造业基础及最前沿科技创新方面处于领先地位。紧随其后,英国、日本、德国、法国在制造业方面的优势地位也在不断巩固。新兴经济体在国际金融危机后整体上出现了实体经济不振的趋势,在新一轮制造业竞争中出现"脱实向虚"的势头。但部分新兴经济体特别是东南亚等一些发展中国家依托低要素成本,积极参与全球产业再分工,承接国际产业转移,中低端制造业向其转移明显,发展中国家与发达国家在制造业领域的分工格局正在加速重构。

三、发达国家将制造业回归作为应对危机的战略选择

国际金融危机后,世界经济深度调整,制造业发生了一场深刻变革。以信息网络技术加速创新与渗透融合为突出特征的新一轮科技革命和产业变革在全球范围孕育兴起,数字经济成为全球经济增长的重要驱动力。在这样的背景下,美欧各国纷纷推出"再工业化"、"制造业回归"等战略,试图以制造业的振兴摆脱危机,努力抢占新一轮产业竞争制高点。2009年以后,美国提出"制造业回归"战略,并采取了税收优惠、出口促进、降低能源成本、鼓励先进制造等措施,成为G7中唯一单位劳动成本下降的国家。2011—2018年,美国制造业人口每年增加约22.66万人,年均增长1.5%,2018年美国制造业的就业岗位增加了28.5万人,比2017年增长了37%,这说明美国制造业开始回归美国本土。从增加值看,美国制造业年均增长0.8%,虽然尚未恢复到危机前的水平,但已经出现明显改善。新兴市场国家也不甘落后,致力于发展制造业,如印度发布"印度制造"战略,将制造业作为立国之本。但总的来看,新兴市场国家普遍受全球市场萎缩的影响,出现了金融房地产业超过制造业,甚至超过的幅度明显扩大的现象。

四、制造业驱动全球经济增长的作用会进一步强化

1997—2019年,全球制造业增加值占GDP总和的比重经历了先下降后上升的过程,但整体看这一比重未来也很难有大幅提高。原因在于,随着经济发展水平的提高,生产的迂回程度也随之上升,这会形成更多的服务环节,从而使得整个经济的服务化程度变得越来越高。这体现在全球总产出的部门结构上,就是服务业增加值占比会逐步提高。但是,全

---

① 陈文玲.国际制造业格局正在发生深刻调整[N].北京日报,2019-8-12.

球经济发展水平提高的背后,本质上是产业技术创新活动变得更加活跃,是创新特别是技术创新在经济增长中发挥更加重要的作用。而制造业是技术创新最重要的发源地和实现平台,因此,可以认为,尽管从统计数据上看,制造业增加值占总产出的比重会出现震荡下行的态势,但如果把全球视为一个整体,制造业在驱动全球经济增长中的作用却会持续增强。随着新一轮工业革命的持续深入推进,制造业驱动全球经济增长的力量将变得更为强劲。

五、全球制造业服务化进程将会持续推进

随着全球制造业生产分工体系的不断拓展,全球生产网络变得越来越复杂。在此背景下,服务业尤其是知识密集型服务业(如金融服务、信息服务、研发及其他商务服务等)对制造业的贡献越来越大。作为经济结构服务化的一个重要表现,制造业服务化近些年已走出国际金融危机后的低谷,重新步入持续上升通道。可以预见,在外部环境基本稳定的条件下,以下三个方面的因素将促使全球制造业服务化水平在未来一段时期持续提升:首先,从生产的角度看,随着新工业革命的深入推进,数字化、智能化、网络化制造将会使生产过程变得越来越标准化,从而不断降低分工的难度,持续提高生产的迂回性,这将孕育出新的服务活动,促使制造业的服务投入强度提高;其次,从创新的角度看,在新的技术经济方式形成过程中,会对新产品形成大量需求,这将激励各类企业加大研发投入,也会提高制造业的服务投入强度;最后,从融资的角度看,新产品的研发和产业化都面临很大的不确定性,单纯依赖企业内部资金的支持可能存在较大困难,因此,需要金融机构为其提供综合金融服务,在新产品研发和产业化初始阶段这是最主要的服务投入。

六、智能制造成为制造业发展的重要趋势

世界第四次工业革命扑面而来,高速移动互联网+人工智能,新一代信息技术、人工智能技术的普遍应用,从替代人的体力劳动到部分替代人的脑力劳动,使制造业形态发生大变革,出现了智能工作流程、智能车间、智能工厂、智能生态系统等。特别是5G技术的应用,加速形成万物互联、万物感知、万物可视和万物智能,产业互联网普遍应用,新一代人工智能加速进化,将重塑产业形态和产业结构。

采取国家战略或产业政策支持智能制造发展,成为国际通行的做法。德国政府率先在2011年推进《工业4.0》,2018年推出《国家工业战略2030》,加强国家干预,加快培育龙头企业,全面推进智能制造。美国先期紧跟德国,推出工业互联网和先进制造业振兴计划,近年更将其提升为国家加快发展人工智能战略,2019年2月11日,《维护美国人工智能行政领导力的行政令》的签署,启动"美国人工智能倡议",次日美国国防部网站推出《2018国防部人工智能战略摘要》。中国先后推出工业化与信息化两化融合战略、《中国制造2025》、《新一代人工智能发展规划》等,推动科技成果转化和制造业转型同步进行,支撑智能制造高质量发展。此外,日本、韩国、法国、英国、瑞士、意大利等国智能制造各有所长。智能制造将成为现代制造业的核心竞争力。

第二章　我国制造业发展概况

2019年是新中国成立70周年,70年来,我国工业发展取得了举世瞩目的成就,在几乎一穷二白的基础上,建立起门类齐全的现代工业体系,实现了由一个贫穷落后的农业国向世界第一制造大国的历史性转变。

1952—2019年,我国国内生产总值从679亿元增加到990865亿元,年均增长8.3%,工业增加值从120亿元增加到317109亿元,年均增长11.1%,我国已连续十年稳居全球货物贸易第一大出口国。

目前,按照工业体系完整度来计算,中国是世界上唯一拥有联合国产业分类目录中所有工业门类的国家,拥有39个工业大类、191个中类、525个小类,220多种工业品产量居世界第一,中国用几十年时间走完了发达国家几百年走过的历程。

第一节　我国制造业发展现状

2019年,面对复杂严峻的内外部环境和不断加大的经济下行压力,在深化供给侧结构性改革以及一系列稳增长、调结构、增效益的政策措施推动下,我国制造业运行总体平稳,主要指标处于合理区间,发展质量稳定提升,新动能稳增长作用日益增强,企业效益呈现结构性改善。

一、工业经济运行总体平稳

2019年,我国工业增加值达到317109亿元,比上年增长5.7%,规模以上工业增加值增长5.7%。规模以上制造业增加值同比增长6.0%,快于整体工业增速。在规模以上工业企业中,分经济类型看,国有控股企业增加值增长4.8%,股份制企业增加值增长6.8%,外商及港澳台商投资企业增加值增长2.0%,私营企业增加值增长7.7%。2015—2019年我国工业增加值及其增速见图2-1。

2019年,全年规模以上制造业中,农副食品加工业增加值比上年增长1.9%,纺织业增长1.3%,化学原料和化学制品制造业增长4.7%,非金属矿物制品业增长8.9%,黑色金属冶炼和压延加工业增长9.9%,通用设备制造业增长4.3%,专用设备制造业增长6.9%,汽车制造业增长1.8%,电气机械和器材制造业增长10.7%,计算机、通信和其他电子设备制造业增长9.3%。其中,集成电路产量2018.2亿块,增长8.9%。

图 2-1　2015—2019 年我国工业增加值及其增速

二、制造业发展质量稳步提升

产业基础能力和产业链水平大幅提升。2019 年,创新驱动取得显著成效,国家制造业创新中心建设稳步推进,新建了先进轨道交通装备、农机装备、智能网联汽车、先进功能材料等 4 家国家制造业创新中心,重大短板装备等工程在 2019 年成为现实。高端数控机床与基础制造装备、大飞机、"两机"(C919 和 AG600)等科技重大专项、嫦娥四号任务和长征五号遥三运载火箭发射飞行试验任务成功,北斗三号全球系统核心星座部署完成,存储器、柔性显示屏量产实现新突破。

5G 商用开局良好。2019 年,我国正式启动了 5G 商用进程。截至 2019 年年底,我国共建成 5G 基站超过 13 万个,5G 商用产品逐渐丰富;已有 35 款手机终端获得入网许可,国内市场 5G 手机出货量超过 1377 万部,国产 5G 手机芯片投入商用。超高清视频、AR/VR(增强现实/虚拟现实)、智能网联汽车等消费领域 5G 应用取得积极成效,工业互联网、医疗、能源等垂直行业或领域积极探索应用场景,已形成部分应用合作试点。

行业标准建设不断完善。2019 年,我国积极探索创新人工智能重点任务"揭榜挂帅"工作机制,全年共发布了 5G、车联网、新材料、高端装备制造等领域行业标准 1461 项。

供给侧结构性改革深入推进,效果继续显现。产能利用率稳定回升。2019 年,全国工业产能利用率为 76.6%,比上年提高 0.1 个百分点。其中,黑色金属冶炼和压延加工业产能利用率为 80.0%,比上年提高 2.0 个百分点,高于 2006 年有调查以来的平均值,去产能政策成效显著。一批落后产能依法依规退出,钢铁业兼并重组推进,全年原材料工业增加值增长 7.1%;推进工业污染防治攻坚战,加快发展资源综合利用产业,规模以上工业增加值能耗下降 2.7% 左右。企业杠杆率下降,库存周转加快。截至 2019 年年底,规模以上工业企业资产负债率为 56.6%,比上年末下降 0.2 个百分点,其中国有控股企业为 58.4%,同比降低 0.5 个百分点;产成品存货周转天数为 17.3 天,同比减少 0.2 天。

三、新动能稳增长作用增强

新动能保持较快发展。2019年,全年规模以上工业企业中,战略性新兴产业增加值比上年增长8.4%,增速高于规模以上工业增加值2.7个百分点,其中,新能源产业增速为14.9%,新一代信息技术产业增速为9.5%。高技术制造业增加值增长8.8%,占规模以上工业增加值的比重为14.4%,较上年提高0.5个百分点,对工业经济稳定增长的支撑作用进一步增强。装备制造业增加值增长6.7%,增速高于规模以上工业增加值1个百分点,占规模以上工业增加值的比重为32.5%,其中,电气机械、仪器仪表行业分别增长10.7%、10.5%,增速较上年加快4个百分点左右。电子行业受中美经贸摩擦等外部因素影响,出口交货值增速回落,为9.3%,增速较上年回落3.8个百分点,但仍明显高于规模以上工业增加值。汽车产量自2018年下半年以来连续16个月下降,2019年11月由负转正,12月继续明显回升。全年规模以上服务业中,战略性新兴服务业企业营业收入比上年增长12.7%。部分技术含量和附加值较高的工业新兴产品快速增长。3D打印设备、太阳能工业用超白玻璃、高温合金、充电桩、城市轨道车辆等新材料、新能源等领域新兴产品继续高速发展,增速为32.6%~155.2%,智能手表、服务机器人、智能手环等智能化消费产品增速分别为101.7%、38.9%、36.8%。全年制造业投资增长3.1%,高技术产业投资增长17.3%,工业技术改造投资增长9.8%。

科技创新能力不断增强。2019年,我国位列全球创新指数排名第14位,比上年上升3位。全年研究与试验发展(R&D)经费支出21737亿元,比上年增长10.5%,2015—2019年我国研究与试验发展(R&D)经费支出及其增速见图2-2。截至2019年底,正在运行的国家重点实验室515个,累计建设国家工程研究中心133个,国家工程实验室217个,国家企业技术中心1540家,国家级科技企业孵化器1177家,国家备案众创空间1888家。全年境内外专利申请438万件,比上年增长1.3%,授予专利权259.2万件,比上年增长5.9%;PCT专利申请受理量6.1万件。截至2019年底,境内有效发明专利186.2万

图2-2　2015—2019年我国研究与试验发展(R&D)经费支出及其增速

件,每万人口发明专利拥有量达13.3件。全年共签订技术合同48.4万项,技术合同成交金额22398亿元,比上年增长26.6%。

四、工业产品出口形势回暖

2019年,规模以上工业企业出口交货值比上年增长1.3%,继续保持增长态势。受中美经贸谈判预期向好影响,12月份,电子等装备制造业出口订单有所回升,拉动工业出口交货值在持续4个月负增长后增速转正,出口情况转暖。其中机电产品出口100631亿元,比上年增长4.4%;高技术产品出口50427亿元,比上年增长2.1%。其中,集成电路出口7008亿元,比上年增长25.3%;自动数据处理设备及部件出口11415亿元,比上年增长0.5%;汽车出口122万辆,比上年增长6.1%,金额1049亿元,增长8.0%。

2019年,世界贸易持续下滑,全球贸易十分低迷。2019年1—11月,全球货物出口额同比下降2.8%,上年同期为增长10.7%。在此背景下,我国工业产品全年出口保持增长已十分难能可贵。

五、企业效益呈现结构性改善

2019年,企业效益呈现结构性改善。一是高技术制造业和战略性新兴产业利润保持增长。2019年,高技术制造业和战略性新兴产业利润比上年分别增长4.8%和3.0%,明显好于规模以上工业企业平均水平;高技术制造业和战略性新兴产业利润占规模以上工业企业利润比重比上年分别增长1.2%和1.6%。二是私营企业和小型企业利润保持增长。近年来,国家出台了减税降费、简政放权、创新支持、金融扶持等一系列促进民营小微企业发展的政策措施,为民营小微企业发展创造了良好环境。2019年,私营企业和小型企业利润比上年分别增长2.2%和5.0%,呈现稳定增长态势。三是利润保持增长的行业较多。2019年,在41个工业大类行业中,28个行业利润比上年增加,占比超过六成。其中9个行业利润增速超过两位数,电力热力生产和供应业、电气机械和器材制造业、专用设备制造业、酒饮料和精制茶制造业利润比上年分别增长19.0%、10.8%、12.9%和10.2%,这四个行业合计拉动规模以上工业企业利润比上年增长2.3%。此外,建材、医药制造、食品制造等行业利润增速也在5%~10%之间。

第二节 我国制造业存在的差距与问题

我国制造业已经具备全球瞩目的规模优势,建成了门类齐全、独立完整的产业体系,规模跃居世界第一,创新能力不断增强。但从发展质量看,在劳动力、技术、能源等关键要素的投入产出效率方面,我国与美国、日本、德国等制造业先进国家相比,仍然存在较大差距,甚至落后于韩国等世界制造业后起之秀,总体上处在全球产业链的中低端环节。与此同时,制造业本身在发展中也存在差距与问题。

一、存在的主要差距

我们选取制造业劳动生产率、研发投入强度、单位制造业增加值的全球发明专利授权量、结构优化指数、质量效益指数共5项指标以衡量制造业的发展质量水平,采用与美国、日本、德国和韩国对比分析的方法,展现2018年我国制造业与全球制造业高质量发展标杆的差距,见表2-1。

表2-1 2018年中国与美国、日本、德国和韩国的制造业发展主要指标比较

制造业发展主要指标	中国	美国	日本	德国	韩国
劳动生产率(美元/人)	28974.93	150129.17	95943.48	104226.37	98313.62
研发投入强度	2.19	2.58	3.36	3.05	3.67
单位制造业增加值的全球发明专利授权量(项/亿美元)*	6.67	15.08	12.96	6.02	5.99
结构优化指数	23.40	48.77	33.50	46.27	16.76
质量效益指数	15.05	49.84	30.55	26.65	19.74

*注:2017年数据。①

(一)制造业劳动生产率远远落后于全球制造强国

2018年中国制造业劳动生产率为28974.93美元/人,仅为美国、日本、德国和韩国的19.3%、30.2%、27.8%和29.5%,中国当前的制造业劳动生产率仅相当于美国、日本、德国和韩国20世纪50年代、80年代、60年代、90年代的水平,虽然近五年来中国的制造业劳动生产率年均增速均在10%以上,但仍难以达到产业国际竞争的效率要求。

(二)制造业研发投入与产出仍处于相对较低水平

近年来,我国制造业的研发经费投入持续增长,总量保持在世界第二位,与位列首位的美国的差距正逐步缩小。从研发投入看,2019年中国科技研发投入强度仅为2.19,相当于美国、日本、德国和韩国的84.8%、65.2%、71.8%和59.7%,与发达国家相比还有很大差距。从研发活动产出看,与发达国家相比,我国在论文引用率、国际发明专利等方面还存在大而不强、多而不优等问题,研发投入效率有待进一步提升。2017年中国单位制造业增加值的全球发明专利授权量是6.67项/亿美元,相当于美国、日本、德国和韩国的44.2%、51.5%、110.8%和111.4%。结合高技术产品贸易竞争优势指数这一指标可以看到,由于美国和日本实施的是全球制造业技术引领战略,技术研发更多地向高技术领域倾斜,因此呈现"研发投入强度大、单位制造业产出专利多、高端产品国际市场份额高"的产业技术经济特征;而德国和韩国实施的是全球制造业优势产品市场扩张战略,技术研发更多地向先进成熟技术领域倾斜,因此呈现"研发投入强度大、单位制造业产出专利少、优

---

① 数据来源:《2019中国制造强国发展指数报告》。

势产品国际市场份额高"的产业技术经济特征。反观中国,则呈现"研发投入强度不大、单位制造业产出专利少、产品在国际市场受到中低端压制"这种对制造业体系升级极为不利的产业技术经济特征。

(三)制造业能源利用效率并未形成全球竞争优势

2017年中国制造业单位能源利用效率为5.99美元/千克石油当量,相当于美国、日本、德国和韩国的67.8%、50.0%、47.7%和75.9%,即同样规模的制造业产出,中国消耗的能源比全球制造强国多24%~52%。粗放式的能源消耗方式不仅使中国制造业体系长期处于"高耗能、高污染、高排放"的低效运转模式,也拉低了制造业企业的效益水平,降低了产品的国际竞争力,严重限制了企业发展的转型能力。[①]

二、面临的突出问题

全球经济放缓、贸易保护主义抬头、国内要素制约强化、系统性风险增强等复杂环境,使得我国工业增长动能不足、企业经营困难程度增强等问题更加明显,也使得解决创新能力不强、产业结构不优、国际竞争不强等问题变得更加急迫。

(一)传统规模优势加速衰减

我国制造业在全球市场上受产业链两端挤压态势,将进一步加剧制造业传统规模发展优势的衰减。近年来制造业先行强国表现出强劲的竞争实力,制造业后发国家则积极拓展规模发展空间,我国不仅要面对制造业先行国家的高端封锁,也要面对制造业后发国家的中低端追赶。这一制造业全球市场的产业链两端挤压态势,将进一步加剧我国制造业规模发展优势的衰减,使制造业整体上增长趋缓,持续扩张的后劲不足。

(二)质量效益优势尚未形成

在质量效益上,我国既没有有效缩小与制造业先行强国的差距,也没有形成相对于制造业后发国家的表征优势,并且突破难度日益加大。虽然我国制造业的质量效益保持了持续增长,但仍然处于中低端水平。而同期制造业先行强国的质量效益发展格局中,美国、日本、德国分别稳定在高端发展水平上,我国远远低于这三个国家的平均水平;目前处于中高端水平的韩国正逐步迈向高端水平,我国与其相比也存在一定的差距。我国制造业必须通过高质量发展,才能抵御先行强国的高端质量封锁与后发国家的质量追赶。

(三)生产要素成本不断上升

近年来,国内要素成本、环保成本提高等对企业利润的影响不容忽视。一是劳动力成本持续上升。2019年我国规模以上制造业就业人员年平均工资达70494元,比上年增长了9.05%,是2013年的1.64倍。二是工业用地成本上升。近年来,随着城镇化速度加

---

① 吕铁,刘丹.制造业高质量发展:差距、问题与举措[J].学习与探索,2019(1).

快,土地稀缺性问题日益突出,但工业用地需求依旧增长迅速,据调查,工业用地指标已经成为制约地区工业发展的刚性约束,工业用地成本增加压缩了企业利润空间。三是环境保护成本增加。工业节能降耗、绿色发展是构建高质量现代化经济体系的必然要求。近年来,我国不断加强对高投入、高消耗、高污染工业企业的环保督察和生态整治,《中华人民共和国环境保护法》等法律法规出台也在不断增强工业生产的环境约束,工业企业的环境保护成本随之提高。根据国家统计局数据显示,2019年我国工业污染治理完成投资额约771亿元,是2010年投资额的1.94倍。

随着国内要素价格的上涨、环保成本的提高以及制造环节内外竞争强化,加上全球需求减弱,制造企业盈利能力降低。从利润看,2019年以来,工业企业利润总额增速大幅下滑,全国规模以上工业企业实现利润总额61995.5亿元,比上年下降3.3%。从亏损看,2019年以来,工业企业亏损面连续四个月高于去年同期水平,亏损面大致在20%~27%的水平,月均值为21.7%,高于去年同期平均水平2.3个百分点,主要行业亏损面都普遍存在扩大趋势。

(四)稳增长压力不断加大

2019年,我国制造业出现疲软的态势,在我国需求结构变动下,食品、化工、煤炭、水泥、汽车、电子等占比较大的行业增速不同程度放缓。支撑我国工业增长的汽车行业增加值增速处于"负增长",通用装备、专用装备等机械行业相比去年有较大幅下滑,纺织业自2018年以来即保持微增长态势,电子行业也从近年的两位数增长向个位数增长回落。这些行业下滑主要与市场自身进入"低增长"周期有关,中美经贸摩擦等不确定性加速了这些行业市场需求的萎缩。与此同时,前几年一直保持强劲增长的一些产业2019年也不同程度表现出增速回落的现象,其中,2019年医药制造业同比增长7.4%,比去年下降2.3个百分点;2019年发动机、工业机器人等原增长较快的产品产量自2018年下半年以来大幅下滑,分别累计下降5.6%、6.1%。这些领域下滑主要受市场调整、关键技术能力不足和政策调整等影响。

(五)贸易环境不确定性增强

近年来,我国面临新兴经济体低端挤出和发达国家高端挤压的"双重挤压"风险。一方面,新兴经济体快速崛起,凭借更低的劳动力成本和制造业区位优势,对中国制造业产品出口和吸引外资构成替代效应。另一方面,德国政府提出"工业4.0"、"互联工厂"高技术战略,以福特、通用电气为代表的美国制造业企业明显加大了在本土的投资规模,克莱斯勒、惠普、耐克等著名品牌也相继将国外生产线迁移回美国。根据波士顿咨询集团预测,2020年将会有多达60万个制造业岗位从中国返回美国。在"两端挤压"压力下,我国原来以廉价劳动力和资源要素投入为主要特征的传统优势正日趋弱化,迫切需要培育面向产业中高端的竞争新优势。

近年来,国际贸易形势复杂多变,也给制造业发展带来比较大的影响。一方面,2019

年以来我国高技术产业增速回落比较多,不利于新旧动能转换和产业结构升级。另一方面,贸易环境变化具有较大的不确定性,因而导致在华投资企业向外转移加快比较明显,对我国制造业投资和工业生产造成压力。从外资企业出口看,2019年上半年,外商投资企业出口额下滑较为严重,累计下降5%;从区域利用外资情况看,2019年上半年香港对内地投资基本保持稳定,但美国、日本、韩国等国对中国投资均出现下滑;从新设立外商投资企业数量看,2019年上半年同比下降32%。近年来陆续有企业向东南亚转移的现象,主要是出于资本向低成本区域转移的考虑,主要集中在加工制造环节。但在中美经贸摩擦背景下,这一转移进程有所加快,甚至出现部分高端环节向外转移的倾向。

第三节 我国制造业面临的机遇与挑战

一、发展机遇

当前我国新技术革命和产业变革蓄势待发,全面深化改革不断推进,经济体制改革持续深化,收入分配、要素市场配置、竞争政策和营商环境不断优化完善,为近14亿人口提供了广阔市场,对外开放水平不断提升,"一带一路"深入推进,提供了制度保障和良好平台,我国制造业发展正面临重大的机遇。

(一)建设现代化经济体系为制造业发展带来广阔空间

到2020年,我国将全面建成小康社会,届时支撑人民生活水平提升的制造业体系将实现产业结构与质量效益的大幅提升;到2050年,我国将基本实现现代化,达到中等发达国家的水平。要实现上述宏伟目标,不仅需要制造业总体规模保持平稳增长,更需要制造业发展的质量实现重大飞跃,需要先进制造业、新能源、新材料和信息技术产业等技术密集型和知识密集型产业实现跨越式发展,并成为制造业乃至国民经济发展的新引擎。

未来20年,随着我国城市化进程的加快和居民收入水平的进一步增长,"住"和"行"需求的进一步释放,住房、汽车、家用电器等产品的市场规模将进一步扩大。从区域消费结构来看,中国东部和中部地区由于其收入水平与发达国家逐步接近,消费结构也会出现与发达国家趋同的现象,高档消费品、电子信息产品、医疗保健产品在消费支出中的比重将越来越大。规模效应和消费结构升级不但会为制造业增长提供巨大的发展空间,而且会带来向产业链中高端升级的机遇。

(二)抢占新兴产业技术制高点有助于赢得产业创新发展先机

目前新一轮技术革命正处于即将取得突破的关键时期。与历史上其他几次技术革命不同,新兴国家与发达国家在此次新技术革命中的技术差距较小。总体上看,部分新兴国家经过一系列科技的跨越式突破,获得了与发达国家大致相当的战略发展机遇。我国依托巨大的市场潜力,更是在产业技术应用的深度和广度上具有了一定程度的先发优势。

而且,随着通信和交通技术的发展,许多技术和服务也成为可贸易品,发达国家在继续向新兴国家转移制造业的同时,其技术和服务业中的诸多环节也不可避免地向新兴国家转移,从而为中国实现技术创新跨越提供了难得的战略机遇。

我国制造业的现代化进程,正处于以新一代信息技术、新能源、节能环保、新能源汽车等新兴产业发展逐渐展开的时代,这对具有较完备产业基础和广阔市场的中国,是一个千载难逢摆脱技术跟随发展模式的机遇。我国应当更加积极地参与国际产业创新活动,从尖端技术独立突破到国际项目合作研发,从技术人才的高规格培养、引进到国家间优势产业要素的互换协作,不断创新各种方式方法,争取一切可以争取的资源,狠抓产业技术竞争优势培育,"以点带面"赢得产业创新发展先机,积极抢占全球产业技术制高点。

(三)信息化深入发展有利于高起点推进制造业转型升级

当前全球信息化发展正进入新阶段,新的商业模式、发展业态层出不穷。新一代信息技术统领了世界各国制造业体系的技术升级,从根本上改变了传统制造业的生产方式与运营模式,极大地提高了制造业的劳动生产率和经济效益。历史上,德国、日本和韩国正是抓住信息化的机遇,实现了对传统产业脱胎换骨的改造和本国制造业的跨越提升;美国也正是借助信息化战略的实施,实现了20世纪90年代的黄金十年发展。有关研究表明,近20年来,发达国家制造业劳动生产率的提高,60%～80%源于信息技术的进步。可以说,信息技术已经成为引发重大经济社会变革的核心技术,抓住了信息化这个核心,也就抓住了制造业跨越发展的关键。

经过多年的发展,我国在新一代信息技术领域已经具备了较好的基础,很多方面与国外先进水平差距不大,有的甚至处于同步发展阶段。特别是,我国制造业的持续快速发展为信息技术的研发应用创造了巨大的需求动力和市场空间。抓住新一轮信息化深入发展的重大机遇,不仅可以使我国传统产业的生产方式更加高效、产品更加智能,而且有利于在全球范围内优化资源配置,更好地利用发达国家的先进技术和管理知识,进而培育出一个规模庞大、生机无限的新产业集群,为制造业高质量发展注入新的动力和活力。

(四)绿色低碳转型将有力推动制造业实现全面革新

绿色低碳不仅是产业运作新模式,更是时代催生的新兴产业领域。在对传统制造业进行绿色低碳升级的过程中,大量新技术和新制度层出不穷,当前尚在继续深化和细化的过程中,必将重新规范制造业体系的运行机制,将制造业从"烟熏火燎"的旧时代引入"蓝天白云"的新征程,进而将绿色低碳转型的各个产业发展成为具有独立产业链的新兴产业。近十年来发达国家通过对气候问题大做文章,逐步加强国际国内的减排约束,为与气候变化相关的技术创新创造市场需求,由此形成新的技术突破和经济增长点,为本国实体经济的复苏和持续增长提供动力。

绿色低碳经济已经成为各国必争的制造业发展新高地。美国、日本、欧盟等发达国家和地区已经在开发可再生能源和低碳技术等方面做出战略部署并付诸实施。我国具有巨大的绿色低碳经济发展需求,通过积极完善相关政策体系,加快体制机制创新,大力研发推广低碳技术和低碳产品,培育发展低碳产业和绿色经济,必将在国际绿色低碳产业市场占据一席之地,并以此带动制造业生产力的整体升级和生产方式的全面革新。

二、主要挑战

在全球范围内"制造业回归"浪潮中,发达国家高端制造"回流"与中低收入国家中低端制造"流入"同时发生,对我国形成"双向挤压",同时,国际贸易中围绕高端制造业的博弈正在加强。在国际贸易中,贸易是标,制造是本。当前国际贸易中出现的保护主义、单边主义,实质上是围绕制造业展开的一场博弈。发达国家试图通过实施贸易保护主义政策,长期保持制造业高端领域的竞争力,遏制后发国家跻身高端制造领域。这对我国正在由制造大国迈向制造强国、从贸易大国迈向贸易强国的进程,无疑构成了现实挑战,但也更加坚定了中国制造业走高质量发展道路、加速制造业产业升级的决心。制造业的核心技术是国之重器,要不来买不来讨不来,必须依靠自主创新,把关键技术掌握在自己手中,才能实现由大变强。

(一)我国经济发展转向高质量发展阶段,支撑制造业发展的条件发生变化

劳动力、资源、土地等各种要素的成本增加,低成本优势减弱;自然资源和环境容量压力加大;新增适龄劳动人口增长放缓,人口红利下降;投资收益下降,要素利用效率有待提高。经济发展从"规模扩张"转向"结构升级",从"要素驱动"转向"创新驱动",传统发展动力不断减弱,新动能正在培育。这些因素交织叠加在一起,给制造业高质量发展带来了新挑战,也提出了新要求。

(二)全球产业技术竞争加剧,对自主创新能力提出更高要求

随着中国制造业从全球产业链"中低端规模扩张"向"高端质量升级"的转变,中国抢占全球高端市场的竞争导向引起了发达国家的高度戒备,"技术压制"成为发达国家近期采用的普遍应对办法。在全球产业技术贸易壁垒不断加深的外部环境下,中国制造业引进国外先进技术的难度日益加大。同时,随着"技术加速迭代"趋势增强,先进技术的产业效益周期明显变短,"引进—消化—吸收—再创新"的技术发展路径已经难见成效。只有走自主创新道路,才能真正摆脱发达国家对中国制造业的全球产业链中低端压制,才能真正走上具有国际竞争力的产业体系现代化道路,才能真正建立全球产业体系的话语权。

(三)全球产业主导权竞争激烈,对国际产业链和价值链升级造成更大阻碍

在经济全球化发展的新阶段,产业发展的驱动要素发生深刻变化,从劳动力、土地、自然资源等比较优势要素到知识、技术、标准等竞争优势要素相互交错发挥作用,国家产业主导权之争更加复杂化。全球经济南北差距扩大和"拉美化"现象充分表明,跨国企业集团是一国全球产业主导权竞争的尖兵:通过全球布局扩张,掌握所属产业的全球资源链;通过全球技术垄断,掌握所属行业的全球技术链,并据此压制后发国家的相关产业崛起,

攫取全产业链高额利润。应对跨国企业的主导权封锁,中国制造业就必须增强国内企业对竞争优势要素的掌控能力,努力提升产业主导权,推动实现可持续发展。

(四)低成本竞争优势逐步削弱,亟待培育新的国际竞争优势

未来20年是中国制造业竞争优势实现战略转型的关键时期,亟须寻找在成本上涨过程中的持续稳定发展路径。从新兴国家竞争看,越南、泰国等东南亚国家与一些非洲新兴国家的低要素成本崛起,快速挤占了中国制造业传统的低成本国际竞争空间。从国内区域发展看,东部地区已经步入工业化阶段的后期,产业要素成本的上升和传统产业的转出,是历史的必然,但也一定程度影响了东部经济的短期繁荣;中西部地区虽然尚处于工业化阶段的中期,仍有产业梯度转移承接潜力,但在产业体系跨越式突破的新形势下,其对高端生产要素的需求与日俱增,传统低成本竞争优势正在逐步瓦解。中国已经发生工业化阶段的转换,但产业竞争要素优势并没有实现动态协同升级,造成了工业发展阶段与产业竞争要素优势的脱节,并在一定程度上转变成产业竞争劣势,因此培育新的国际竞争优势十分紧迫。

(五)全球贸易壁垒不断强化,产业发展外部环境有所恶化

一方面,发达国家实施"制造业回流"战略,以技术改造实现传统产业升级和制造业二次复兴,进而导致全球贸易格局再平衡,贸易壁垒更加强化,贸易摩擦频率高发,中国制造业原有的国际市场拓展模式、产业技术发展模式、人力资源组织模式、资本运作模式等均在一定程度上受到影响,当前普遍运行不畅;另一方面,随着中国劳动力、土地、自然资源等要素成本的不断上升,制造业的综合成本已开始超过越南、缅甸等东盟国家以及一些拉美等国家,周边的发展中国家利用成本优势,改善营商环境,积极参与制造业价值链的分工,吸引外国制造业投资。中国制造业结构调整将面临前有发达国家的阻截,后有东盟、拉美等国家追赶的双重压力,产业升级不可能一帆风顺,陷入"升级陷阱"的风险不断加大。同时制造业产业链布局进入调整期,高端制造向人才、资金和技术密集的地区转移,低端制造向成本低、营商环境好的地区转移。

(六)全球疫情暴发与蔓延,制造业发展面临巨大的挑战

新冠肺炎疫情的全球暴发与蔓延,对中国乃至全球经济社会发展带来了多方面挑战,我国制造业发展首当其冲,一些行业暴露了痛点,一些行业展现了优势,汽车、消费电子等受挫明显,生物医药、5G通信等逆势增长,有危有机,危中见机。根据各行业特征,受疫情的影响程度可分为三类:第一类是短期受冲击严重、产能恢复时间较长的行业。这些行业,或因产业链长、供应链复杂,产能恢复较慢;或因终端市场不振,消费需求减弱;或因用工严重不足,难以尽快组织复工复产。典型的如汽车、消费电子、纺织等行业。第二类是短期受到一定冲击,但可在较短时间内组织复工、基本恢复产能的行业。这些行业,或由于产品需求弹性小、当期需求仍然旺盛;或由于所处产业链短,供应链相对不复杂;或由于行业自身生产经营特点,受疫情直接影响相对较小,产能恢复较快。典型的如食品饮料、

集成电路、软件服务等行业。第三类是在抗击疫情中发挥重要作用,后期发展潜力巨大的行业。这类行业技术含量高、应用范围广、行业渗透力强,在抗击疫情过程中展现了独特优势,发挥了积极作用,且有庞大的市场需求,此前已被重视,但尚未在全球产业链中形成规模优势,在后疫情时代有望获得长足发展。典型的如生物医药、5G通信、机器人等行业。

我国制造业发展基本面比较好,有内需市场和庞大的配套齐全的产业门类,我国制造业发展长期向好的总趋势不会变,相信对中国经济的影响是可控的。但也不可忽视消费电子、纺织、汽车等受到的明显影响,可能对我国的产业链地位造成威胁,需要采取措施维持产业竞争力。

在当今全球价值链分工的国际生产格局下,疫情影响之深、之广都需要充分认识,考虑到中国在全球供应链中地位,现在也必须从"百年未有之大变局"的战略高度,认识中国产业链和供应链的应对疫情影响的措施,从战略上把握供应链区域化、本地化、多元化、数字化转型的新趋势,提高产业链的现代化水平。

中国正在努力提高自己产业链的现代化水平,促进价值链的高端攀升。当全球供应链面临巨大调整,这既是挑战,也是中国促进产业链水平现代化、价值链高端化的巨大机遇。

第三章 中部地区制造业发展现状

中部地区包括山西、安徽、江西、河南、湖北、湖南六省,2019年底人口38558.62万人,占全国总人口的27.54%,创造全国约22.75%的生产总值。中部地区是支撑我国经济保持中高速增长的重要区域,在全国区域发展格局中占有举足轻重的战略地位。2019年5月,习近平总书记在江西考察并主持召开推动中部地区崛起工作座谈会,对推动中部地区崛起再上新台阶作出重大部署。站在新时代的起跑线上,中部地区将在我国经济发展新阶段和新一轮全方位开放中迎来重大发展机遇。

《促进中部地区崛起"十三五"规划》在巩固提升中部地区原有"三基地、一枢纽"定位的基础上,根据新形势新任务,提出了"一中心、四区"的新战略定位,即全国重要先进制造业中心、全国新型城镇化重点区、全国现代农业发展核心区、全国生态文明建设示范区、全方位开放重要支撑区。从"三基地、一枢纽"到"一中心、四区"战略定位的转变凸显了中部地区作为全国经济"巨龙"之"龙腰"的特殊地位和巨大支撑作用,也彰显了中部地区在新形势下新的使命和担当。

2019年,中部地区以供给侧结构性改革为主线,以传统产业的绿色化、智能化改造和战略性新兴产业发展为路径,初步探索出了一条经济发展与生态环境保护相协调的发展新路。

第一节 中部地区制造业发展态势

一、制造业保持稳增长

2019年,中部地区经济增速达到7.3%,高于全国平均水平1.2个百分点,增速位居中国东、中、西、东北四大板块之首。中部地区国内生产总值达到218738亿元,在全国的比重达到22.75%,中部地区正在日益成为中国经济发展重要增长区。

2019年,在工业增加值方面,安徽、河南、山西、湖北、湖南、江西六省规模以上工业增加值增速分别是7.3%、7.8%、5.3%、7.8%、8.3%、8.5%,除山西外均超过全国增速,平均增速7.7%,高于全国平均水平2个百分点。在制造业增加值方面,安徽、河南、山西、湖北、湖南、江西六省规模以上制造业增加值增速分别是7.7%、7.5%、7.0%、7.9%、8.5%、8.7%,均超过全国增速,平均增速7.9%,高于全国平均水平1.9个百分点,江西省、湖南省、湖北省增速位于前列。2019年中部六省规模以上工业增加值增速、制造业增加值增速、高技术制造业增加值增速、装备制造业增加值增速分别见图3-1至图3-4。

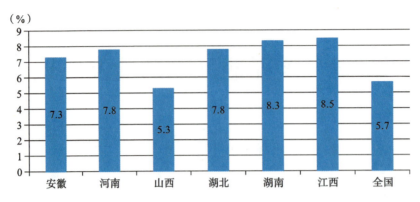

图 3-1　2019 年中部地区规模以上工业增加值增速

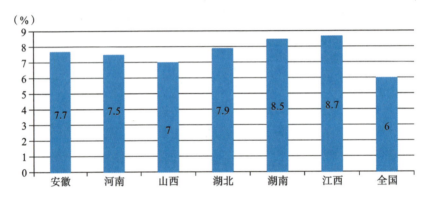

图 3-2　2019 年中部地区规模以上制造业增加值增速

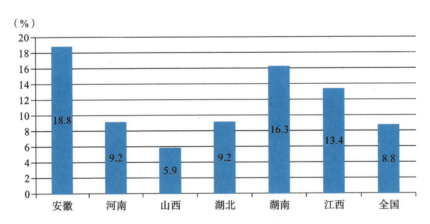

图 3-3　2019 年中部地区规模以上高技术制造业增加值增速

2019年,安徽、河南、山西、湖北、湖南、江西六省规模以上工业企业利润总额分别是2159.6亿元、2762.4亿元、1184.0亿元、2867.8亿元、1870.81亿元、2158.8亿元,中部地区规模以上工业企业利润总额为13003.41亿元,比上年减少494.29亿元,但在全国的占比由20.34%增加到20.97%。中部地区规模以上工业企业利润总额排名中,湖北省排名首位,大幅度领先中部其他省份,河南省排名第2位。与2018年相比,湖南省、湖北省规

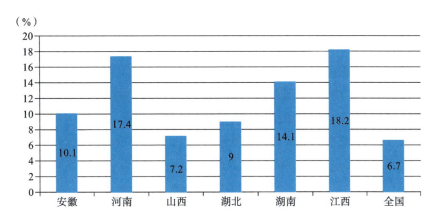

图 3-4 2019 年中部地区规模以上装备制造业增加值增速

模以上工业企业利润总额增速继续保持增长,江西、安徽、河南、山西四省规模以上工业企业利润总额增速均有所下降,六省平均下降 1.6%,降幅小于全国平均水平 1.7 个百分点。2019 年中部地区规模以上工业企业利润总额增速见图 3-5。

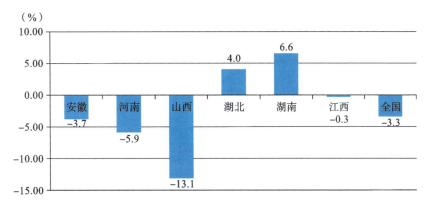

图 3-5 2019 年中部地区规模以上工业企业利润总额增速

二、新兴产业快速发展

2019 年,中部地区主要代表性产品产量增长强劲。安徽省电子计算机增长 11.3%,太阳能电池增长 37.5%,集成电路增长 14.6%。河南省工业机器人增长 56.9%,锂离子电池增长 21.5%,新能源汽车增长 11.4%。山西省新能源汽车增长 31.9%,光伏电池增长 41.2%。湖北省光纤光缆生产规模全球第 1,占国内市场的 2/3、国际市场的 1/4,光电器件、光传输设备国内市场占有率分别为 60%、10%。32 层闪存芯片、100 G 硅光芯片、红外探测芯片、大功率光纤激光、数控 8 系机床、深之度操作系统等一批核心技术创新突破并产业化,"深海一号"、鲲龙 AG600、C919 大飞机、航空母舰、卫星、火箭等一批国之重器都有湖北企业的贡献。2019年湖北省部分新产品产量增长较快,显示器、电子元件、印制电路板产量分别增长29.7%、32.3%和22.0%。湖南省在2018年全国工程机械前5强中独占三席,"全球工程机械50强"中4家企业上榜,混凝土机械产量居世界第1。世界最高时速的米轨动车组、世界首辆超级电容100%低地板有轨电车等世界顶尖技术的高端产品均出自湖南,电力机车全球市场占有率超过20%,位居世界第1。江西省指纹模组年出货量达1.9亿颗,位居全球第1,运动相机镜头年出货量占全球70%,稀土永磁材料产业全国第2,锂电池产业全国第3。

三、投资力度大幅提升

在创新投入方面,从高技术制造业投资、技术改造投资角度分析,2019年中部地区积极出台政策,并加大财政投入,成立技术改造专项资金,推动企业技术改造。高技术制造业投资、技术改造投资增速逐步加快,多个省份投资增速创近年新高,中部地区技术改造投资平均增速接近31%。此外,中部地区各省投资质量逐步提高,产业投资结构得到优化,先进制造业投资增加,见表3-1。

表3-1 2019年中部地区各项投资增速

省份	工业投资增速/(%)	制造业投资增速/(%)	高技术制造业投资增速/(%)	技术改造投资增速/(%)
安徽省	8.7	10.1	13.4	14.4
河南省	9.7	8.2	—	53.0
山西省	0.1	—	15.7	20.9
湖北省	8.1	10.0	15.6	15.4
湖南省	17.8	18.4	37.8	35.7
江西省	10.9	10.9		45.6

2019年,安徽省工业投资增长8.7%,其中制造业投资增长10.1%,高技术制造业投资增长13.4%,技术改造投资增长14.4%。采用新工艺、新技术、新装备加快转型升级,是安徽省建设制造强省的重要着力点。技术改造投资增速达2012年来最高水平,累计实施亿元以上重点技术改造项目1162项,其中投资10亿元以上的重大项目有118项。2018年投入研究与试验发展(R&D)经费649.0亿元,比2017年增加84.1亿元,增长14.9%;研究与试验发展(R&D)经费投入强度为2.16%,比2017年提高0.07个百分点。

2019年,河南省工业投资增长9.7%,深入实施制造业智能、绿色、技术三大改造,技术改造投资增长53%。加快12个重点产业转型发展,装备制造、电子信息产业增加值分别增长 18%、13% 左右。2018 年投入研究与试验发展（R&D）经费 671.5 亿元，比 2017 年增加 89.4 亿元，增长 15.4%；研究与试验发展（R&D）经费投入强度为 1.4%，比 2017 年提高 0.09 个百分点。

2019 年，山西省技术改造投资增长 20.9%，基础设施投资增长 13.9%，高技术产业投资增长 15.7%，均明显快于全省投资增速。2018 年投入研究与试验发展（R&D）经费 175.8 亿元，比 2017 年增加 27.6 亿元，增长 18.6%；研究与试验发展（R&D）经费投入强度为 1.05%，比 2017 年提高 0.1 个百分点。

2019 年，湖北省工业投资增长 8.1%，其中制造业投资增长 10.0%，高技术制造业投资增长 15.6%，快于制造业投资增速 5.6 个百分点，以"芯屏端网"投资为主的电子及通信设备制造业投资增长达 27.2%。技术改造投资保持较快增长，增长 15.4%，占工业投资比重 43.7%，比上年提高 2.8 个百分点。2018 年投入研究与试验发展（R&D）经费 822.1 亿元，比 2017 年增加 121.5 亿元，增长 17.3%；研究与试验发展（R&D）经费投入强度为 2.09%，比 2017 年提高 0.12 个百分点。

2019 年，湖南省投资结构进一步改善，工业投资、技术改造投资分别增长 17.8% 和 35.7%。2018 年投入研究与试验发展（R&D）经费 658.3 亿元，比 2017 年增加 89.8 亿元，增长 15.8%；研究与试验发展（R&D）经费投入强度为 1.81%，比 2017 年提高 0.13 个百分点。

2019 年，江西省工业投资增长 10.9%，占全部投资的 49.7%，其中，技术改造投资增长 45.6%，占全部投资的 36.3%。2018 年投入研究与试验发展（R&D）经费 310.7 亿元，比 2017 年增加 54.9 亿元，增长 21.5%；研究与试验发展（R&D）经费投入强度为 1.41%，比 2017 年提高 0.13 个百分点。

第二节 中部地区制造业发展特点

一、产业结构持续优化

2019 年，中部地区践行五大发展行动计划，以供给侧结构性改革为主线，推进产业结构优化升级，取得一定的成效。安徽省退出煤炭过剩产能 165 万吨，实施亿元以上重点技术改造项目 1080 项，中安煤化一体化项目建成投产，推广应用工业机器人 5100 台，新增智能工厂和数字化车间 120 个，"皖企登云"企业达 5100 家，传统产业智能化、网络化升级加快，数字经济发展势头良好。2019 年全年生态保护和环境治理业投资增长 48.8%，规模以上工业增加值能耗下降 2.5%。河南省关停煤电机组 168 万千瓦，淘汰煤炭过剩产能 1064 万吨。深入实施制造业智能、绿色、技术三大改造，技术改造投资增长 53%。规模以上工业增加值能耗比上年下降 14.1%。高耗能工业增长 5.9%，占规模以上工业的 35.3%。山西省认真贯彻"四个革命、一个合作"能源安全新战略，扎实推动 15 项重大举措和85项工作任务。退出煤炭过剩产能2745万吨,煤炭先进产能占比达68%。全年全省一次能源生产折标准煤7.6亿吨,增长6.9%;二次能源生产折标准煤5.3亿吨,增长4.9%。湖北省加大力度"去产能",深入实施"万企万亿"技术改造工程,聚焦产业链"短板"领域和设备更新换代、质量品牌提升、绿色智能制造等,实现规模以上企业技术改造全覆盖,全省大力推进节能降耗工作,单位GDP能耗继续保持下降态势,年初确定的2.0%的下降目标顺利完成。湖南省巩固"三去一降一补"成果,累计关停取缔"散乱污"企业1563家,关停不安全小煤矿48处。推出40项改革举措,重要领域和关键环节市场化改革取得突破。六大高耗能行业增加值增长5.4%,占规模以上工业增加值的比重为29.1%,比上年下降0.8个百分点。江西省高耗能行业增加值增长6.0%,占规模以上工业增加值的比重为38.7%,比上年下降0.7个百分点。

二、新旧动能加速转换

深入贯彻制造强省战略,坚持质量第一,效益优先,大力发展先进制造业,推动制造业高质量发展,中部地区集成电路、存储器、新型显示、新一代信息技术、人工智能、新材料、生物制药、新能源汽车、轨道交通装备、航天航空等新兴产业快速发展,多个优势突出、特色鲜明的产业集群正在显现。2019年,中部地区装备制造业和高技术制造业增加值平均增速分别为12.7%和13.0%,较全国的平均水平(分别为6.7%和8.8%)高,成为制造业高质量发展的有力支撑。2019年国家发改委公布第一批国家级战略性新兴产业集群名单66个,中部地区共18个,占比27.3%,其中武汉市4个,数量与上海并列第1。

安徽省高新技术产业、装备制造业增加值比上年分别增长18.8%和10.1%,占比分别为40.1%和32.2%;战略性新兴产业增加值增长14.9%,其中新一代信息技术产业、高端装备制造产业、新材料产业、生物产业、新能源汽车产业、新能源产业、节能环保产业分别增长16.4%、11.6%、13.2%、21.4%、10.5%、17.7%和18.1%。河南省战略性新兴产业增加值增长13.7%,占规模以上工业增加值的19.0%;高技术制造业增加值增长9.2%,占规模以上工业增加值的9.9%;装备制造业、电子信息产业增加值分别增长17.4%、11.4%。山西省全年规模以上工业企业中,高技术制造业和战略性新兴产业较快增长,增加值分别增长5.9%、7.4%;装备制造业增加值增长7.2%,其中,新能源汽车产业增长61.6%,节能环保产业增长12.1%,新材料产业增长9.8%,新一代信息技术产业增长5.9%。湖北省高技术制造业增加值增长9.2%,快于规模以上工业1.4个百分点,占规模以上工业增加值的比重达9.5%,对规模以上工业增加值增长的贡献率达17.0%;装备制造业增加值增长9.0%,比上年加快1.7个百分点。湖南省高新技术产业增加值增长14.3%;高加工度工业和高技术制造业增加值分别增长13.1%和16.3%,占规模以上工业增加值的比重分别为37.8%和11.3%,比上年提高1.5个百分点和0.7个百分点;装备制造业增加值增长14.1%,占规模以上工业增加值的比重为30.5%。江西省高新技术产业增加值增长13.4%,高于全省平均水平4.9个百分点,占规模以上工业增加值的比重为 36.1%，比上年提高 2.3 个百分点；装备制造业增加值增长 18.2%，高于全省平均水平 9.7 个百分点，占规模以上工业增加值的比重为 27.7%，比上年提高 1.4 个百分点；战略性新兴产业增加值增长 11.4%，高于全省平均水平 2.9 个百分点，占规模以上工业增加值的比重为 21.2%，比上年提高 4.1 个百分点。2019 年中部地区先进制造业增加值增速及占比见表 3-2。

表 3-2　2019 年中部地区先进制造业增加值增速及占比

全国/省份	装备制造业		高技术制造业		战略性新兴产业	
	增加值增速/(%)	占规模以上工业增加值的比重/(%)	增加值增速/(%)	占规模以上工业增加值的比重/(%)	增加值增速/(%)	占规模以上工业增加值的比重/(%)
全国	6.7	32.5	8.8	14.4	8.4	—
安徽省	10.1	32.2	—	—	14.9	—
河南省	17.4	—	9.2	9.9	13.7	19.0
山西省	7.2	—	5.9	—	7.4	—
湖北省	9.0	—	9.2	9.5	—	—
湖南省	14.1	30.5	16.3	11.3	—	—
江西省	18.2	27.7	—	—	11.4	21.2

三、创新能力稳步提升

在创新平台方面，截至 2019 年年底，中部地区创新平台建设加速推进。安徽省共有大科学装置 4 个；省级以上重点实验室 185 个，其中国家重点实验室 11 个；省级以上工程技术研究中心 599 个，其中国家级 9 个；省级以上工程实验室 103 个，其中国家级 15 个；省级以上工程研究中心 157 个，其中国家级 35 个。河南省共有省级以上企业技术中心 1114 个，其中国家级 91 个；省级以上工程实验室（工程研究中心）784 个，其中国家级 49 个；省级工程技术研究中心 1685 个，国家工程技术研究中心 10 个；省级重点实验室 206 个，国家重点实验室 16 个；启动实施 35 个省重大科技专项，获得省级科学技术奖 297 项（人），获得国家科学技术奖 16 项。湖北省共有省级工程研究中心（工程实验室）255 个，省级企业技术中心 535 个，国家研究中心 1 个，国家重点实验室 27 个，国家工程技术研究中心 19 个，国家地方联合工程研究中心 37 个，国家企业技术中心 68 个。湖南省共有国家工程研究中心（工程实验室）16 个，省级工程研究中心（工程实验室）246 个，国家地方联合工程研究中心（工程实验室）38 个，国家认定企业技术中心 54 个，国家工程技术研究中心 14 个，省级工程技术研究中心 429 个，国家重点实验室 18 个，省级重点实验室 306 个。

江西省共有国家工程(技术)研究中心8个,省级工程(技术)研究中心382个,国家重点实验室5个,省级重点实验室200个。

在创新成果方面,2019年公布的数据显示,安徽省继2018年之后继续在申请专利数量方面排名中部第1位,湖北省排名第2位。在授权专利数量增速方面,6个省均保持增长趋势,其中增速最高的是湖北省,为15.3%,增速最低的是安徽省,仅为3.5%。在授权发明专利数量方面,安徽省、湖北省继续在中部地区领跑,以14958件和14178件位居第1、第2位,湖北省授权发明专利数量增速最高,达到24.5%。2019年中部地区专利数量及增速见表3-3。

表3-3　2019年中部地区专利数量及增速

全国/省份	申请专利/件	增速/(%)	授权专利/件	增速/(%)	申请发明专利/件	增速/(%)	授权发明专利/件	增速/(%)
全国	4380000	1.3	2592000	5.9	1401000	−9.2	453000	4.8
安徽省	167039	−19.5	82524	3.5	62905	−42.2	14958	0.8
河南省	144010	−6.7	86247	4.8	30260	−35.4	6991	−10.6
山西省	31705	17.0	16598	10.2	8424	−10.3	2300	0.7
湖北省	141411	13.6	73940	15.3	47517	−13.5	14178	24.5
湖南省	106113	12.3	54685	11.7	39104	10.4	8479	2.6
江西省	91474	6.4	59140	12.0	2861	−80.3	262	−89.6

在技术成果方面,2019年公布的数据显示,中部地区在技术转让方面成效显著,安徽省输出技术合同成交额452.72亿元,增长40.9%;吸纳技术合同成交额610.01亿元,增长72.1%。河南省签订技术合同9310份,技术合同成交金额234.07亿元。湖北省签订技术合同39511项,技术合同成交金额1449.6亿元,增长17.2%。湖南省签订技术合同9023项,技术合同成交金额490.7亿元,登记科技成果814项,获得国家科技进步奖励成果23项,国家技术发明奖5项,国家自然科学奖3项。江西省签订技术合同2799项,技术市场合同成交金额148.6亿元,其中,技术开发合同成交额49.8亿元,技术转让合同成交额19.2亿元。

四、绿色制造稳步推进

当前,制造强国战略、制造业供给侧结构性改革、制造业高质量发展等一系列重大战略和重大改革的实施,让工业绿色发展充满力量。同时,生态文明建设、生态环境保护、污染防治攻坚战等一系列为满足人民对美好生活需求的重大决策和重大部署的推行,为工业绿色发展注入了内在动力。

(一)安徽省加快制造业的绿色转型

近年来,安徽省先后出台了《五大发展行动计划》《安徽省"十三五"工业绿色发展规划》《安徽省绿色制造体系建设实施方案》等政策文件,部署推进工业绿色发展,通过建设绿色产品、绿色工厂、绿色园区、绿色供应链四位一体的绿色制造体系,打造了一批制造业绿色转型升级的示范标杆。

培育和壮大"绿色"产业是安徽一以贯之的政策着力点。2019年,安徽省累计创建国家级绿色工厂79家,开发绿色产品197多种。"十三五"前三年,安徽省规模以上工业增加值能耗累计下降17.2%,比全国多下降约4个百分点,全省工业节能对全社会节能的贡献率超80%。未来,安徽省将抓住产业结构调整和产业转移的历史机遇,继续通过产业升级和竞争力提升,以"四位一体"绿色制造体系推动制造业绿色循环低碳发展,带动全省经济发展向质量更高、结构更优不断迈进。

(二)河南省推进绿色制造体系建设

为推进工业绿色化改造,实现绿色发展,河南省出台了《河南省绿色制造体系建设实施方案(2018—2020年)》,提出了以促进全产业链和产品全生命周期绿色发展为目的,围绕制造业资源能源利用效率和清洁生产水平提升,力争到2020年,全省培育创建100家省级绿色工厂和10家省级绿色园区,开发一批绿色产品,建立若干绿色供应链管理示范点。

围绕推动工业绿色发展积极开展工作部署,深入地市及重点行业,组织开展"绿动河南"工业绿色发展宣贯等活动,激励企业转型绿色制造;加速强化服务能力,已培育一批绿色发展第三方服务专业机构;探索搭建绿色制造服务平台,率先成立了河南省绿色制造联盟,推动企业、协会、科研院所等开展合作,推广绿色制造典型示范模式,开展绿色诊断、政策宣贯等活动,河南省绿色发展成效初现。2019年,河南省全年规模以上工业增加值能耗比上年下降14.1%,创建培育了80家绿色工厂、6个绿色园区、1家绿色供应链示范企业。

(三)山西省推进绿色制造行动计划

随着《山西省绿色制造2019年行动计划》正式发布,山西省重点培育发展绿色设计产品、绿色工厂、绿色园区和绿色供应链,实现大宗工业固废综合利用率68%、利用量1.2亿吨以上,推进建设65个绿色制造工程重点项目,完善绿色制造体系,稳步提高工业绿色化程度。2019年,山西省选择20余个工艺技术装备先进、产品市场较好、基础工作扎实的企业,开展绿色工厂创建活动,推进企业用地集约化、生产洁净化、废物资源化、能源低碳化,积极组织符合条件的企业申报国家级绿色工厂;推进已列入工信部绿色工厂名单的太钢、朔州润臻、晋西车轴、山西华翔等7家企业研发绿色产品,实施绿色供应链管理,加大低碳节能改造,推进生产过程自动化、智能化,加大废弃物资源综合利用;组织企业生产可降解塑料、铁精矿、家用洗涤剂、厨房厨具用不锈钢等产品,开展国家级绿色设计产品申报;选定10余个产品开展省级绿色设计产品创建活动。同时,选择汽车、电子电器等行业中绿色供应链管理基础好的核心制造企业,申报国家级绿色供应链试点示范。

(四)湖北省推进绿色发展十大战略性举措

为突出绿色发展,在探索高质量发展新路上迈出新步伐,湖北省启动实施加快发展绿色产业、推进绿色宜居城镇建设、大力发展绿色金融、倡导绿色生活方式和消费模式等"绿色发展十大战略性举措",涵盖15个专项战役、91个绿色发展重大项目和58个重大事项,规划总投资1.3万亿元。截至2019年底,已经关改搬转沿江化工企业110家,整治"散乱污"企业2172家。

实施"十大战略性举措",将坚持"生态优先、绿色发展"总基调,重点谋划纳入一批具有绿色发展特色的重大事项和重大项目。在重大项目的选择上,确保科技高度、投资强度、绿色程度、产业链长度、项目深度"五度"的标准,增强湖北省产业和区域竞争力。按照"十大战略性举措"要求,聚焦新一代信息技术、生物、高端装备、新材料、绿色低碳、数字创意等六大产业16个高端细分领域,深入推进制造业与互联网融合发展,开展智能制造新模式试点示范工程,加快"楚天云"和工业云平台建设,实施"万企上云"工程,促进数字经济、生物经济、绿色经济发展,力争六大产业主营业务收入之和突破3万亿元。优先在食品、化工、汽车、电子信息、机械、纺织、钢铁、建材、有色等行业,以及基础条件好、产业关联性强的工业园区开展绿色制造体系创建和示范推动工作,支持开发绿色产品,创建绿色工厂,打造绿色供应链,建设绿色工业园区。通过绿色制造标准体系和第三方评价机制的引领,建立全省高效、清洁、低碳、循环的绿色制造体系。

(五)湖南省聚焦"生态强省"发展目标

近几年,湖南省先后制定出台了《关于坚持生态优先绿色发展深入实施长江经济带发展战略大力推动湖南高质量发展的决议》《湖南省污染防治攻坚战三年行动计划(2018—2020年)》,并同步制定蓝天、碧水、净土保卫战三年实施方案。大力破除无效供给,综合运用市场化法治化手段,推动水泥、煤炭、烟花、造纸等领域过剩产能退出和落后产能淘汰,着力处置"僵尸企业",积极推动化解过剩产能。大力培育新动能,强化科技创新,推动传统产业优化升级,深入推进"互联网+"行动,大力发展新兴产业,不断增强发展后劲。

"湖南制造"向"湖南创造"的嬗变,已成为三湘大地高质量发展的重要"标签"。经过脱胎换骨的过程,湖南省迎来了欣欣向荣的绿色发展新局面,过去3年,湖南省单位GDP能耗年平均降幅达5.8%。2018年,规模以上服务业营业收入增长11.9%,重化工业为主的产业结构正在改变。生态湖南山清水秀,全省森林覆盖率达到59.6%,位居全国前列,湿地保护率居全国第1。354个省级监测断面Ⅰ至Ⅲ类水质占94.5%,全省二级空气环境质量城市5个,空气质量优良率85.4%。

（六）江西省加速构建绿色产业新格局

近年来,江西省深入实施创新驱动"5511"工程倍增计划及重点创新升级产业化工程,加快推动创新型省份建设步伐,激活科技创新"强引擎",不断增强产业发展核心竞争力。将绿色发展理念融入产业升级,加大科技创新力度,努力掌握核心技术,推进资源节约和循环利用,不断提升产业发展层次和水平,迈出绿色发展新步伐。2019年,全省规模以上工业增加值同比增长8.4%,规模以上工业增加值能耗下降4.9%,绿色产业新格局正在加速构建,绿色正在成为江西省高质量跨越式发展的主色调。近几年江西省共安排财政资金2880万元扶持了一批绿色制造项目,第一批省级绿色制造名单中绿色工厂36家、绿色园区6家。同时,江西省已有22家企业、5家园区列入国家绿色工厂、绿色园区名单。高效、清洁、低碳、循环的绿色制造体系建设,激发了企业绿色发展的内生动力,降低企业绿色发展的成本,为"江西制造"注入绿色新动力。

第三节　中部地区制造业存在差距

我国宏观经济结构转型的背景下,经济新常态特征更加明显,中部地区在稳增长和调结构方面的任务依然艰巨。整个中部地区与发达省份相比还存在着工业经济规模总量偏小、产业结构转型进程缓慢和科技经费投入力度不大等方面的问题。

一、工业经济规模总量偏小

2019年,中部地区规模以上工业增加值平均增速7.7%,高于全国平均水平2个百分点。除了山西省外其他五省均高于全国平均增速,湖南省、湖北省位于增速前列。虽然整体工业增加值增长较大,但是中部地区仍面临着包括制造业等在内的工业经济规模总量偏小、企业效益仍有待提高的问题。截至2019年底,中部地区规模以上工业增加值总额占全国比重23.7%,规模以上工业企业利润总额占全国比重仅为21.0%,从长远来看,中部地区的制造业发展还有很大提升空间。

2019年公布的中国企业500强当中,四大区域中,中部地区入围的企业数量连续减少,西部地区则稳中有增,东北地区止降趋稳。中部地区入围了52家企业,占10.4%,在2018年减少了2家的基础上,再次减少了3家,而东部地区有371家企业,占到了74.2%。

二、产业结构转型进程缓慢

2019年,中部地区大力推进供给侧结构性改革,做出了一系列相关的战略部署,但中部地区的工业经济主要还是依靠高耗能、低质量的重工业等传统工业推动,资源的利用效率和产品的附加值较低,河南省、湖南省、江西省的六大高耗能行业占规模以上工业增加值的比重仍然比较高。在高技术制造业领域,除了江西省以36.1%的占比高于全国平均水平,其他各省均处于落后状态,低于全国平均水平。在体制创新、产业升级、扩大开放等方面,没有像东部地区一样走在国家的前列,因此,中部地区在结构转型升级方面需要加快步伐,力争更多的突破。

三、科技经费投入力度不大

2018年中部地区研究与试验发展(R&D)经费支出3287.4亿元,虽然比上年增长17.3%,高于全国平均增速,但占全国的比重仅为16.7%。对比全国平均数据,中部地区各省研究与试验发展(R&D)经费投入强度均未达到全国平均值,其中,山西省、河南省、江西省分别仅有1.05、1.40、1.41,远低于全国平均值。

第四节 中部地区制造业发展展望

从黄土高原到赣鄱大地,中部地区承东启西、连南接北,具有重要的战略地位。中部崛起规划自其启动实施,历经十多年发展,成就斐然,从在西部地区、东北地区、中部地区、东部地区四大板块中"跟跑"到增速连续10个季度"领跑",中部地区经济一直在节节攀升。

2019年5月,在江西考察并主持召开推动中部地区崛起工作座谈会时,习近平总书记对做好中部地区崛起工作提出了明确要求,中部地区站上了全新的历史台阶,正"挺直腰杆"朝着更高质量发展阔步向前。

展望2020年,中部地区制造业发展有利条件和不利因素并存,制造业发展仍将保持总体平稳、稳中有进、喜忧并存的态势。

一、制造业发展总体向好的基本面没有改变

面对当前错综复杂的国内外环境,中部地区制造业发展总体向好的基本面没有改变。随着供给侧结构性改革的推进,要素的质量和效率继续提升,企业的效益和发展质量显著提升,中部地区制造业发展出现了诸多可喜的变化。从投资看,2020年,中部地区工业投资将保持较快增长态势,形成经济稳定增长的重要支撑。中部地区产业结构、需求结构、动力结构优化都将继续推进,消费取代投资和出口成为稳增长的主要需求,高新技术产业和新兴产业取代传统产业成为经济发展的重要支撑,一批新产业、新业态、新主体在加快孕育,中部地区经济发展的动力实现重大转变。

二、重大区域发展战略齐头并进

随着一系列重大区域发展战略的实施和效果显现,中央将在2020年出台黄河流域生态保护和高质量发展规划纲要及其配套政策,同时也将着力推进成渝地区双城经济圈建设,在西部地区打造高质量发展的重要增长极。另一方面,为了更好发挥中部地区内陆开

放和腹地优势,中央将深入推进新时期中部崛起战略,明显改善中部地区承接东部和国外新兴产业转移的条件,使我国经济发展拥有更大的回旋余地。

2020年,中国区域协调发展战略将从"共识"全面转向"共建",多项改革不断深入推进,一个要素有序自由流动、主体功能约束有效、基本公共服务均等、资源环境可承载的区域协调发展新格局正加快形成。

三、战略性新兴产业开启新一轮的快速增长

新型基础设施建设进一步加快,将带动战略性新兴产业开启新一轮的快速增长。"新基建"主要围绕5G、人工智能、工业互联网、大数据中心、特高压、城际高速铁路和城市轨道交通、智能化交通基础设施、新能源汽车充电设施等多个领域的数字型基础设施展开,将直接带动相关制造产业发展。我国三大运营商正式启动了5G商用,并宣布了5G商用套餐,我国在2020年有望成为5G规模和用户数最大的市场。与此同时,基于"新基建"的场景应用多元化还将创造出一批新业态新模式,进一步带动商业模式和消费模式的变化,成为新增长点并为创新型企业的进入创造更大空间。预计2020年,5G、城际高速铁路和轨道交通、工业互联网、大数据等一批新基建项目落地,将有力拉动工业投资增长。

四、推动制造业高质量发展的成效正在愈发凸显

中部地区的湖南、湖北等省是中国工业的发源地之一,《促进中部地区崛起"十三五"规划》也将中部地区定位为"全国先进制造业中心"。对于中部地区而言,推动制造业高质量发展的成效正在愈发凸显。就目前中部地区核心城市的崛起而言,从一定程度上需要归功于近年来国内产业链的重新布局和大迁移,比如武汉的光谷系、郑州的富士康系、合肥的中科系等,都是在产业转移的浪潮下形成了以新兴制造为核心的产业链基础。

中部地区集成电路、存储器、新型显示、新一代信息技术、人工智能、新材料、生物制药、新能源汽车、轨道交通装备、航天航空等新兴产业快速发展,多个优势突出、特色鲜明的产业集群正在显现。

五、区域经济发展差异化态势仍将持续

随着我国经济发展进入新常态,结构调整和改革推进力度不断加大,我国区域结构逐步由差别化向均衡化转变,但短期内区域经济发展差异化态势仍将持续。东部与中西部地区经济发展差距将进一步缩小,中西部地区经济增速继续领跑全国,东北地区增速将有所回升,但仍是发展洼地。

虽然中部地区近年来经济快速发展,但如果将时间拉到更长的维度,其总体的经济增速只能说与全国增速持平甚至略低。从2010年到2019年的9年间,中部六省GDP之和增长了127%,略低于同期全国增幅128%。分省份看,6个省之间的分化较为明显。其中,湖北、安徽、江西、湖南四省9年经济总量的增速均超过了全国平均水平。相比之下,

山西、河南两省9年经济总量的增速低于全国平均水平。从区域分布上来说，与近年来我国经济发展呈现出明显的南北分化相似，在中部地区，南北分化也十分明显，沿江四省比位于北方地区的河南省、山西省要快得多。

六、中部地区产业发展仍然存在一定的同构性

从总体发展战略来看，中部地区各具优势、各有特色，湖北省的光电子、装备制造、高新技术产业在全国排名较前，湖南省的工程机械、轨道交通装备等在全国已属领先水平，河南省的大中型客车、输变电设备、矿山机械等已具备较完备的产业发展基础，山西省以资源型产业为主的能源基地的建设也已规模凸显，安徽省的家电轻工业在全国已具优势，江西省的绿色及生态产业已形成特色。各省可在优势互补的基础上，以错位发展为准则、以市场机制为纽带加快形成互利共赢的发展格局。特别是在区域产业链分工体系和经济模块化发展日益成熟的发展趋势下，从政府层面加快构建中部地区的合作发展平台，将为中部地区产业发展增添新的动力。

七、中部一体化协同发展不足仍将存在

尽管中部地区号称第四经济增长极，但长期以来中部地区缺乏合作、中部崛起工作动作不明显等问题，让内部一体化发展仍存难点。与长三角、珠三角等发展领先的地区相比，中部一体化发展受到了更多的质疑。尽管中部增长态势迅猛，但是跟沿海发达省份相比仍有差距。缺少优越的地理条件、丰富的资源支撑也成为中部地区共同的掣肘。想要突出重围，就必须走共生发展之路，逐渐从竞争走向竞合，从而赢得更多的机遇。

八、面临复杂多变的国际环境和经济下行加大的压力

2020年，我国区域发展继续面临着复杂多变的国际环境和宏观经济下行加大的压力。在国际环境方面，中美经贸摩擦不确定性和长期性继续存在，全球贸易和投资活动进入深度调整期。我国区域发展正面临着外向型加工制造业外迁和吸引外资减弱的双重压力。在国内环境方面，我国具有超大规模的市场需求优势，但消费需求增速放缓却成为区域发展的不利因素。在经济下行压力增大的情形下，我国地方保护主义抬头、地区竞争加剧等现象将出现反弹，这将不利于深入推进区域协调发展。

2020年是具有里程碑意义的一年，是我国脱贫攻坚决胜之年，是我国全面建成小康社会，完成第一个百年奋斗目标之年。在这个关键的年头，我国区域协调发展战略将深入推进，国家区域政策体系更加完善，优势互补、高质量发展的区域经济布局日趋呈现。

"逐梦惟有笃行，吾辈当须努力。"关于"中部崛起"的议论还在继续，各地踏实干事的步子已然迈出。中部崛起正朝着更高的顶峰，奋进！

第四章　湖北省制造业发展概况

新中国成立 70 年来,在党中央、国务院的坚强领导下,湖北省委、省政府率领荆楚儿女追逐强省之梦,重视并大力发展工业,开辟了湖北工业从小到大、由弱到强、由传统转向新兴、由中低端迈向中高端的快速发展道路,经历了由"立起来""大起来"向"好起来""强起来"的历史性转变,实现了从工业化初期到工业化中后期的历史性跨越,取得了工业总量、增速和绩效跻身全国第一方阵的历史性成就,正加速向工业强省、制造强省、网络强省迈进。

第一节　湖北省制造业发展态势

2019 年,面对外部环境挑战和经济下行压力,湖北省上下坚持以习近平新时代中国特色社会主义思想为指导,牢记"四个着力""四个切实"重要嘱托,统筹推进"五位一体"总体布局,协调推进"四个全面"战略布局,坚持稳中求进工作总基调,坚持新发展理念,扎实推进"一芯驱动、两带支撑、三区协同"为主要内容的高质量发展区域和产业战略布局,真抓实干,克难攻坚,出色地完成了全年经济社会发展目标任务,主要经济指标增长速度处于全国第一方阵,新旧动能加快转换,产业结构持续优化,创新能力显著增强,质量效益稳步提升,投资结构日趋合理,高质量发展扎实推进,全面建成小康社会取得新的重大进展。

一、主要指标平稳增长

2019 年,湖北省工业运行呈现高开稳走态势,全省规模以上工业企业达到 15589 家,全年规模以上工业增加值增长 7.8%,比上年提高 0.7 个百分点,高于全国平均水平 2.1 个百分点,比上年扩大 1.2 个百分点,增速由上年的全国第 15 位升至第 7 位,中部第 3 位,增速及位次为近几年来最好水平。

2019 年,占全省近 90% 的制造业增加值增长 7.9%,同比提高 1.2 个百分点,高于规模以上工业增加值增速 0.1 个百分点。其中,国有及国有控股企业增长 4.4%,集体企业下降 6.7%,股份制企业增长 8.5%,外商及港澳台投资企业增长 3.4%,其他经济类型企业增长 4.3%。轻工业增长 6.8%,重工业增长 8.2%。41 个工业行业大类中,有 37 个保持增长,增长面达 90.2%,同比提高 4.8 个百分点。传统产业支撑有力,汽车、建材、化工三大行业增加值分别增长 4.5%、8.0% 和 9.3%,分别比上年提高 1.8 个百分点、2.7 个百分点和 1.4 个百分点。三大行业对工业增长的贡献率达 24.5%(其中,汽车行业的贡献率达13.1%),比上年提高5.0个百分点。农副食品加工业增加值增长7.1%,对工业增长的贡献率也较大,达到7.3%。医药制造业增加值增长8.6%,对工业增长的贡献率为3.46%。2019年湖北省工业能耗持续下降,规模以上工业增加值能耗降低率为2.1%。2019年湖北省与全国规模以上工业增加值增速见图4-1。

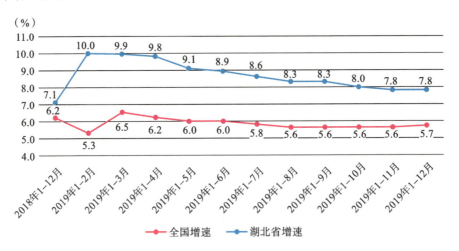

图4-1 2019年湖北省与全国规模以上工业增加值增速①

二、新旧动能加快转换

高技术制造业贡献加大。近年来,湖北省以信息技术为标志的高技术产业加快成长,初步形成了电子信息、生物技术与新医药、新材料和制造业信息化为核心的特色高新技术产业群。光纤、光通信设备、无线通信设备、石英晶体及器件等产品的生产规模和技术水平具有参与国际竞争的实力。2019年,湖北省规模以上高新技术产业工业增加值8817.43亿元,同比增长11.3%;湖北省高技术制造业增加值6379.07亿元,增长9.2%,快于规模以上工业增加值增速1.4个百分点;占工业增加值比重达9.5%,同比提高0.6个百分点,占比为近年来最高水平;对工业增长的贡献率达17.0%,比上年提高1个百分点。其中,计算机、通信和其他电子设备制造业增加值增长19.0%,高于规模以上工业增加值增速11.2个百分点,对工业增长的贡献率为4.31%。2019年1—11月,高技术制造业利润增长16.9%,高于全省利润增速7.8个百分点。新兴产业由势强力弱向势大力强转变。

装备制造业增长较快。2019年,受益于转型升级提挡加速,装备制造业增加值增长9.0%,比上年加快1.7个百分点,占工业增加值比重达32.0%。其中,电气机械和器材制造业增加值增长11.0%,均高于规模以上工业增加值增速,对工业增长的贡献率为4.04%。铁路、船舶、航空航天等制造业增加值增长9.2%,通用设备制造业、专用设备制

---

① 数据来源:国家统计局.

造业增加值分别增长9.1%、5.1%,对工业增长的贡献率分别为3.3%、2.6%。部分新产品产量增长较快,显示器、电子元件、印制电路板产量分别增长29.7%、32.3%和22.0%。2019年,汽车制造业深化调整转型,重点车企部分新推车型市场销售较好,四季度汽车制造业继续呈现回升态势,12月同比增长10.9%,增速比上月加快5.8个百分点。仪器仪表制造业增长32.5%,同比加快23.8个百分点。

三、产业结构持续优化

改旧育新两手抓。坚持改旧育新两手抓,万企万亿技术改造工程全面完成,2017年以来累计实施技术改造项目1.16万个,投入1.2万亿元。集成电路、地球空间信息、新一代信息技术等战略性新兴产业快速成长,国家存储器、网络安全人才与创新、新能源和智能网联汽车、航天产业四大国家级产业基地已经进入建设提速阶段,"芯屏端网"产业集群规模突破3000亿元。

产业结构明显改善。湖北省规模以上高新技术产业完成增加值8817.43亿元,增长11.3%。其中,高新服务业保持较快增长,增长18.3%,增长贡献率近三成,为29.5%。

新产品增长加快。全省新增规模以上工业企业1324家,比上年多196家。这些企业全年产值增长251.1%,上拉工业总产值增长1.9个百分点。

新领域投资加大。高技术制造业投资增长15.6%,快于制造业投资5.6个百分点,以"芯屏端网"为主的电子及通信设备制造业投资增速达27.2%。

2019年,湖北"芯屏端网"产业集群通过国家首批世界级先进制造业集群初选,新获批4个国家级战略性新兴产业集群、2个国家级新型工业化产业示范基地和1个全国应急产业示范基地。长江存储64层三维闪存芯片,华星光电T4实现量产,京东方10.5代线运行,"湖北制造"的含金量、含新量、含绿量不断提升。

四、创新能力显著增强

创新平台建设加速推进。截至2019年年底,湖北省共建有225个省级工程研究中心(工程实验室),535个省级企业技术中心,1个国家研究中心,27个国家重点实验室,19个国家工程技术研究中心,37个国家地方联合工程研究中心,62个国家企业技术中心。

发展后劲持续增强。2019年,28项成果获国家科学技术奖,东湖实验室正式组建,6个工业互联网二级节点上线运行。新增高新技术企业1200家,国家级科技企业孵化器9家。湖北省共有各类孵化机构600余家,在孵企业达到2万余家,其中,国家级科技企业孵化器47家,国家级众创空间61家,国家级专业化众创空间5家。磐电科技给电力系统造"标准秤",追上世界一流水平,我国在高压计量领域的国际话语权由此提升;精测电子在国内平板显示测试领域处于绝对领先地位,拳头产品已达到国际先进水平。2019年规模以上工业企业研发费用同比增长1.15倍,新技术应用步伐加快,工业动能持续增强。2019年共签订技术合同39511项,技术合同成交金额1449.6亿元,合同金额比上年增长 17.2%。

五、质量效益稳步提升

2019年,湖北省规模以上工业销售产值增长7.8%,产品销售率为97.2%,规模以上工业企业利润总额2867.82亿元,增长4%,高于全国平均水平7.3个百分点。2019年,湖北省规模以上工业资产合计42223.5亿元,增长5.8%;负债合计21810.04亿元,增长7.0%;资产负债率51.65%,同比下降0.15个百分点,低于全国4.95个百分点(全国资产负债率56.6%)。企业亏损情况持续好转,亏损面逐渐下降。2019年,湖北省规模以上工业企业中有1439家出现亏损,亏损面为9.23%,同比减少1.4%,低于全国平均水平6.36个百分点。湖北省规模以上工业企业每百元营业收入成本为83.94元,低于全国0.14元。2019年湖北省与全国各月累计利润总额增速、各月累计资产负债率、各月累计亏损企业亏损面、各月累计每百元营业收入成本分别见图4-2至图4-5。

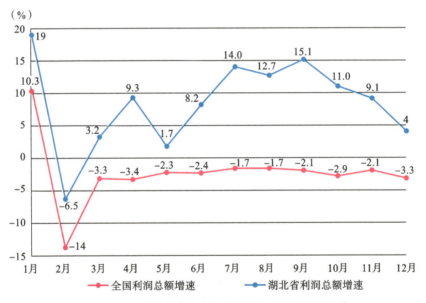

图4-2 2019年湖北省与全国各月累计利润总额增速[①]

六、投资结构日趋合理

新动能领域投资加大。2019年,湖北省工业投资增长8.1%,比全国平均水平高3.8个百分点,延续好于全国的态势。其中,制造业投资增长10.0%,比工业投资增速高1.9个百分点,比全国高6.9个百分点。高技术制造业投资增长15.6%,比制造业投资高5.6个百分点,以"芯屏端网"投资为主的计算机、通信及电子设备制造业投资增速高达38.6%。

---

① 数据来源:国家统计局.

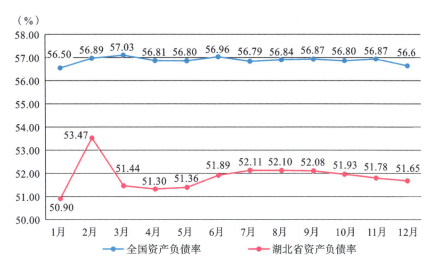

图 4-3　2019 年湖北省与全国各月累计资产负债率[①]

图 4-4　2019 年湖北省与全国各月累计亏损企业亏损面[②]

传统产业持续发力,仪器仪表制造业、通用设备制造业投资增速分别为 40.1％、14.9％。2019 年湖北省与全国工业投资增速见图 4-6。

技改投资持续高于工业投资,占比持续提升。自 2017 年启动"万企万亿"技改工程以来,一大批企业通过改技术、改工艺、改设备、改产品、改管理,不断推进传统产业向智能化、高端化、集聚化、品牌化转变。近年来,湖北省技改投资额、项目数占比持续提升,工业技改投资保持较快增长,增长 15.4％,占工业投资比重 43.7％,比上年提高 2.8 个百分点;技改投资项目数占工业投资比重为 50％,比上年提高 5.14 个百分点。技改投资的加快及比重的提升,为湖北省工业技术改造和转型升级提供了重要保障。

①② 数据来源:国家统计局.

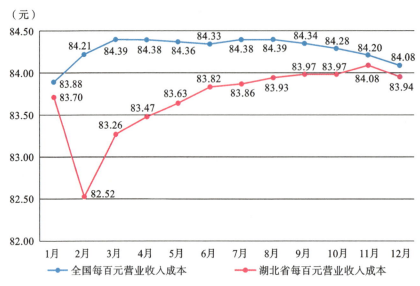

图 4-5 2019 年湖北省与全国各月累计每百元营业收入成本①

图 4-6 2019 年湖北省与全国工业投资增速②

民间投资态势有所改善。2019 年,湖北省民间投资增长 11.6%,比上年加快 0.2 个百分点,快于全国平均水平 6.9 个百分点,增速创 2015 年以来新高。民间投资占全部投资比重为 61.7%,比上年提高 0.5 个百分点。其中,湖北省制造业民间投资增长 10.4%,比全省制造业投资增速高 0.4 个百分点。

境外企业投资意愿较强。港、澳、台商和外商投资企业投资保持较高水平,港、澳、台商投资企业工业投资增长 23.1%,比上年提高 24.5 个百分点,高于内资企业 16.2 个百分点;外商投资企业投资增长 34.8%,比上年提高 12.4 个百分点,高于内资企业 27 个百分点。

①② 数据来源:国家统计局.

补短板领域投资较快增长。2019 年，湖北省基础设施投资增长 14.7%，比上年提高 1.7 个百分点。其中，以 5G 等新型基础设施为主的信息传输业投资增长 72.5%，生态保护和环境治理投资增长 44.4%。

第二节　湖北省"一芯两带三区"战略布局

党的十八大以来，以习近平同志为核心的党中央把促进区域协调发展摆在重要位置，制定实施新时期促进中部地区崛起规划，出台推动长江经济带发展的指导意见和规划纲要。2018 年 4 月，习近平总书记视察湖北时，对推动长江经济带绿色发展作出重要指示，强调"各地区要根据主体功能区定位，按照政策精准化、措施精细化、协调机制化的要求，完整准确落实区域协调发展战略"。2018 年 11 月，党中央、国务院又出台《关于建立更加有效的区域协调发展新机制的意见》，2018 年 12 月召开的中央经济工作会议提出，促进区域协调发展，形成高质量发展的重要助推力。

一、战略布局

（一）总体规划

2018 年 12 月，湖北省委十一届四次全体（扩大）会议暨全省经济工作会议在武汉召开。在本次会议上，湖北省委省政府贯彻中央经济工作会议精神，推动湖北经济高质量发展，以新发展理念为引领，科学谋划、重点部署了以"一芯驱动、两带支撑、三区协同"为主要内容的高质量发展区域和产业战略布局。"一芯驱动"，要大力发展以芯片为代表的高新技术产业、战略性新兴产业和高端成长型产业，培育国之重器的"芯"产业集群，将武汉、襄阳、宜昌等地打造成为综合性国家产业创新中心、"芯"产业智能创造中心、制造业高质量发展国家级示范区，加快形成中心带动、多极支撑的"心"引擎，加快形成高质量发展的"新"动能体系；"两带支撑"，要以长江经济带、汉江生态经济带为依托，以沿线重要城镇为节点，打造长江绿色经济和创新驱动发展带、汉孝随襄十制造业高质量发展带；"三区协同"，要按照区域统筹、产业集聚的思路，推动鄂西绿色发展示范区、江汉平原振兴发展示范区、鄂东转型发展示范区竞相发展，形成全省东、中、西三大片区高质量发展的战略纵深。湖北省"一芯两带三区"区域和产业战略布局图见图 4-7。

"一芯两带三区"区域和产业战略布局是一个有机的统一体，共同组成湖北发展新格局。"一芯"是龙头，起引领作用；"两带"是两根"台柱子"，是湖北发展的主动脉、主骨架；"三区"是延伸，起重要的联动作用。"一芯""两带""三区"有机组合在一起，就能利用规模效应形成新的竞争优势。

（二）一芯驱动

此"芯"有三层含义：一是产业之"芯"，就是依托"四大国家级产业基地"和"十大重点

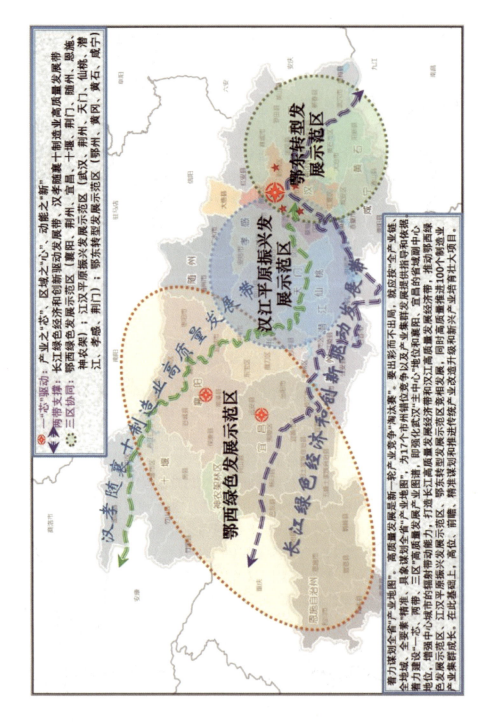

图 4-7 湖北省"一芯两带三区"区域和产业战略布局图

产业",大力发展以芯片为代表的高新技术产业、战略性新兴产业和高端成长型产业,培育国之重器的"芯"产业集群,将武汉、襄阳、宜昌等地打造成为综合性国家产业创新中心、"芯"产业智能创造中心、制造业高质量发展国家级示范区。二是区域之"心",就是强化武汉"主中心"地位和襄阳、宜昌的省域副中心地位,推动中心城市地区加快工业化、城镇化,提升武汉城市圈和其他城市群功能,发展壮大更多新的区域增长极,加快形成中心带动、多极支撑的"心"引擎。三是动能之"新",就是深入实施创新驱动发展战略,大力发展以知识、技术、信息、数据等新生产要素为支撑的新技术新产业新业态新模式,加快传统产业转型升级,推动经济发展质量变革、效率变革、动力变革,加快形成高质量发展的"新"动能体系。湖北省"一芯驱动"产业战略布局图见图4-8。

1. 四大国家级产业基地强势崛起

在国家层面,国家级产业基地要集聚创新要素,突破核心技术,提升产业创新能力,抢占全球下一代信息技术与产业革命的制高点,打造"国之重器",培育一批代表国家参与全球竞争的"国家队",形成具有国际竞争力的产业集群。从区域层面,国家级产业基地将建设成为长江经济带新增长极,促进长江经济带区域产业协同,加快形成产业联动紧密、分工协作合理的区域产业链布局,辐射带动武汉城市圈,引领长江中游城市群创新发展、转型升级,助推武汉"建成支点、走在前列"。

随着国家省市规划的推动,存储器、网络安全人才与创新、新能源和智能网联汽车、航天产业四大国家级产业基地,已经进入建设提速阶段。短短两年,四大国家级产业基地从一张张规划图,逐步变成吸引投资超过4000亿元的芯片、航天、网络安全、下一代汽车四大产业生态圈,逐步成为未来战略性新兴产业的重大支撑。目前,围绕四大国家级产业基地,投资建设已经进入新一轮高峰,100亿元以上的有长江存储芯片项目、京东方10.5代线、武汉新芯二期、弘芯半导体研发基地、深圳盘古电商交易数据中心、中金数据武汉超算中心等项目;10亿元以上的有优思通信5G基地、康宁10.5代线玻璃基板、火箭总装总调中心、奥美光电超薄显示器以及背光模组、航天科工虹云工程及行云工程等。湖北省四大国家级产业基地布局图见图4-9。

(1)国家存储器基地。国家存储器基地承担着实现我国集成电路闪存芯片产业规模化发展"零"的突破,改变我国通用存储器全部依赖进口被动局面的重大使命。近三年来,国家存储器基地围绕基地建设招商引资,芯片产业链条已初步成型,集聚了武汉华星光电、武汉天马等显示产业项目,联想MOTO、小米、华为等智能终端项目,天马6代线、腾龙数据中心等网络项目,全球有影响力的芯片产业基地初具雏形,"芯屏端网"光电子信息产业集群正在形成。为落实"一芯两带三区"战略,2019年,武汉市将在支持长江存储等龙头企业扩大产能规模、提升技术水平的同时,加强设备、材料、封测等核心配套环节招商引资,引进细分领域龙头企业,解决一些"卡脖子"技术,围绕"芯屏端网"产业集群,进一步强链、补链、延链。

(2)国家新能源和智能网联汽车基地。国家新能源和智能网联汽车基地是推进汽车

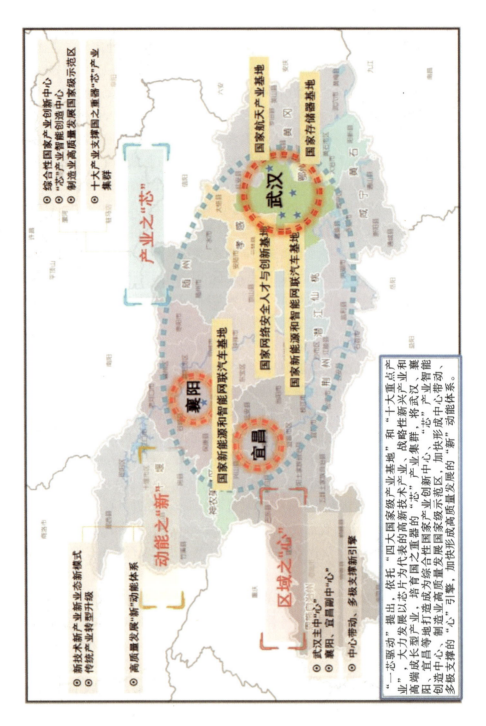

图 4-8 湖北省"一芯驱动"产业战略布局图

第四章 湖北省制造业发展概况

国家航天产业基地
位于新洲区
2017年4月24日正式开建

基地围绕商业航天、高端装备、新材料三大产业集群，将用10年时间，形成近600亿年产值的产业新城。

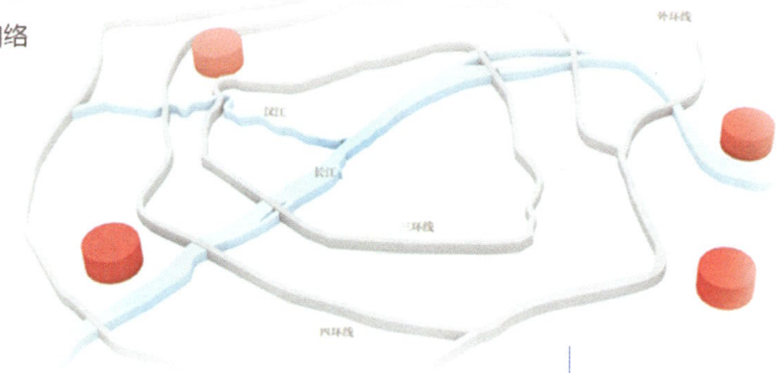

国家存储器基地
位于东湖新技术开发区
2016年12月30日正式开建

研发制造水平最接近世界一流的存储芯片，预计2023年满2019年量产64层三维闪存芯片，计划足国内闪存需求量50%。

国家网络安全人才与创新基地
位于武汉临空港经济技术开发区（东西湖区）
2016年9月13日正式开建

是全国首个也是唯一的冠名具特色的"网络安全学院+创新产业谷"基地。基地以网络安全和大数据产业为核心，建立覆盖数据存储-数据传输-数据处理-数据应用-数据终端的网络安全产业链，预计到2020年，产业链企业突破200家。

国家新能源和智能网联汽车基地
位于武汉经济技术开发区（汉南区）
2018年2月启动建设

5年内打造国际一流的智能网联汽车和智慧交通综合创新试验示范区，以及和"1+8"城市圈外环高速组成的"一区一环"开放式示范区域，以后可以通过智能传感器连接气车与城市设施，实现高度自动驾驶。

图 4-9 湖北省四大国家级产业基地布局图

产业与大数据、云计算等新业态跨界融合,推动传统汽车向下一代汽车转型升级的重要平台。目前,武汉开发区已与湖北移动等31家优质企业签订合作协议,2019年还计划引进不少于30家的新能源和智能汽车企业落户,带动一批高端人才、科研院所、测试企业等业态聚集。未来,武汉将加快设立智能网联汽车创新中心,组织实施智能网联汽车技术研究、标准制定、产业导入、产业基金运作等,重点推动人工智能、无人驾驶、物联网、通信导航、车载芯片等产品开发与产业化。建设国家新能源汽车质检中心,形成新能源与智能网联汽车仿真、标准化场景和开放道路测试能力,为新能源和智能网联汽车基地提供技术支撑。

(3) 国家航天产业基地。武汉国家航天产业基地是我国首个商业航天产业基地,是党中央深入实施国家创新驱动发展战略、军民融合发展战略的重大部署。目前,国家航天产业基地签约项目已达16个,项目总投资超过100亿元,火箭总装总调中心、航天科工多个项目持续推进,吸引集聚了优利麦克、燕拓科技、中遥智图、九天微星、知合出行等一批科技含量高、带动能力强的"高精尖"企业入驻,国家航天产业链日趋完善。在中国航天产业军用民用商用的格局下,与上海、西安不同,武汉以发展商业航天为主导,随着众多项目的投产,商业航天、高端装备等战略性新兴产业聚集,打造中国航天产业第三极,成为区域经济发展的新引擎。

(4) 国家网络安全人才与创新基地。国家网络安全人才与创新基地是全国唯一的网络安全基地,肩负维护网络安全、推动信息领域核心技术突破、自主创新推进网络强国建设的重大使命。目前,基地引进了法国源讯等一批世界知名企业及项目,中国网络安全前50强企业,已有17家落户该基地,15个项目正在加紧建设,已集聚了以中科曙光等为代表的网络硬件安全企业,以三江量子通信、北京数字认证为代表的网络通信安全企业,以技德科技、开源通信为代表的网络应用安全企业,以中金数据、盘古天地等为代表的网络数据安全企业,网络安全产业链逐步完善。2019年,基地将瞄准拥有顶尖技术的"国家队"企业、龙头企业和科研院所进行精准招商。将全面建成网安学院、培训中心、展示中心、人才社区等重点项目,形成大数据产业链。

2. 创建综合性国家科学中心

2018年起,湖北省规划提出,全力支持武汉创建综合性国家科学中心,积极创建国家实验室,加快建设国家级创新中心和重大科技基础设施群。规划建设"光谷科技创新大走廊",发挥企业创新主体作用,支持更多领军企业建设研发中心。大力推进国家高新区建设,支持重点产业创新联合体建设。

3. 十大重点产业

根据湖北省区域产业链布局及重点企业分布,对标国家产业发展战略,湖北省聚集芯片、地理空间信息、新一代信息技术、智能制造、汽车、数字、生物、康养、新能源与新材料、航空航天等基础好、条件优、潜力大的十大重点产业发力,培育壮大全省产业发展的战略新支撑和新增长极,引领产业发展质量变革、效率变革、动力变革,加快湖北制造向湖北创造转变、湖北速度向湖北质量转变、湖北生产向湖北品牌转变。在现代经济体系下,通过存量变革,加速增量崛起,实现变量突破,着力加快建设实体经济、科技创新、现代金融、人力资源协同发展的产业体系,促进产业迈向价值链中高端。

(1)芯片产业:依托国家存储器基地,重点发展存储芯片、光通信芯片和卫星导航芯片,努力形成以芯片设计为引领、芯片制造为核心、封装测试与材料为配套的较为完整的芯片产业链,力争到2022年,主营业务收入达到1000亿元以上。以武汉为核心发展区,建设武汉国家存储器基地、武汉光谷芯片产业园。以襄阳、宜昌、黄石、荆州、黄冈、随州、潜江、天门为发展区,重点布局光通信芯片、功率电子、车用元器件及配套产业等。

(2)地理空间信息产业:发挥地球空间信息科技和人才先发优势,深度参与北斗全球卫星导航系统建设,加快卫星遥感、通信与导航融合化应用,建成具有全球影响力的地球空间信息及应用服务创新型产业集群,力争到2022年,主营业务收入达到1000亿元以上。依托武汉人才和产业优势,鼓励地球空间信息及应用服务产业在武汉东湖新技术开发区发展。

(3)新一代信息技术产业:发挥信息光电子、5G等领域研发和产业化优势,重点培育光通信、新型显示与智能终端、5G、网络安全、量子通信等细分领域的龙头企业,建成具有国际影响力的新一代信息产业基地,力争到2022年,主营业务收入达到10000亿元以上。依托武汉东湖新技术开发区,建设国内一流光通信技术研发基地、新型显示基地、光纤光缆生产基地、国家网络安全人才与创新基地等,辐射带动荆州、鄂州、潜江等地区。

(4)智能制造产业:发挥激光、机床、海工等装备制造的技术和产业优势,重点布局人工智能、机器人、智能装备、高技术船舶与海洋工程装备、轨道交通装备等领域,建成国内一流的智能制造产业中心。推进传统制造转型升级,建设一批数字化车间、智能化工厂。力争到2022年,主营业务收入达到10000亿元以上。以武汉、襄阳、宜昌为核心区,重点发展激光、人工智能、机器人等产业;以黄石、黄冈、荆州、孝感、随州为发展区,重点发展高端数控机床等智能装备。

(5)汽车产业:发挥汽车产业产能和装备优势,依托国家新能源和智能网联汽车基地,加强协同创新和两化融合,引领汽车产业转型升级,力争到2022年,产业规模位居全国第一方阵,部分整车生产水平和关键技术达到国际领先水平,实现由汽车大省向汽车强省转变,主营业务收入达到10000亿元以上。以"汉孝随襄十"汽车产业走廊为基础,依托现有汽车产业及新能源汽车产业基地,在武汉、襄阳、十堰、黄冈、宜昌、孝感、随州、荆州等地布局汽车及零部件产业,在武汉、襄阳、十堰、孝感、荆州、潜江等地发展新能源汽车、智能网联汽车,在随州、孝感等地开发专用车、特种车。

(6)数字产业:抢抓数字经济发展重大战略机遇,加快布局数字经济基础设施,推进大数据、云计算、人工智能等领域关键技术突破,打破数字流通壁垒,推进数字资源开放共享,促进数字技术与制造、农业、社会治理等领域的应用创新与融合创新。力争到2022年,数字产业主营业务收入达到2000亿元以上。依托武汉软件新城、光谷创意产业基地、华中国家数字出版基地等一批数字经济、创意产业基地,在武汉集中发展数字基础平台、数字共享、数字应用产业；宜昌、襄阳、黄石等地依托智慧城市建设，开展云计算、大数据、软件服务等示范应用，布局数字产业。

（7）生物产业：依托武汉国家生物产业基地，重点突破一批具有自主知识产权的生物技术，做大做强一批龙头企业和重点产品，提升湖北省生物产业全球影响力，力争到2022年，主营业务收入达到3000亿元以上。依托各地生物产业园区，在武汉布局发展生物全产业链；在宜昌布局生物制药、生物医学工程、生物农业等，建设国家仿制药生产基地；在鄂州发展生物制药、精准诊疗等；其他有条件的市州发展生物制药、生物农业等。

（8）康养产业：大力推进康养产业基础设施建设，促进健康与养老、旅游、文化、健身、食品等产业深度融合，不断催生健康新产业、新业态和新模式，实现康养多元化服务供给，积极创建国家级康养产业试验区，力争到2022年，主营业务收入达到2万亿元以上。形成以武汉为核心枢纽，市州为重要节点，县市区为支撑的大健康服务网络体系和健康食品生产体系；鼓励湖北大别山区、武陵山区、秦巴山区和幕阜山区等自然生态禀赋好的地区建设一批康养旅游示范小镇、运动休闲特色小镇，支持有条件的乡（镇）建设一批温泉、食疗、养老等特色康养基地；沿长江、汉江支持沿线旅游景区提档升级，着力把湖北建成长江国际黄金文化旅游带核心区。

（9）新能源与新材料产业：坚持新能源大规模利用和分散利用相结合，高效生产与装备开发相结合，提高新能源保障程度和利用水平，力争到2022年，新能源产业主营业务收入达到1000亿元以上。推进石化、冶金、建材向精细化工新材料、金属新材料和无机非金属材料转型发展。重点发展石墨烯、新型功能材料、高性能复合材料等，建成我国重要的新材料研发与生产基地，力争到2022年，新材料产业主营业务收入达到5000亿元以上。在咸宁、宜昌、恩施等地进行核电、页岩气等新能源开发；在咸宁、荆门、黄石、随州、恩施、潜江等地开发分散式风电，在黄冈、随州、襄阳、仙桃等地布局建设集中式地面光伏电站；在荆州、武汉、襄阳等地推动能源装备产业集聚发展；在襄阳、枣阳、随州、大悟等地建设风光互补＋储能示范项目基地。

（10）航空航天产业：依托武汉国家航天产业基地，发展运载火箭、卫星、发射的产品、服务和应用等产业，轻型航空器核心产品达到世界先进水平。加快军工技术的转化和推广应用，推动军民融合产业深度发展，力争到2022年，航空航天装备主营业务收入提高到1000亿元以上。以武汉国家航天产业基地为核心，武汉临空港经济技术开发区和武汉经济技术开发区为两翼，荆门、襄阳、宜昌、荆州为支撑，辐射推动航空航天产业集聚发展。

（三）两带支撑

"两带支撑"，瞄准长江经济带和"一带一路"两大国家战略的有效对接和产业转型升级。"两带支撑"以长江、汉江为纽带，长江、汉江串起了湖北省主要城市和广大乡村，沿江是湖北省产业的重要聚集带，这如同湖北产业体系这只庞大的鲲鹏之"双翼"，是湖北省产业发展区域布局的主骨架。湖北省"两带支撑"产业战略布局图见图4-10。

第四章 湖北省制造业发展概况

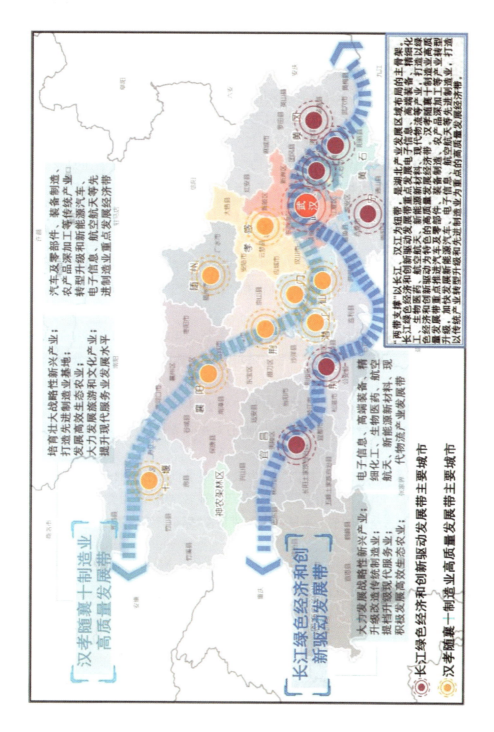

图 4-10 湖北省"两带支撑"产业战略布局图

（1）汉孝随襄十制造业高质量发展带，主要是落实长江经济带与"一带一路"两大国家战略的有效对接而作出的产业新布局，重点推进汽车及零部件、装备制造、农产品深加工等产业转型升级，加快发展新能源汽车、电子信息、航空航天等先进制造业，打造以传统产业转型升级和先进制造业为重点的高质量发展经济带。

（2）长江绿色经济和创新驱动发展带，主要是落实长江经济带"生态优先、绿色发展"战略而提出来的产业新布局，充分把握了习近平总书记关于长江经济带发展的"五大关系"，体现了在长江经济带上首先实现产业的"腾笼换鸟""凤凰涅槃"。重点发展电子信息、高端装备、精细化工、生物医药、航空航天、新能源、新材料、现代物流等产业，打造以绿色经济和创新驱动为特色的高质量发展经济带。

（四）三区协同

"三区协同"，瞄准国家绿色发展、乡村振兴、资源枯竭型城市转型发展等重大战略，在"多极支撑"区域发展布局中形成产业联动优势。湖北省"三区协同"产业战略布局图见图4-11。

（1）鄂西绿色发展示范区，坚持以"绿"为本，主要是以文化旅游、生态农业、清洁能源等绿色产业为主攻方向，打造湖北省绿色发展增长极。湖北省"鄂西绿色发展示范区"产业战略布局图见图4-12。

（2）江汉平原振兴发展示范区，坚持以"农"为基，主要是大力实施乡村振兴战略，服务国家粮食安全战略，以特色农业为主攻方向，打造湖北省特色产业增长极。湖北省"江汉平原振兴发展示范区"产业战略布局图见图4-13。

（3）鄂东转型发展示范区，坚持以"转"为要，主要是依托老工业基地传统优势，加快承接国外和沿海产业转移，推动冶金、建材等传统产业转型升级，为资源枯竭型城市转型发展找准突破口，打造全省转型发展增长极。湖北省"鄂东转型发展示范区"产业战略布局图见图4-14。

绿色发展、振兴发展、转型发展，都是落实习近平总书记视察湖北重要讲话精神，谱写新时代湖北高质量发展新篇章，在区域和产业布局上的生动体现。

二、发展态势

2018年12月"一芯驱动、两带支撑、三区协同"区域和产业战略布局提出以来，湖北省强化武汉"主中心"地位和襄阳、宜昌的省域副中心地位，提升武汉城市圈和其他城市群功能，发展壮大更多新的区域增长极，加快形成中心带动、多极支撑的"心"引擎。依托四大国家级产业基地和十大重点产业，大力发展以芯片为代表的高新技术产业、战略性新兴产业和高端成长型产业，培育国之重器的"芯"产业集群。如今，武汉与周边黄石、鄂州、黄冈、孝感、咸宁等市交通、产业一体化步伐加快推进，合作共建的产业园超过20余家。以武汉光谷生物城为"火车头"，湖北生物产业版图由武汉一枝独秀，演化为"1+8"多点支

第四章 湖北省制造业发展概况

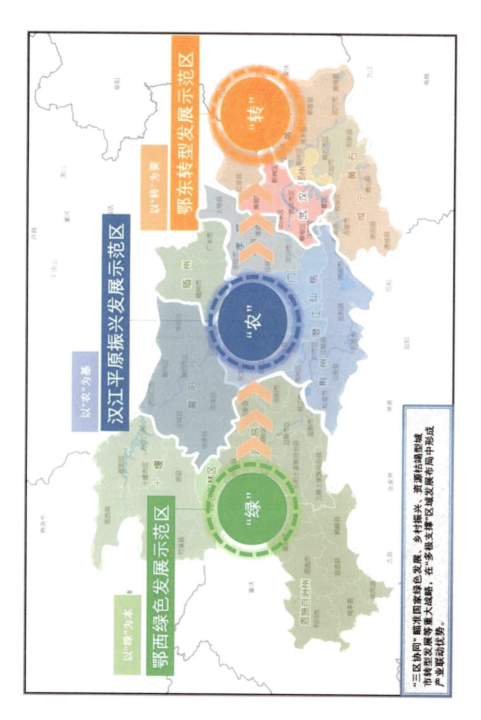

图 4-11 湖北省"三区协同"产业战略布局图

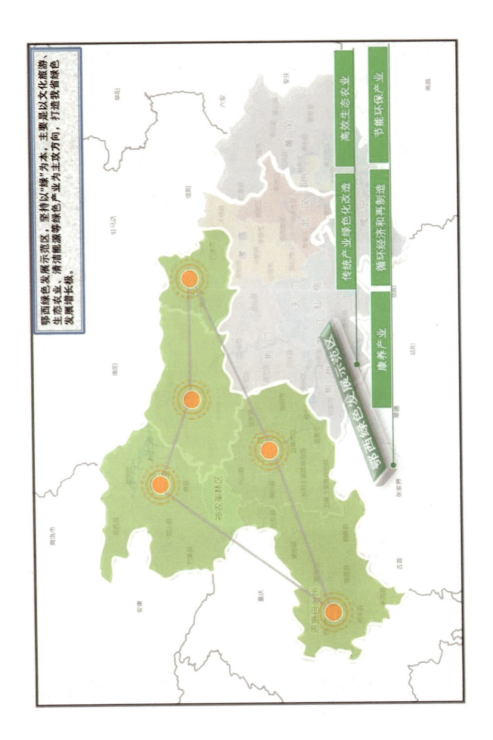

图 4-12 湖北省"鄂西绿色发展示范区"产业战略布局图

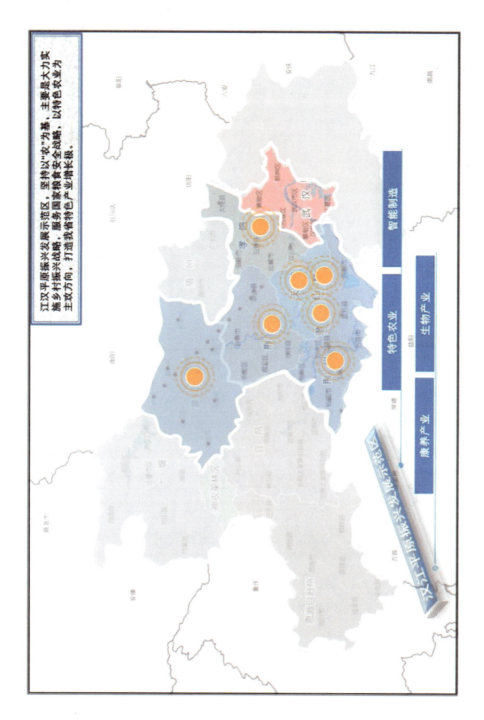

图 4-13 湖北省"江汉平原振兴发展示范区"产业战略布局图

一芯两带三区

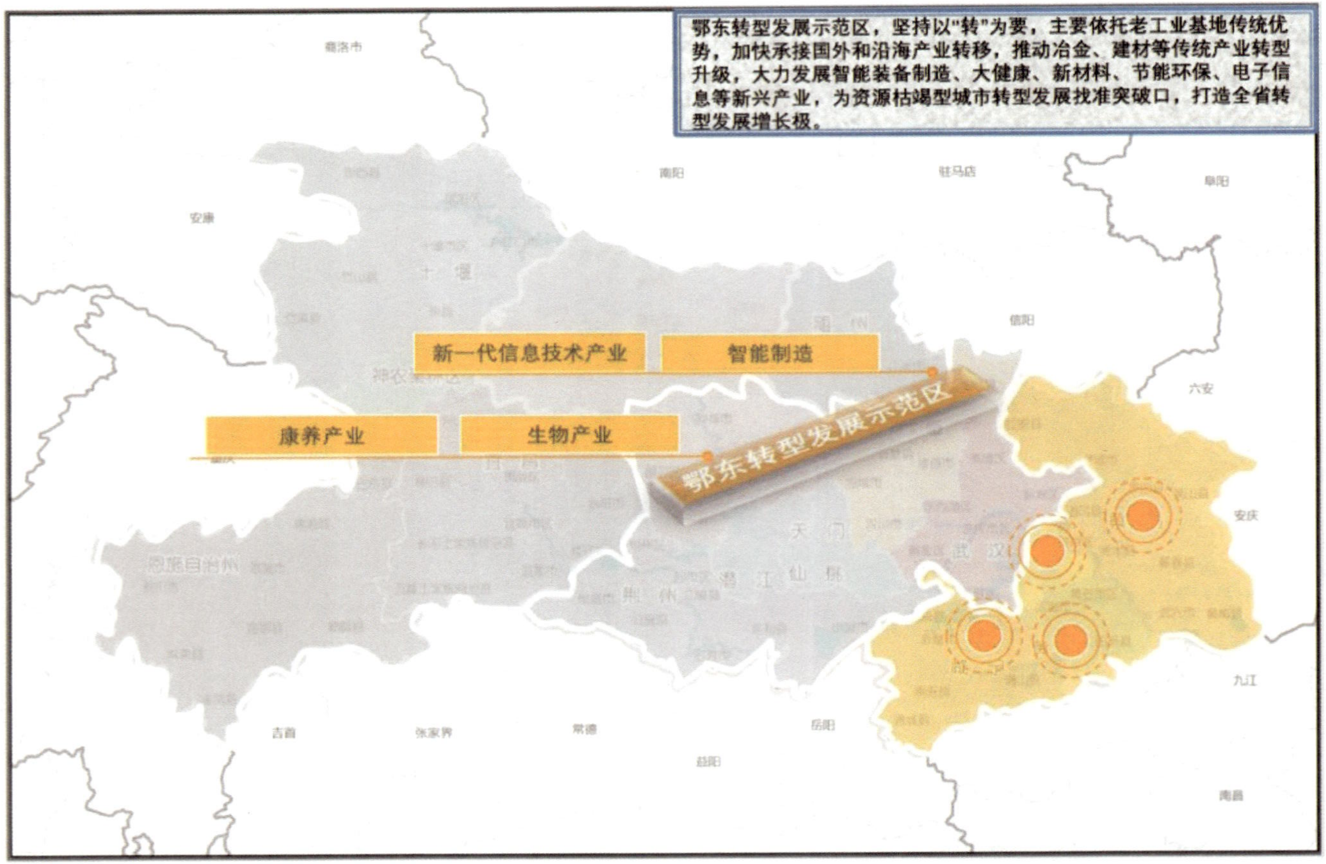

图 4-14　湖北省"鄂东转型发展示范区"产业战略布局图

撑。在荆楚大地上，宜昌、荆门、十堰等8个区域性生物产业园相继破茧而出。

为充分发挥重大项目对高质量发展的支撑作用，湖北省发改委印发了《全省2019—2020年重大推进项目清单》，明确了投资10亿元以上项目1171个，总投资约4.26万亿元；其中，2019年计划新开工项目311个，总投资1.12万亿元。一批高含金量、含新量、含绿量的引领性项目，正在构筑湖北竞争新优势。据统计，截至2019年2月18日，湖北省新开工项目1270个，总投资9157.9亿元；其中，10亿元以上新开工项目111个，总投资3210.6亿元。随着这些新项目开工，在湖北产业地图上全新标注上了110个全省重点成长产业集群、16个国家级新型工业化产业示范基地，湖北制造业高质量发展动能澎湃。

（一）夯实产业之"芯"，打造产业新高地

武汉市以"芯屏端网"、光通信、新能源及智能网联汽车等为突破口，积极打造世界级先进制造业产业集群，打造产业之芯；在武汉开发区，东风汽车年产30万辆乘用车扩建项目奠基，以绿色环保、节能降耗、自动化水平对标全球标杆工厂。在武汉东湖高新区，华星光电显示屏、天马第6代LTPS-AMO-ED生产线、长飞自主预制棒及光纤产业化等一批代表行业顶尖水平的项目纷纷开工；依托武汉国家存储器基地，重点发展存储芯片、光通信芯片和卫星导航芯片，努力形成以芯片设计为引领、芯片制造为核心、封装测试与材料为配套的较为完整的芯片产业链。长江先进存储产业创新中心有限责任公司拥有自主知识产权的基于Xtacking架构的64层三维NAND闪存芯片于2019年9月实现量产，该芯片将填补我国主流存储器领域空白，这是我国企业首次在芯片领域提出重要的新架构和技术路径，实现了中国集成电路存储器规模化发展"零"的突破。高德红外公司研制出具有完全知识产权的红外探测器芯片，红外热成像技术进入世界第一梯队。截至2019年9月，武汉市已集聚芯片企业100余家，正在形成以存储芯片、光电子芯片、红外芯片、物联网芯片为特色的国家级"芯"产业高地。

襄阳市提升"襄阳云谷"区域性云计算大数据中心服务功能，建设国家工业互联网标识解析二级节点城市，培育发展新动能；在襄阳，总投资50亿元的湖北卡为智能终端产业园、总投资24.6亿元的三环高端车桥精密生产、总投资23.9亿元的金环10万吨绿色纤维等项目正加快建设。加快推进卡为智能终端产业园、骆驼动力电池梯次利用及再生产业园、中车交通汉江捷运装备总部基地等投资过50亿元的工业项目，加快推进金环绿色纤维素纤维、航宇嘉泰航空座椅、高德红外等16个投资过10亿元的工业项目，壮大高质量发展硬支撑。

宜昌市总投资208亿元的13个重大项目集中开工。由深圳有为化学公司、宜化集团共同投资80亿元建设的全球最大光固化新材料产业园，是其中单体投资最大的项目。加大工业技改力度，重点围绕智能制造、绿色制造、质量提升谋划项目，确保技改投资800亿元、占工业投资比重超过50%，规模工业企业技改面新增25%以上。推动华强科技、三峡制药硫酸新霉素等255个工业项目建成投产。

（二）谋划区域之"心"，推进区域协调发展

武汉市十分注重推进区域产业合作，出台支持"飞地经济"发展指导意见，武汉开发区、东湖高新区、临空港经济开发区作为高新技术产业的"三驾马车"，与黄冈、洪湖、孝感、随州等周边地区合作共建"园外园"20多个，武汉经济开发区洪湖新滩产业园和随州产业园、光谷黄冈产业园等重点园区进展顺利。武汉开发区与随州市签订了《武汉经开区随州产业园合作框架协议》，东湖高新区与黄冈市已签订了《深化合作共建光谷黄冈科技产业园协议》。

2018年10月，恩施生物产业园被认定为武汉国家生物产业基地区域园区，这也是武汉国家生物产业基地辐射的第9个区域园区。目前已辐射带动宜昌、十堰、鄂州、荆门、天门、黄石、黄冈、仙桃等地园区。各园区特色鲜明、产业功能互补，形成生物产业蓬勃发展的"湖北模式"。

2018年12月26日，长飞潜江OVD预制棒扩产项目投产，成为全球目前最大规模的单体预制棒生产项目。这是从武汉转移到"两带"城市的重大产业投资项目。作为全球最大的光纤预制棒、光纤和光缆企业，借助武汉、潜江两地公司协同发展，长飞公司成为全世界唯一同时拥有PVCD、OVD、VAD三种预制棒生产工艺的公司。

在东湖高新区，"大手拉小手"已成发展态势，在光谷生物医药领域，龙头上市企业人福在宜昌、葛店都有布局；在智能制造领域，华工科技在孝感、鄂州、荆门等地都布局有产业基地，华工科技将旗下二级公司华工高理，从光谷"移栽"到孝感，如今，每天200万只传感器从孝感基地下线。

襄阳市实施特色产业园区功能升级行动，力争10个特色产业园区实现"七通一平"，加快推进东风铸造产业园和宝武特钢产业园落地。

宜昌市积极发展军民融合产业，加快推动710所国家深海智能装备产业园和总部研发基地、航天科工商业火箭发动机总装基地等项目落地建设。

东风公司积极响应湖北"一芯两带三区"发展战略，不断加大在湖北的投资布局，推动一批新项目落地实施。在十堰，布局易捷特电动车项目，支持商用车在十堰转型升级发展；在襄阳，加速导入东风日产中高端乘用车新车型，提升发展轻型商用车和新能源汽车；在武汉，积极响应"建设世界级车都"的目标，布局乘用车扩建项目，打造200万辆级生产能力的产业基地。

这些园区都成为区域产业协作的重要载体。

（三）培育动能之"新"，激发创新创造活力

武汉市加大创新投入，2019年安排1.3亿元资金支持应用基础前沿项目124项、企业技术创新项目150项，围绕生命科学、人工智能、量子科学、未来网络等领域开展前沿领域核心技术攻关；2019年上半年，获批国家级科技创新平台5家，新增省级以上创新平台115家，落地院士合作项目27个，发明专利授权量增长31.2%，每万人发明专利拥有量

37.3件。襄阳市扎实推进高质量发展十大工程,一批重大项目相继建成投产;国家智能网联汽车质量监督检验中心获批,东风汽车试验场四期扩建及智能网联汽车小镇开工建设,智能网联汽车道路测试工作正式启动;2018年新增国家级和省级研发创新平台9个、院士专家工作站20个,申请发明专利4556件;高新区成为国家高端装备制造业(新能源汽车)标准化试点和国家知识产权示范园区。宜昌市积极创建国家级、省级研发平台,支持在宜高校、科研院所参与研发平台和"双创"基地共建;人福药业"药剂高效分装成套设备及产业化项目"获国家科技进步二等奖;2018年新增国家、省、市级研发创新平台6个;申请发明专利585件;每万人发明专利拥有量7.26件。

(四)培育"创新汉江",打造汉孝随襄十制造业高质量发展带

为落实《汉江生态经济带发展规划》,湖北省发布《汉江生态经济带发展规划湖北省实施方案(2019—2021年)》,明确提出培育"创新汉江",创新引领产业升级,打造汉孝随襄十制造业高质量发展带。支持十堰、襄阳、荆门、随州、孝感、武汉等汉江沿岸湖北主要城市,重点发展电子信息、高端装备、精细化工、生物医药、航空航天、新能源、新材料等产业,打造以绿色经济和创新驱动为特色的高质量发展经济带。

(1)建设创新平台。推进新型工业化产业示范基地建设。支持武汉创建综合性国家产业创新中心,襄阳创建国家双创示范基地。推进襄阳国家创新型试点城市、十堰中关村科技成果产业化基地建设。(2)发展高端装备制造产业。武汉发展航空航天、先进轨道交通、海洋工程等装备产业,襄阳、随州发展高档数控机床产业,十堰发展整车和汽车关键零部件加工成套设备、汽车智能生产线作业设备制造。以武汉国家航天产业基地为核心,荆门、襄阳为支撑,辐射推动航空航天产业集聚发展,推进随州国家应急产业示范基地建设。(3)发展新能源汽车产业。以汉孝随襄十汽车产业走廊为基础,加大新能源汽车研发和推广力度,推进新能源汽车创新体系建设,提升新能源汽车产业化水平。支持襄阳打造新能源汽车之都,十堰建设新能源汽车示范城市。(4)发展新材料产业。武汉、襄阳、荆门、潜江、仙桃积极发展新型功能材料、先进结构材料、高性能复合材料、前沿新材料产业。(5)发展电子信息产业。武汉、襄阳、十堰、荆门发展汽车电子、航空航天电子、机电控制与电能优化设备、电子原材料及元器件、光电子信息、网络安全与信息等产业。加快建成武汉国家存储器基地、国家先进存储产业创新中心。(6)发展生物医药产业。武汉发展生物医药、高性能医疗器械等产业,襄阳、十堰、天门发展生物医药产业,襄阳、十堰、随州发展现代中药产业。(7)加快传统产业改造升级。实施"万企万亿"技改工程,推进"互联网+制造业"行动计划,开展智能制造新模式试点示范工程。(8)推进城市转型发展。推进襄阳、十堰、荆门、潜江、钟祥等老工业城市和资源枯竭城市转型,加快推进老工业区搬迁改造,促进产业重构,培育新型产业。(9)推进军民融合深度发展。深化与央企、军工集团、科技院校的战略合作。支持武汉、襄阳、十堰、随州、孝感等地创建军民融合创新示范区。孝感加快新能源中重型货车基地建设,十堰加快特种汽车建设,荆门打造漳河爱飞客

通用航空示范区。(10)发展循环经济。推进荆门、谷城、潜江等国家级循环经济试点示范以及老河口国家资源循环利用基地建设。加快实施省级园区循环化改造。

(五)发展"绿色产业",打造长江绿色经济和创新驱动发展带

为全面贯彻落实习近平总书记在深入推动长江经济带发展座谈会上的重要讲话精神,省委、省政府紧密结合湖北实际,以长江大保护为主战场,决定实施湖北长江大保护十大标志性战役、湖北长江经济带绿色发展十大战略性举措,支持宜昌、荆州、咸宁、武汉、黄冈、鄂州、黄石等长江沿岸湖北主要城市,加快发展绿色产业,打造长江绿色经济和创新驱动发展带,重点推进汽车及零部件、装备制造、农产品深加工等产业转型升级,加快发展新能源汽车、电子信息、航空航天,打造以传统产业转型升级和先进制造业为重点的高质量发展经济带,力争到2020年,产业结构进一步优化,战略性新兴产业增加值占GDP的比重达到17%以上;产业绿色化水平显著提升,单位工业增加值用水量进一步下降;绿色产业快速发展,节能环保产业总产值达到5000亿元。绿色产业成为湖北省经济增长新引擎和国际竞争新优势。

(1)全力打造新兴支柱产业。聚集新一代信息技术、生物、高端装备、新材料、绿色低碳、数字创意等6大产业16个高端细分领域,促进数字经济、生物经济、绿色经济发展,力争6大产业主营业务收入之和突破3万亿元。(2)加快传统产业改造升级。实施"万金万亿"技改工程,持续推进传统制造业设备更新改造,全面推进"互联网+制造业"行动计划,深入推进制造业与互联网融合发展,开展智能制造新模式试点示范工作。(3)推进工业互联网基础设施建设。持续推进各类工业园区、经济开发区高带宽光纤网络接入,积极推进5G商用进程,加快推进武汉全国首批5G试点城市建设,实现武汉市和重点市(州)主城区5G全覆盖。加快"楚天云"和工业云平台建设,实施"万企上云"工程。争取建设国家工业互联网顶级节点和中部数据交换中心。(4)提高资源能源利用效率和清洁生产水平。持续推进能源、造纸、水泥、玻璃等行业清洁化改造,加大大宗工业固废综合利用力度,加强尾矿整体利用和综合治理。(5)大力构建工业绿色制造体系。积极支持开发绿色建材产品,建设绿色工厂,打造绿色供应链,发展绿色园区。搭建供应链绿色信息管理平台,鼓励省级及以上工业园区内企业废弃物资源综合利用。(6)大力发展节能环保产业。依托国家"城市矿产"示范基地,促进资源再生利用企业集聚化、园区化、区域协同化布局。加强再生资源规范管理,大力发展再制造产业和节能环保装备产业,做实节能环保服务业。

(六)加速"转型升级",打造湖北转型发展增长极

"一芯驱动、两带支撑、三区协同"为主要内容的高质量发展区域和产业战略布局,赋予黄冈、黄石、鄂州、咸宁等湖北省鄂东主要城市引擎新功能、新型产业发展新定位、转型发展示范新使命。依托老工业基地传统优势,承接国外和沿海产业转移,推动冶金、建材等传统产业转型升级,为资源枯竭型城市转型发展找准突破口,打造全省转型发展增长极。

（1）加快国家产业转型升级示范区建设。主动接受"辐射"，抢抓"一芯驱动"巨大机遇，深度融入"一芯"、长江绿色经济和创新驱动发展带，以国家产业转型升级示范区建设为抓手，推进制造业高端化、集群化、智能化、绿色化、融合化发展。（2）全力打造新兴支柱产业。深化供给侧结构性改革，通过技术改造、招商引资、兼并重组，重点发展智能制造、新材料、新能源、电子信息、建筑建材、纺织服装、生物医药、食品饮料、大健康等九大主导产业。（3）推动由原材料基地向新材料基地转型。加快实施新港重科、新冶钢产能置换、华中铜业铜板带箔、铜铝加工产业园、华新百年复兴基地等重点项目，推动由原材料基地向新材料基地转型。加快推进信濠光电、铁流汽车零部件等重点项目，努力打造全国电子信息基础产业基地、智能装备产业基地。（4）大力发展大健康和节能环保产业。加快实施劲牌健康基地、世星药业二期、大冶有色多基固废清洁生产、博天中环膜等重点项目，努力打造全国大健康产业基地、节能环保产业基地。（5）深化与东湖高新区合作。加快国家级高新区创新发展，完善"一区多园"推进机制，统筹产业布局、功能分区、服务配套，构建核心引领、多点支撑、错位发展的新格局，拓展高新区核心区发展空间，提高承载能力。（6）推进空港经济发展。以湖北国际物流核心枢纽为载体，促进鄂东转型发展示范区城市联动发展。围绕集成电路、高端装备制造、光电子信息、智能制造、新能源、新材料、人工智能、飞机改装和供应链管理等领域，导入一批大项目、好项目。

三、建设举措

湖北省委十一届四次全体（扩大）会议暨全省经济工作会议及省"两会"明确提出"一芯驱动、两带支撑、三区协同"区域和产业战略布局后，全省经信系统迅速行动，主动作为，积极落实。湖北省经信厅成立领导小组和工作专班，多次召开专题研讨会议，并召开全省经信工作会议传达部署，深化思想认识，细化落实方案，实化工作措施，努力把战略布局贯彻落实到全省工业和信息化各项工作中、体现到产业规划和项目建设上。

（一）加强规划顶层设计

为认真落实"一芯两带三区"区域和产业战略布局，湖北省经信厅起草《关于实施"一芯两带三区"战略布局　促进工业高质量发展的意见》，努力打造工业发展新优势，建立产品质量优、生产效率高、资源消耗低的制造业高质量发展产业体系，打造特色分工、区域协同、产业协调、产城融合的产业空间体系，推动工业经济质量变革、效率变革和动力变革。

武汉市以"芯屏端网"、光通信、新能源及智能网联汽车等为突破口，积极打造世界级先进制造业产业集群，打造产业之"芯"；坚持创新驱动，着力增强创新能力、汇聚创新资源、壮大创新主体，提升动能之"新"；不断强化"主中心"责任意识，积极融入、引领"两带三区"建设，构筑区域之"心"。襄阳市在"一芯两带三区"中找准位置，在提升省域副中心发展能级上全力突破，在建设综合性国家产业创新中心、"芯"产业智能制造中心、制造业强国示范中心上积极作为，着力打造汉孝随襄十制造业高质量发展带的重要引擎、鄂西绿色发展示范区的重要增长极、江汉平原振兴发展示范区的重要支撑。宜昌市扎实有效推进省域副中心城市建设,力争成为"一芯两带三区"的主动力源;努力在"一芯驱动"当引擎、"两带支撑"成主导、"三区协同"做示范,更大力度推进区域协调发展,推动制造业高质量发展。荆州市认真编制《荆州制造2025行动方案》,推进荆州工业云平台建设,用科学规划引领工业经济高质量发展。十堰市制定《十堰市新兴产业培育和传统产业转型升级行动计划(2017—2020)》,积极对接全省总体规划,指导全市工业高质量发展。黄石市围绕"一芯驱动",加快推进交通区位、产业发展、人才资源对接,努力在与武汉配套融合发展中展现新作为;围绕"两带支撑",坚定不移抓好长江大保护、现代港口城市建设和创新驱动,努力在长江经济带生态保护和绿色发展中体现新担当;围绕"三区协同",加快推进城市空间转型、制造业转型、生态文化转型,努力在鄂东转型发展示范区中作出新贡献。天门市开展"园区领跑、城郊提质、东乡振兴、天西崛起"四大行动,突出抓重点、补短板、强弱项,形成多点支撑、全面开花、特色发展、协调共进的局面。

(二)推进产业统筹对接

为夯实产业对全省高质量发展的支撑作用,推进全省产业布局统筹,积极破解区域发展不平衡、产业发展不协调、不充分的突出问题,加快构建适合湖北高质量发展产业体系,推动各市州有序发展、错位竞争与协同发展,湖北省经信厅谋划编制《湖北省"一芯两带三区"布局产业地图》,通过对"一芯两带三区"及重点产业发展方向的落图落位,引导社会资本及其他产业资源向重点产业、重点区域集聚,加快构建集产业链、产品链、资金链、创新链等融为一体的产业体系要素与空间支撑体系。随州市发展特色优势产业,培育绿色新兴产业,加强创新能力建设,推动传统产业改造升级,构建高质量发展支撑体系。襄阳市争创构建军民融合创新示范区,提升"襄阳云谷"区域性云计算大数据中心服务功能,积极打造国家工业互联网标识解析二级节点城市,深化产城融合,培育发展新动能。黄石市以打造先进制造之城、创新活力之城为载体,重点建设科创中心、十大产业技术研究院、十大企业技术中心、十大工程技术研究中心、十大重点实验室等创新平台,全面提升产业、产品和企业科技竞争力。

(三)加大项目建设力度

湖北省经信系统做实工业投资和工业技改投资项目储备库、建设库、达产库等"三库",围绕十大重点产业谋划和引进一批补链、延链、强链的重大项目,实施精准对接服务,建立项目需求清单,扎实推进重大项目建设,筑牢工业底盘。武汉市健全完善"5000万元以上工业投资项目信息库""10亿元以上项目推进计划库""亿元以上项目完工投产计划库""5000万元以上重点工业技改项目库",对入库项目实行台账式管理,夯实基础工作。荆门市进一步完善《荆门市招商引资政策》,研究出台《关于加强现有企业培育支持企业加快发展的意见》和《关于进一步优化营商环境的若干意见》,进一步强化政策激励,加大招商引资力度,突出重大项目引领,推动产业转型升级。孝感市树立"项目为王"理念,充分发挥工业主管部门产业规划引领、产业政策指导、产业链引导等方面服务招商引资作用，立足招大、招特、招强、招新，促进一批优质产业项目落地。仙桃市继续实施签约、建设、投产"三个三分之一"的滚动发展格局，实施项目建设月调度、季督办制度，实施沔商回归和台商集聚工程，切实以高质量项目引领仙桃经济高质量发展。

（四）强化实施组织保障

强化组织实施、金融支撑，创新用地、人才保障，助力重大项目建设，为工业高质量发展提供坚实保障。襄阳市设立2.8亿元工业倍增专项资金，更大力度、更低门槛、更广范围支持企业项目建设、发展壮大和转型升级。宜昌市进一步落实《宜昌市深化工业技术改造 推动工业经济高质量发展三年行动方案》，加大工业技术改造支持力度，激发企业实施技改的积极性。鄂州市传统产业改造升级资金由1000万元增加到2000万元，推动技改项目早投产、早见效，形成新的增长点。黄石市、恩施州、潜江市加大企业一对一帮扶、点对点服务力度，对企业反馈的问题认真梳理、加强研判、分类交办、强化督办，切实解决一批制约企业发展的困难和问题。

第三节　湖北省多措并举推动制造业高质量发展

习近平总书记在推动中部地区崛起工作座谈会上强调指出，要"主动融入新一轮科技和产业革命，加快数字化、网络化、智能化技术在各领域的应用，推动制造业发展质量变革、效率变革、动力变革"。

为加快制造业高质量发展，湖北省围绕提升产业基础能力和产业水平，谋划实施制造业基础再造工程，扎实推进"工业强基、强链补链延链、创新平台建设、专精特新企业培育"四项工作计划，打好产业基础高级化、产业链现代化的攻坚战。围绕"含金量""含新量""含绿量"三量提升，湖北省打出"组合拳"，连续出台《关于加快新旧动能转化的若干意见》《关于推进全省十大重点产业高质量发展的意见》《湖北省工业经济稳增长快转型高质量发展工作方案（2018—2020）》等一系列政策文件。2018年12月，湖北省委十一届四次全体（扩大）会议暨全省经济工作会议，又提出"一芯驱动、两带支撑、三区协同"的区域和产业发展布局。这些举措和战略部署，为湖北省制造业高质量发展提供了良好的产业发展生态。

一、打造双引擎，提升"含金量"

（一）加快发展战略性新兴产业

出台《湖北省万亿战略性新兴产业推进实施方案》，编制数字产业专项发展规划等专项产业集群规划，制定全省"一芯两带三区"产业地图，细化实化全省十大重点产业、四大产业基地及百家产业集群分布图，为承接东部沿海和国际上相关地区新兴产业布局和转移奠定基础。加快强链、补链、延链,引进、建设、投产了一批引领性强、带动性大的产业龙头项目和关键配套项目。聚焦四大国家级产业基地和十大重点产业,瞄准集成电路、新型显示、光通信、新能源和智能网联汽车等细分领域,培植一批龙头企业,聚集更多第二总部和独角兽企业。如东湖新技术开发区吸引小米科技等60多家"互联网+"知名企业建立"第二总部",正在努力打造超万亿产值的世界级"芯屏端网"先进制造产业集群。

(二)持续推进传统产业改造提升

近两年,湖北省启动新一轮重大技术改造升级工程,促进汽车、食品等重点产业向数字化、网络化、智能化、绿色化发展,超过7000家规模以上工业企业实施了技术改造,已累计完成技改投资超8000多亿元。大力推进智能化改造提升计划,引导传统优势产业产品技术、工艺装备、能效环保、安全水平、服务能力等全流程全方位改造提升。如襄阳市依托汽车及零部件优势产业,近年来着力引进一批电机、电池、电控企业,目前已形成整车研发、生产、检测、售后、动力电池生产及回收利用等完整产业链,2019年襄阳市规模以上新能源汽车实现产值221.39亿元,同比增长8.8%,正全力打造中国新能源汽车之都。随州市正全面深化中国专用汽车之都建设。

(三)狠抓重大项目落实

坚持"三定"调度,做实"三库"建设。一批新兴产业项目开工建设,一大批重点项目成功签约落地,加快构建存储器基地二期、天马G6二期等重大项目建设。其中,100亿元以上项目6个(京东方460亿元、华星光电350亿元、吉利高端整车200亿元、威马汽车202亿元、绿宇环保135亿元、京东方医疗健康产业园100亿元),50亿元以上项目5个(康宁玻璃96亿元、吉利飞行汽车50亿元、吉利车联网芯片70亿元、吉利动力电池80亿元、蔚来新能源50亿元),10亿元以上项目6个(吉利车联网40亿元、小米长江产业园40亿元、航宇救生航空工业园20亿元、航天科工运载火箭总装总调中心17亿元、凌云民用航空工业园15亿元、源讯信息10亿元)。这些重大项目的落地建设,不同程度弥补了湖北省电子信息、新能源汽车、高端整车、高端信息服务等领域的产业短板。

(四)加快提升产业链现代化水平

实施"强链补链延链"工程,培育壮大20条核心产业链,打造3~5家千亿级产业生态主导型企业,壮大50家左右百亿级龙头骨干企业,培植一批专精特新的单项冠军和行业"小巨人"。推动产业链上下游企业协同配套,建立产业联盟,推进质量强省、品牌强省。

二、优化质量效益,厚植"含绿量"

(一)促进工业与信息化融合

出台深化"互联网+先进制造业"政策措施,深入推进工业互联网标识解析国家顶级节点建设,加快布局发展工业互联网。大力发展软件产业,以军运会为契机,开展5G基础设施和预商用试点建设。汽车、装备制造、信息技术等行业关键设备数控化率达到80%以上,国家级智能制造试点示范、制造业与互联网融合管理体系贯标试点的企业总数达到96家。2019年,湖北省新增199家"两化融合"试点示范企业,省级"两化融合"试点示范企业达到1000家,"两化融合"水平居全国第9位,较2015年提升了6位。

(二)加快产业融合发展

促进先进制造业和现代服务业深度融合,更多依靠市场机制和现代科技创新推动服务业发展,推动生产性服务业向专业化和价值链高端延伸、生活性服务业向高品质和多样化升级。深入实施服务业"三千亿元产业培育工程"。积极开展服务型制造试点示范,延伸服务链条,发展个性化、柔性化、网络化服务,一批有条件的企业率先从主要提供产品制造向提供产品和服务转变,9家企业获批国家服务型制造示范企业。大力发展工业设计,烽火通信等3家企业被认定为国家级工业设计中心;中国工业设计展连续两年在武汉成功举办,彰显国家水准,武汉"设计之都"之名愈发响亮。

(三)推进节能集约降耗

将年度"双控"目标任务分解落实到各市州,并开展年度节能"双控"目标责任考核。实施重大节能工程,支持28个园区循环化改造。严控高耗能项目,2019年上半年省级开展能评30项,通过能评有效地控制了一批高能耗项目建设。推进碳排放交易和碳市场建设,利用市场机制促进节能减碳,建设重点用能单位能耗在线监测系统,组织开展节能监察。通过这些措施,湖北省单位GDP能耗继续保持下降态势,年初确定的2%的下降目标顺利完成。

(四)提升绿色制造水平

认真制定环保督察回头看整改方案,研究出台《湖北省加快磷石膏资源综合利用实施方案(征求意见稿)》。大力支持废钢、废旧轮胎、再生铝等资源综合利用产业,规范相关行业准入工作,推进钢铁行业超低排放技术改造。开展绿色制造体系创建,武汉市已创建国家绿色制造体系示范项目6个,4个绿色系统集成项目获国家支持。截至2019年10月底,湖北省共完成沿江化工企业关改搬转清单任务企业196家,全面完成年度任务;枝江市解决"化工围江"获国务院通报表扬。全省3个绿色产品、11家绿色工厂、3家绿色供应链(企业)进入工信部第三批绿色制造体系建设示范;大力发展先进制造业、高新技术产业和现代服务业,加快传统制造业绿色化改造升级,实施工业能效提升计划、清洁生产示范工程,着力培育清洁示范企业、绿色示范工厂、绿色示范园区;制定《湖北省工业固体废物资源综合利用评价管理实施细则》并开展评价工作。

三、加快动能转换,主攻"含新量"

(一)谋划建设重大产业创新平台

超前谋划国家实验室组建,配合有关部门整合协调海军工程大学、华中科技大学、武汉大学、中国科学院武汉分院等相关科研力量，积极推进武汉综合性国家产业创新中心创建工作，数字化设计与制造、信息光电子 2 个国家级创新中心获批。依托国家级创新中心，重点突破中高端芯片等关键核心技术；支持武汉打造全球智能终端高地。其中，国家信息光电子创新中心已在光电芯片、硅光芯片、量子芯片和芯片系统应用方面取得了一系列突出进展，不仅成功研制"收发芯片"，2019 年 2 月又在国内首次实现超大容量波分复用及空分复用的光传输系统实验，达到国际先进水平。

（二）建设区域创新体系

围绕突破关键共性技术，搭建产学研合作对接平台，在电子信息、生物、新材料等领域布局建设省级及以上工程研究中心（工程实验室）197 家；以提高自主创新能力为目标，在全省支柱产业和重点领域建立省级及以上企业技术中心 580 家。2019 年新增国家企业技术中心 7 家（含 2 家分中心）。

（三）狠抓科技成果转化

建设"湖北技术交易大市场"，打造"互联网＋技术转移"服务平台，建成以武汉为依托，覆盖全省的"省中心＋分中心＋工作站"三级技术转移工作服务体系。武汉创造性成立科技成果转化局，组建院士专家顾问团，实施高校科研成果转化对接工程，武汉高校院所成果就地转化率超过 40%。超高速超大容量超长距离光传输、首台常温常压储氢·氢能汽车、首台数字化正电子发射断层成像仪（PET）等一批世界领先的自主创新重大科技成果实现就地转化。

（四）积极承接新兴产业转移

通过举办"重点上市公司走进湖北"项目推介洽谈会、中博会、京鄂对口协作、鄂港澳粤经贸洽谈、鄂沪（长三角地区）经贸合作洽谈等一系列活动，对湖北省重点产业发展思路、承接产业目标及布局等进行了专题推介，推动了产业承接和区域间经济协作。

（五）推动军民融合深度发展

加快发展航空航天、北斗导航、海洋装备等重点产业。支持建设武汉国家航天产业基地、荆门国家通用航空产业示范区，随州、咸宁建设国家应急产业示范基地；深入推进信息化和工业化两化融合，强化大数据、云计算、物联网、区块链等新型通用技术引领带动，加快新技术、新产业、新业态、新模式发展应用。湖北不仅要巩固提升"九省通衢"枢纽地位，更要奋力抢占流量风口，成为重要数据枢纽。

第四节　湖北省制造业面临的机遇与挑战

2019 年以来，湖北省克服了外部环境不确定性明显增加的影响，各项经济指标处于合理区间，实现了来之不易的发展成绩。展望未来，风险挑战依然存在，经济运行外部环境更趋复杂,工业投资增速放缓,重大项目后劲不足。传统消费热点增势减弱,新的消费热点尚未形成,消费下行压力显现。受中美经贸摩擦不确定性等因素影响,对美出口增速放缓。2020年初新冠肺炎疫情肆虐全球,世界经济增长放缓,国内经济下行压力加大。当前,世界范围内新的科技革命和产业变革与我国转变经济发展方式形成了历史性交汇。湖北省制造业在新一轮发展中既面临难得机遇,又面临诸多挑战。

一、发展机遇

当前,我国经济已由高速增长阶段转向高质量发展阶段,正处在转变发展方式、优化经济结构、转换增长动力的攻关期。全球经济深度调整,新的科技革命孕育兴起,发达国家实施"再工业化"战略,抢占制造业发展制高点,制造业转型升级空间大,工业化程度不高的国家和地区大规模承接传统制造业产业转移。"一带一路"、长江经济带、中部地区崛起、汉江生态经济带等多重战略叠加,湖北省工业发展面临极为难得的机遇。必须抢抓国际国内产业调整和升级的重大窗口机遇期,充分发挥湖北省产业基础、科教人才、区位交通等优势,推动湖北省产业质量变革、效率变革、动力变革,努力实现湖北速度向湖北质量转变、制造大省向制造强省转变、湖北制造向湖北创造转变。

(一)中部地区崛起的发展机遇

中部地区承东启西,地理位置优越,自然资源丰富,生态环境良好,劳动力成本较低,产业基础较好,具有独特的发展优势和广阔的发展前景。在协调区域经济、承接产业梯度转移进程中,中部地区发挥着承东启西、连接南北的桥梁纽带作用。中部地区是支撑我国经济保持中高速增长的重要区域,在全国区域发展格局中占有举足轻重的战略地位。站在新时代的起跑线上,中部地区将在我国经济发展新阶段和新一轮全方位开放中迎来重大发展机遇。

(二)汉江生态经济带的发展机遇

2018年10月,国务院公布批复《汉江生态经济带发展规划》,汉江生态经济带已成为连接长江经济带和新丝绸之路经济带的一条战略通道。湖北省汉江流域有10个市(林区)、40个县(市、区),目前,已形成重要的汽车工业走廊和装备制造业、纺织服装业生产基地。国务院的批复提到,围绕推动质量变革、效率变革、动力变革,推进创新驱动发展,加快产业结构优化升级,将该《规划》确定的重大工程、重大项目、重大政策、重要改革任务与本地区经济社会发展紧密衔接起来,确保各项目标任务落到实处,这意味汉江流域制造业将迎来重大发展机遇。

为落实《汉江生态经济带发展规划》,湖北省发布《汉江生态经济带发展规划湖北省实施方案(2019—2021年)》,明确提出培育"创新汉江",创新引领产业升级,打造汉孝随襄十制造业高质量发展带。通过建设汉江生态经济带,有利于发挥流域内资源优势、产业优势,打造新的区域经济增长极。

（三）制造业高质量的发展机遇

党的十九大作出我国经济已由高速增长阶段转向高质量发展阶段的重大判断,2019年12月召开的中央经济工作会议指出,要推动制造业高质量发展,坚定不移建设制造强国。这就进一步明确了新时代我国制造业发展的历史任务,为当前和今后一个时期我国制造业发展指明了方向。在新世纪新时代,经济和社会发展的战略目标是,到建党一百年时,全面建成小康社会;到新中国成立一百年时,全面建成社会主义现代化强国。要实现这些宏伟目标,需要强大的制造业作支撑,不仅需要制造业总体规模保持平稳增长,更需要制造业发展的质量实现重大飞跃。随着城市化进程的加快和居民收入水平的进一步增长,规模效应和消费结构升级不但会为制造业增长提供巨大的发展空间,而且会带来向产业链中高端升级的重大机遇。

二、主要挑战

目前,湖北省区域发展不平衡、产业发展不协调问题仍较突出,少数地区、少数行业和企业生产经营仍较困难。

（一）部分行业地区分化明显

2019年,湖北省重点地区增长乏力,武汉全部工业增加值4539.11亿元,同比增长6.5%,规模以上工业增加值同比增长4.4%,但低于全省平均水平3.4个百分点。重点行业增长不稳,电子设备制造业增加值大幅波动,7月至12月当月增速分别为10.3%、22.8%、12.2%、20.6%、20.2%、19.0%,最大波动幅度达12.5个百分点。食品行业增速回落,累计增速由年初的11.1%回落至12月份的7.1%。

（二）规模以上工业企业进不抵退

截至2019年底,全省规模以上工业企业达到15589家,较2018年底净减少9家,规模以上企业个数中部第4,排在河南省、安徽省和河南省之后。分市州看,17个市州中只有3个市州同比净增,1个持平,武汉净增308家,咸宁净增52家,潜江净增2家,神农架林区持平,其他市州都出现净减少。

（三）工业投资动力不足

受企业投资信心不足、市场需求不旺、融资用工用电用料等要素成本较高等影响,湖北省工业投资和技改投资增速连续下降。2019年,全省工业投资增长8.1%,工业技改投资增长15.4%,同比分别回落7.7个百分点和8.8个百分点;其中,制造业投资增长10.0%,同比回落5.6个百分点;高技术制造业投资增长15.6%,虽然高于制造业投资5.6个百分点,但同比大幅回落16.9个百分点。此外,医药制造业、电气机械和器材制造业、食品制造业投资均为负增长,分别为-10.3%、-18.6%、-16.9%。

（四）新冠肺炎疫情冲击较大

2020年初新冠肺炎疫情肆虐全球,对于制造业来说,本次疫情对中国乃至全球产业链的一些重要环节的研发、生产活动带来较大冲击,目前已经出现了几种趋势,比如,一些关键行业回归本土市场,产业链上的一些环节回到本国,形成自主可控的供应链。另外,还有全球的供应链产业链,从全球转向区域合作化生产,等等。全球产业链供应链的变化,不可避免也会影响到湖北,影响到武汉。

从湖北和武汉的产业集中度看,汽车、新一代电子信息技术以及生物医药等离散型制造产业受疫情影响较大。以汽车为例,湖北省汽车行业的供应链受到疫情影响最为突出,湖北省是中国四大汽车生产基地之一,也是零部件企业汇聚之地,2019年湖北省汽车产量224.75万辆,约占国内汽车总产量的9%,其中商用车占比达到12%。同时,湖北省还有近1.2万家、产量占全国13%的汽车零部件企业,目前全球排名前20位的零部件企业,已有半数在武汉投资建厂,中国的疫情冲击已经对全球汽车供应链产生巨大影响。

第五节 湖北省制造业展望与建议

2020年是国家全面建成小康社会和"十三五"规划收官之年,坚持稳中求进工作总基调,坚持新发展理念,坚持以供给侧结构性改革为主线,坚持以改革开放为动力推动高质量发展,在疫情防控常态化前提下,把政策优势转化为发展优势,坚定实施扩大内需战略,更大力度推动复工复产,加快畅通产业循环、市场循环、经济社会循环,奋力谱写湖北高质量发展新篇章。

一、湖北省制造业发展形势展望

(一)政策发力,高质量发展的新一轮驱动力正在形成

在党中央的坚强领导和全国各地的鼎力支持下,湖北省统筹推进疫情防控和经济社会发展工作取得积极成效,为全国疫情防控阻击战取得重大战略成果作出了重大贡献。为应对疫情影响和经济下行,未来中央和国家部委的政策支持湖北省疫后重振的力度必将持续加大,各种要素资源必将加速向武汉、湖北聚集。用好用足中央支持政策组合拳,切实抓好对接落实,把政策优势转化为发展优势,湖北省制造业经济一定能够化危为机,较快的实现全面恢复。疫情对湖北省带来的冲击只是短期的,不会消减湖北省多年来积累的区位优势、市场优势、产业优势、投资优势;疫情后,新产业、新业态、新模式正在迸发,与促进中部崛起、长江经济带发展等国家战略叠加,湖北省制造业高质量发展的新一轮驱动力正在形成。

(二)实施扩大内需战略,新经济领域是未来政策重点支持方向

围绕强链补链延链,加快传统产业改造升级,促进汽车、高端装备制造、电子信息、新材料、生物医药等支柱产业恢复发展,稳住经济基本盘,是疫后重振重要举措。同时,新经

济领域是未来政策重点支持方向。扩大有效投资,大力推进"两新一重"建设,加快5G、物联网、工业互联网、人工智能、云计算、区块链、技术创新平台、大科学装置等新型基础设施建设;加快布局数字经济、生命健康等战略性新兴产业、未来产业;加快"芯屏端网"产业集群发展,大力推进科技创新,着力培育发展新动能,形成新的经济增长点。

(三) 投资环境持续改善,工业投资增速有望稳中有升

展望2020年,湖北省工业投资增速有望稳中有升。在全国发展大局中,湖北九省通衢,多项国家战略叠加,投资前景明朗,未来会加大补短板建设力度,固有优势将会得到巩固和发挥。从投资环境看,湖北省各地正聚焦企业关切推动营商环境持续改善,将加快吸引国内外更多企业和项目投资落地投产。习近平总书记在民营企业座谈会上发表的重要讲话,将增强企业发展信心,优化投资环境,吸引更多民间资本投向实业,带动民间投资增长。同时,湖北省正以更大力度推进对外开放,不断优化的营商环境和完善的产业配套,也将持续吸引更多外资流入湖北。从三大投资领域看,一是工业互联网平台建设如火如荼,将促进新一代信息技术与制造业深度融合,带动新兴产业投资继续扩张、传统产业技术改造投资不断增加,从而带动制造业投资平稳增长;二是新技术、新产品、新模式的应用推广,比如加快形成智能医疗、智能驾驶等一批人工智能深度应用场景,建设一批应用示范项目;三是基础设施领域补短板投资力度将继续加大,准入门槛进一步放开、项目融资进一步规范,将带动基建投资增速稳中有升。

(四) 全球经济放缓,出口增速可能会继续小幅放缓

展望2020年,我国工业企业出口增速可能会继续小幅放缓。一是新冠肺炎疫情蔓延给全球经济带来重大冲击和影响。二是在中美贸易摩擦的大背景下,2020年对美出口将不甚乐观,进而拖累出口整体表现。三是疫情对湖北省出口需求产生影响。从持续时间看,由于疫情在海外蔓延,疫情对湖北省出口的影响延续时间不确定。但湖北省外贸依存度不高,一直徘徊于9%左右,出口规模总体较小。净出口近三年保持在1000亿元左右,占GDP比重约为2.5%。因此,虽然疫情对湖北省出口需求有一定影响,但出口需求下降对湖北省经济增长的影响较为有限。与此同时,也有利好因素支撑出口。进口博览会为我国向全球开放市场、促进贸易交流提供广阔空间,我国巨大的市场潜力将被进一步挖掘,贸易结构进一步完善,贸易强国地位和话语权得到巩固,将对出口形成支撑。

(五) 全球疫情暴发与蔓延,影响全球制造业发展格局

全球疫情的暴发与蔓延,将直接冲击全球产业链、供应链和贸易体系,全球产业链深度融合的制造业必将面临严峻挑战,也势必对湖北省工业经济造成较大影响。

疫情对湖北省出口影响将集中在机电、机械、纺织、车辆及零部件、钢铁制品等主要出口行业上,主要体现在三个方面:一是国外需求下降的直接冲击,二是国外经济停滞导致中国出口商品原材料和元器件供应不足,三是各国边境管制和限制人口活动导致的贸易

物流受阻,其中,国外需求下降可能是主要冲击。随着全球疫情风险升级,冗长而复杂的全球供应链的脆弱性日益凸显,供应链多元化似乎已经成为不可逆转的趋势。同时,疫情在一定程度上也会加速全球供应链重构,全球制造格局会进行新一轮洗牌,中国在全球制造业中的地位、影响力会进一步提升。

二、对湖北省制造业发展的建议

2020年,"稳工业"任务更加艰巨,我们要继续保持战略定力,坚定信心决心,坚持稳中求进工作总基调,紧扣高质量发展要求,落实"六稳"工作部署,保持工业稳定运行,加快优环境、促改革、强优势、补短板、提效率步伐,促进湖北省工业高质量发展。以供给侧结构性改革为主线,以传统产业的绿色化、智能化改造和战略性新兴产业发展为路径,初步探索出了一条经济发展与生态环境保护相协调的发展新路。按照"一芯两带三区"的区域和产业发展战略布局,全面提升产业基础能力和产业链水平。进一步落细落实减税降费政策,加大金融服务实体经济政策力度,优化营商环境,提振市场主体信心。充分发挥湖北省拥有众多高校的优势,进一步发展实体经济,突出制造业高质量发展,将制造业向智能制造的数字转型,也是迫在眉睫的事。

(一)实施"万千产业培育工程",推进先进制造业突破

一是明确目标。围绕《中共湖北省委关于学习贯彻落实党的十九大精神全面建设社会主义现代化强省的决定》提出的"3121工程"目标任务,完善产业规划,细化行动方案,力争在交通设备、石化医药、电子信息和食品工业等重点优势产业率先突破。大力培育"隐形冠军"企业,加大"专精特新"企业和科技型企业扶持力度,打造一批行业领先企业。二是加速转型。深入实施《中国制造2025湖北行动纲要》。精准对接《中国制造2025》,推动制造业向数字化、智能化、绿色化、网络化、服务化转型,加快新旧动能接续转换。三是突出重点。突出集成电路、智能网联汽车、生物制药、北斗导航等新兴领域,谋划和实施一批先进制造业投资项目,重点培育一批骨干支撑企业,培育发展一批新的增长点。四是培育世界级先进制造业产业集群。围绕电子信息、激光加工装备、汽车及零部件等优势支柱产业,加强"四基"产品和技术推广应用。培育光电子、"芯屏端网"、新能源汽车等世界级先进制造业产业集群。

(二)深化供给侧结构性改革,优化升级传统产业

一是加快传统产业技术改造。围绕设备更新换代、节能降耗、质量品牌提升、智能制造和绿色制造等,加快实施技术改造和设备更新,精心谋划实施一批重大项目,实现规模以上企业技术改造全覆盖。二是有序淘汰落后产能。依法依规淘汰落后产能,落实中央部署要求,化解过剩产能。积极推进重组,稳妥推进"僵尸企业"退出。三是加快制造业服务化转型。推进互联网、大数据、人工智能与制造业等实体经济深度融合,大力培育数字经济,发展网络化协同制造,推进众设、众包研发设计模式。大力发展云计算、物联网、大

数据、移动互联网、人工智能等新业态、新模式。围绕研发设计、绿色低碳、现代供应链、人力资源服务、检验检测、品牌建设、融资租赁、电子商务,加快制造业服务化转型,推动制造业向价值链中高端跃升。

(三)主攻智能制造,促进制造业与互联网融合

一是加快智能制造发展。要以智能制造为先导,以推动先进装备制造业与现代服务业的深度融合为抓手,打造制造业高质量发展。大力发展高档数控机床、工业机器人、智能专用装备等智能制造装备。支持在电子信息、纺织服装、食品医药、高端装备等重点领域组织实施智能制造发展应用,组织开展国家级和省级智能制造试点示范,带动企业智能化改造。二是推进信息基础设施升级。贯彻落实"宽带中国"战略,推进信息基础设施升级和5G商用。三是实施"两化融合"示范工程。聚焦汽车、机械、化工、轻纺等重点领域,抓好试点示范和"两化融合"管理体系贯标及对标工作,推进软硬一体、网络互联、平台支撑、数据驱动、应用示范"五位一体"融合创新。四是大力推进工业互联网建设。开展工业互联网发展专项行动,实施工业互联网三年行动计划,开展网络化改造、平台体系、安全体系、IPv6、5G等集成创新应用。加快自动控制和感知硬件、工业核心软件、工业互联网、工业云和智能服务平台等"新四基"能力建设。

(四)推进创新和质量品牌建设,实现提质增效升级

一是提升工业创新能力。要以创新型省份建设为引领,以将科技资源优势转化为产业创新优势为重点,围绕湖北的优势产业链配置创新链、人才链、资金链和政策链,实现"多链融合",打造创新驱动高质量发展示范区。健全技术创新市场导向机制,加快建立和完善以企业为主体的技术创新体系。聚焦前沿技术和关键共性技术,建立"法人实体+产业联盟"协同创新的新型创新载体,统筹谋划创建国家级、省级制造业创新中心和工业大数据中心。二是推进科技成果转化应用。健全技术成果转化机制,发展技术市场,加快形成制造企业、科研院所、金融资本合作机制,促进技术创新与产业发展良性互动。大力推进产学研合作,支持企业和高校院所依托科技中介、科技孵化器、生产力促进中心、技术交易市场等服务平台,加强科技成果交易转化。三是推进质量品牌建设。扎实推进增品种、提品质、创品牌"三品"工程。滚动实施"工业千项精品工程",在电子信息和新材料领域,重点培育一批质量标杆企业和百亿级品牌企业、十亿级品牌产品。推进轻工、纺织、食品等行业创建自主品牌,引导有条件的产业园区、特色产业集群争创国家区域品牌建设试点示范区,培育产业集群品牌。

(五)推动生产方式变革,促进工业绿色转型

一是推进沿江产业绿色发展。坚持绿色发展和生态环境保护理念,建立完善结构调整、工业增长和环保督查问题整改常态化机制。坚决贯彻落实长江经济带"共抓大保护、不搞大开发",推进沿江化工企业整治,推动化工企业入园和造纸、印染等行业搬迁改造入园以及城中危化企业搬迁工作。二是大力发展循环经济。加大工业固废综合利用,发展

循环型产业。加大资源再生利用产业的规范化、规模化,提高大宗工业固体废弃物、废旧金属、废弃电器电子产品等综合利用水平。大力发展废旧家电及电子电器产品、废纸等再生资源循环利用产业集群。三是加大节能减排力度。大力发展节能汽车、节能建筑材料、节能家电等节能产品。以石化、钢铁、建材等高耗能行业为重点,组织实施重点节能工程,加大对节能环保产品的推广应用。四是全面推进清洁生产。实施清洁生产示范工程,调整淘汰高耗能、高污染、高危险、低效益的企业和产品、工艺。积极推广应用清洁生产先进适用技术,削减污染物的产生和排放量。推进低碳园区试点、清洁生产试点示范企业、机电产品再制造试点等试点示范工程,开展绿色工厂、绿色产品、绿色园区和绿色供应链建设。

(六)加快培育市场主体,发挥融通发展新优势

一是推动大中小企业融通发展。深入实施中小企业成长工程,完善中小企业公共服务平台功能,加强融资担保机构规范管理,加大对中小微企业在创业、创新、人才、管理、融资、政策等领域的服务和扶持力度。深化与央企、世界500强和中国500强企业对接合作,大力推进招商引资,推进跨行业、跨地区、跨所有制兼并重组,培育集中度好、产业整合能力强的大型企业,推进大中小企业产业链上下游协同配合与共同发展,营造大中小企业互生共荣的产业生态。二是实施区域制造业融通发展。大力推进"一芯两带三区"区域重点城市制造业发展,全要素、全产业链、全地域推进县域制造业发展,加强分类指导和分类考核,激励各地竞相发展、特色发展、错位发展、绿色发展。培育壮大县域特色产业,以开发区和工业园区为依托,大力扶持112个重点成长型产业集群发展,打造一批制造业强县,支撑引领经济强县建设。三是进一步融入国家发展战略。要以进一步全方位融入国家"一带一路"建设、长江经济带战略、江汉生态经济带战略、中部地区崛起战略、京津冀协同发展战略和粤港澳大湾区战略为契机,补齐开放经济短板,优化开放平台布局,整合开放平台功能,通过鼓励湖北优势装备制造业企业"走出去",将具有"补链""强链"功能的跨国公司"引进来",增强湖北省优势产业集群的国际竞争力,大幅度提升湖北省经济开放度。四是推动资源要素向实体经济集聚。按照党的十九大提出的着力加快建设实体经济、科技创新、现代金融、人力资源协同发展的产业体系的要求,处理好产业资本与金融资本关系。切实放宽中小银行准入,扩大直接融资比重,扩大金融业开放,拓宽中小企业融资渠道,打通资金与企业的"最后一公里"。引导社会资本投入高新技术制造业,以金融高效率提升制造效率,增强国际竞争力,加快从制造大省迈向制造强省。五是优化营商环境。深化放管服改革,激活市场活力,提升软实力,充分放大湖北省"承东启西、融南接北"的区位优势,积极承接东部地区制造业与新兴产业梯级转移,并将承接产业转移与优化本地产业结构、实现经济高质量发展有机结合起来。

(七)把握机遇发挥优势,推动疫后融合创新发展

目前国际形势复杂多变,全球经济下行的现状已成共识。湖北省在全国和国际产业

链条中占据重要位置,疫情对湖北省制造业的冲击是巨大的,其冲击的效应也是长期的。我们要科学评估全球供应链产业链的变化趋势,评估湖北省制造业处在全球产业链供应链中的环节,趋利避害,并把握全球供应链产业链正在形成的重构和调整的趋势,确定湖北省制造业发展的定位和新的增长点。

第五章　湖北省制造业高质量发展路径与建议

党的十九大报告提出,"加快建设制造强国,加快发展先进制造业"。经济发展新时代,必须把握经济规律,抓住制造业高质量发展的"时间窗口",以创新驱动推进制造业实现质量变革、效率变革、动力变革。

近年来,中国经济由高速增长阶段转向高质量发展阶段,呈现出一系列新的特点,传统增长模式已难以适应经济发展新常态的要求,迫切需要转变发展方式,加快转型升级,这是中国推动制造业高质量发展的根本原因。

第一节　制造业高质量发展面临的机遇与挑战

一、新一轮科技革命带来的机遇

新一轮科技革命和产业变革进入深度拓展期,为推动湖北省制造业迈向全球价值链的中高端提供了机遇。当前,信息、材料、能源、生物等领域技术出现群体性突破,人工智能、大数据、工业互联网等新一代信息技术与实体经济加快融合,网络协同制造、个性化定制、共享制造等新业态、新模式不断涌现,推动制造业加快向数字化、网络化、智能化方向深入演进。制造业产业模式和企业形态加速变革,为我国统筹发挥超大规模制造优势和超大规模的信息网络优势,实现制造业结构调整和产业升级提供了重大机遇。通过前端部署,加大研发投入,推进产业化,我国在5G、新能源汽车、人工智能、工业互联网等领域已占据有利地位。只要我们战略得当,政策到位,就能够顺应新一轮工业革命的潮流和趋势,实现制造业高质量发展的战略目标。

我国超大规模经济体的规模优势、体系优势、市场优势为湖北省把握机遇、用好机遇提供了有利条件。我国有超大规模的内需市场,有14亿人口,8亿劳动力和1亿多市场主体。城镇化进入快速发展的中后期,人均收入水平将不断提升,中等收入群体持续扩大,庞大的内需市场和不断升级的消费需求,为制造业高质量发展提供了广阔的市场空间。我国有全球最完整的产业链体系,有新中国成立70年,特别是改革开放40年的技术积累和基础设施体系,工业化正向纵深推进。量大面广的传统产业正在加速改造和提升,新技术、新产业、新业态不断涌现,巨大的产业升级需求成为制造业发展的新蓝海。这些有利条件增强了湖北省推动制造业高质量发展、建设制造强国的信心和底气。

二、内外部环境变化带来的挑战

从国际来看,当前制造业领域的国际竞争日趋激烈,发达国家纷纷实施"再工业化"战略,瞄准竞争制高点频频布局落实,发展中国家也在调整布局,承接国际产业转型,积极融入全球分工体系,战略和政策出台明显加快。与此同时,世界经济增长持续放缓,贸易保护主义抬头,逆全球化思潮泛起,国外需求市场低迷,风险挑战加大。未来,我国制造业将在中高端和中低端两翼同时面对来自发达国家与新兴经济体的激烈竞争,保持产业链完整性、提升产业链水平的难度进一步加大。

从国内来看,我国正处在转变发展方式、优化经济结构、转换增长动力的攻关期,环境保护、要素约束、技术升级、动能转换等因素对制造业转型升级形成了"多向挤压",制造业高质量发展面临着一些难题:一是大规模、高投入、低效率的生产方式,使得一些传统制造业的发展越来越不可持续,而且容易引发资源过度消耗、环境污染加剧、生态环境破坏等问题;二是供给结构失衡、技术水平不足的局面难以在短期内解决,导致制造业总体大而不强的局面难以在短期内快速扭转,尤其是大部分的中小型企业转型升级缓慢、产品优势不明显;三是随着劳动力收入水平的提升和环境保护力度的加强,制造业企业在劳动力等方面的传统比较优势日益减弱,制约了制造业发展的速度;同时产业链上游的研发设计环节和下游的售后服务环节的重要性日益凸显,制造业企业的产品附加值差距正在不断扩大。这些结构性矛盾和问题交织叠加,对制造业高质量发展形成了明显的制约。

从全球疫情来看,2020年初新冠肺炎疫情肆虐全球,一场史无前例的全球危机,让世界经济陷入停摆,全球经济正面临着需求供给双重冲击,任何经济体都难以独善其身。由于近些年贸易保护主义和新一轮科技和产业革命的影响,全球供应链已经呈现出本地化、区域化、分散化、数字化的趋势,而疫情对全球生产网络的巨大冲击,正加重这种趋势,全球供应链布局将会面临巨大调整可能。

在上述背景下,把握制造业全球价值链重构与国际分工格局大调整的历史机遇,重塑制造业竞争新优势,成为当前推动湖北省制造业实现高质量发展的重要内容,无论政府的产业政策还是企业的发展战略,都应该围绕"量的合理增长"和"质的稳步提升"这两个重点,积极探索推动湖北省制造业高质量发展路径。

第二节　推动制造业高质量发展的路径

当前,我国正在深入推进供给侧结构性改革,制造业是供给侧结构性改革的关键着力点。湖北省作为全球制造的重要地区,应极力抓住新一轮科技革命和产业变革等有利条件,应对挑战,抓住机遇,深化供给侧结构性改革,更多采用改革的办法,更多运用市场化、法治化手段,实施制造业高质量、高效益、高效率发展。

第五章 湖北省制造业高质量发展路径与建议

一、完善顶层设计，与时俱进协调推进

推进制造业高质量发展是涉及多个层面、多个领域的复杂系统工程，涉及经济社会各个方面。必须坚持顶层设计先行、决策部署落地、全盘布局调整、科学规划辅助、任务分解执行、有力有序推进、实时评估辅助、反馈机制完善、整改落实到位、总结修正及时、政策稳定统一。准确分析现实状况和研判未来发展趋势，及时跟进并有效应对。在不同发展阶段，制造业高质量发展的核心内容也要与时俱进。当前，制造业高质量发展的核心内容应与产业智慧供应链和满足个性化需求紧密结合，用智能化全面武装供给侧，用大数据精准预测需求侧，注重供需双向互动升级。

二、增强产业基础能力，提升产业链水平

产业基础能力是打造制造业强国的前提，美国、德国、日本都是如此。湖北省有门类齐全、布局合理、产业基础较好的制造业，实现制造强省的目标，可以从三个优势抓起，进行产业基础能力建设，提升产业链水平。第一，发挥政府的制度化优势，集中突破一批"卡脖子"短板项目，强化政府和市场相结合的优势，加大力度持续推进工业强基工程，形成长效政策机制；第二，促进省内制造业价值链的结构优化，将业务重心由传统加工制造环节转向研发、生产、服务等环节在内的整条价值链；第三，立足于原有的制造业基础，引导资源向优势产业、优势产品集聚，通过研发新技术、生产新产品、延长产业链等手段，促进制造业不断向更高水平提升。

三、加快企业转型升级，促进企业生产效率的提升

持续加大制造业企业的研发投入，实现关键核心技术攻关，不断完善"政产学研金服用"相结合的自主创新体系，持续推进科技创新、产业创新、企业创新、市场创新、产品创新、业态创新、管理创新等。加快政府服务平台、研发中心等技术支撑平台的建设，完善创新机制建设，包括创新方向选择机制、创新风险分担机制、创新利益共享机制等，促进企业生产效率的提升，实现制造业智能化、绿色化发展。制造业企业应摆脱传统的依赖要素投入的发展模式，以更高的环境、安全、质量等标准来倒逼产业和企业实现转型升级。壮大制造业规模，培养千亿级和有国际竞争力的企业，促进制造业企业在高技术领域实现跨越式发展。

四、建设产业创新体系，提升制造业能级

加快高端技术的研发创新，支持企业投资建设先进制造技术研发机构，以掌握未来产业发展先机；加快建立适用技术的推广体系，以传统产业改造升级为目标，有效提升整个制造业能级。充分发挥人工智能、大数据分析提高消费者多元化偏好和企业柔性生产能力的匹配度，构建数字技术支撑的制造业产业链、供应链和价值链。同时，要在以制造业

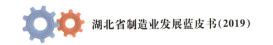

为核心的基础上,超越行业边界,有效拉动服务业的内部结构与价值链升级,也要着眼推动各产业融合发展,坚持以市场需求为中心,对以制造业为核心的三次产业协同发展的目标、指标、政策、标准融合细化。

五、依托"一芯两带三区"建设,加快高端制造业布局

要坚持世界眼光、国际标准、湖北特色、高点定位,加速推进"一芯驱动、两带支撑、三区协同"为主要内容的高质量发展区域和产业发展战略布局的建设,形成以武汉龙头城市为核心、周边城市群产业配套的世界级先进制造集群。同时,积极探索建立区域产业协作机制,注重区域间优势互补、错位发展。应深化区域分工协作,使各区域各自承担相应责任;还需明晰各区域的比较优势与比较劣势,以及区域间互补合作的重点,进而确定各区域推动制造业高质量发展的具体目标、重点任务、政策措施等具体落地方式的创新、互助与互补。

第三节 推动制造业高质量发展的建议

制造业高质量发展,意味着高质量的供给、高质量的需求、高质量的资源配置、高质量的投入产出、高质量的收入分配和高质量的经济循环。当前,湖北省已成为制造业大省,但仍非制造业强省,制造业发展面临着诸多问题和制约因素。因此,推动湖北省制造业高质量发展,是中国特色社会主义进入新时代的必然要求,是贯彻落实新发展理念的核心要义,是制造业自身实现可持续发展的迫切需要,是推进"深度工业化"的基本路径,是应对新工业革命挑战的现实选择,也是湖北省制造业顺应世界制造业发展趋势的主动作为。

一、增强技术创新能力

增强制造业技术创新能力,要突出解决三个方面问题。一是提高制造业对优质要素的吸引力,加快建立实体经济、科技创新、现代金融、人力资源协同发展的产业体系,增强金融对制造业的服务支撑能力,加快培育高水平制造业人才队伍,营造有利于充分发挥企业家精神和工匠精神的政策环境。二是加快突破关键核心技术,打赢产业基础高级化和产业链现代化攻坚战,坚持改造提升传统产业与培育发展新型产业并重,持续实施企业技术改造,提升质量和品牌,加快向产业价值链中高端跃升。三是健全以企业为主体的产学研一体化创新机制,鼓励企业牵头组建创新联合体,承担重大科技项目和重大工程任务,加快突破关键核心技术。

二、加快结构优化升级

优化结构是适应生产要素条件变化、推动制造业高质量发展的关键所在。习近平总书记强调,把经济发展抓好,关键还是转方式、调结构,推动产业结构加快由中低端向中高

端迈进。推动制造业结构优化升级,坚持"改旧"和"育新"两手抓,一手抓传统产业改造升级,一手抓新兴产业培育,加快制造业向高端、智能、绿色、服务方向转型升级,推动新旧动能接续转换。要纠正认识偏差,不能把新动能简单理解为就是培育发展新兴产业,运用新技术新业态新模式改造提升传统产业也是新动能。湖北省制造业中传统产业占比超过80%,改造提升传统产业具有巨大潜力和市场空间。要坚持深化供给侧结构性改革不动摇,加快处置"僵尸企业",实施新一轮重大技术改造升级工程,着力做大做强新一代信息技术、智能网联汽车等十大重点产业,不断提升产业链水平,打造"芯屏端网"等一批世界级产业集群。

三、推动先进制造业和现代服务业融合发展

当前,全球产业发展的一个突出特点是专业分工和产业融合并行共进,新一代信息技术与制造业的深度融合推动制造业模式和企业形态发生根本性变革,全球经济正加速向以融合为特征的数字经济、智能经济转型。2019年我国数字经济规模达35万亿元,占国内生产总值的贡献率达35.4%,数字经济已成为中国经济增长的新引擎。党的十九大报告强调,加快发展先进制造业,推动互联网、大数据、人工智能和实体经济深度融合。加快建设5G、工业互联网等新型智能基础设施,强化大数据、人工智能等新型通用技术的引领带动作用,培育发展网络化协同研发制造、大规模个性化定制、云制造等智能制造新业态新模式,构建友好监管环境,提高先进制造业与现代服务业融合发展水平。

四、推进企业优胜劣汰

拥有一批世界领先的优质企业,是发达国家的重要标志,也是湖北省实现制造强省的迫切要求。要强化竞争政策的基础性地位,促进正向激励,营造公平开放透明的市场规则和法治化营商环境。深化国有企业改革,鼓励和支持社会资本参与制造业领域国有企业改制重组,通过改革增强国有企业内生动力和活力。全面落实习近平总书记2018年11月在民营企业座谈会上提出的6条政策举措,持续优化民营企业发展环境,建立亲清新型政商关系,在市场准入、审批许可、经营运行、招投标、军民融合等方面为民营企业创造公平竞争环境。促进大中小企业融通发展,提升大企业综合竞争力和劳动生产率,培育一批具有国际竞争力的世界一流制造企业;发挥中小企业作用,支持更多"专精特新"中小企业和单项冠军企业成长壮大。

五、健全人才资源支撑体系

人才是推动制造业高质量发展的重要支撑。当前,湖北省制造业人才队伍在总量和结构上都难以适应制造业高质量发展的要求。从总量上看,新兴产业领域、跨学科前沿领域人才缺口大;从结构上看,创新型、高技能等高素质人才占比明显偏低,既懂制造技术又懂信息技术的复合型人才更是紧缺。据统计,目前湖北省高技能人才占就业人员的比重

只有7%左右,而发达国家普遍高于35%。要深化教育改革,推动人才需求缺口较大领域的"新工科"和新型交叉学科建设。深化人才培养方式改革,推进校企合作和产教融合,推广现代学徒制,强化以实践能力为导向的应用型人才培养。大力发展职业教育,支持企业开展技能人才培训,完善技能认证体系,提高技能人才的社会地位和经济待遇,拓展技能人才职业发展通道,弘扬工匠精神,努力培养大国工匠。

六、扩大高水平开放合作

开放是促进企业提升国际竞争力的必然要求。世界一流企业无一不是在全球激烈竞争中通过优胜劣汰形成的。尽管当前国际上保护主义、单边主义抬头,但经济全球化和产业国际分工协作是不可逆转的大趋势。进一步聚焦重点、扩大开放、深化融合,围绕"一芯两带三区"区域和产业发展布局,坚持引进来和走出去相结合,将为湖北省制造业开辟更为广阔的发展空间,让制造业高质量发展的路子走得更快更好。推动制造业高质量发展,要按照习近平总书记建设更高水平开放型经济体制的要求,加快落实制造业等领域扩大开放各项政策措施,全面推行准入前国民待遇＋负面清单管理制度,对各类企业一视同仁,吸引更多的外国企业来湖北省发展。深化国际合作,支持湖北省企业更加深入地融入全球产业体系,在高水平开放中实现更高质量的发展。

七、营造公平竞争的政策环境

党的十九届四中全会指出,要发挥市场在资源配置中的决定性作用,更好发挥政府作用,坚持和完善社会主义市场经济体制,要抓好产权制度和要素市场化配置改革,强化竞争政策基础性地位,推动产业政策从差异化选择性向普惠化功能性转变。加快建设高标准市场体系,持续深化政府"放管服"改革,进一步减少行政审批,加强事中事后监管,要统筹抓好国有企业和中小企业两大主体的发展,加快建立公平竞争、优胜劣汰的市场环境,深化国有企业改革,增强中小企业创新发展活力。要强化要素保障,引导金融资本脱虚向实、回归本源,大力培养科学家、企业家、投资家和高技能人才,对标国际营商环境评价标准,打造市场化、法治化、国际化营商环境,为制造业高质量发展提供有力保障。

八、优化投入要素的市场化配置

制造业高质量发展需要良好的市场环境,这就要求建立完善的社会主义市场经济体系,充分发挥市场作用,将有效市场和有为政府有机结合起来,为制造业高质量发展提供可行路径。通过全面深化体制机制改革,破除限制要素自由流动、优化配置的壁垒,有效防止市场垄断、市场分割和市场保护。积极加强政府在宏观调控、市场监管、公共服务和社会管理等方面的公共职能,规范契约执行,优化市场环境,释放经济社会发展活力。积极培育新要素资源,充分发挥市场机制放大社会生产力的乘数效应。

九、转危为机加快数字化转型

根据疫情暴发以来的情况来看,数字化转型的企业在此次疫情大考面前优势明显,不仅受到冲击较小,甚至还产生了更多的商机,包括远程办公、线上教育、无人配送、互联网医疗健康等一批新产业、新业态、新模式在疫情期间快速发展。在采取更加积极的财政政策,有效满足应对疫情冲击的应急需要的同时,积极推动以5G、人工智能、工业互联网、物联网等为代表的信息数字化的基础设施建设,推动生物医药、医疗设备等行业加快发展,并通过加大市场导向的供给侧结构性改革,推动湖北省制造业全面进入数字化转型升级的时代,促进湖北省制造业产业链水平现代化、价值链高端化发展,实现湖北省制造业高质量发展。

产 业 篇

第六章　装备工业

第七章　原材料工业

第八章　消费品工业

第九章　电子信息产业

第十章　生物医药与医疗器械产业

第十一章　人工智能与工业互联网产业

第六章 装备工业

装备制造业是推进经济高质量发展的主战场,是实现人民对美好生活向往的重要支撑。为实现"十三五"时期全省经济社会发展的主要目标,落实《中国制造2025湖北行动纲要》的各项任务,湖北省以供给侧结构性改革为主线,补齐重大短板,夯实发展基础,提升创新能力,着力打造更具活力的产业生态体系,促进装备制造业迈向中高端水平,显著提升核心竞争力,加快新产业、新业态成长,实现湖北省由装备制造大省向强省的转变。

第一节 发展情况

一、总体概况

2019年,湖北省装备制造业总体保持增长态势,规模以上工业增加值增长9.0%,比上年加快1.7个百分点。其中,电气机械、计算机、通用设备等行业工业增加值增速分别为11.0%、19.0%、9.1%,均高于装备制造业规模以上工业增加值增速。汽车制造业呈回升态势,工业增加值增长4.5%,比上年加快1.8个百分点。2013—2018年湖北省装备制造业主营业务收入和增速、2019年3—12月湖北省装备制造业相关数据见图6-1至图6-3。

(一)创新驱动推动高质量发展

2019年,湖北省高技术制造业投资比上年增长9.2%。国家数字化设计与制造创新中心落户光谷。创新中心将面向航空航天、轨道交通装备、高端数控机床、能源及海洋重大装备等国家战略和支柱行业,聚焦数字化设计、数字化分析、数字化制造等方面关键共性技术,提供人才和技术支撑,形成我国数字化智能化制造技术的核心竞争力。

湖北省装备制造业科研成果丰硕。华中科技大学的"复杂零件整体铸造的型(芯)激光烧结材料制备与控形控性技术"获2018年国家科技进步二等奖,成果已应用于中国航发、西安航天发动机等国内外数百家单位,取得了显著的经济效益和社会效益。与此同时,一批大国重器相继问世。由武船集团承制的我国首艘载人潜水器支持母船"深海一号"在武汉顺利下水。这是我国首艘按照绿色化、信息化、模块化、便捷化、舒适化和国际化原则设计建造的国际先进水平的全球级特种调查船,续航力超过12000海里,可在全球无限航区执行下潜作业。虹云工程"武汉号"成功发射。由航天科工空间工程发展有限公司研制的"虹云·武汉号"卫星搭乘着长征11号火箭成功发射。这是武汉造首颗卫星,也

图 6-1 2013—2018 年湖北省装备制造业主营业务收入和增速①

图 6-2 2019 年 3—12 月湖北省装备制造业利润累计值和利润累计增长②

是我国首颗低轨宽带通信技术验证卫星,它作为"虹云工程"的第一步,未来将实现全球连续、无缝覆盖的宽带卫星互联网接入。

---

① 数据来源:湖北省经济和信息化厅.
② 数据来源:湖北省统计局.

图 6-3　2019 年 3—12 月湖北省装备制造业相关增加值增长和占比①

（二）智能制造培育发展新动能

2019 年,湖北省继续实施省级智能制造试点示范专项行动。试点示范的区域和行业逐步扩大,目前已覆盖全省大部分市区及机械、汽车、医药、电子、食品、纺织等多个行业。2019 年共遴选确定了 37 个省级智能制造试点示范项目,其中装备制造业有 11 个项目。据统计,试点示范项目智能化改造前后对比,生产效率平均提升 30% 以上,最高达到 2 倍以上；运营成本平均降低 20% 以上,最高降低 60%。

襄阳高新区管委会承担的"高端装备制造（新能源汽车）标准化试点"、湖北迪峰船舶技术有限公司承担的"高端装备制造业（船舶）标准化试点"获得工信部立项。智能制造系统解决方案供应商不断壮大,三丰智能的智能输送成套设备、工业机器人、自动化仓储设备和自动化控制系统等广泛应用于汽车、轻工、工程机械等领域。武汉华中数控股份有限公司建立的适合 3C 行业金属加工智能制造新模式、汽车关键零部件加工的智能制造系统解决方案、面向产教融合智能制造实训基地教育教学解决方案,已经共推广应用了 12 家。

二、重点产业发展情况

湖北省装备制造业将持续深化供给侧结构性改革,全面促进产业向高质量发展转变,

---

① 数据来源：湖北省统计局.

为制造强省建设再做新贡献。湖北省装备制造业重点优势产业主要集中在数控机床、工业机器人、海洋工程装备、航空航天和汽车等产业。

（一）数控机床产业高质量发展

湖北省数控机床产业以高档数控机床、专用制造装备研发与制造为主，数控技术、智能制造技术在全国名列前茅，重型数控机床、齿轮加工机床、中高端数控系统等领域产品具有较高的品牌知名度。武重集团研发的CKX53280超重型数控单柱移动立式铣车床，成功实现了高度近13米的国家百万千瓦级压水堆核电站的核反应堆压力壳、堆芯吊篮、蒸汽发生器等核电领域超高回转类零件的国产化。武汉华中数控股份有限公司研发的"高性能数控系统关键技术及产业化"装备，实现了纳米级插补技术和高速度、高刚度、高误差伺服驱动控制，突破了现场总线、五轴联动和多轴协同控制技术，改变了我国高性能数控系统被国外垄断的局面，获得国家科技进步二等奖。湖北三环锻压"高精度高强度中厚板结构件复合精冲成形技术与装备"荣获2018年国家技术发明奖二等奖。宜昌长机目前主导产品为加工直径从200～5000 mm共9大系列上百种规格的"宜长"牌（中国驰名商标）数控插齿机、加工直径 ϕ800 mm以上数控滚齿机和加工直径 ϕ1600 mm以上的数控铣齿机等，荣获"湖北省精品名牌"和"全国消费者满意产品"称号，为齿轮刀具行业开发的ZX300数控梳槽机，填补了国内空白，因品质卓越而完全取代了进口。

此外，华中数控股份有限公司推动装备制造业智能化升级，联合中国机床工具工业协会等15家企事业单位打造的数控装备工业互联通信协议（NC-Link），成功入选2019年工业互联网产业联盟优秀案例。这项数控机床互联通信协议标准，打破了工业设备的信息孤岛，解决了物理设备的通信、计算、控制等功能，极大地提升了我国重点工业领域数据传输与存储的安全性。

（二）工业机器人产业不断发展壮大

湖北省工业机器人产业基础配套日渐完善，产业规模不断扩大，产业体系逐步形成，研发设计、生产制造和集成应用的水平不断提高。近几年，湖北省出台了《湖北省推动工业机器人产业发展实施意见》，提出大力推进工业机器人应用，到2020年主营业务收入达到100亿元；发布了《中国制造2025湖北行动纲要》，提出要加大机器人企业的引进和培育力度，巩固发展关节型机器人、移动作业机器人、直角坐标式机器人。湖北省将工业机器人产业作为重点发展产业之一，由武汉奋进智能机器有限公司、华中数控股份有限公司等首批85家企业和科研院所组成湖北机器人产业创新战略联盟，联盟以突破机器人产业共性关键技术和形成机器人产业核心技术竞争力为目标，整合产、学、研、用各方资源，建立与政府沟通的机制、渠道，搭建人才培养、国际合作的平台，加速科技成果的商业化应用，推动湖北机器人产业发展壮大。2019年2—9月湖北省工业机器人产品累计增长见图6-4。

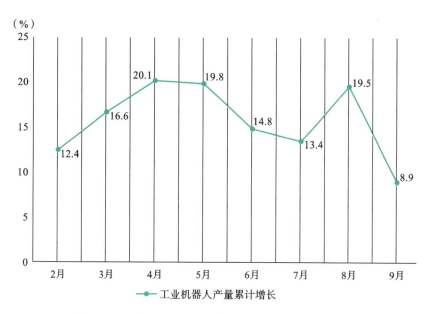

图 6-4　2019 年 2—9 月湖北省工业机器人产品累计增长

（三）船舶及海工装备高速发展

2019 年，湖北省船舶工业实现了军船与民船融合发展，船舶与海洋工程装备共同发展，船舶与非船、总装与配套协调发展。2019 年，中船 712 研究所发布了国内首艘 300 座纯锂电客船和 500 千瓦级船用氢燃料电池系统等产品，引领国内船舶绿色动力系统技术新潮流。由武船集团承制的我国首艘载人潜水器支持母船"深海一号"在武汉顺利下水。此外，湖北省在大型机械设备上优势突出，如武汉船用机械有限责任公司，能提供各类船用辅机、甲板机械以及海洋起重机、液货装卸系统、平台升降系统等海洋工程配套产品，突破了船用机电设备加工智能化设备和船用关键零部件装配用柔性制造设备两种短板装备。武汉重工铸锻有限责任公司则是国内船舶行业唯一大型铸锻件配套企业，能生产船用轴系和柴油机曲轴等关键部件。

湖北省企业也在船舶智能化设备方面进行了有益探索，攻克了船舶虚拟与智能驾驶关键技术，通讨研发"航行脑"系统，让船舶拥有自主航行所需的感知、决策、控制功能，其成果已在南京、珠海等地有了实船应用。研发了机舱智能化技术、驾控智能化技术、智能无人船技术，在行业内处于领先地位。

湖北省船舶和海洋工程装备人才、技术实力雄厚，全国共有 29 家军工船舶研究所，其中 7 家在湖北，位列全国之冠；全国有 14 名船舶专业院士，湖北有 5 名；全国有 30 名船舶设计大师，湖北有 11 名；在船舶和海洋工程装备领域，湖北有 1000 多项国家专利。"湖北造"海洋油田固井设备占国内九成以上市场。

（四）航空航天产业加速发展

湖北省政府将航空航天发展摆在经济社会发展的突出位置，全面统筹谋划全省航空航天产业发展,加大机场建设、民航市场拓展、航空航天产业发展、体制机制改革等各项工作力度,在航空航天系统各单位和军方的大力支持以及相关市州的共同努力下,湖北省航空航天进入较快发展的新阶段,取得了显著的成绩。

航空装备产业链长,涉及飞行器研发设计、生产、维修、救生器材等众多领域。湖北省建立了水面飞行器、大飞机等通用飞机的自主研制体系。大力发展固定翼、旋翼、柔翼等各类无人机及地面站和通信指挥车。完善飞机座椅产业配套,并向航空内饰、飞机维修改装喷涂等产业链延伸。促进军用航空救生器材向民用航空、通用航空领域扩展。重点发展环控系统、燃油系统、防/除冰系统、液压系统等关键机电系统和机载系统。着力推进一系列重大项目建设,包括中国特种飞行器研发中心、易瓦特无人机基地、卓尔通用航空等。

中国首家商业火箭公司、首个国家级商业航天产业基地相继落户武汉,"湖北造"世界首个星箭一体固体运载火箭快舟一号甲,以"一箭三星"方式完成中国航天史上首次商业发射;"虹云·武汉号"卫星顺利升空,我国低轨宽带通信卫星系统建设迈出实质性第一步;国内首款大型水陆两栖飞机鲲龙 AG600 首飞荆门漳河。湖北省依托武汉国家航天产业基地,发展运载火箭、卫星、发射的产品、服务和应用等产业,推动轻型航空器核心产品达到世界先进水平。依托航天科工等龙头企业,以快舟运载火箭为基础,发展低成本、系列化固体运载火箭,探索研制新型绿色液体运载火箭,面向微小卫星提供廉价快速、响应灵活的商业航天发射服务,形成面向国内外的市场化、商业化航天发射服务能力。重点发展卫星平台及载荷,突破小卫星、微纳卫星、卫星组网等核心技术,发展低轨通信卫星、低轨遥感卫星、导航增强卫星等,建成我国商用卫星研制基地。目前武汉国家航天产业基地内商业航天、新材料、高装装备三大产业集群加速落地,其中快舟系列运载火箭总装总调中心(一期)、航天科工电磁防护材料等项目总投资逾 20 亿元,总投资 35 亿元的航天科工二院卫星项目持续推进。

(五)汽车产业转型升级加快

湖北省是汽车大省,也是引领中国汽车产业的代表省份之一,既有在世界 500 强企业中位居前列的东风汽车集团有限公司,又有在武汉、襄阳、十堰、随州等地发展态势良好的汽车及汽车零部件产业集群。湖北省汽车产业的发展对装备制造业的生产总值具有巨大的拉动作用。2019 年湖北省汽车产量为 223.97 万辆,累计下降 8.02%;汽车制造业营业收入 6904.8 亿元,较上年下降 0.3%;工业增加值较上年增长 4.5%;固定资产投资较上年增长 3.4%。

目前汽车行业进入调整期,在这一背景下,作为湖北省重要支柱产业,湖北省汽车工业正朝着电动化、智能化、网联化方向进行结构性变革,推动传统汽车产业向"下一代汽车"转型升级。自《湖北省工业"十三五"发展规划》中提出"继续做大整车产业,做强整车配套,培育发展智能网联汽车"以来,智能网联汽车被列为湖北省高质量发展十大重点产业之一,湖北省依托东风汽车集团,携手武汉、襄阳、十堰等城市,以新能源汽车和智能网联汽车为两大抓手,积极布局智慧汽车及智慧出行,通过加强跨产业协同创新,开展关键技术攻关,引导社会资本和具有较强技术能力的企业投资智能网联汽车,推进国家智能网联汽车质量监督检验中心建设,培育智能网联汽车龙头。

新能源汽车及专用汽车是湖北省汽车产业的重要组成部分,在全省汽车产业中占有举足轻重的地位。为继续深化供给侧结构性改革,落实《中国制造2025湖北行动纲要》部署,促进新一代信息技术与制造业的深度融合,实现汽车大省向强省的转变,湖北省出台了《湖北省新能源汽车及专用车产业"十三五"发展规划》,提出"进一步发挥武汉、襄阳在新能源汽车推广应用的先发优势和示范带动作用,加快全省各地新能源汽车整车及关键零部件项目建设,进一步壮大龙头企业规模实力和品牌效应","以随州、十堰为龙头,进一步扩大'中国专用车之都'的影响力,加快武汉、襄阳、荆州、荆门、孝感等地专用车特色化发展,进一步加快专业化、差异化、高端化、轻量化、绿色化发展步伐,加大互联网+智能制造推广应用和品牌建设力度,不断增强自主创新能力和综合竞争实力,实现关键上装部件、专用底盘开发能力和制造水平达到国际先进水平,新能源专用车建立技术优势,研发居国内领先水平"。

三、重大项目推进情况

(一)一批重大项目有序推进

湖北省一批重大项目有序推进,投资58亿元的玲珑轮胎年产1446万套高性能轮胎及配套工程项目、投资50亿元的联影武汉总部基地、投资50亿元的中车汉江捷运装备总部基地轨道交通电车生产、投资50亿元的骆驼集团资源循环襄阳有限公司动力电池梯次利用、投资50亿元的湖北卡为智能科技有限公司智能终端制造产业园、投资35.3亿元的广州汽车集团乘用车有限公司宜昌分公司自主品牌、投资24亿元的东风公司襄阳试车场四期扩建及智能网联小镇项目、投资13.5亿元的武汉船用机械燃气轮机项目、投资10亿元的湖北航宇嘉泰飞机设备有限公司民用航空座椅、投资9亿元的光谷东高端工模具产业基地等重大项目积极推进,将为全省装备制造业注入新的增长点。

(二)一批重大项目建成投产

投资40亿元的湖北美洋汽车工业有限公司汽车冲压件基地、投资20亿元的襄阳雅致新能源汽车年产电动汽车车身零部件20万套、投资10亿元的襄阳金鹰重工轨道交通设备制造、已量产64层三维闪存芯片的长江存储、已正式投产的东风本田三厂等建成投产增效,进一步优化装备制造业产业结构,促进制造强省建设。

第二节　存在问题

一、高端装备创新能力有待提高

湖北省高端装备关键技术自给率较低,先进技术对外依赖度较高,协同创新氛围不浓,产学研合作缺乏系统性和持久性。"重模仿、轻创新,重引进、轻开发"现象普遍,在高端智能装备领域拥有自主知识产权和核心技术的产品较少。

二、产业基础总体有待加强

我国制造业已有多年位居全球制造业前茅,然而尚不能克服产业粗放型发展的格局,诸多核心技术仍落后于国际先进水平。目前我国装备制造业开发区有568个,沿海地区省市、中部地区省市拥有数量较多,按开发区数量来看,拥有装备制造业开发区数量最多的省(市)为河北省,开发区数量达85个;河南省位列第2,拥有装备制造业开发区数量达56个;江苏省第3,拥有装备制造业开发区数量达47个。湖北省仅拥有18个装备制造业开发区[①],产业基础薄弱,行业内的配套企业整体实力较弱。一些优势企业在系统整体技术与集成能力上有所突破,但一些核心部件的制造仍缺乏国内企业的配套支持,仍受制于国外企业。

三、系统集成水平有待提升

湖北省装备制造业单机应用居多、成套装备较少,能够提供智能制造整体解决方案的制造型服务企业,以及在工程设计、模块设计制造、设备供应、系统安装调试、技术咨询服务等领域竞争力强的专业化企业缺乏。信息化系统集成和融合创新水平有待提升。

四、产业核心竞争力有待加强

装备制造业作为技术和资本密集的资本型产业本应当有很可观的收益,但是目前许多核心零部件和技术只能依赖进口,装备产业的核心竞争力不强。

第三节 布局与产业链

一、数控机床产业

(一)数控机床产业布局

湖北省数控机床产业以高档数控机床、专用制造装备研发与制造为主,数控技术、智能制造技术在全国名列前茅,重型数控机床、齿轮加工机床、中高端数控系统等领域产品具有较高的品牌知名度。目前,湖北省基本形成了以武汉、宜昌、襄阳、黄石、荆州、鄂州为主,集聚发展、错位竞争的产业发展格局,见图6-5。其中,武汉重点布局数控机床关键共性技术创新平台、中高档数控系统、重型超重型机床及工具磨床;宜昌重点布局精密型数控插齿机、数控扇形齿轮插齿机、数控超长齿条插齿机;黄石重点布局高精度伺服折弯机;襄阳、荆州重点布局通用数控机床、组合专用机床;鄂州重点布局数控系统测试验证基地等。

---

① 数据来源:中商产业研究院.

图 6-5 湖北省数控机床产业布局

(二) 数控机床产业链

湖北省数控机床产业在研发环节,拥有华中科技大学、武汉大学、武汉理工大学、华中数控、武汉智能装备院等知名高校院所和创新型企业,在零部件制造及整机制造等环节研发实力雄厚。省内企业先后牵头制修订了数控重型单柱移动式立式铣车床、数控重型龙门移动式多主轴钻床、高档与普及型机床数控系统、重型卧式车床、卧式滚齿机等多项行业国家标准,牵头承担"高档数控机床与基础制造装备"等多项科技重大专项,研究成果多次获得国家科技进步奖和国家自然科学奖。

在零部件制造环节,高档数控系统、伺服系统等研制取得重要进展,集聚了华中数控、迈信电气、武汉菲仕等知名企业。其中,华中数控研制的华中 8 型数控系统实现了我国高档数控系统整体水平跃升,其数控系统推广台(套)数居国内首位;迈信电气研制的全数字式交流伺服驱动器和永磁交流伺服电机等核心产品,已广泛应用于数控机床、自动化生产线等领域。

在整机制造环节,在金属切削机床等领域形成核心竞争力,涌现出武重集团、三环锻压、宜昌长机等骨干企业。其中,以武重集团等为代表,重型、超重型切削机床国内市场占有率排名前列;以三环锻压、宜昌长机等为代表,大功率全闭环高精度伺服折弯机、数控超长条插齿机等产品填补国内空白,数控大型铣插复合机床全球市场占有率逐步提升。

湖北省数控机床产业链见图 6-6。

湖北省数控机床产业已经取得了一定成绩,但与发达地区相比,还存在较大差距。在

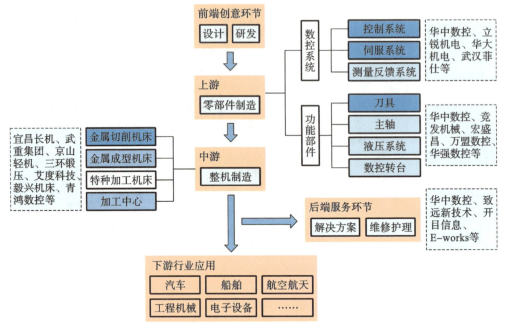

图 6-6 湖北省数控机床产业链

零部件制造领域,高端数控系统长期被发达国家垄断,国产高档数控系统在可靠性、精度保持性等方面仍弱于国外同类产品;在整机制造领域,以金属切削机床为主,金属成形机床和加工中心为辅,特种加工机床较为薄弱。

二、工业机器人产业

(一) 工业机器人产业布局

工业机器人是面向工业领域的多关节机械手或多自由度的机器人,能通过重复编程和自动控制,在无人参与的环境下,完成搬运、切割、焊接、装备、浇铸等各种生产作业。工业机器人产业链包括零部件制造、本体制造和系统集成等环节。上游零部件制造是产业链中利润最高的一环,约占工业机器人总成本的70%。中游本体制造环节技术壁垒较高,其中关节型机器人功能最强大。下游系统集成是指在机器人本体上加装配套系统以完成焊接、搬运、喷涂等特定功能,技术壁垒相对较低,市场规模远大于本体市场,其中搬运和焊接机器人占比超过一半。

目前湖北省已集聚近百家工业机器人本体制造、系统集成和减速机、伺服电机、控制器等关键零部件企业,基本形成了以武汉为研发核心,以襄阳、黄石、孝感等地为生产基地的产业布局,见图6-7。

(二) 工业机器人产业链

湖北省工业机器人产业在零部件制造环节,高精度减速机、高性能伺服电机和驱动

图 6-7 湖北省工业机器人产业布局

器、运动控制器、传感器、末端执行器等核心零部件的研制取得重要进展,培育了华中数控、科峰传动、华大电机等知名企业。其中,华中数控在机器人控制系统、伺服驱动、伺服电机等核心零部件领域具有完全自主知识产权;科峰传动成功研制行星齿轮减速机、谐波减速机;华大电机研制出机器人专用高效伺服电机等产品。

在本体制造环节,已成功研制关节型机器人、移动作业机器人、直角坐标式机器人等系列产品,集聚了奋进智能、申安智能等知名企业。其中,埃斯顿拥有全系列关节型工业机器人产品,广泛应用于焊接、打磨、喷涂等领域;华中数控研发生产的六轴关节型机器人、双旋机器人等系列产品广泛应用于机械、汽车、航空航天等制造领域。

在系统集成环节,大力拓展搬运、焊接、喷涂、码垛等机器人系统的集成应用,拥有红阳机电、奋进智能、三丰智能等知名企业。其中,红阳机电将机器人与自动化焊接装备、激光应用装备、包装码箱生产线等集成应用,取得明显成效;奋进智能深耕上甑机器人、出窖机器人等酿酒行业解决方案;三丰智能通过并购省外机器人企业实现技术、应用高位嫁接,研制出具有搬运、装配等功能的 AGV 移动机器人。

湖北省工业机器产业链见图 6-8。

湖北省工业机器人产业已经取得了一定成绩,但与发达地区相比,还存在较大差距。在零部件制造领域,传感器、控制器等零部件的性能与国外相比仍有一定差距,中高速精度减速机、伺服电机、末端执行器等核心零部件仍是卡脖子环节;在系统集成领域,因行业非标特性,存在规模瓶颈,省内企业产品较为单一。

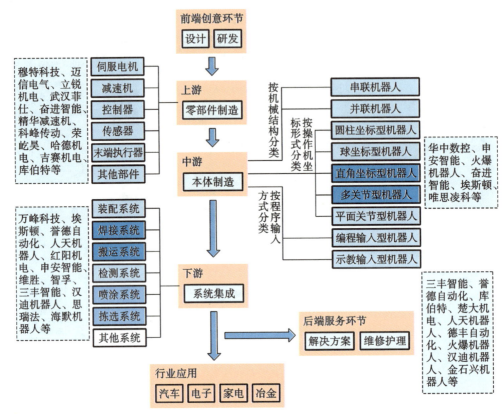

注：▇ 表示湖北省产业（领域）发展实力由强到弱　▢ 表示湖北省已有企业

图 6-8　湖北省工业机器人产业链

三、海洋工程装备产业

（一）海洋工程装备产业布局

海洋工程装备主要指运用于海洋资源勘探、开发、生产、储运、管理、后勤服务等方面的大型工程装备和辅助装备。按应用领域可分为海洋油气开发装备、海洋渔业装备、海上风电装备、海洋矿产开发装备等，其中油气开发是目前海洋工程装备主要应用领域。海洋工程装备产业链主要分为前端研发设计、上游配套设备、中游总装集成、下游工程建设与维修护理等相关环节。研发设计是整个海洋工程装备产业链的关键，在价值链中的比重约为8%；配套装备分为专用装备和通用装备，在价值链中的比重约为45%；总装集成环节主要是大型结构、海上浮体、模块单元及系统的集成和调试，占价值链比重约为40%。

目前，湖北省海洋工程装备产业以武汉为核心区，重点发展海洋工程装备设计、整体制造，以及通信系统、动力系统、物探系统等关键系统，以荆州、宜昌为发展区，着力发展石油钻井系统、固井系统、泥浆系统、探测系统等专用系统，见图6-9。

图 6-9　湖北省海洋工程装备产业布局

(二) 海洋工程装备产业链

湖北省形成了涵盖海工装备总体与配套设备设计、海工装备总包、通用设备和专用设备制造等环节的产业体系，研究设计、装备配套实力国内一流。

在研发设计环节，集聚了中船重工 701 所、中船重工 719 所、湖北海工院等研究院所，初步具备了自升式钻井平台、海洋核动力平台、深海渔业装备等的设计能力。其中，719 所的海洋核动力平台研发进度处于全国领先地位。

在配套设备环节，集聚了以武汉船用机械、中石化江汉石油四机厂、石油机械等通用、专用装备企业，产品涉及动力系统、起重设备、物探设备、钻井系统、固井系统、泥浆系统等多个领域；大型海洋压裂设备及相关技术处于国内垄断地位，海洋油田固井成套设备国内市场占有率在 90% 以上，牙轮钻头技术国内市场占有率超过 80%。

湖北省在海洋工程人才培养及科研能力方面位于全国前列。拥有以武汉大学、华中科技大学等海洋工程装备基础研究平台，集聚了以湖北海工院、船舶和海洋工程装备院士工作中心等为代表的产业共性技术研发载体，初步建立起基础研究—应用研究—产品研发的完整链条。

湖北省海洋工程产业链见图 6-10。

湖北省海洋工程装备产业已经取得了一定成绩，但与发达地区相比，还存在较大差距。一是高端产品制造能力不足，产品主要集中在价值链低端；二是核心技术储备不足，远洋和深水油气资源开发关键技术受制于人，一批卡脖子技术亟须突破。

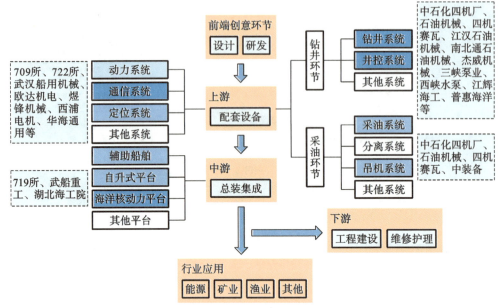

注：▇▇▇ 表示湖北省产业（领域）发展实力由强到弱　▢▢▢ 表示湖北省已有企业

图 6-10　湖北省海洋工程产业链

四、航空航天产业

（一）航空航天产业布局

航空产业包括围绕军用航空、民用航空进行的研发设计、制造总装、维修检测、销售租赁、飞行培训等一系列生产经营活动。航天产业是指与航天器、航天运载器及其所载设备和地面保障设备的研制、生产、运营相关的一系列生产经营活动的总称，包括地面设备制造、装备制造、航天器发射、运营服务等环节。

湖北省航空产业以武汉为核心区，重点布局通用飞行器以及无人机的研发设计，探索布局民航大飞机零部件制造及整机总装等领域，以襄阳、荆门、宜昌为发展区，重点布局机舱内饰、飞机维修、航空旅游等领域，见图 6-11。

湖北省已初步形成航天设备及配套、北斗导航应用等产业集群，主要布局在武汉和襄阳，见图 6-11。

（二）航空航天产业链

1. 航空产业链

湖北省拥有较好的航空产业基础，产业链条比较完整。在航空器研发制造环节，全省共有中国特飞所、太航星河、易瓦特等 5 家通用航空整机制造企业，其中中国特飞所是我国五大飞机研究所之一，是国家级通用飞机研发中心，在地效飞行器、浮空飞行器和超轻型运动飞机研发设计等领域处于全国前列。易瓦特是世界领先的工业级民用无人机系统制造商，其固定翼无人机、多旋翼无人机和大载荷无人直升机等产品已广泛应用于新闻影

图 6-11 湖北省航空航天产业布局

视、物流配送、农林植保等领域。

在航空装备环节，航宇救生装备是从事航空弹射救生、飞机乘员个体防护、重装空投等专业领域的系统级供应商和服务商，是全国唯一、亚洲最大的航空救生装备制造基地。航宇嘉泰的商用飞机座椅、客舱设备、航空零部件加快融入世界航空产业链，成为美国波音、法国空客、加拿大庞巴迪、中国商用飞机等世界知名航空公司的设备供应商。

在运营服务环节，超卓航空是国内最大的航空机械附件维修企业之一，成功取得中国民航总局颁发的长期有效维修许可证。荆门爱飞客航空小镇以通用航空运营为依托，以航空展销和体验为特色，已成功举办三次爱飞客飞行大会，成为中国民航科普教育基地和国家体育旅游示范基地，入选国家运动休闲特色小镇。

湖北省航空产业链见图 6-12。

湖北省航空产业规模偏小，缺乏一批大型龙头企业。航空器零部件层次偏低，种类较少，多集中在航空救生装备、航空座椅等附加值较低的环节，尚不具备航空发动机和机体生产制造等方面的技术条件；在整机总装环节，目前主要集中在通用航空器领域，民用大飞机领域尚未布局，航空专业服务较为单一，尚未向通航旅游、公务飞行、航空金融保险等领域深入拓展。

2. 航天产业链

湖北航天产业加速推进。在卫星研制领域，由武汉大学牵头的卫星研制团队在卫星的高信噪比高动态成像、大量级冲击隔离、帆板自主锁紧展开等技术方面取得重大突破，

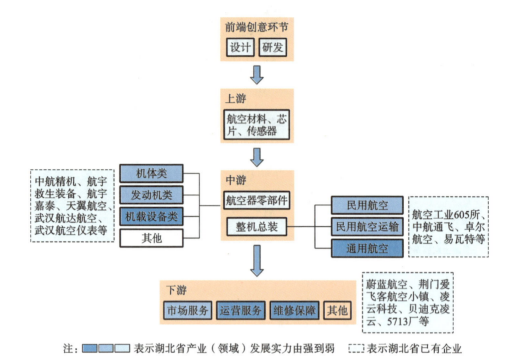

图 6-12 湖北省航空产业链

探索开展全国夜光遥感"一张图"制作和北斗导航增强试验,充分将成熟的卫星研发技术与高校学科优势相结合,协同开展科研攻关及技术创新。

在航天器发射领域,航天科技四院探索采用智能化设计、车载机动垂直发射、低成本固体发动机等先进技术和产品,推动运载火箭向快速、低成本发射的运营模式转变。

在卫星应用领域,形成了基于北斗导航的专业化应用服务和地理信息采集、处理、分析等为主的产业发展格局。武汉光谷北斗是国内唯一国家级地球空间信息产业对外开展科技技术输出和科技援助的平台,在北斗卫星导航及地球空间信息产业等领域处于国际先进水平。

湖北省航天产业链见图 6-13。

湖北省航天产业发展还存在一些制约因素,在航天装备制造领域,高分辨率卫星遥感市场被国外垄断,高性能视频图像传感器等关键产品有待研发;在航天器发射领域,在低成本运载火箭、新型上面级、天地往返可重复使用运输系统等方面仍需加大研究力度。

五、汽车产业

(一)汽车产业布局

湖北是汽车工业大省,湖北汽车走廊"武汉—随州—襄阳—十堰"闻名全国。武汉是我国内陆的市场中心,有极强的市场集散功能和广泛的经济辐射作用,乘用车及汽车零部

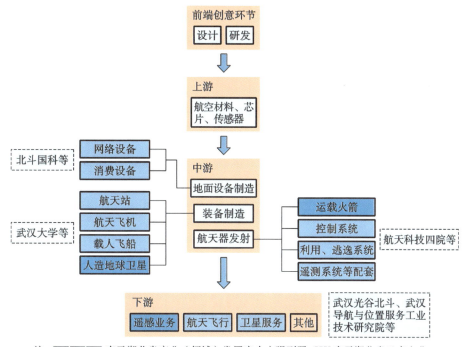

图 6-13 湖北省航天产业链

件的发展优势明显。十堰已发展成为我国最大的商用汽车生产基地和具有较大影响力的汽车零部件生产基地之一。襄阳不仅是东风商用车和乘用车的重要制造基地,是我国汽车动力和汽车零部件的制造基地,也是新能源汽车发展较快的示范城市。随州是湖北汽车长廊的节点城市之一,专用汽车产业和汽车零部件产业集群优势明显。

湖北省汽车产业将以"汉孝随襄十"汽车产业走廊为基础,依托现有汽车产业及新能源汽车产业基地,在武汉、襄阳、十堰、宜昌、随州等地布局汽车及零部件产业,在武汉、襄阳、十堰等地发展新能源汽车、智能网联汽车,在随州等地发展专用车,见图 6-14。

(二) 汽车产业链

汽车行业产业链长,覆盖面广,上下游关联产业众多。汽车工业已成为支撑和拉动我国经济持续增长的主导产业之一。

湖北省汽车产业产品齐全,已形成商用车、乘用车、专用车、汽车零部件及汽车装备的产业格局,汽车及汽车零部件产业链完整,涵盖了发动机动力系统、驱动及传动系统、悬挂及制动系统、车身系统、电子电气系统、内饰件等。湖北省现有武汉乘用车制造基地、十堰商用车制造基地、襄阳轻型商用车及中高端轿车制造基地、随州专用汽车产业基地等四大整车制造基地,具有很强的商用车、中低端乘用车配套能力。

湖北省汽车产业链见图 6-15。

图6-14 湖北省汽车产业布局

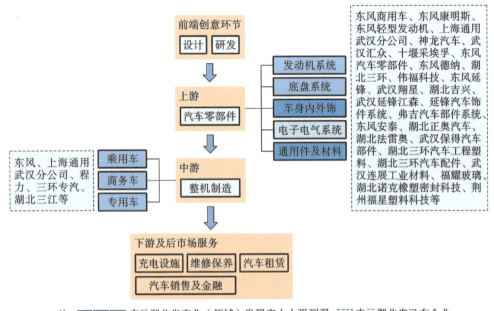

图6-15 湖北省汽车产业链

第四节 行业展望

装备制造业是我国的战略性产业,从总量规模上看,我国已进入世界装备制造大国行列。装备制造业是各行业产业升级、技术进步的重要保障和国家综合实力的集中体现,具有产业关联度高、技术资金密集的特点。我国经济重点领域的装备制造业取得重大进步,一些产品的技术水平已接近或达到国际先进水平。传统装备制造业的发展为高端装备制造业的发展奠定了坚实的基础,发展高端装备制造业对于加快转变经济发展方式、实现由制造业大国向强国转变具有重要战略意义。

从需求侧看,装备制造业是生产和生活工具,传统行业升级需要新型、高端的装备制造产品,这种需求同时也拉动了装备制造业升级,而传统的装备制造产品还难以适应行业转型升级需求;从供给侧看,信息技术和装备制造业的融合正进一步深化,装备制造产品变得更加智能化,机器与机器、机器与人之间的协作不断升级,技术推动了装备制造业的升级和发展。

未来我国装备制造业水平将会得到整体提升,尤其是传统装备制造业的转型升级速度要追上高端装备制造业的发展速度,分化现象也应该会越来越不明显,从而实现我国从制造大国向制造强国的转变。随着对生产效率、资源优化配置、生产智能化需求的不断提升,将物联网和服务网络应用到制造业中的工业互联网正在引发第四次工业发展浪潮。我国经济增速放缓,人工成本增加,依托工业互联网发展高端装备和智能制造是实现工业强国的必由之路。

湖北省是国家老工业基地之一,装备制造业是湖北省的重要支柱产业,在湖北省国民经济发展中具有重要的战略地位。湖北省装备制造行业将呈现以下发展趋势。

一、智能制造推动装备制造业高速发展

2017年国务院发布的《新一代人工智能发展规划》提到,将全面推动人工智能与制造业的融合,解决中国制造业在推进智能化转型过程中面临的问题。未来智能制造会不断地将新技术应用到装备制造业中,与装备制造业进行深度融合。这其中物联网与云计算、人工智能、3D打印等新技术的作用将尤为凸显。在物联网、云计算方面,未来物联网与云计算将会更加广泛地部署到制造行业。传感器技术、RFID标签、嵌入式系统技术等物联网核心技术,将灵活地为客户打造"透明化生产、数字化车间、智能化工厂",减少人工干预,提高工厂设施整体协作效率、提高产品质量一致性。在人工智能方面,未来人工智能将更加广泛地应用到装备制造行业中。先进制造技术和人工智能技术深度融合,使得制造系统具备学习能力。通过深度学习、增强学习、迁移学习等技术的应用,智能制造将提升制造领域知识产生、获取、应用和传承的效率。在离线状态下,利用机器学习技术挖掘产品缺陷,形成控制规则;在在线状态下,通过增强学习技术和实时反馈,控制生产过程减

少产品缺陷；同时集成专家经验，不断改进学习结果。

二、数控机床行业提档升级迎发展

从我国数控机床市场看，受益于我国汽车、航空航天、船舶、电力设备、工程机械等行业快速发展，对机床市场尤其是数控机床产生了巨大需求，数控机床行业成长迅猛。"十三五"规划的经济发展重点在于实现经济增长方式的转变，先进制造业是传统制造业的改造方向，电子信息、生物工程、新能源新材料等高新技术产业的发展将为精密、高效、专用数控机床开辟了新的需求。

从地域发展分析，中国东部产业的升级、东北等老工业基地的振兴和中西部的开发加快步伐，为数控机床产业发展提供国内市场；经济全球化，国际资本和产业向中国的转移、国际技术和人才的交流、中国国际贸易的强劲发展等，为中国数控机床产业的发展提供了外部环境，使数控机床行业处于难得的战略发展期。

未来，数控机床技术发展的趋势将体现在个性化、自动化、高效率上。随着工业现代化发展，数控机床正在往智能高端的方向发展。随着中国高铁、航空航天、船舶、工程机械等行业快速发展，国内对高端数控机床和专用加工装备的需求越来越大。智能制造是机床装备行业的发展方向，智能工厂的需求带动制造业的转型升级将为数控机床行业的发展带来重大机遇，与此同时，企业也将面临智能制造转型升级带来的技术挑战。针对细分制造领域的专业化、个性化发展是装备发展的另一条途径。数控机床行业市场需求总量会随中国制造业的发展而增长，但竞争将愈加激烈，技术能力、与产业链和用户协同能力，成为装备企业发展的关键因素。

三、工业机器人产业不断扩展与提高

随着技术的提高与机器人的发展，工业机器人的功能与性能得到不断的扩展与提高，新型工业机器人朝着动作灵活、外表灵巧、内心强大、智力发达的方向发展。

第一，提高动作的灵活性与柔和性。以前的机器人动作比较生硬和缓慢，需要研发出行动像人类一样灵敏、看起来更像人而非机器的工业机器人，能够完成一系列复杂、高级的动作，如抓取物品时，能够根据物品大小和形状的改变随之发生相应调整完成抓取动作和运送任务。第二，提高智能性。智能机器人的逻辑剖析能力能有效地协助人类完成更多的工作，甚至完成更难更复杂的工作，如机械手需要有一个强大的大脑去指挥胳膊，希望当项目发生变化时能够智能地作出识别与判断，而不需要人为地重新调试与输入数据。第三，提高机动性。机器人的机动灵敏反应要求有较高的传感技术或者传感器融合技术，响应速度快，控制能力强，如现在的搬运机器人行走时要求路面平坦，未来的研发要克服任何障碍，如台阶、管道和楼梯。

工业机器人对未来生产制造和社会发展起至关重要的作用，机器人技术的研究与开发、应用市场的开拓、自主创新能力的提高、技术水平的突破既是商机，更是挑战。

四、海洋工程装备产业进入快速拓展期

近年来,我国海洋工程装备产业发展具备了一定基础,已成功设计和建造了浮式生产储卸装置、自升式钻井平台、半潜式钻井平台以及多种海洋工程船舶,在基础设施、技术、人才等方面初步形成了海洋工程装备产业的基本形态,但在高端新型装备设计、建造、配套、工程总承包能力等方面尚明显落后于发达国家,难以满足国内海洋开发和参与国际竞争的需要。

2020年,将形成完整的科研开发、总装制造、设备供应、技术服务产业体系,打造若干知名海洋工程装备企业,基本掌握主力海洋工程装备的研发制造技术,具备新型海洋工程装备的自主设计建造能力,产业创新体系完备,创新能力跻身世界前列。

未来十年是我国海洋工程装备产业快速发展的关键时期。充分利用我国船舶工业和石油装备制造业已经形成的较为完备的技术体系、制造体系和配套供应体系,抓住全球海洋资源勘探开发日益增长的装备需求契机,加强技术创新能力建设,加大科研开发投入力度,大幅度提升管理水平,完全有可能实现我国海洋工程装备产业跨越发展。

五、航空航天产业进入快速推进期

通用航空及无人机是航空产业发展的重要增长点,长期以来,我国低空空域开放不足是制约通航发展的政策痛点,也是目前空域管理改革的主要突破口,国家从2009年起开始逐步推进低空空域管理改革。同时,根据2016年国务院颁布的《关于促进通用航空业发展的指导意见》,2020年我国将建成500个以上通用机场,航空器达到5000架以上,年飞行量200万小时以上,通用航空业经济规模超过1万亿元,通用航空制造业规模保守估计将达到3000亿元。因此,通用航空产业将迎来一个突破发展的崭新时期。

未来我国航空运输市场将保持稳定增长,旅客周转量年均增速为6.8%,货邮周转量年均增速为8.6%。预计到2036年末,中国民航运输行业客机机队规模将达到7079架,其中大型喷气客机6065架,支线客机1014架;货机机队规模将达到748架。国外航空运输市场也在持续增长。因此,发展民用飞机是目前的一个突破口。

中国航天在不断发展,正成为全球航天产业发展的主要力量。2019年北斗三号将完成所有中圆地球轨道卫星发射任务,北斗全球系统核心星座部署完成,2020年北斗全球系统将全面建成。目前航天产业已经拓展到空间资源开发、能源利用、在轨制造、医药卫生、太空旅游等领域,其发展呈现出航班化、商业化、产业化、规模化等新特点。利用太空和开发太空可以完成许多在地面做不到的事情,破解许多在地面解决不了的难题,将突破空间的限制,突破地球资源的限制,开拓出新的家园和经济疆域。目前国际卫星需求总量已经达到了48000颗,2020年预计全球航天的总产值超过4850亿美元,仅商业航天就占到了70%以上。中国商业航天近年来市场规模迅速扩大,业态多元、民营企业迭起,已构建起商业航天的全产业链,形成良好发展的生态循环。

未来航天技术将聚焦四大能力,打造新兴产业,培育新动能,迎接太空经济。这四大能力是进出空间能力、探索空间能力、利用空间能力和开发空间能力。

六、汽车产业升级转型进程进一步加速

2019年中国经济增速进一步放缓,产业升级换挡期叠加,居民负债率提高,汽车消费受到抑制,中高速发展后车市有盘整需求。2019年以来,我国持续推出刺激汽车消费的政策,虽然刺激政策短期可能见效,但是会掩盖市场的优胜劣汰作用,市场的透支消费更不利于车市的健康发展。2020年,国家将持续推出刺激汽车消费的政策,通过降低实体企业税负,鼓励汽车企业技术创新,鼓励出口和淘汰落后产能,支持企业在多渠道融资,降低融资成本和开拓新市场。未来,汽车产业将呈现以下发展趋势。

(一)汽车产销由高速增长向微增长转变

经历了十年以上的高速发展,汽车产销基数已经很大。"十三五"期间,我国汽车产量的复合增长率为5%,2020年产量将达到3300万辆。汽车产业竞争已经从增量竞争转变为存量竞争,竞争将更加趋于白热化,很难保持过去两位数的增长。汽车产业仍有发展空间,今后一段时间,汽车进入微增长阶段。

(二)汽车消费由经济适用向消费升级转变

随着国民经济水平的提升,汽车市场也迎来消费升级。汽车消费向舒适、安全、节能、自动驾驶、个性化需求转变。汽车维修保养、汽车美容装饰、汽车个性化服务等汽车后市场规模逐渐增长,发展速度加快。

(三)汽车制造由发达国家向新兴市场转移

为争取新的市场份额,同时建立低成本优势,汽车产业的整体竞争已经跨越汽车企业原来所在的国家边界,直接在国际平台上展开,竞争的焦点已转向新兴工业化国家市场。汽车研发和生产纷纷向中国、印度、巴西等新兴国家转移,新兴市场正成为全球汽车工业的生力军,"金砖四国"对全球汽车市场增长贡献率超过了40%。另一方面,金融危机后发达国家纷纷出台刺激政策,推动"再工业化",促进汽车产能的回归。

(四)汽车产品由机械化向智能化转变

汽车产业已进入互联网时代,汽车制造借助互联网数据和云计算等现代信息技术,推动商业模式创新和价值链重构,使销售端和生产端直接连通,个性化定制生产成为可能。全球主要跨国汽车企业加大智能化、网络化系统的投入,促使汽车生产系统智能化、生产组织网络化,产品由机械化向智能化转变。

(五)新能源汽车发展步伐加快

为破解制约汽车产业发展的能源和环保约束问题,主要汽车生产国已将发展新能源汽车上升为国家战略,纷纷提出低碳汽车、绿色汽车等概念,并加快研发,推进产业化,以

新能源汽车为主攻方向的国际产业角逐已全面展开。氢燃料电池成为热点,正处于产业化加快推进时期。美国、德国、日本、韩国以及欧盟各国均积极布局,并制定了专门的发展战略和技术路线图,这些国家在氢气纯化、存储、运输技术与应用方面也取得了一些突破。

第五节　发 展 建 议

一、优化装备制造业产业结构

以实施工业强基工程为重点,开展"一揽子"突破行动和"一条龙"示范应用,提升产业基础能力。支持上下游企业加强产业协同和技术合作攻关,增强产业链韧性,提升产业链水平,打造具有战略性和全局性的产业链。制定有利于产业结构升级的装备政策,明确技术装备在国民经济发展中的重要地位。在装备制造业支持方面,设立装备制造业专项发展基金,组织实施装备制造业专项计划;发挥产业集聚效应,培育特色装备制造基地;实行战略性结构重组,优化装备企业组织结构;发挥产业链辐射效应,提高重大技术装备成套能力;树立绿色理念,实施绿色制造,增强可持续发展能力。

推动智能发展,促进新一代信息技术与装备制造业深度融合。深化供给侧结构性改革,推动大数据、云计算、人工智能、工业互联网等与装备制造业融合应用,提升制造业数字化智能化水平。创新产学研用合作模式,推动高档数控机床与工业机器人、增材制造装备、智能传感与控制装备、智能检测与装配装备、智能物流与仓储装备等关键技术装备突破发展。依托优势企业,开展智能制造成套装备的集成创新和应用示范,加快智能网联汽车、智能工程机械、智能船舶、服务机器人等研发和产业化。

二、提高装备制造业创新能力

推动创新发展,突破关键核心技术。统筹研发、制造、应用各环节,分门别类,加快建立以企业为主体、市场为导向、产学研用深度融合的技术创新体系,增强湖北省装备制造业的自主创新能力。充分调动全社会力量协同创新,加快突破重点领域关键核心技术,加速推动科技成果产业化。建立健全装备企业技术研发中心,运用信息技术改造传统装备制造业。实现重大技术装备国产化,逐步摆脱对外的依赖,实现国防、航空、民生重大项目的安全保障。加强知识产权保护,保护企业利益和技术成果。

三、提升装备制造业国际竞争力

推动开放发展,深化国际交流与合作。贯彻落实进一步扩大开放的部署要求,引进先进技术装备,深化与有关国家在民用航空、智能制造、智能船舶、智能网联汽车等领域的交流合作。支持装备制造企业以"一带一路"建设为契机,通过工程总承包、建设合作园区等方式"走出去"。鼓励有实力的企业通过海外并购、建立研发机构等方式,有效利用全球创新资源,在更高起点上提升装备制造业创新能力。

制定装备制造业振兴的国际化发展战略,尽快形成自主创新能力,力争在短时间内拥有自主知识产权,加快准备产业化步伐,提升国际竞争力。实施有效的财政税收政策,以市场为导向,以企业为主体,以技术进步为支撑,有进有退地促进国有企业改革与重组。培植一批具有较强国际竞争力的装备企业,没有一批优势企业作为支柱,国家的装备制造业将失去竞争力和持续发展的支撑力。塑造民族品牌以提高产品国际竞争力,知名品牌代表着高技术、高品质,同时意味着高利润。

四、促进产业链延伸发展

以各产业集群基础为依托,龙头企业为引领,明确产业延伸的方向和重点,提高产业协同创新水平,促进研发、制造、销售、物流及生产性服务业一体化的产业链体系。在工业机器人产业,推动重点领域关键技术产业化,增强产业核心竞争力,加快推动全产业链与特色化发展,加快提升机器人本体制造能力,培育发展零部件制造环节,引进一批综合性系统集成商;在数控机床产业,吸引一批数控系统及功能部件项目落户湖北,招引一批金属切削机床企业提升发展本地制造能力,引进一批特种加工机床及加工中心生产商丰富整机产品线,加快集聚一批下游系统集成服务商;在海洋工程装备产业,推动产业集成化、模块化、高端化发展,围绕提升关键配套设备研发水平和产业化能力,引进一批国际知名企业和研发机构,强化海洋工程装备设计、集成能力,积极吸引国内外工程设计公司和设备制造商;在航空产业,依托深厚的通用航空研发和制造基础,在通航整机、无人机等产品领域形成谱系化发展,加快推动航空保障与配套服务全面展开;在航天产业,依托湖北省内卫星研发基础,重点引进一批卫星制造、航天运营服务等领域的企业,依托武汉国家航天产业基地,加快引进航天新材料领域的龙头企业,逐步延伸航天产业链条。

五、加大财税支持力度

充分利用现有资金渠道对装备制造业予以支持。按照深化科技计划(专项、基金等)管理改革的要求,统筹支持智能制造关键共性技术的研发。完善和落实支持创新的政府采购政策。推进首台(套)重大技术装备保险补偿试点工作。落实税收优惠政策,企业购置并实际使用的重大技术装备符合规定条件的,可按规定享受企业所得税优惠政策。企业为生产国家支持发展的重大技术装备或产品,确有必要进口的零部件、原材料等,可按重大技术装备进口税收政策有关规定,享受进口税收优惠。

第七章　原材料工业

原材料工业是国民经济的基础和支柱产业,其发展水平直接影响着制造业发展的质量和效益。随着供给侧结构性改革深入推进,我国原材料工业产品质量不断提高,品种结构不断优化,对稳增长、调结构、促改革、惠民生、保安全发挥了重要作用。

原材料服务于国民经济、社会发展、国防建设和人民生活的各个领域,成为经济建设、社会进步和国家安全的物质基础和先导,支撑了整个社会经济和国防建设。新材料技术是世界各国必争的战略性新兴产业,成为当前最重要、发展最快的科学技术领域之一。"一代装备,一代材料"向"一代材料,一代装备"转变,彰显了原材料的战略作用。发展原材料工业既可以促进我国战略性新兴产业的形成和发展,又可以带动传统产业和支柱产业的技术提升和产品的更新换代。

第一节　发展情况

湖北省原材料工业围绕工业强省战略,以壮大产业规模、调整产业结构为主线,积极应对资源能源和大宗产品价格大幅波动、生产运输成本和资源环境成本持续增加的外部环境变化,全行业总体呈现平稳较快发展,综合实力明显增强,产业结构调整、发展方式转变、节能降耗减排等方面取得了长足进步,为全省经济社会快速发展提供了重要的支撑作用。

原材料工业包括钢铁、有色金属、化工、建材、新材料等产业。原材料工业是湖北省的传统优势产业,特别是化工、冶金及建材产业作为湖北省主导产业,在制造业中占比较大。2019年,湖北省规模以上工业总营业收入45213亿元,排全国第7位,其中化工产业主营业收入5244亿元,占比11.6%;冶金产业主营收入4848亿元,占比10.7%;建材产业主营收入3339亿元,占比7.4%。[①]

一、运行态势良好

2019年,湖北省原材料工业投资增长较快,其中,化学原料及化学制品制造业同比增长18.1%,黑色金属冶炼及压延加工业同比增长18.6%,有色金属冶炼及压延加工业同比增长10%,非金属矿物制品业同比增长11.8%,金属制造业同比增长29.4%。原材料

---

① 数据来源:湖北省经济和信息化厅.

工业增加值累计增长平稳,其中,化学原料及化学制品制造业累计增长9.3%,有色金属冶炼及压延加工业累计增长8.7%,非金属矿物制品业累计增长8.0%,金属制造业累计增长12.4%。黑色金属冶炼及压延加工业增加值占比2.9%,化学原料及化学制品制造业工业增加值占比6.9%,非金属矿物制品业占比8%。①

2019年,湖北省大部分原材料产品产量小幅增加,但增速有升有降。生铁产量2765.2万吨,同比下降1.3%;钢材产量为3760.64万吨,同比增长2.3%;十种有色金属产量为86.15万吨,同比增长11%;硫酸(折纯)产量848.9万吨,同比下降1.4%;农用氮、磷、钾化学肥料(折纯)产量558.3万吨,同比增长14.6%;水泥产量11622.8万吨,同比增长6.03%;平板玻璃产量10299.4万重量箱,同比增长9.9%。② 2019年湖北省钢材产量和增速、2019年湖北省十种有色金属产量和增速分别见图7-1、图7-2。

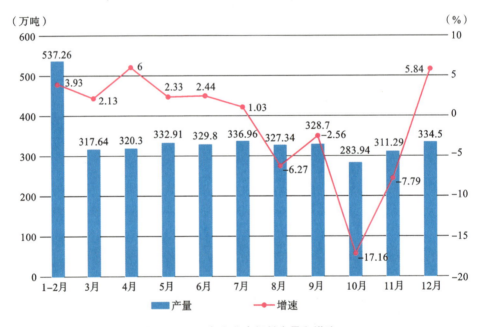

图7-1　2019年湖北省钢材产量和增速

二、新材料发展初见成效

作为湖北省谋划的十大重点产业之一,政策扶持,创新引领,新材料产业发展步伐持续加快,创新成果不断涌现,一批龙头企业和领军人才不断成长,一批产业集群正在孕育形成,但整体实力与国际先进水平和发达省市相比还有明显差距,很多领域处于起步或追赶状态。《湖北省新材料产业发展行动计划》明确指出,力争到2020年底,全省新材料产业主营业务收入达到5000亿元,50%新材料产品达到世界先进水平,高端新材料产品产

---

① 数据来源:湖北省经济和信息化厅.
② 数据来源:湖北省统计局.

图 7-2　2019 年湖北省十种有色金属产量和增速

值占比超过 60%,新材料产业成为全省重要的战略性新兴产业之一。

新材料创新成果不断涌现。湖北省新材料领域两院院士超过 10 位,材料专业国家和省级技术中心 37 个,在有机硅、光电子、无机非金属、高分子和耐火材料等方面研究较权威。鼎龙化学发展成为办公耗材及光电耗材细分行业的领军企业;菲利华石英玻璃是我国航空航天领域唯一石英纤维供应商;湖北兴福电子材料是国内专业电子化学品供应商,开创了国产化电子级磷酸用 8 英寸及以上集成电路的先河;仙桃新蓝天经过三年研究,攻克了氨基硅烷的合成难题,打破了我国完全依赖进口的状态。

新材料产业链加速布局。湖北省已基本形成了高端金属材料、先进化工新材料、电子信息材料和新型无机非金属材料等产业体系。下一步,将围绕产业优势和特色领域,重点培育壮大高性能金属材料、高端装备用特种合金、先进光通信材料、先进电子材料、新能源电池和光伏新材料、生物医用材料、先进复合材料、新型无机非金属材料、先进高分子材料、新型碳材料等十大新材料产业链。

新材料产业集群初具规模。湖北省目前已建成了以武汉、襄阳、荆门、宜昌、荆州、鄂州、黄石六大城市为主的七大新材料产业基地。

第二节　存在问题

伴随资源环境约束日益严苛,既往的粗放型增长方式已经难以为继;钢铁、有色金属、水泥等主要原材料工业大宗产品供过于求的形势短期难有改观;加上创新能力不足,"两

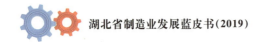

化融合"程度不高,具有国际视野的复合型技术人才缺乏,湖北省原材料工业转型升级发展任务仍然十分艰巨。

一、传统原材料工业发展趋缓

近年来,受经济危机影响,原材料产品价格呈下降趋势,行业整体盈利水平降低,企业现金流紧张,导致湖北省传统原材料工业发展趋缓,主要体现在:许多优势产品的产量增幅趋缓;优势产品新产能建设落后于全国总体建设;国内外主要竞争对手对高端材料品种的研究和投资力度加大,湖北省传统原材料企业面临的竞争环境更趋严酷。

二、产业转型升级需持续推进

十九大报告提出,我国经济已由高速增长阶段转向高质量发展阶段,发展先进制造业是实现经济高质量发展的必然选择,推进原材料工业迈向先进制造业必须走高质量发展道路。湖北省原材料企业两极分化,以武钢、大冶有色等为代表的联合企业,产线先进、品种规格齐全、品牌影响力大,但一些小企业产品品种结构单一,低端同质化竞争较为激烈。因此,企业转型升级需要持续推进,通过技术改造,淘汰落后产能,推动湖北原材料产业迈向价值链中高端。

三、绿色低碳发展压力不断加大

钢铁、有色金属、化工、建材等原材料工业能源消费量大,矿石、石油等对外依存度高,且原材料工业产生的工业固体废物量大,给能源资源以及生态环境带来了较大压力。国家"十三五"规划纲要也对单位GDP能耗和主要污染物排放提出了明确的约束性指标。原材料企业环保压力增大,改造搬迁成本将显著增加,这些都会对原材料产业发展提出更高要求。

四、新材料产业有待进一步提升

产业规模总体偏小。近年湖北省新材料产业稳步发展,但整体发展程度与湖北省经济总量在全国地位仍不相称。湖北省在碳纤维、高端膜材料、磁储存、稀贵金属功能材料等新材料前沿领域尚处于空白。

产业技术亟待升级,高端供给有待提高。湖北省新材料产业门类比较齐全,但以初加工产品为主的供给结构尚未得到根本改善,精深加工不足,终端产品、名牌产品、高端产品比例不高,部分新材料产量居世界前列,但产业链普遍较短,上中下游产业协作配套能力不强。

定位不清晰、布局不合理。湖北省新材料已经形成一定的区域特色,但没有立足各地自身条件和优势进行合理定位和差异化分工,低水平重复建设、同质化竞争趋势明显,不利于产业的集聚发展。

第三节 布局与产业链

一、新材料产业布局

湖北省新材料产业建成了以武汉、襄阳、荆门、宜昌、荆州、鄂州、黄石六大城市为主的七大新材料产业基地,见图7-3。武汉已成为国内重要的光电子信息材料、金属结构材料和先进高分子材料生产和研发基地,宜昌作为全国唯一的新材料产业发展示范城市,是新型建筑材料、化工新材料和非金属功能材料的重要聚集区,襄阳成为全省乃至全国的重要光学材料、无机非金属材料生产研发聚集区,黄石是特种金属材料和新型建筑材料生产基地,荆门成长为重要的化工新材料产业基地,鄂州是国内重要的化工新材料和无机非金属材料(金刚石刀具等)生产研发聚集区。

图7-3 湖北省新材料产业布局

二、新材料产业链

(一)燃料电池材料产业链

湖北省燃料电池产业具有一定的发展基础,产业化程度仅次于北京、上海等少数几个发达地区,但是大多数企业依然布局于产业链中下游,聚焦于已有技术的应用,而产业链上游的关键材料环节却少有企业涉足。武汉理工大学、华中科技大学、武汉大学等高校在燃料电池质子传导材料、催化材料等领域已有较长时间的基础研究积累,但很少实现成果转化,见图7-4。

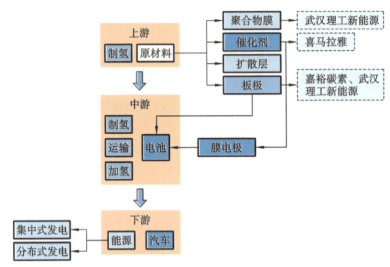

图 7-4 湖北省燃料电池关键材料产业链

(二)第三代半导体材料产业链

湖北省是国内较早确定半导体发展方向的省份之一。目前,湖北省已拥有180家半导体相关企业,上下游产业链初步形成。在第三代半导体产业中,湖北省也形成了良好的产业基础,见图7-5。一是集中了武汉邮电科学院、709研究所等科研单位,开展基础及应用研究并形成了重要成果。二是在企业方面,湖北省的三安光电及台基半导体等龙头企业也对第三代半导体产业进行了谋划布局。

(三)碳纤维产业链

湖北省在碳纤维制造方面的知名企业数量较少,主要有江河化工、湖北鸿宇、武汉迈克斯等,内容主要为利用碳纤维与其他材料制作碳纤维复合材料,见图7-6。

(四)有机硅产业链

湖北省在有机硅产业具有雄厚的产业基础,见图7-7。从产业链关键环节方面来看,有机硅单体仅湖北兴发一家实现较大规模化,产能达到18万吨,排名全国前十,未来将配套建成年产40万吨有机硅单体及下游深加工项目;硅橡胶领域湖北兴发、三合科技、环宇化工均有一定基础;硅油领域有宜昌科林硅材料、湖北新四海及湖北新海鸿等公司生产甲基硅油以及烷基改性硅油等系列产品;硅树脂领域也有一些基础。

(五)石墨烯产业链

湖北省石墨烯产业虽具有一定发展基础,但在产业化程度上仍与国内其他先进地区

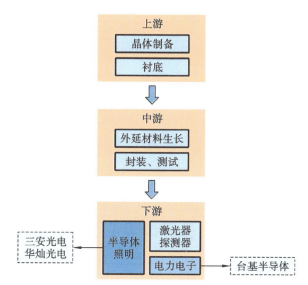

图 7-5 湖北省第三代半导体产业链

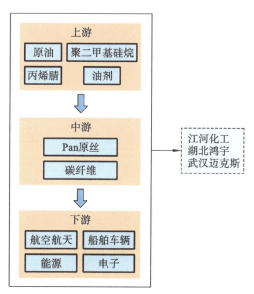

图 7-6 湖北省碳纤维产业链

存在明显差距,见图 7-8。在石墨烯粉体环节,湖北省处于刚起步的位置,目前可查的提供石墨烯粉体生产的企业仅有武汉中金态和一家,襄阳三沃在建年产 10 吨的石墨烯生产线,武汉大学、华中科技大学等高校在制备方法上已有一系列成果,部分成果得到了转化。在石墨烯薄膜领域几乎处于空白,仅有武汉思博瑞与华中科技大学合作研发的一种石墨烯化学气象沉积设备,但未见产业化的报道。

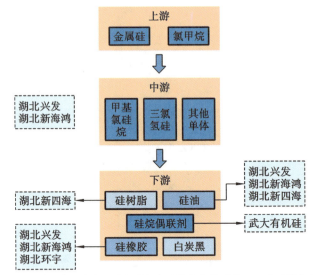

图 7-7　湖北省有机硅产业链

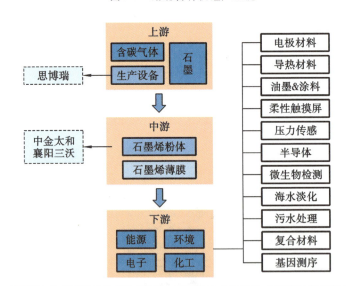

图 7-8　湖北省石墨烯产业链

第四节　行业展望

原材料是国民经济建设、社会进步和国防安全的物质基础,是实现产业结构优化升级和提升装备制造业的保证,也是发展新兴产业的先导。新材料工业是一国科技进步的基石,是"发明之母"和"产业粮食",也是国家工业技术与科技水平的前瞻性指标,对未来经济发展、社会变革起着基础性作用。

当前我国正处于经济转型和产业结构提升的关键期,加快发展新材料,对推动技术创新,支撑产业升级,建设制造强国具有重要战略意义。目前新材料产业已上升到国家战略层面,先后列入《国家"十三五"战略性新兴产业发展规划》和《中国制造2025》,工信部《新材料产业发展指南》也对新材料产业发展提出了明确的发展方向和实施路径。湖北省也编制了《湖北省新材料产业发展行动计划》,大力发展新材料产业,加快推进传统材料产业转型升级;到2020年,湖北省新材料产业收入达到5000亿元,建成十大优势产品产业链;在产业规模倍增的基础上,湖北省50%的新材料产品品质和性能将要达到或接近世界先进水平,其中,高端新材料产品产值占比超过60%。

一、基础材料转型升级加速

基础材料产业是实体经济不可或缺的发展基础,我国百余种基础材料产量已达世界第一,但大而不强,面临总体产能过剩、产品结构不合理、高端应用领域尚不能完全实现自给等三大突出问题,迫切需要发展高性能、差别化、功能化的先进基础材料,推动基础材料产业的转型升级和可持续发展。先进基础材料是原材料中的高端材料,对国民经济、国防军工建设起着基础支撑和保障作用。我国材料企业中,80%～90%都是传统金属类和化工类的材料企业,这两类企业市场份额最大,是材料行业的主导力量。普通产品市场需求的下滑及对高端产品的需求,将倒逼这两类传统材料企业加快技术升级与改造,其转型升级速度将明显加快。

《中共湖北省委湖北省人民政府关于加快培育战略性新兴产业的若干意见》提出要依托现有产业基础,以量大面广和重大基础设施急需的高性能材料为突破口,大幅提高湖北省新材料产业的自主发展能力。重点发展以下领域:电子新材料。大力发展新型石英晶体、光纤预制棒等光通信材料,柔性电路板基材、高端磁性材料、液晶材料、彩色滤光片、玻璃基板等微电子材料,硅晶体、超细锂电池粉体、超细镍钴粉体、电动汽车动力电池电解液和电极、燃料电池等能量电子材料。生物及环保材料。大力发展药物控释材料、医用高分子材料、人体组织和仿生材料等生物医学工程材料,以聚乳酸等为原料的全降解高分子材料、生物质全降解环保材料等环境友好材料。化工新材料。依托现有石化产业基础和武汉120万吨乙烯工程,加快发展有机高分子材料、磷氟化工新材料等,重点构建以烯烃为基础的有机硅及其改性高分子材料产业链。新型建筑材料。大力发展新型涂料、新型节能环保石膏建材、节能玻璃、保温隔热材料、环保陶瓷系列产品、新型灰渣胶凝材料、城市垃圾再生胶凝材料等建筑新材料。

二、原材料产业向高端、健康、绿色发展

高端装备、汽车制造、电子信息、新能源、节能环保、新型建筑、生物医用、智能电网、3D打印等新兴产业领域在未来十年预计将保持较快发展趋势。因此,带动新兴产业发展

的高端材料是未来我国新材料产业发展的主要方向,主要包括高品质特殊钢、高强轻质合金、高性能纤维和复合材料、航空用陶瓷材料及航空级3D打印金属粉末材料等。此外,随着人民对健康、环保等需求的提高,对生物医用材料、绿色环保材料、新型建筑材料和高性能膜材料等绿色健康材料的需求也越来越多。

三、新材料创新及应用水平不断提高

标志性革命性新材料的发明、应用一直引领着全球的技术革新,推动着高新技术制造业的转型升级,同时催生了诸多新兴产业。为发挥前沿新材料引领产业发展,我国在3D打印材料、超导材料、智能仿生与超材料、石墨烯等新材料前沿方向加大创新力度,加快布局自主知识产权,抢占发展先机和战略制高点。随着新一代信息技术产业的发展,电子信息材料的研发生产方面,低缺陷12英寸及以上电子级单晶硅、超薄8英寸及以上绝缘体上硅(SOI)、宽禁带半导体与器件,以及AMOLED有机发光材料及器件、大尺寸光纤预制棒、光学膜、集成电路特种气体都将逐渐实现产业化应用,部分产品也将逐渐取代进口;锂电池材料方面,正极材料、负极材料、导电浆料、电池隔膜企业不断涌现,核心技术逐步被研发成功,并实现产业化,发展潜力巨大;高性能的铝合金、镁合金、钛合金在航空航天、军工、汽车、电力设备等领域的应用越来越广泛,特别是随着汽车产业的发展,高性能合金在车辆上应用量快速增长,其市场需求越来越多。

第五节 发展建议

一、加速传统原材料产业转型升级

一是产品升级必须加快,全方位地提高产品品质。把产品结构调整的重心放在产品升级和提高产品质量上,加快标准升级,降低生产成本。二是将节约能源、减少污染物排放量的工作提高到一个新台阶。三是把增强技术创新和加快技术改造视为重中之重。鼓励和助推各个企业能够创造出新的技术,优化升级产品结构。四是加快传统原材料产业数字化转型,形成以大数据、数字化车间、全流程智能制造、行业云平台为支撑的数字化发展新格局。

二、加大科研创新力度

构建以企业为主体、市场为导向、产学研用相结合的创新体系建设。引导企业按照"生产一代、试制一代、预研一代"的原则,加速产品更新换代。继续实施省级行业技术中心的创建工作,共同开展行业关键、共性技术研发,推动跨学科技术研究和应用。完善科技成果转化协同推进机制,加速科技成果向行业推广应用。积极创新商业模式,顺应"互联网+"大趋势,鼓励原材料企业发展个性化定制服务、网络精准营销等。鼓励原材料企业在价值链的下游开展创新,提升产业价值链和产品附加值。

三、推动绿色化改造

一是鼓励原材料企业加快工艺革新,实施系统节能改造,推广应用绿色工艺技术及装备,推动先进节能技术的集成优化运用,推广电炉钢等短流程工艺和铝液直供,推动原材料工业节能从局部、单体节能向全流程、系统节能转变,提高原材料工业能源利用效率,促进企业降本增效。二是鼓励企业实施清洁生产,推广应用绿色制造基础工艺,减少生产制造过程中的资源、能源消耗和污染物排放,推进短流程、无废弃物制造。三是加强资源综合利用,实施用水企业水效领跑者引领行动,大力推进节水技术改造,提高水资源循环利用和工业废水处理回用率,大力推进工业固体废物综合利用和再生资源高效利用,推动原材料工业循环发展。

四、加快新材料培育

整合利用现有创新资源,依托重点企业、高校、科研机构及产业联盟,加强新材料基础研究、产业化和应用技术研究的统筹衔接,夯实创新链条的薄弱环节,缩短新材料研发应用周期。积极参与国家新材料数据库建设,建设新材料供需合作信息平台,鼓励生产企业、研发机构与应用单位衔接。支持省内科研机构承接国家材料基因组计划任务。积极争取国家在湖北省布局新材料重大创新平台,加快研发和检测分析机构建设。

进一步提升产品竞争力。面向制造业转型升级、重大工程建设和消费升级的需求,开发或引进新系列、特种功能、高性能、环保型以及新应用领域的产品,优化产业结构,着力降低生产成本,提高产品质量稳定性和服役寿命,增强产品和企业国际竞争力。

大力发展产业链补全材料。针对湖北省重点发展的薄弱环节,加强产业链紧缺的关键材料研制和引进,组织上下游企业、高校院所开展重点研究和联合攻关,对标国外先进厂家水平,补齐重点产业链的材料短板,夯实产业发展基础。

重点培育关键战略材料。依托龙头骨干企业,坚持高起点、高水平定位,培育发展石墨烯等先进碳材料、新型功能材料、高性能复合材料等关键战略或前沿新材料产业链,将其发展成为湖北省新材料产业的支柱品种。

布局一批前沿新材料。重点培育3D打印材料、高温合金、极限材料、液态金属等。

五、开展国际产能合作

落实国家"一路一带"战略,坚持产业、产能、产品、技术立体对外合作,加快推进钢铁、水泥、平板玻璃等行业的境外产能转移。重点支持龙头企业深化国际产能和技术合作,建设一批境外生产加工基地,带动相关配套企业集群式"走出去"。推动大企业以成套设备出口、投资、并购、承包工程等方式,在中亚、非洲等投资建设炼铁、炼钢、钢材深加工生产基地。鼓励有实力企业建立与资源所在地利益共享的对外资源开发机制,建立稳定可靠的资源供应基地。推动企业以投资方式为主,结合设计、工程建设、设备供应等多种方式,建设水泥、平板玻璃、新型建材等生产线。

第八章 消费品工业

消费品工业是湖北省重要民生产业和传统优势产业。近几年来,湖北省消费品工业总体上保持快速健康的发展势头,形成了覆盖面广、结构相对完整的消费品工业体系,保障和满足了不断增长的消费需求,对稳增长、促改革、调结构、惠民生发挥了重要作用。2019年,全省消费品工业坚持稳中求进工作总基调,牢牢把握高质量发展这个根本要求,不断壮大产业集群,提升创新能力,加强品牌建设,使全省消费品工业呈现总体平稳、稳中有进的发展态势。

第一节 发展情况

一、总体概况

湖北省的消费品工业起步较早,体系完整,形成了食品、纺织、家电、轻工4个大行业,农副食品加工、食品制造、纺织服装、造纸和纸制品、家具制造等20多个子行业。

湖北省企业联合会、湖北省企业家协会发布了2019湖北制造业企业100强榜单,其中消费品工业企业20家。[①] 2019年,湖北省消费品工业主营业务收入12787.36亿元,利润总额783.46亿元,利润率6.13%。其中,规模以上食品加工业企业2680多家,主营业务收入6380亿元,同比增长4.5%;规模以上纺织工业企业主营业务收入3176亿元;规模以上造纸和纸制品业企业主营业务收入515亿元。2019年全省消费品工业规模以上工业增加值增长7.1%,其中,酒、饮料和精致茶制造业同比增长10.5%,家具制造业同比增长15.4%,造纸和纸制品业同比增长16.7%,均高于消费品工业规模以上工业增加值增速。

2013—2019年湖北省消费品工业主营业务收入、利润总额和利润率见图8-1。

(一)产业集群聚集效应显现

截至2019年底,湖北省省级重点成长型产业集群共112个,其中消费品工业产业集群共41个,占全省重点成长型产业集群36.6%。

(二)创新能力不断提升

截至2019年底,湖北省消费品工业获批的国家地方联合和省工程研究中心(工程实

---

① 数据来源:中商产业研究院。

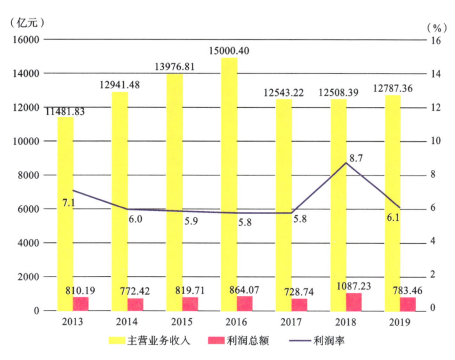

图 8-1 2013—2019 年湖北省消费品工业主营业务收入、利润总额和利润率

验室)共计 33 个,武汉纺织大学的牛仔服装先进制造重点实验室等 2 个机构被评为 2018 年纺织行业重点实验室;国家级企业技术中心企业 4 家,湖北省企业技术中心企业 43 家;湖北省工程技术研究中心 9 个;际华三五零九纺织等 8 家企业被认定为省级工业设计中心。

(三)品牌建设逐见成效

湖北省消费品工业企业品牌价值不断提升,"稻花香"是"中华老字号""中国新八大名酒",连续 15 年荣获"中国 500 最具价值品牌",2019 年,"稻花香"品牌价值达 715.98 亿元;"枝江"以品牌价值 136.94 亿元荣登"中国 500 最具价值品牌";[1]"劲牌"荣登企业品牌(轻工类)全国第 9 名;"安琪酵母"荣登企业品牌(食品加工类)全国第 4 名;[2]"周黑鸭""黄鹤楼""稻花香"获湖北十大品牌荣誉称号。

二、重点产业发展情况

湖北省消费品工业重点优势产业主要集中在食品、纺织、家电、造纸等产业,全省上下贯彻落实"三品"战略,促使食品、纺织等重点产业高质量发展。

---

① 数据来源:世界品牌实验室发布的 2019 年《中国 500 最具价值品牌》.
② 数据来源:中国品牌建设促进会等单位举办的"2019 中国品牌价值评价信息发布".

（一）食品产业高质量发展

1. 产业运行驶入高质量发展轨道

农副食品加工方面,武汉市70%的食品加工企业在落户东西湖区,以良品铺子、周黑鸭为代表的全国知名食品企业聚集程度最高的食品加工产业集群。饮料酒水方面,湖北白酒业产业规模逐步壮大,主要分布在武汉、襄阳、宜昌等地,稻花香、白云边、枝江等企业的白酒产量占全省的70%以上。2019年1—4月,湖北省白酒产量达1.88亿升,位居全国第2。2019年湖北省白酒产量达6.3亿升。水产品产业方面,全省现有水产加工企业239家,其中规模以上加工企业116家,水产品加工出口企业24家,水产品年加工产值超过400亿元。全省现有水产商标品牌超过1000个,其中中国驰名商标10个。2019年,武汉中烟上半年同期月均工业总产值为109.3亿元,6月同期总产值为132.6亿元,是2018年全年基数最高的月份,高于上年同期月均产值23.3亿元。2019年湖北省卷烟产量1273.8亿支。

2. 智能制造引领产业高质量发展

2019年,全省食品企业智能化改造不断加强,黄冈伊利乳业、武汉仟吉等5家食品企业被评为省级智能制造试点示范。益海嘉里、友芝友、良品铺子等企业纷纷设立新的投资项目,或新建智能化工厂,或对已有的生产线进行智能化改造升级,一批10亿元级项目频频出现。益海嘉里引进全国领先的智能化生产线,总投资额超过10亿元;华润啤酒在武汉新建的智能化工厂总投资额超过15亿元,新工厂全面实现了数字化,在新产品研发及保障华中地区高档酒的供给方面发挥着重要的作用。

3. "三品"战略促产业高质量发展

增品种方面,大力发展特色食品、绿色食品。提品质方面,安琪酵母持续进行工艺和技术改造,在发酵总产量增长13%的同时,一次合格率提高4.1个百分点,荣获第三届中国质量奖提名。创品牌方面,恩施州坚持"品牌引领、抱团发展"的思路,大力推进茶产业发展,全力推进区域品牌整合,初步形成了以"恩施硒茶"州域公用品牌为母品牌、以"恩施玉露""利川红""来凤藤茶"等为子品牌的品牌体系,恩施茶叶的知名度、美誉度和影响力不断攀升。

（二）纺织产业发展质效好

湖北省纺织产业主要涵盖服装、产业用纺织、家用纺织及印染等。全省产业用纺织品初步形成了以药纱布、无纺布制品、汽车装饰用纺织品、麻袋等为主导的纺织品生产线。汉川、荆门新上无纺布项目相继投产,仅仙桃无纺布及其制品业全年工业产值就有近20亿元。湖北药纱布产量位居全国前列,稳健、奥美等企业的药纱布产量、规模在全国都有较大影响。医用防护产品是湖北省产业用纺织最主要产品。目前,湖北省医用防护服产量每天可达到13万套,N95口罩产量每天可达32万只以上,医用外科口罩产量每天可达350万只。

湖北省纺织服装产业规模以上工业企业共拥有1500多家,主要分布在武汉、襄阳、仙桃、咸宁等地,建立以汉派服装为核心,黄石、鄂州、仙桃、潜江、天门等地为重点的鄂东服装走廊。

1. "三品"战略效果显现

增品种方面,适应和引领消费升级趋势,际华三五四二纺织开发出多功能汉麻木棉复合救生保暖面料;成雄织造生产的超细旦面料婴儿用品深受市场青睐;金汉江研发的8个高端产品和300多项专利,不仅带动了5个行业升级发展,还加快了我国精制棉运用从传统军工火药向食品、日化、医药、电子、塑料、航空航天等高端领域的拓展,推动了精制棉首次进入国家新材料产业发展规划。

提品质方面,以智能化促进精品制造,际华三五零九纺织的互联互通纺织智能化生产线项目、湖北德永盛纺织的高端纺织智能化生产项目入选2019年度湖北省智能制造试点示范项目名单。

创品牌方面,继稳健集团"全棉时代"之后,枝江奥美重点打造的母婴系列品牌"奥美生活"一经投放市场,迅速得到消费者认可。乔万尼、爱帝、猫人、佐尔美、际华三五四二纺织入选工信部120家重点跟踪自主品牌企业名单。在全省支柱产业"隐形冠军"评审中,际华三五零九纺织等4家企业被评为示范企业,湖北祥源等7家企业被评为"科技小巨人",湖北申邦化纤等18家企业进入培育企业名单。红T时尚创意园区集聚了近100家设计师工作室,成为设计师众创、品牌孵化、时尚设计展示交易、设计人才培育的重要平台。

2. 产业园区逐渐完善

全省纺织产业基地发展势头强劲,产业园区逐渐完善。在黄陂、新洲等武汉新城区,仙桃、孝感等武汉城市圈城市,监利、洪湖、公安等省内县市,有30余个产业园、数十万产业工人。天门纺织服装特色小镇总投资117亿元,打造集产品研发设计、生产、面辅料配套、仓储、物流、销售于一体的现代化综合服装小镇。2019年4月武汉尚鼎实业投资有限公司在黄陂区获批3000亩地,投资近百亿元,打造以服装产业为核心的中部尚谷产业园。

3. 新旧动能转换更快

"互联网+纺织"新模式助力新旧动能转换,红叶针织通过电商大数据,实时了解市场需求,年销售3.5亿元,其中80%以上是线上销售。玉沙家纺毛巾系列产品和芭蒂娜女装线上线下同步销售,电商业务发展迅猛。

(三)家电产业逐渐壮大

湖北省是家电制造、消费大省,武汉、荆州、黄石是湖北省家电制造业的主力产区。2019年,湖北省家电业的发展稳中向好。前三个季度,全省家电产业累计生产家用电冰箱同比增长9.3%,房间空调调节器同比增长9.5%,信息技术服务收入同比增长26.6%,均高于全省平均增速。家电产业的发展,对促进湖北省经济发展、提升人民生活品质、满足人们对美好生活的新期待等方面发挥了积极的作用。

以制冷为主业的黄石东贝集团,已拥有近300种规格制冷压缩机,是目前国内同行业中品种最多、规格最全、功率跨度最大的企业。东贝牌压缩机也位列行业单品牌销量全球第1。2019年前三个季度,东贝集团主营业务收入64.13亿元,同比增长9.2%。其中,主导产品压缩机累计生产 2588 万台,同比增长 16.9%;累计销售压缩机 2611 万台,同比增长 12.2%。为顺应市场,东贝集团不断优化结构,开发了中小型变频压缩机,2019 年初推出适用于小容积冰箱的 VDU 系列变频压缩机,帮助整机企业填补小容积变频冰箱这一市场空白。

武汉是全省最大的白色家电制造基地,美的、格力、海尔等巨头扎堆于此,年产空调近 1500 万台。2019 年,仅美的武汉工厂就生产空调 780 万套,产值 120 多亿元,是全省规模最大的空调企业。武汉格力是武汉市重点制造业企业,生产家用空调 582 万台,实现产值 110 亿元。武汉海尔拥有 3 类产品线(空调、冷柜、热水器)、1 家钣金配套工厂,设计年产能 520 万台,年产值 70 亿元。

(四)造纸产业产量增幅明显

湖北省造纸企业主要分布在武汉、宜昌、孝感、荆州、襄阳、黄冈、咸宁等地。2019 年,湖北省主要造纸企业 25 家,生产能力超过 10 万吨的企业 12 家,占全省产量 80% 以上,主要造纸企业纸及纸板产量为 522.44 万吨,包括箱纸板、瓦楞纸板 309.3 万吨,非涂布纸 33.5 万吨,特种纸约 20 万吨,生活用纸 58 万吨等。2019 年湖北省造纸总产量全国排名第 7 位,近四年来增长 93%(2016 年造纸总产量 215 万吨),增速全国第 1。

湖北省抓住造纸产业洗牌的机遇,促进优质企业进行产业布局,以更高的环保标准推动造纸业发展,百万吨级的特大造纸项目层出不穷,湖北省造纸产业正向着华中地区包装用纸生产大省迈进,见图 8-2。

图 8-2 湖北省百万吨级造纸项目分布

第二节　存 在 问 题

一、自主知名品牌较少

湖北省消费品工业全国有影响力的自主品牌少,仅有良品铺子、安琪酵母、稻花香、周黑鸭等在全国同行业品牌价值排名前十,品质品牌与国内国际先进水平存在一定差距,引领消费时尚的产品较少。特别是家电行业,自主品牌仅有东贝制冷,美的、海尔、格力均以工厂形式落户湖北,与之配套的零部件企业尚未形成规模。

二、食品包装技术有待提高

包装是食品工业产业链重要环节,除传统的纸塑、玻璃、金属包装外,人们开始探索使用新型原料制成包装,植物原料开始走入市场。湖北省包装行业重点企业主要分布在武汉、黄石、孝感、仙桃等地,有武汉龙发包装、湖北劲佳包装、湖北恒大包装、武汉雅都包装等,大部分企业还停留在传统的纸塑、玻璃、金属包装,且规模不大。湖北食品包装、机械、添加剂等食品相关产业方面的品牌很少,这部分市场基本还是一个空白,目前湖北食品企业所需要的绝大部分包装、设备和食品加工设备大多得去外地采购。

三、医用防护产品有待升级

目前,湖北省医用防护产品主要集中在技术含量相对较低的医用防护和卫生保健用品方面,大量的原材料和加工设备受制于人,奥美医疗虽然拥有全球最大的 ETO 灭菌中心,但最重要的原材料熔喷布需要从安徽、厦门、天津等地采购,严重制约了产能释放。手术缝合线、人造血管等植入性和人工脏器产品则由于技术落后和行业壁垒等原因,一直处于基础研究阶段;在高附加值的生物医用纺织材料上与发达地区和国家差距明显。

第三节　布局与产业链

一、健康食品产业

(一) 健康食品产业布局

食品产业是湖北省第三大支柱产业,也是传统支柱产业。以武汉、襄阳、荆州、宜昌、黄冈、鄂州、孝感、荆门、咸宁、恩施、潜江、大冶等地的农产品加工和食品饮料产业集群为载体,重点发展粮食与食用植物油加工、饮料酿酒、肉禽与水产品加工、水果与茶叶加工、特色食品、营养与保健食品以及农副产品快速检验、检测。综合考虑自然禀赋、人才技术、产业基础、交通便利等因素,形成以武汉为核心枢纽、市(州)为重要环节、县(市、区)为支撑的健康食品产业布局,见图 8-3。

图 8-3 湖北省健康食品产业布局

(二)健康食品产业链

湖北省是全国重要的粮食加工、水产品、优质白酒、高档卷烟和畜禽蛋肉成品生产基地,已形成以粮油加工、食品加工、饮料(酿酒)、烟草为主体的食品产业体系。湖北省食品产业上游的植物性原料供给充足,保障了中游的粮油加工和饮料(酿酒)供给,在下游的销售环节有良品铺子、周黑鸭等全国连锁店铺及武商、中百等本土市场的支撑,见图 8-4。

二、医用防护产业

(一)医用防护产业布局

医用防护产品是湖北省产业用纺织最主要产品,以仙桃、枝江和武汉新洲区为核心发展区域,依托仙桃国家高新区(非织造布产业园)、武汉阳逻经济开发区、枝江中国医疗防护产业园,打造以医用防护产品为特色的国家级应急医用防护物资产能保障中心和国家应急医用防护物资储备基地,见图 8-5,辐射带动宜昌、襄阳、黄石、黄冈、荆门、十堰、咸宁、天门等 8 个市相关企业。以非织造布、医用防护产品、母婴护理用品、医用敷料等为主导产品,推动区域内产业链各环节提档升级。

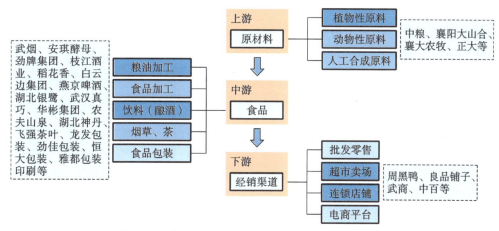

图 8-4　湖北省健康食品产业链

图 8-5　湖北省医用防护产业布局

（二）医用防护产业链

非织造布是医用防护产品主要原材料，湖北省是我国重要的非织造布及相关制品产业的集聚地，拥有恒天嘉华、湖北金龙、稳健医疗、奥美医疗、仙桃新发等一批行业重点龙头企业和仙桃、彭场两个非织造布制品产业集群，在纺粘非织造布、全棉水刺非织造布、非织造布制防护服装、医用敷料等产品方面具有重要的影响力，是当地经济的重要支柱产业。中游的制造成品主要有口罩、医用敷料、医用防护服，处于产业链中低端，多数是生产半成品或帮别人代工，大量的熔喷布原材料和加工设备受制于人，见图8-6。

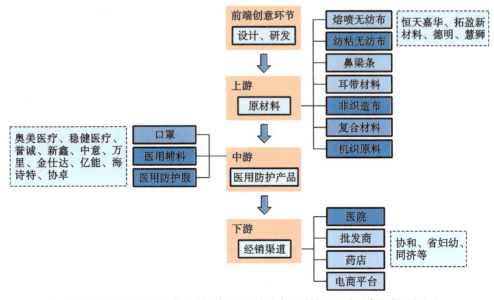

图8-6 湖北省医用防护产业链

第四节 行业展望

2019年，受经济下行压力、内外需疲软、行业结构调整等多重因素影响，消费品工业生产增速延续回落态势；出口和投资增速均大幅下降，其中，家具制造、皮革毛皮羽毛及其制品和制鞋等部分轻工行业受贸易摩擦的影响较大；消费需求释放放缓；整体运行情况低于预期。2020年初，新冠疫情突发事件并不会导致消费市场需求极端化，也不会直接导致市场需求中断，一些日用消费品的销量反而会出现爆发式增长。

一、内需扩大将推动产业生产增速

在内需方面，随着宏观经济健康发展、居民收入稳步增长，以及国家多项促消费措施的影响，居民消费需求不断扩大，体育娱乐用品、家具、中西药品、粮油、食品、饮料、烟酒等产品需求大幅增长。进入新消费时代，产品质量和使用体验成为消费者最为关注的"卖点"，包括盒马鲜生、超级物种、网易严选等在内的新零售业态不断涌现，智能家电、智慧家居等新技术产品大量普及，消费需求增长新动力逐渐形成，将有助于推动内需的进一步扩大。

二、逆全球化使出口增长充满变数

逆全球化浪潮涌动，保护主义势力上升，国际政局动荡多变，外贸不确定因素增多。湖北省促进外贸回稳向好的政策持续发力，"一带一路"倡议的实施，为企业在传统欧美市场不确定因素增多的情况下，提供更多的市场选择。

三、政策倾向将促使投资有所好转

2020年，各行业企业可能会加大投资推进行业转型升级步伐，消费品工业投资规模也稳步增长。在《省人民政府关于进一步稳投资稳预期的实施意见》等相关政策导向下，相关领域会加大投资，强化行业建设，预计2020年消费品工业各行业的投资形势会有所好转。

四、需求升级促消费品工业创新发展

随着消费升级步伐加快，消费品市场需求呈现更加多样化和多变性的特征。同时，随着人们生活品质的提升，对衣食用的消费标准也越来越高。衣着方面，消费已经从单一的遮体避寒的温饱型消费需求转向时尚、文化、品牌、形象的消费潮流。营养与健康食品方面，对食品的消费从温饱型消费逐渐向营养型、健康型、休闲型、风味型和体验型转变，促使食品工业向安全、健康、营养、方便的方向发展，进一步提高食品质量安全的检测能力，加强食品质量安全的信息追溯体系建设。智能家居方面，给人们生活带来便利的同时引领着生活潮流，未来将围绕智能产品的标准制定、产品生产、系统集成和规模应用四个领域，统筹推进智能家居、服务机器人、智能照明电器、可穿戴设备等产品的研发和市场推广。

第五节　发展建议

一、持续践行"三品"战略

国内方面，结构调整阵痛持续，财政政策加力增效，消费品工业发展机遇和挑战并存。国际方面，主要经济体增长步伐同步放缓，消费需求普遍疲软，贸易摩擦面临不确定性，消费品工业出口形势不容乐观。因此持续践行"三品"战略，撬动新的消费增长点；加快绿色转型，增强产业内生发展力；实施创新驱动，提升产业综合竞争力等措施是有必要的。

二、大力发展食品包装行业

随着我国商品经济的繁荣和人民生活水平的持续提高，食品包装机械和包装技术在食品行业分量越来越重。通过引进消化吸收、改进提高、技术创新等，提高湖北省包装行

业技术装备水平。支持食品包装企业实施智能化技改,实现智能包装食品温度可监测、源头可追溯、能够防伪辨识等,为消费者带来不一样的购物体验。支持食品包装企业研发无毒无害新型包装材料并实现绿色降解,保障食品安全的同时减少"白色污染"。

三、提升医用防护产业创新水平

医用防护先进制造领域创建一批国家级制造业创新中心和工程研究中心,打造一批国内领先、具有一定影响力的企业技术中心,发挥国家级重点实验室、工程实验室、工程技术中心、工程研究中心的作用,形成高水平有特色的医用防护先进制造产业协同创新网络,助力湖北省医用防护产业做大做强。

四、加强消费品产业品牌建设

培育壮大个性化定制企业和平台,推动企业发展个性定制、规模定制、高端定制。引导企业建立以质量为基础的品牌发展战略,丰富品牌内涵,提升品牌形象。鼓励行业协会、专业机构建立健全品牌培育专业化服务体系,制定宣贯品牌培育管理体系标准,完善品牌培育成熟度评价机制,以品牌培育推动企业从"质量合格"向追求"用户满意"跃升。鼓励重点企业创新发展方式,实现生产方式从传统向绿色转变,注重资源环境保护和集约发展,加大技术改造投入,打造叫得响的知名品牌。

五、加强产品线上线下销售

对于消费品行业来说,突发事件可能导致消费市场需求短时间极端化,并不会直接导致市场需求中断,一些日用消费品的销量反而会出现爆发式增长,而渠道供应和配送物流体系却会受到较大冲击。直接满足消费者需求的快消品和耐用消费品行业企业可进一步加强线上渠道建设,减小对线下渠道的依赖。尤其是对于企业收入占比大的生活必需品、薄利多销型商品和标准化的产品,有效的线上渠道能大幅减少突发事件对企业带来的生存威胁。

第九章 电子信息产业

电子信息产业是国民经济和社会信息化的重要基础,已成为创新驱动发展的先导力量。湖北省历来高度重视电子信息产业发展,始终把电子信息产业作为工业强省、网络强省和智慧湖北建设的重要突破口、调结构转方式的着力点。湖北省从产业布局、自主创新、政策扶持等多方面高位谋划推进,推动电子信息产业发展突飞猛进,形成了光通信、芯片、新型显示屏和智能终端、软件和信息服务等产业集群,建立了"芯屏端网"的全产业链生态体系。

第一节 发展情况

一、产业规模稳步提升

湖北省电子信息产业主营业务收入从2013年的2918亿元,增长到2019年的6807亿元,见图9-1。2019年电子信息产业保持稳定增长,其中计算机、通信和其他电子设备制造业营业收入2455.37亿元,工业增加值占比4.3%,同比增长19.0%;电气机械和器材制造业营业收入2297亿元,工业增加值占比4.1%,同比增长11.0%。

图 9-1　2013—2019 年湖北省电子信息产业主营业务收入①

---

① 数据来源:湖北省经济和信息化厅.

二、企业竞争实力不断增强

中国信科、长飞光纤两家企业入选 2019 年电子信息百强企业榜单,分列第 18 位和第 67 位。长飞光纤、光迅科技、科普达高分子材料、泰晶科技入选 2019 年中国电器元件百强企业。武汉斗鱼、盛天网络入选中国互联网百强企业,联想武汉基地被联想集团定位为全球移动互联战略总部。

三、"芯屏端网"产业集群初具规模

目前以武汉为核心的"芯屏端网"产业集群已初具雏形,产业链聚集企业近 400 家,产业规模突破 3000 亿元,见图 9-2。基础设施领域,作为国家工业互联网五大顶级节点之一,武汉节点于 2018 年 11 月率先开通,成为工业互联网中智能化生产、网络化协同、个性化定制的重要基础设施。芯片方面,以国家存储器基地为载体、长江存储为龙头,还拥有高德红外、中国信科、光迅科技、台基股份等一批有实力的特色企业。信息传输领域,作为全球光纤光缆行业的领先企业,长飞光纤连续 3 年保持全球第一的市场地位,烽火科技、华工科技、锐科激光等也是实力强劲。新型显示屏领域,国内显示屏"三强"华星光电、天马、京东方齐聚武汉,武汉成为国内规模最大、技术最先进的中小尺寸显示屏基地。智能终端领域,产业链涵盖了品牌、代工、电子元器件、物流等多个细分领域;互联网领域,湖北省集聚 80 多家知名互联网企业"第二总部",互联网企业总数超过 2700 家。

图 9-2　湖北省"芯屏端网"产业集群

武汉在重点产业布局上,依托武汉东湖高新区建设国内一流的光通信技术研发基地、新型显示屏基地、光纤光缆生产基地。随着天马柔性屏、华星光电 T4、京东方 10.5 代线等重大项目的实施和量产,全国最大的中小尺寸柔性显示屏和新一代大尺寸高端显示屏产业集群基本形成。依托华为、联想、小米、富士康等知名终端研发生产企业,智能手机、平板电脑、机器人、可穿戴设备等终端产品产业集群正在加快培育。武汉市构建了通信光电子、能量光电子、消费光电子三大产业链,光纤光缆生产规模全球第 1 位,占国内市场的 2/3、国际市场的 1/4;光电器件、光传输设备国内市场占有率分别为 60%、10%。

四、新型显示屏产业快速发展

在新型显示屏产业,华星光电、天马、京东方在 2019 年都迎来项目关键性节点:京东方 10.5 代液晶显示屏项目点亮;天马第 6 代 LTPS-AMOLED 生产线完工;华星光电全球最大第 6 代 LTPS(低温多晶硅)显示屏生产线产值达 109 亿元,成为湖北首家产值超百亿元的半导体显示屏企业。目前,武汉成为全国最大的中小尺寸柔性显示屏和新一代大尺寸高端显示屏基地。

五、芯片产业成绩初显

湖北省已拥有芯片设计、芯片制造、封装材料等企业 70 多家,年营业收入近 200 亿元。在地域分布上,湖北省芯片主要集中在武汉。武汉是中国重要电子信息产业基地之一,与北京、上海、深圳被列为国家四大集成电路基地城市。光谷自 2006 年投资建设武汉新芯项目后一直致力于芯片产业发展,现已汇集了长江存储、武汉光迅、高德红外等知名企业。武汉正在形成以存储芯片、光电子芯片、红外芯片、物联网芯片为特色的国家级"芯"产业高地。高德红外研制出具有完全知识产权的红外探测器芯片,红外热成像技术进入世界第一梯队。中国首款 64 层 3DNAND 闪存芯片在光谷国家存储器基地量产,大幅拉近我国与国际先进水平的差距。武汉芯片设计产业增速位居香港、杭州之后,位居全国第 3 位。

六、软件产业发展水平不断提高

2019 年湖北省软件业务收入达 2155 亿元,累计增速 20.6%,综合发展指数位列全国第 10,跻身全国领先省份,排名中部第 1 位。[①] 武汉邮科院入选全国软件企业百强,名列第 18 位。国家网络安全人才与创新基地建设取得积极成效,吸引了一批网络安全领域知名企业入驻,对推动安全的保障能力不断提升。互联网方面拥有斗鱼、卷皮、斑马快跑、安翰光电、直播优选 5 家互联网"独角兽"企业,在互联网直播、语言翻译等领域,代表企业的用户数量及经济社会效益国内领先。光通信嵌入式软件方面,武汉光通信、数控机床、激

---

① 数据来源:工业和信息化部《2019 年中国软件和信息技术服务业综合发展指数报告》.

光加工等领域的嵌入式软件有较好基础,依托高校科研优势,CAPP、CAD/CAM等工业软件技术成熟,形成了一批高质量行业应用解决方案。2019年3月,武汉市被工信部授予"中国软件特色名城"称号,成为中部地区首个软件名城。湖北省软件产业由原来的武汉"一支独秀"发展到现在的多市州逐步发展壮大的格局,在电子信息产业中所占份额逐年加大,已成为全省电子信息产业成长最快的行业之一。

七、重大项目进展顺利

光谷新开工亿元以上重大项目多达67个,其中工业项目36个。天马第6代LTPS-AMOLED生产线二期项目、华为武汉研发生产二期项目、TCL华中区总部及配套项目等6个重大项目于2019年开工。2019年光谷"芯屏端网"光电子信息产业集群"地基"不断夯实。华星光电T3项目实现满产满销,产能及出货量增速全球第1,总产值突破100亿元,成为全球最大的低温多晶硅单体工厂;华星光电T4项目(第6代柔性AMOLED生产线)顺利量产,其柔性折叠屏开始向品牌手机厂商供货,该生产线达产后年产值将突破300亿元,是此前投产的T3项目年产值的3倍。天马G6二期及OLED总部基地陆续搬入设备,产能蓄势待发;小米武汉总部正式开园;全球排名第1位的芯片自动化设计解决方案提供商新思科技在汉建成投用。

第二节　存在问题

一、企业发展外部环境有待优化

伴随着国内经济环境的变革,人工成本提高、融资成本上升、高端人才缺乏等因素使得企业要素成本上涨,企业融资难、运营成本高等问题愈加突出。同时受市场竞争激烈和相关审查日趋严格等因素影响,企业需要投入更多的资源维护市场渠道,销售费用攀升,企业增收增利压力不断加大。企业转型升级困难加剧,企业向基础领域和新兴领域转型的前期投入巨大,而这些领域市场规模仍相对较小,收效回报仍需时日,给企业持续发展带来较大的压力。

二、技术创新能力有待提高

产业自主研发创新能力仍有待提高,底层技术专利储备较少,造成核心芯片、关键元器件、基础软件领域等产业链重要环节依赖进口。国产通用CPU、基础软件在单品性能、兼容性和稳定性等方面与国外存在较大差距,且软硬件相互间适配性较差,产业链融合创新和集成配套能力仍显不足。在信息技术领域,同世界先进水平相比,在互联网创新能力、基础核心技术等方面还存在差距。

三、人才发展机制有待完善

湖北省虽然是科教大省,但是人才发展的机制不够完善,在芯片、高端软件和信息技术服务等方面高端人才严重不足。人才发展空间和创业平台还不够广阔,人才充分发挥作用的"洼地"聚集效应不够明显。在柔性引才方面探索不够,柔性引才机制不够健全完善。坚持以人为本、科学的人才激励保障机制还不够完善。

四、国际贸易摩擦存在较大不确定性

从目前情况来看,国际贸易摩擦对湖北省电子信息产业影响有限,但如果贸易摩擦持续或者升级,将无法排除贸易摩擦对湖北省急需美国进口的大量设备、材料、器件以及出口美国的电子产品可能带来的影响。

第三节　布局与产业链

一、芯片产业

(一)芯片产业布局

湖北省芯片产业以武汉为核心发展区,建设武汉国家存储器基地、国家先进存储产业创新中心、武汉光谷集成电路产业园,筹建长江芯片研究院;以襄阳、宜昌、黄石、荆州、孝感、黄冈、随州、潜江、天门为发展区,重点布局存储器芯片、物联网芯片、光通信芯片、车用元器件及配套产业等,见图9-3。

芯片设计和芯片制造主要集中在武汉东湖高新区,重点企业有武汉新芯、长江存储、光迅科技、云岭光电、高德红外、新思科技、海思光电子、九同方、飞思灵微电子、梦芯科技、国家信息光电子创新中心等;封装测试与材料业布局以武汉为主,襄阳、宜昌、十堰、黄石、荆州、孝感、黄冈、随州等布局磁电子、功率电子、光通信芯片、物联网芯片、车用元器件及配套产业等。

(二)芯片产业链

湖北省以存储器制造为核心,同时发展设计、封装测试、材料、设备等芯片产业链环节,其中长江存储所承担的国家存储器基地项目是湖北省芯片产业发展的重中之重,其他如设计领域有烽火通信、昊昱微电子、联发科、新思科技等企业,制造领域除了长江存储外还有光迅科技、台基股份等企业,封测领域有方晶电子、芯茂半导体等企业,材料领域有晶丰电子、兴福电子、鼎龙股份等企业,设备领域有大华激光等企业,见图9-4。

湖北省芯片产业链已经初步形成,然而产品产业链不完善,光刻机等芯片制造核心设备和核心材料受制于人,龙头骨干企业欠缺,高端通用芯片等新一代核心技术亟待突破。

图 9-3　湖北省芯片产业布局

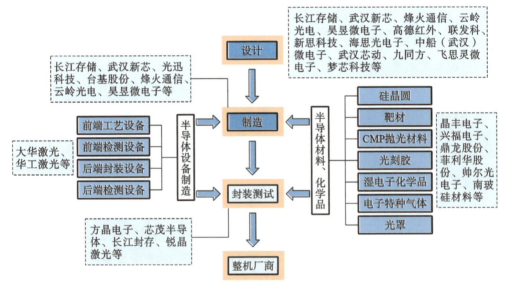

图 9-4　湖北省芯片产业链

二、地球空间信息产业

(一)地球空间信息产业布局

地球空间信息产业是湖北省最具优势的产业领域之一。湖北省科教资源丰富,在地球空间信息产业有武汉大学、中国地质大学(武汉)、中科院测量与地球物理研究所等国内顶级科研院所,拥有多个国家重点实验室、国家级工程(技术)研究中心。依托国内顶级高校、科研院所和国家级平台,目前湖北重点鼓励地球空间信息及应用服务产业在武汉东湖高新区发展,见图9-5。

图 9-5 湖北省地球空间信息产业布局

(二)地球空间信息产业链

湖北省已形成了包括上游地球空间信息数据获取、中游数据处理加工与运营服务、下游系统集成及应用服务在内的相对完整的产业链条,见图9-6。但是湖北省空间信息产业链各环节发展尚不均衡,在产业链下游的应用与服务环节,研发成效较为明显,主要企业有武大吉奥、武大卓越、立得空间、梦芯科技、光庭信息等,在上游的空间数据获取,以及中游的数据处理与加工环节,湖北省的研发能力则仍需加强。

三、新一代信息技术

(一)新一代信息技术布局

依托武汉东湖高新区,建设国内一流的光通信技术研发基地、新型显示基地、光纤光

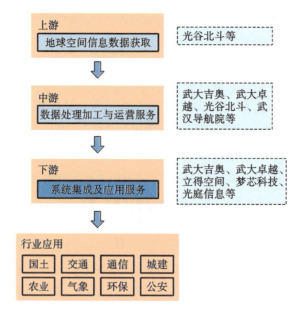

图 9-6 湖北省地球空间信息产业链

缆生产基地、国家网络安全人才与创新基地,辐射带动荆州、鄂州、潜江等地,见图 9-7。

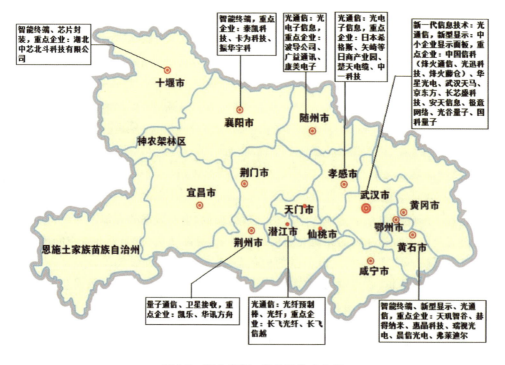

图 9-7 湖北省新一代信息技术布局

（二）新一代信息技术产业链

湖北省已形成了包括电子信息核心技术产业、下一代信息网络和高端软件和信息技术服务全覆盖的产业结构。在电子信息核心技术产业上，湖北省在通信设备、集成电路、新型显示器件和LED上研发成效较为明显，主要企业有烽火通信、光迅科技、烽火藤仓、华星光电、天马、京东方、长飞光纤等，但在高端软件和信息技术服务环节，研发能力则仍需加强，见图9-8。

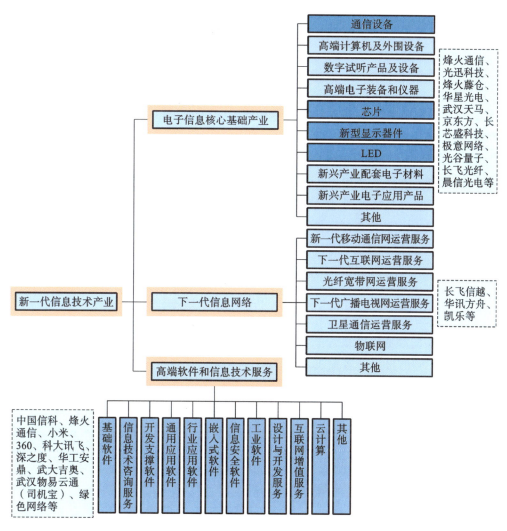

注：▇▇▨ 表示湖北省产业（领域）发展实力由强到弱　┌┈┐ 表示湖北省已有企业

图9-8　湖北省新一代信息产业链

第四节 行业展望

一、国内经济韧性为产业发展提供新支撑新契机

2019年,受全球经济负面趋势影响,全球消费电子产品市场需求逐渐萎靡,笔记本电脑、平板电脑、智能手机等主要产品出货量增速放缓。我国电子信息产业中量大面广的核心产品增长有限,品牌厂商和配套厂商面临市场份额下降的海外市场环境。展望2020年,国内宏观经济稳定性和韧性持续增强,新动能新消费为产业发展提供新支撑新契机。

二、新兴领域行业应用大幅铺开

5G商用稳步循序推进,提振产业发展动能。2019年5G终端设备配套产品较少,组网方式SA技术路线并不成熟,且产能处于逐月爬升过程中,5G基站交付量较少,5G占行业投资比重较低,预期2020年随着国内及海外时机成熟,5G部署将加速。虚拟现实(VR)应用落地速度显著加快。5G和人工智能技术的发展促进VR应用的不断创新。2019年,VR+5G在广播电视、医疗、安防等领域创新应用落地,VR直播、VR远程手术、VR医疗培训、VR安防等典型案例不断涌现。展望2020年,5G、人工智能、超高清视频等新技术新领域新动能将显著提升VR、AR、MR的操作效率、交互能力和用户体验,促进VR、AR、MR技术实现在娱乐、工业、商贸、医疗、教育等行业的不断普及。

三、国家持续投入为集成电路产业注入发展后劲

在2018年的政府工作报告中,集成电路被列入实体经济发展首位。此前国务院在《中国制造2025》的报告里曾提出,到2020年中国芯片自给率要达到40%,2025年要达到50%,这意味着2025年中国集成电路产业规模将占到世界35%。近几年,国内诸多地方响应国家战略,大力投资集成电路产业,国家持续投入为集成电路产业注入发展后劲。随着国家和地方政府资金的进入,湖北省集成电路产业的投入将继续保持增长态势。

四、显示屏产能优势逐步建立

随着国家战略层面政策推动和地方政府资金和税收等方面的大力扶持,中国显示屏产业开始快速发展。在大尺寸显示屏方面,京东方、华星光电、中国电子、乐金显示、三星电子、惠科、鸿海等生产线相继布局,中国8.5代线以上高世代生产线已达22条以上。在中小尺寸显示屏方面,近年来各大显示屏企业开始加大第6代LTPS(低温多晶硅)显示屏生产线投入。随着国内显示屏产业规模不断增长,中国LTPS显示屏生产总量全球占比已达40%,即将成为全球最大的显示屏生产基地。LCD方面,未来LCD市场的方向属

于大尺寸和 8K。随着 4K 基本完成普及，8K 的市场和技术窗口将会打开。AMOLED 方面，企业将进一步把握 AMOLED 行业快速发展的机遇期，华星光电 T4 项目（第 6 代柔性 AMOLED 生产线）顺利量产。

第五节　发展建议

一、完善创新服务平台

健全完善以企业为创新主体、产学研相结合的技术创新体系和创新服务平台建设，充分发挥财政性引导资金的作用，引导企业、科研机构加大对技术创新活动的投入。结合湖北省电子信息产业发展基础，加强对集成电路、显示屏、光纤光缆、光通信器件、激光产品等特色技术领域及重点企业进行集中支持，依托骨干企业，增大技术研发投入，企业、院校、科研机构和政府多方协同配合，完善电子信息产业集聚区配套服务体系，推动形成产业链上下游协同的创新体系，加快形成电子信息产业的特色创新服务体系。

二、强化核心电子器件、高端通用芯片和基础软件攻关

攻关芯片领域关键技术，在基础芯片领域全面强化应用导向，同时在物联网、人工智能、工业互联网等新场景中加快开发 GPU、TPU 和 NPU 等新型芯片。推动操作系统技术发展，加大适用于电视机、计算机和智能手机的通用性操作系统的研发力度，提高操作系统的兼容性，为电子信息产业链上游企业提供更多选择。积极强化储存设备生产制造技术，在存储芯片、软件定义存储、对象存储、数据保护等重点领域不断突破，推动存储产业技术水平持续提升。以市场需求为导向，做好体系化技术布局，围绕重点整机产品拓展上游产品。

三、加快 5G 等信息基础设施建设和商用

加快推进新型基础设施建设，加快 5G 商用步伐，研究规划新一代信息技术基础应用投资发展方案；加强人工智能、工业互联网、物联网等领域基础设施投资，积极储备、推介优质投资项目，创新新领域基础设施投融资模式。推进新一代信息技术与实体经济深度融合，加快 5G 在工业、交通、能源、农业等垂直行业的融合应用，壮大发展动能。推动 5G 在教育、医疗以及政务服务、智慧城市等领域的创新应用，优化公共服务供给方式，完善数字化治理，优化发展环境。

四、促进企业资源整合

湖北省应引导电子信息产业中的优势企业围绕产业链延伸拓展，开展跨地区、跨所有制的兼并重组。鼓励企业在兼并重组过程中整合技术及产品资源，规范推进技术转让。

五、健全人才发展机制

建立人才培养长期稳定支持机制。加大对芯片、高端软件和信息技术服务等方面高端人才支持力度。支持新型研发机构建设，鼓励人才自主选择科研方向、组建科研团队，开展原创性基础研究和面向需求的应用研发。强化人才创新激励机制。允许科技成果通过协议定价、在技术市场挂牌交易、拍卖等方式转让转化。完善科研人员收入分配政策，依法赋予创新领军人才更大的财物支配权、技术路线决定权，实行以增加知识价值为导向的激励机制。完善市场评价要素贡献并按贡献分配的机制。探索高校、科研院所担任领导职务的科技人才获得现金与股权激励管理办法。着力推进人才引进。创新政府与企业联合引进人才方式，大力吸引电子信息产业的高端人才、领军人才来湖北发展，认真落实人才引进政策，为其创造良好的发展平台和创业环境。

第十章 生物医药与医疗器械产业

生物医药与医疗器械产业(简称医药产业)是关系到国计民生的战略性新兴产业,是加快建设制造强省和健康湖北的重要保障。湖北省以提高产业发展质量和效益为中心,以深入推进供给侧结构性改革为主线,以改革创新为动力,着力壮大生物医药和高端医疗器械产业总量规模,推进生物医药产业转型升级,促进高端医疗器械产业跨越式发展。

第一节 发展情况

湖北省医药产业已形成生物药、化学制药、现代中药、医疗器械及医用材料等较为完整产业生产体系,拥有"人福""健民""稳健"等一批声名远播的医药产品和品牌。2019年,湖北省医药产业营业收入1401.29亿元,同比增长9.6%,工业增加值占比3.5%,同比增长8.6%,利润总额146.62亿元,同比增长24.1%。[①]

一、初步建立"一区九园"产业发展格局

湖北省初步建立以武汉国家生物产业基地为龙头,宜昌、荆门、十堰、天门、黄石、仙桃、黄冈、鄂州、恩施9个区域性生物产业园为支撑的"1+9"联动发展格局,各园区之间发展特色鲜明、产业功能互补、生产布局差异化,形成了生物医药产业蓬勃发展的"湖北模式",见表10-1。

表10-1 湖北省"一区九园"名称和概况

名 称	概 况
武汉国家生物产业基地（光谷生物城）	位于武汉东湖国家自主创新示范区,是中国光谷以"千亿产业"思路建设的第二个国家级产业基地。重点围绕生物医药、生物医学工程、生物农业、精准诊疗、智慧医疗、生物服务等领域,已建成生物创新园、生物医药园、生物农业园、医疗器械园、医学健康园和智慧健康园,正在大力推进建设生命健康园,打造集研发、孵化、生产、物流、生活为一体的生物产业新城。

---

① 数据来源:湖北省经济和信息化厅.

续表

名 称	概 况
十堰生物产业园	规划面积13平方公里,位于张湾区西城开发区,重点发展生物制药、医疗器械、生物环保和健康养生等产业。
宜昌生物产业园	规划面积45平方公里,位于伍家岗区与夷陵区结合部,重点发展生物医药、医疗器械、高端食品以及生物研发等产业。
荆门生物产业园	规划面积10平方公里,核心区位于荆门高新区南片区,重点发展生物医药、生物农业,协调发展生物制造、生物环保和生物能源等产业。
天门生物产业园	规划面积7.9平方公里,位于天门经济开发区,重点发展化学原料药和制剂、皮肤外用药、生物制药和卫生材料等产业。
仙桃生物产业园	规划面积30平方公里,位于仙桃西区,重点发展生物制药、化学原料药、医药中间体、中成药、健康保健品、特色医疗器械、生物环保、生物农业等产业。
黄石生物产业园	规划面积3平方公里,位于西塞山区工业园,重点发展医药中间体、中药深加工、生物基产品等产业。
黄冈生物产业园	规划面积12平方公里,核心区位于黄州区,重点发展生物医药、生物农业、生物医学工程和生物制造等产业。
鄂州生物产业园	规划面积6平方公里,位于葛店开发区,重点发展高端原料药、医药中间体、新型医药制剂、现代中药、生物技术药物及制品、药用辅料、医疗器械和药品包装材料等产业。
恩施生物产业园	规划面积11平方公里,位于恩施州高新区,重点发展中医药、医疗器械、健康保健品、康养观光等产业。

二、龙头企业竞争力进一步增强

2019年,人福医药集团进入全国医药工业百强榜单,位列第28名。湖北省有14家医药企业进入全国医药工业500强。马应龙药业集团、武汉亚格光电、武汉德骼拜尔、湖北共同生物、葵花药业集团(襄阳)隆中、湖北省宏源药业、潜江永安药业等7家企业被评为省级细分领域"隐形冠军"示范企业,湖北恒安芙林药业等14家企业被评为省级"科技小巨人"企业。

三、高端医疗器械发展成绩喜人

安翰光电入选科技部"独角兽"企业,其NU-I型磁控胶囊胃镜系统入选科技部《创新医疗器械产品目录(2018)》,全年产值增幅超过50%;明德生物在深圳证券交易所中小板上市,获融资3亿元,全年产值增幅25%;武汉华大智造的MGISEQ-200、MGISEQ-2000两款最新高通量基因测序仪和武汉唐济科技硬性电凝切割内窥镜通过国家医疗器械优先审批通道注册上市;致众科技医疗器械创新技术转化服务平台建成,可为医疗器械产品提供研发、检测、注册申报、生产一体化服务;武汉中科医疗科技工业技术研究院挂牌成立。

四、创新平台和技术服务体系逐步完善

新组建了湖北省麻醉药物工程技术研究中心等17个省级生物医药领域科技创新平台,共建有省级生物医药领域科技创新平台121个。人福利康抗癌药物CMO平台、亚太药业创新药物成果转化平台等创新平台正在加紧建设,即将投入使用。武汉生物城新增1个国家地方联合工程实验室、2个国家级孵化器、3个省级企业技术中心、1个省工程技术研究中心、1个生物医药协同创新中心。诊断试剂生产平台、医疗器械灭菌平台、第三代基因组学检测及技术应用中心、文献信息检索公共服务平台建成投入使用。医疗器械营销共享平台上线运行。

五、创新成果不断涌现

截至2018年底,湖北省累计获批国产药品6946件,其中国产一类新药获批6件;累计获批国产医疗器械3578件,其中第二、三类1288件,创新医疗器械审批和医疗器械优先审批合计2件。2018年,全省共获得药品注册批件17个,比2017年多3个。完成862个第一类医疗器械产品备案;第二类医疗器械产品注册事项509个。友芝友注射用重组抗EpCAM和CD3人鼠嵌合双特异性抗体、滨会生物重组人GM-CSF溶瘤Ⅱ型单纯疱疹病毒(OH2)注射液(Vero细胞)和人福医药间变性淋巴瘤激酶(ALK)抑制剂等4个国际首创一类新药获得临床批件。喜康生物2个单抗生物类似药获批开展三期临床。人福医药集团在海外产品申报方面取得突破性进展,共获13个ANDA批文。亚洲生物稀土磁材料创面修复产品获得美国FDA注册认证;喜康生物阿法链道酶生物类似药在欧洲获批进行临床试验;凯瑞康宁新型嗜睡症药物XW10172在澳大利亚获批进行临床试验。健民药业集团小金胶囊"基于整体观的中药方剂现代研究关键技术的建立及其应用"获得国家科技进步二等奖。

第二节 存在问题

一、固定投资增速回落

2019年,湖北省医药产业固定资产投资同比增长－10.3%,比上年回落18个百分点,工业投资增速大幅回落对全省医药产业增长产生较大影响。

二、研发投入有待加大

湖北省医药企业的研发投入不足,世界制药50强企业研发投入占营业收入的比重在18%左右,而湖北省医药企业的平均研发投入占比在5%左右,与国内医药企业的研发投入相比,国内医药企业前10位的研发投入占比均超过7.5%。

三、龙头企业数量偏少

湖北省医药产业的龙头企业数量较少,全国医药工业百强榜中仅有人福医药集团上榜,位列第28名。全省仅有14家医药企业进入全国医药工业500强。全省医药企业中,大型企业不足10%。这种企业组织结构不合理的现象直接导致行业骨干企业的拉动作用与辐射作用弱,"火车头"作用不明显。

第三节 布局与产业链

一、重点布局

湖北省高度重视生物产业发展,大力推动建设武汉国家生物产业基地,打响了"光谷生物城"品牌,同时将光谷生物城成功复制到全省9个市州,初步建立了"一区九园"产业发展格局。

湖北省生物医药与医疗器械产业布局见图10-1。

二、产业链

湖北省在武汉布局发展生物制药与医疗器械全产业链;在宜昌布局生物制药、生物医学工程、医疗器械等;在其他市(州)发展生物制药等。湖北省在生物制药上优势明显,但在生物技术和医疗器械环节仍需加强。

湖北省生物医药产业链、湖北省医疗器械产业链分别见图10-2、图10-3。

第十章 生物医药与医疗器械产业

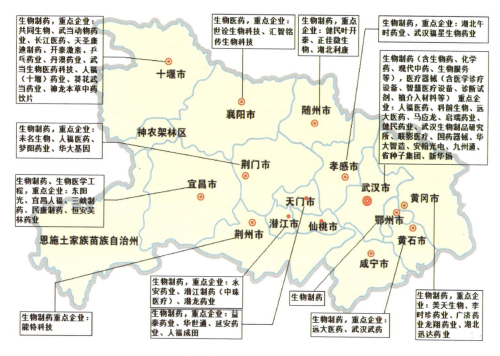

图 10-1 湖北省生物医药与医疗器械产业布局

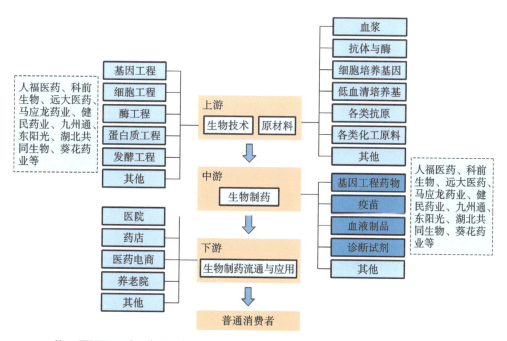

图 10-2 湖北省生物医药产业链

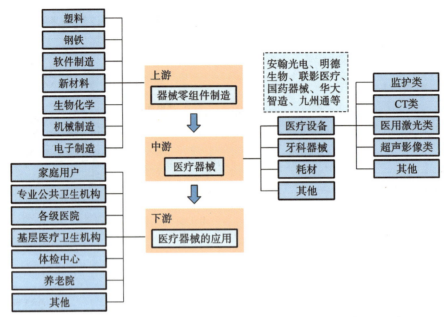

图 10-3　湖北省医疗器械产业链

第四节　行业展望

一、生物医药行业将持续高速发展

随着我们进入老龄化社会,患病率和患病人数不断增加,医疗需求也随之增加。另外,由于生活方式的变化和环境影响,各种慢性病如心血管疾病、糖尿病,以及恶性肿瘤的发病率迅速增加。而同时,随着人民生活水平的提高和经济条件的改善,对医疗服务的需求也大幅增长。

二、"互联网＋"将与医疗器械行业紧密结合

"互联网＋"将与医疗器械行业紧密结合,全行业的信息化程度将普遍提升,实现产品的信息可追溯,用信息化手段对医疗器械生产、流通全过程的监管。随着5G时代的到来,互联网将大大提高医疗器械的广泛应用。目前医疗器械领域的信息追溯机制、体系、编码等还不够完善,有待于进一步的提高。

三、人工智能在医疗服务上将飞速发展

人工智能技术、医用机器人、大型医疗设备、应急救援医疗设备、生物三维打印技术和

可穿戴设备等方面将出现突破性进步。2018年4月25日,《关于促进"互联网＋医疗健康"发展的意见》明确提出:"推进'互联网＋'人工智能应用服务。研发基于人工智能的临床诊疗决策支持系统,开展智能医学影像识别、病理分型和多学科会诊以及多种医疗健康场景下的智能语音技术应用,提高医疗服务效率";"加强临床、科研数据整合共享和应用,支持研发医疗健康相关的人工智能技术、医用机器人、大型医疗设备、应急救援医疗设备、生物三维打印技术和可穿戴设备等"。从政策层面为人工智能医疗的发展提供了保障。

第五节 发展建议

一、鼓励增加研发和人才投入

一是多渠道增加资金投入。企业要创新投融资方式,除了要争取国家及政府扶持资金,还要以股权投资、资本注入等形式增加研发投入。此外,还要通过上市融资的方式增加研发投入。二是增加人才投入。企业要重点引进国外知名生物医药公司的专家和高管,设立优秀研发团队奖励办法和优秀研发人员专项资金;分计划选派优秀年轻研发人员出国进修,学习欧美发达国家跨国医药企业的先进技术;与高等院校、科研机构建立人才联合培养机制,培养医药产业急需的高端研发人才、复合型人才和高级技能人才。

二、进一步加大金融支持力度

优先支持符合条件的生物医药企业上市发行股票,支持生物医药产业园区内企业发行中小企业集合债券,企业成功获得实际融资后,由属地财政部门给予适当财政贴息。创新信用方式,积极探索无形资产质押融资形式,为拥有自主知识产权但实物担保能力不足的创新型生物医药企业提供无形资产质押、订单质押、保理业务等方面的融资服务。加快完善市级融资平台和担保体系建设,为有融资需求且担保能力弱的中小生物医药企业提供融资担保服务。通过对符合条件的担保机构实行担保财政补助等方式,鼓励现有融资担保体系各类融资担保平台共同参与,引导社会资金支持生物医药产业发展。

三、增强企业创新能力

积极鼓励企业科技创新。进一步完善以企业为主体、市场为导向、产学研相结合的技术创新体系。以省内生物医药省级企业技术中心为重点,进一步加大扶持力度,提高企业技术中心的研发能力和水平。积极鼓励企业利用先进适用技术和信息化技术改造提升档次和规模,深入开展针对生物医药企业的"产学研"活动,增强企业自主创新能力,促进产业结构提升和发展方式转变。

四、做大做强龙头企业

湖北省医药产业的发展要依托龙头企业,要充分发挥龙头企业的示范带动作用。要发挥大企业的品牌影响力,推出知名品牌的系列产品。探索政府贴息与金融机构参与等多种形式,引导医药行业龙头企业、优势企业围绕产业链延伸拓展,开展跨地区、跨行业、跨所有制的兼并重组,形成财务、经营、管理上的协同效应,增强企业的实力。

五、提升医疗器械企业竞争力

鼓励医疗器械企业做大做强,支持引进医疗器械产业重大项目、重大兼并重组项目、重大技术成果产业化项目;支持医疗器械企业收购境内外企业;支持医疗器械企业在境内外多层次资本市场挂牌上市。充分发挥政策性金融和商业金融的优势,引导各类金融机构加大对医疗器械产业的信贷支持,逐步增加中小企业贷款。同时,完善配套平台,鼓励引进和建设医疗器械产业研发、交易展示、检验检测、技术合作(转让)、物流(灭菌)仓储、注册服务、政策咨询平台等;鼓励医疗器械企业独立或联合建立研发中心。鼓励医疗器械龙头企业牵头,整合各类医疗器械企业、行业协会、科研院所、高等院校、各级医院资源,共谋发展,搭建公共服务平台,解决企业遇到的共性问题。

第十一章　人工智能与工业互联网产业

当前,新一轮科技革命和产业变革正在萌发,大数据的形成、理论算法的革新、计算能力的提升及网络设施的演进驱动人工智能发展进入新阶段,智能化成为技术和产业发展的重要方向。

人工智能具有显著的溢出效应,将进一步带动其他技术的进步,推动战略性新兴产业总体突破,正在成为推进供给侧结构性改革的新动能、振兴实体经济的新机遇、建设制造强国和网络强国的新引擎。同时,工业互联网平台是工业全要素、全产业链、全价值链连接的枢纽,是实现制造业数字化、网络化、智能化过程中工业资源配置的核心,是"两化融合"背景下的新型产业生态体系,支撑着工业资源的泛在连接、弹性供给和高效配置。

第一节　发展情况

一、人工智能产业体系日趋完善

湖北省已经初步形成以大数据、云计算、半导体存储器件、工业机器人、智能装备为引领的人工智能产业集群。

在人工智能基础硬件、基础软件、整体解决方案、云服务、运维支撑和终端产品等产业链环节,湖北省已经聚集了烽火通信、达梦、飓拓科技、火凤凰、天远视、兴火源、光谷北斗等一批国内领先企业,实现了从硬件到软件、从产品到服务的产业链覆盖,产业上下游协同效应初步显现。

在大数据及超级计算领域,以国家网安基地、武钢大数据产业园、光谷云村、左岭大数据产业基地为代表的产业载体加速发展,已经成为湖北省大数据产业的核心力量。国家网安基地打造国际一流的"两院一室十中心",其中包括大数据中心、大数据交易中心、超算中心等大数据基础产业。在大数据领域构建区域协同发展布局,以武汉、襄阳、宜昌的"一主两副"协同发展格局已初步形成。华为、中国移动、锦云中国等大型数据中心项目落户襄阳。宜昌依托三峡云计算中心,在全国率先实现城市级云计算为"市、县、乡、村"提供应用支持。

在机器视觉、语义识别等领域,湖北省正在发力。飓拓科技的图像识别技术已应用于智能交通领域,如车辆、卡口、轨迹、安全带的识别等。飓拓科技拥有自然语言处理自主知识产权核心技术,智能客服问答技术可以替代数万人工客服。武汉天远视科技在机器视觉、基于机器学习的图形处理的算法领域跻身国际第一梯队。传神语联的人工智能翻译引擎准确率达到90%以上。

二、工业互联网产业高速发展

湖北省高度重视工业互联网产业发展,针对不同行业的产品形态、技术要求、系统架构、服务需求差异化问题,以实际需求为导向,湖北省重点支持大型企业、具有行业特色的"科技小巨人""隐形冠军"等企业先行先试建设行业级工业互联网平台、数据中心,整合碎片化应用,打破信息孤岛,激发工业数据应用活力。目前全省已建成了15个左右企业级工业互联网平台。推动成立工业互联网产业联盟、中国工业互联网研究院湖北分院,搭建工业互联网创新发展平台。推动成立工业技术软件化开源社区合资公司,打造工业技术软件化开源社区升级版。

湖北省积极推动大数据技术深入应用,帮助企业实现数据价值与业务深度融合,并在营销、研发、生产等应用场景下更科学地决策,促进企业效益大幅。长飞光纤5G+工业互联网平台获工信部集成创新试点示范项目,实现生产设备、光纤传感、光纤检测等全面数据化应用和管理,整体生产效率提高20%,运营成本降低20%,产品不良品率下降15%。华星光电研发了基于大数据分析的自动缺陷识别系统,人力成本减少60%,生产周期缩短60%。

2019年,湖北首个工业互联网产业示范园落户武汉黄陂区。这也是目前湖北省唯一的工业互联网产业示范园,也是武汉首个工业互联网标识解析二级节点建设单位,黄陂区将成为工业互联网标识解析产业、应用和生态体系发展示范区。该区计划在三年内推动标识解析二级节点、湖北省工业互联网创新中心、5G试点应用、工业互联网平台等重点项目落地,构建工业互联网核心产业、工业互联网应用示范、创业创新为一体的工业互联网产业生态,将湖北工业互联网产业示范园区打造成为湖北省乃至华中地区的工业互联网高地。

三、创新能力稳步提升

截至2019年11月,人工智能领域中国专利授权量为2.5431万件;北京的专利授权量超过5000件,排名第1位,这与当地经济的快速发展、科研投入及知识产权保护受重视等因素密切相关;湖北省的专利授权量是640件,排名第8。2019年中国人工智能授权专利省市区分布见表11-1。从人工智能创新能力排名来看,湖北省跃升至第3位,较2018年上升了7位。2019年中国人工智能创新能力指数排名见表11-2。

表 11-1　2019 年中国人工智能授权专利省市区分布[①]

省/市/区	授权量排名	授权量/件	省/市/区	授权量排名	授权量/件
北京	1	5180	黑龙江	18	263
广东	2	3741	吉林	19	147
江苏	3	2041	河北	20	146
上海	4	1460	广西	21	142
浙江	5	1238	云南	22	118
四川	6	697	江西	23	107
山东	7	683	山西	24	77
湖北	8	640	新疆	25	49
安徽	9	578	贵州	26	47
陕西	10	551	内蒙古	27	41
福建	11	451	甘肃	28	37
辽宁	12	397	海南	29	31
湖南	13	373	香港	30	18
天津	14	371	宁夏	31	18
重庆	15	341	青海	32	15
河南	16	283	西藏	33	6
台湾	17	266	澳门	34	5

表 11-2　2019 年中国人工智能创新能力指数排名[②]

排名	省/市/区	2018—2019年排名变化	排名	省/市/区	2018—2019年排名变化
1	北京	不变	6	河南	↑5
2	江苏	不变	7	安徽	↑7
3	湖北	↑7	8	陕西	↓1
4	山东	↑8	9	广东	↓5
5	辽宁	↓2	10	四川	↓1

四、与实体经济深度融合取得重大进展

湖北省 5 家企业的 5 个项目入选 2018 年人工智能与实体经济深度融合创新项目,分

---

①② 数据来源:国家知识产权局知识产权出版社 i 智库《中国人工智能专利价值及竞争力报告》.

别是：武汉南华的大型水面无人船智能控制系统研发项目，易瓦特科技的无人机智能作业系统研发及产业化融合项目，光庭科技的智能网联汽车自动驾驶控制单元（AD-ECU）项目，长江电力的水电站水下检修与流道检测机器人研制、黄冈伊利的伊利乳制品智能化产业升级及配套能力提升项目。

武汉虹信的5G智能制造生产线通过引入基于5G的工业互联网"5G无线＋5G边缘计算＋移动云平台"组网模式，实现设备点对点通信、数据上云，生产效率较改造前提升30％以上。

第二节　存在问题

一、产业规模有待扩大

截至2019年9月，全国人工智能相关企业数量已超过2500家，其中北京共有738家，占比近30％，广东省紧随其后，两个地区合计占比近50％。湖北省仅拥有61家人工智能相关企业，占比2.4％。截至2019年9月，全国有20个省市地区建立95家人工智能园区，其中江苏省、广东省分别建设园区17家、16家，北京和上海各有9家园区。湖北省仅有5家人工智能园区。从人工智能企业数量和产业园数量来看，湖北省人工智能产业规模有待进一步扩大。

二、行业龙头缺乏

湖北省人工智能龙头企业缺乏，产业带动能力不明显。根据赛迪研究院发布的《2019赛迪人工智能企业百强榜研究报告》，国内人工智能领军企业大部分集中在北京和深圳两个城市，湖北省尚未有企业上榜。湖北省人工智能企业规模普遍较小，行业布局较单一，大部分企业主要分布在产品硬件层级——机器人领域；并且技术研发与成果应用覆盖面窄，目前为止无法有效地构建上下游良性互动的产业生态体系，对整个产业带动力并不明显。

三、产业化能力有待提高

虽然湖北省在人工智能领域科研实力较为雄厚，但实际科研成果落实到本地产业发展中的仍然很少，产学研用间的协同效应并没有得到有效发挥。主要表现在：本地科研实力强，但实际落实到本地产业智能升级的很少；企业与高校间的协作较少；产品种类多，但高端化、智能化产品较少，产品低端化、同质化竞争较严重。没有形成政府支持、企业主体、高校科研院所参与、资本助推的"政、产、学、研、用、资"六位一体、正向循环的产业化和技术创新体系，使得技术产业化能力不足，产业集聚效能无法得到有效发挥。

四、高端人才缺乏

人才是人工智能实现高质量发展的重要支撑。中国人工智能人才分布不均，主要集中在京津冀、长三角以及珠三角地区，此外中西部也形成了一定的人才聚集，主要分布在长江沿岸。从各城市人工智能占比来看，北京最具优势，占比近28%，是第二名上海（12.1%）的2倍，深圳、杭州占比均低于10%，位居第二梯队。[①] 国内的人工智能人才基本集聚在北上广深等产业发达的地区，湖北省很难吸引到人工智能产业人才。

第三节 布局与产业链

一、人工智能产业

（一）人工智能产业布局

湖北省把握新一轮科技革命和产业变革机遇，将人工智能与实体经济深度融合，立足各地产业基础，突出以武汉、襄阳和宜昌为重要载体，推动各地进行差异化产业布局，抢占先机，形成湖北省特色人工智能产业优势，推动经济高质量发展，见图11-1。

图11-1 湖北省人工智能产业布局

---

① 数据来源：《全球人工智能发展白皮书》.

(二) 人工智能产业链

目前湖北省人工智能产业链重在应用层，未来将向基础层、技术层布局，见图11-2。

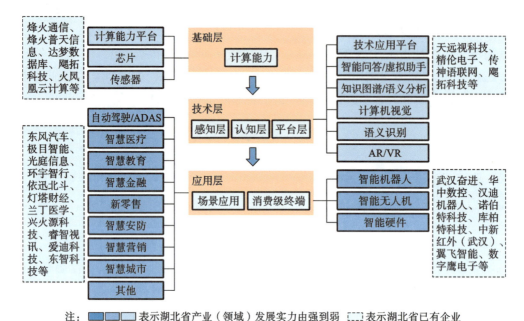

图 11-2　湖北省人工智能产业链

二、工业互联网产业

(一) 工业互联网产业布局

为加快推进互联网、大数据、人工智能和实体经济深度融合，深入贯彻落实国务院《关于深化"互联网＋先进制造业"发展工业互联网的指导意见》精神，湖北省在全省布局工业互联网，推动湖北省工业互联网建设，促进湖北工业经济稳增长、快转型、高质量发展，见图11-3。

(二) 工业互联网产业链

工业互联网具有很长的产业链，且工业互联网的产业链协同性很强，上游通过智能设备实现工业大数据的收集，再通过中游工业互联网平台进行数据处理，才能在下游企业中进行应用，任何一个环节缺失都会导致产业链的效用丧失。工业互联网产业链上游主要是硬件设备，提供平台所需要的智能终端、生产设备、服务器、软件等，主要有传感器、控制器、工业级芯片、智能机床、工业机器人等；中游为工业互联网平台，从架构上可以分为网络层、平台层和软件层；下游是工业互联网典型应用场景的工业APP和工业企业。湖北省在工业互联网上的整体实力较弱，企业主要集中于智能终端的研发与生产，而在网络层、应用平台、软件层上仍需加强，见图11-4。

第十一章 人工智能与工业互联网产业

图 11-3 湖北省工业互联网产业布局

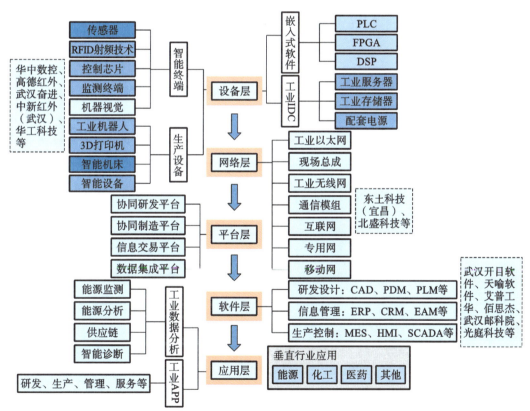

图 11-4 湖北省工业互联网产业链

第四节 行业展望

一、人工智能发展将迈入大规模商用阶段

随着越来越多的人工智能产品和服务涌入消费级市场，以及人工智能技术应用带来的企业、产业和人力变革，人工智能将迈入大规模商业化阶段。在此过程中，人工智能市场规模可能加速提升。根据福布斯的预测数据显示，2024年全球人工智能市场的规模将达710亿美元，其中，中国将占有约1/4的市场份额，智能硬件市场将成为主要增长点。根据IDC和浪潮集团共同发布的《2019—2020中国人工智能计算力发展评估报告》预测，未来5年，我国人工智能市场总体规模将超过170亿美元，年复合增长率高达44.9%，其中，硬件市场规模占比最高，预计到2023年将达83亿美元。

二、场景化、融合化将成为人工智能产业发展新特点

在制造领域，联想集团将"制造＋服务"作为人工智能时代生产效能最高的商业模式，基于人工智能技术，布局能够自我思考、自我成长的"有机制造"，使工厂逐步进化为前端连接用户、后端融合供应链的"有机工厂"，不仅实现供给侧结构性改革，也为客户创造更优体验。海尔利用人工智能技术赋能传统产业，实现了从传统家电供应商向"硬件＋软件＋服务"平台型企业的转型，利用传感器和智能算法提升制造设备的工作效率和使用寿命，基于语音、图像、大数据、自动识别人工智能技术提升了用户端的交互体验，实现了生产、制造、销售、服务全流程生产体系打通和大规模个性化定制。2020年，人工智能与制造、交通出行、消费电子、网络零售、金融服务、医疗诊断等领域的渗透影响会加深，发展融合化、应用场景化将成为人工智能产业发展的重要特点。

三、工业互联网平台发展动力将由政策驱动转向企业自发需求

2019年，工业互联网平台、网络、安全等配套政策及行业政策体系趋于完善，发展工业互联网已成为各龙头企业重塑产业竞争优势、推动转型升级的共识。以海尔、阿里巴巴为例，海尔基于COSMOPlat平台打造了包括工业组网解决方案、大数据解决方案、边缘层解决方案、智能制造解决方案、工业安全解决方案等在内的170多个专业解决方案，赋能农业、房车、机械、建陶等行业生态。今后企业将"自下而上"推动工业互联网平台建设及推广，针对不同的服务对象构建区域、行业、企业子平台，聚焦协议转换、边缘计算、工业机理模型、生产线数字孪生等平台关键技术，形成更多具有价值的行业解决方案，推动工业互联网平台在地方加速落地。

四、新一代信息技术将加速与工业互联网平台技术融合

2019年,大数据、人工智能、5G、区块链等新一代信息技术日趋成熟,持续为领先制造企业和信息技术企业发展拓展新空间,涌现出更多"平台+新技术"创新解决方案。如富士康、商飞公司、紫光云引擎等通过"平台+5G"融合应用实现高可靠、低时延、高通量的数据集成,催生远程运动控制、全场景运营优化、智能巡检等模式。新一代信息技术与工业互联网平台的融合发展将从简单到复杂、由单点聚焦到全面开花,衍生出更多新模式新业态,实现应用创新,加速融合创新应用的落地,推动新一代信息技术与制造业的深度融合。

五、传统产业基于平台的数字化转型步伐将进一步加快

2019年,随着工业互联网创新发展战略的深入推进,平台赋能水平显著提升,成为企业推进数字化转型的切入点,基于平台的制造业生态体系日趋完善。工业互联网创新发展工程实施以来,项目整体进展良好、成效显著,"以测促建、以用带建"的预期目标基本实现,平台核心功能、应用水平、生态能力明显提升,重点平台平均工业设备连接数达到65万台、工业APP达到1950个、工业模型数突破830个、平台活跃开发者人数超过3800人,在石化、机械、钢铁、电子、轻工等领域催生了一批新模式新业态,显著带动行业转型升级。伴随着工业互联网创新发展工程的持续深入实施,平台模式创新能力、工业设备上云能力、数字化管理能力、试验测试能力以及重点领域公共服务能力将得到大幅提升,推动形成多层次平台发展体系,加速制造业数字化转型升级和新技术新业态新产业培育。

第五节 发 展 建 议

一、加强政策支持

加强宏观调控引导,鼓励完善人工智能产业政策,落实和强化技术创新能力,营造良好公平的竞争环境,鼓励企业实行智能化技术改造,支持行业内兼并重组。加强规划实施的组织领导,加强行业内、价值链上下游的信息沟通和政策协调,统筹部署,形成产业发展的规模效应。鼓励高校参与企业创新,打造持续性产学研产业链,实现创新联动。完善政府支持人工智能发展的专项扶持政策,统筹使用产业转型升级、信息化建设、战略性新兴产业发展、重点科研计划等专项资金,支持人工智能发展,引导企业加大人工智能投入和应用项目建设;组织论证人工智能省、市级重大科技专项,支持人工智能基础前沿及关键共性技术攻关;发挥现有政府投资基金作用,引导多元社会资本支持人工智能产业发展。

二、加大资金支持力度

加大财政资金支持力度,加强对人工智能基础前沿研究、关键共性技术攻关、成果转移转化、基地和开放平台建设、创新应用示范等支持。运用好国家自然科学基金区域创新发展联合基金(湖北省),重点支持人工智能研究,争取设立人工智能基础科学研究中心。发挥政府产业基金的引导作用,吸引社会资本设立人工智能产业相关子基金。推进省级科技成果转化引导基金与试点市县和特色小镇合作,优先设立人工智能天使投资和创业风险投资基金。积极运用政府和社会资本合作等模式,引导社会资本参与人工智能重大项目实施和科技成果转化应用。

三、积极培育龙头企业

积极培育人工智能龙头企业,形成一批具有竞争力的典型企业和辐射带动作用明显的产业园区。以人工智能技术为发展载体,以重点发展领域为产业指点,推进产业链的整合延伸、配套分工和价值提升,不断完善产业链的沟通与协调。鼓励企业大力推动跨行业跨领域的"人工智能+"创新,推动结构调整升级。形成依托人工智能的制造业集群式发展,实现规模效应,推动制造业的升级转型。

四、着力构建开放共享的大数据生态环境

完善工业大数据标准体系,统一行业之间的数据接口,打通数据孤岛,加强供需对接,建立互惠互利的工业大数据共享机制,加快释放数据红利。推动标识体系在省内重点行业和地市的深度覆盖,打通标识的全流程应用示范,实现数据的全环节贯通。加快推进在湖北省建设以武汉顶级节点为依托,在汽车、光通信等主导产业突破建设湖北省数据枢纽。实施工业数字化改造工程,建设5G+工业互联网创新发展示范区,建立由包括数据采集企业、工业大数据解决方案提供商、工业大数据平台企业组成的工业互联网服务资源池,梳理应用企业清单、企业需求清单、产品服务清单,开展系列对接合作活动。加快推动工业知识、技术、经验的软件化,每年在省内一批遴选工业APP典型应用案例进行推广,以标杆引领繁荣湖北省工业互联网平台应用生态。

五、促进成果转化

高校和企业自主联合科技攻关与人才培养,以重点项目、创新工程、研发基地为依托,结合华中科技大学、武汉大学等高等院校和相关研究机构的科教资源优势,培育和汇集一批具有国际先进水平的专家和学术带头人。高校、企业共建研究中心、研究所和实验室,逐步建立人工智能科技园区,实施科学研究与成果孵化,最终发展成为高校技术创新的基地、高新技术企业孵化的基地、创新创业人才培育的基地和高新技术产业辐射催化的基地。制定符合本地区发展的产学研合作政策与法规,建立基金会,设立产学研合作专项基金。

六、加强高端人才队伍建设

把高端人才队伍建设作为人工智能发展的重中之重,坚持培养和引进相结合,完善人工智能教育体系,加强人才储备和梯队建设,特别是加快引进全球顶尖人才和青年人才,形成湖北省人工智能人才高地。依托华中科技大学、武汉大学等高等院校和相关研究机构的科教资源,依托国家科技重大专项、科技人才培养计划、示范工程和重点骨干企业,支持和培养具有发展潜力的人工智能领军人才和创业团队,加强人工智能基础研究、应用研究、运行维护等方面专业技术人才培养。

专题篇

第十二章　智能制造试点示范

第十三章　制造业创新中心

第十四章　工业强基

第十五章　绿色制造

第十六章　服务型制造

第十七章　智能化技改

第十八章　质量品牌提升

第十九章　制造业国际化

第十二章　智能制造试点示范

智能制造是国家综合实力和科技水平的集中体现,是立国之本、兴国之器、强国之基,数字化设计与制造是智能制造的关键共性技术,是我国由制造大国向制造强国跨越的必由之路。

智能转型是建设制造强省的关键。实现"数字化、网络化、智能化"制造,是制造业发展的新趋势,也是新一轮科技革命和产业变革的核心所在。加快发展智能制造,是培育湖北省经济增长新动能的必由之路,是抢占未来经济和科技发展制高点的战略选择,对于推动湖北省制造业供给侧结构性改革、打造湖北省制造业竞争新优势、实现制造强省具有重要战略意义。近年来,湖北省智能制造试点示范在多方面取得了重要进展。

第一节　基本情况

一、发展现状

工信部自2015年启动智能制造试点示范专项行动以来。湖北省共遴选出342个智能制造试点示范项目,覆盖92个行业类别、31个省(自治区、直辖市),在推进关键技术领域实现突破,推动产业协同创新,促进行业转型升级,形成各具特色的区域智能制造发展路径,带动社会投资等方面取得了积极成效。

2019年,湖北省继续实施省级智能制造试点示范专项行动。试点示范的区域和行业逐步扩大,目前已覆盖全省大部分市区及机械、汽车、医药、电子、食品、纺织等多个行业。确定了37个省级智能制造试点示范项目,①试点示范项目智能化改造前后对比,生产效率平均提升30%以上,最高达到2倍以上;运营成本平均降低20%以上,最高降低60%。

二、主要进展

(一) 推进智能制造试点示范项目快速发展

加快发展智能制造,是培育湖北省经济增长新动能的必由之路,是抢占未来经济和科技发展制高点的战略选择,对于推动湖北省制造业供给侧结构性改革、打造湖北省制造业

---

① 数据来源:湖北省经济和信息化厅。

竞争新优势、实现制造强省具有重要战略意义。特别是当前对于湖北省工业经济稳增长、快转型、高质量发展,具有重要现实意义。2018年12月,湖北省经信厅对获得"2018年湖北省智能制造试点示范单位"称号的31家企业进行授牌。

2019年9月,为推进制造强省建设,深入实施"湖北省智能制造试点示范工程",湖北省经信厅决定按照《湖北省智能制造试点示范项目实施方案(2019版)》要求,认真组织开展2019年度省级智能制造试点示范项目推荐,继续在全省开展智能制造试点示范项目遴选工作。

(二)推进智能制造重点企业深入发展

2019年4月,为推进全省智能制造产业深入发展,湖北省经信厅装备工业处在广水市召开了全省推进智能制造重点企业座谈会。会议强调,推进智能制造深入发展是促进装备制造业高质量发展的内在要求,必须坚定方向,坚持不懈,不断追求。在开展智能制造试点示范的基础上更上一层楼,积极培育和树立一批智能制造标杆企业,更好地带动各地智能制造深入发展。湖北省经信厅将积极落实国家有关政策,继续采取有力措施,推进全省智能制造不断取得新成绩。

(三)推进定制家居智能制造快速发展

2019年8月,由广东省定制家居协会、广东衣柜行业协会主办的"智能制造·智创未来"2019年定制家居智能制造大会在黄冈市召开。来自全国400名家居行业代表及特邀嘉宾,通过参观体验、主题演讲、论坛对话等多种形式,聚焦中国定制家居智能制造,把握工业4.0时代脉搏,寻求发展,共商对策。

索菲亚首个4.0车间位于湖北黄冈分厂,占地面积3.3万平方米,集制造、展示、培训为一体,是索菲亚旗下最大的制造中心。原料板件从智能立体原料仓出发,经过开料、封边、打孔、分拣、打包等工序,全部由机械臂、智能物流系统等自动完成,全程不落地、不经人手。索菲亚4.0车间拥有自主知识产权,符合工业4.0标准,是索菲亚探索"新变革、新技术、新标准、新智造、新物流"之地。

近年来,黄冈市先后引进索菲亚、司米橱柜、顾家家居、南方家居、居然之家、欧亚达等家居行业领导品牌及其上下游企业,开启了面向中部、定位绿色智慧的现代家居产业发展之路。黄冈市拟通过5年时间,把黄冈打造成国内一流,涵盖家具、家纺、家电和家装全产业链,集现代家居科研设计中心、现代工业中心、仓储物流中心、展览展示中心和消费体验中心等五大中心于一体的中部绿色智慧家居之都。

为鼓励投资者到黄冈投资兴业,该市出台了《关于实施招商引资"一号工程"的意见》等一系列促进投资和引进人才的政策。对重点工业项目提供基础设施建设补助、固定资产投资补助和税收贡献奖励等。对落户到黄冈的项目,提供扶持企业创新发展、降低企业成本、金融支持实体经济发展、促进高层次人才引进、加快现代职业教育发展等8个方面政策支持。

（四）推进中国纺织工业智能制造高速发展

2019年10月，中国纺织工业智能制造大会在武汉召开，会议以"中国纺织智能制造——创未来、领时代"为主题，总结回顾了近年来纺织智能制造工作取得的成绩，探讨未来的发展方向。大会期间还组织开展了纺织行业工信部智能制造专项、中纺联纺织智能制造试点示范企业及优秀集成商的宣传展示。

会议指出，在推进智能制造的进程中，纺织行业形成了树典型、订标准、建体系、搭平台、推成果等有效的工作模式，目前行业涌现出一大批智能制造生产线，生产自动化水平提高，企业信息化建设加快，智能制造关键技术取得突破，大规模个性化定制模式广泛应用，智能纺织材料和智能产品开发取得进步。但同时还存在关键技术装备和软件系统自主化水平不高、标准体系和人才队伍建设不能满足智能制造需求、智能制造系统解决方案供给能力不足等问题。在推进纺织行业智能制造的历史进程中，要处理好"体"与"用"（纺织服装制造为体，新一代信息技术为用）、"软"与"硬"（智能化装备开发与软件工具开发、软实力构建同步推进）、"虚"与"实"（数字与实体转化融合）、"大"与"小"（大企业先试先行，小企业借力推进）、"新"与"旧"（存量产能的智能化升级是关键）、"内"与"外"（智能纺织品服装的开发要跟上）、"先"与"后"（企业推进智能化应统筹规划，先易后难，循序渐进）等7个关系。

第二节　面临的问题

目前湖北省制造业尚处于机械化、电气化、自动化、数字化并存的局面，在智能制造软件、装备供给能力、支撑服务平台、中小企业智能制造推进、人才培养等方面亟待完善。存在的问题主要有以下几方面。

一、工业软件支撑智能制造发展能力有待提高

工业软件是制造业实现数字化、网络化、智能化的核心要素，工业软件在各个发达国家实施智能制造的战略中均占据着重要位置。湖北省工业软件企业与国外企业存在很大差距，市场话语权有限，支撑智能制造发展的能力有待提高。

二、智能制造创新能力有待加强

湖北省多数企业受制于技术、人才、资金等因素，智能制造参与程度很低。智能制造装备关键技术创新能力和高技术转化能力较薄弱，协同创新氛围不浓。拥有自主知识产权和核心技术的产品较少，关键数据及核心部件受制于国外。

三、智能制造装备供给能力有待提升

湖北省智能制造装备供给能力有待提升，如高档数控机床在高速、高精、多轴联动控

制、多通道复合加工、网络通信、智能检测等技术方面与国际先进水平比较存在一定差距，生产制造过程所需装备很多需要依赖进口。

第三节　推进措施及建议

智能制造作为建设制造强省的主攻方向，加快推动智能制造理论、技术、平台、应用、产业等方面的创新，将助力实体经济做大做强。加快发展智能制造，是培育湖北省经济增长新动能的必由之路，是抢占未来经济和科技发展制高点的战略选择，对于推动湖北省制造业供给侧结构性改革、打造湖北省制造业竞争新优势、实现制造强省具有重要战略意义。

当前，湖北智能制造仍处在起步阶段，补短板工作任重道远，对此，应立足省情、统筹规划、分类施策、分步实施，以企业为主体、市场为导向、项目应用为切入点，持续推进全省智能制造试点示范。进一步扩大行业和区域覆盖面，全面启动传统制造业智能化改造，开展离散型智能制造、流程型智能制造等智能制造新模式的试点示范，继续注重发挥企业积极性、注重智能化持续增长、注重关键技术装备安全可控、注重基础与环境培育，逐步探索与实践有效的经验和模式，不断丰富成熟后在制造业各领域全面推广。

一、推进措施

根据《智能制造发展规划（2016—2020年）》《智能制造工程实施指南（2016—2020年）》的要求，重点围绕五种智能制造模式，鼓励新技术集成应用，开展智能制造试点示范。

（一）离散型智能制造试点示范

在离散制造典型应用的机械、汽车、航空、船舶、轻工、医疗器械、电子信息等领域，开展智能车间/工厂的集成创新与应用示范。通过持续改进，实现企业设计、工艺、制造、管理、物流等环节的产品全生命周期闭环动态优化，推进企业数字化设计、装备智能化升级、工艺流程优化、精益生产、可视化管理、质量控制与追溯、智能物流等方面的快速提升。

（二）流程型智能制造试点示范

在流程制造典型应用的石化、冶金、建材、纺织、民爆、食品、医药等领域，开展智能工厂的集成创新与应用示范。通过持续改进，实现生产过程动态优化，制造和管理信息的全程可视化，企业在资源配置、工艺优化、过程控制、产业链管理、节能减排及安全生产等方面的智能化水平显著提升。

（三）网络协同制造试点示范

在机械、汽车、航空、船舶、家电、集成电路、通信产品等领域，利用工业互联网联网等技术，通过持续改进，网络化制造资源协同云平台不断优化，企业间、部门间创新资源、生产能力和服务能力高度集成，生产制造与服务运维信息高度共享，资源和服务的动态分析与柔性配置水平显著增强。

（四）大规模个性化定制试点示范

在石化、冶金、建材、汽车、纺织、家电、家居等领域，利用工业云计算、工业大数据、工业互联网标识解析等技术，通过持续改进，实现模块化设计方法、个性化定制平台、个性化产品数据库的不断优化，形成完善的基于数据驱动的企业研发、设计、生产、营销、供应链管理和服务体系，快速、低成本满足用户个性化需求的能力显著提升。

（五）远程运维服务试点示范

在石化、冶金、建材、机械、船舶、轻工、家居、医疗设备、通信产品等领域，集成应用工业大数据分析、智能化软件、工业互联网联网、工业互联网 IPv6 地址等技术，通过持续改进，建立高效、安全的智能服务系统，提供的服务能够与产品形成实时、有效互动，大幅度提升嵌入式系统、移动互联网、大数据分析、智能决策支持系统的集成应用水平。

二、发展建议

（一）完善智能制造试点示范项目评选方案

根据《智能制造发展规划（2016—2020年）》《智能制造工程实施指南（2016—2020年）》的要求，重点围绕五种智能制造模式，鼓励新技术集成应用，开展智能制造试点示范。做好项目遴选工作，制订《2019年智能制造试点示范项目要素条件》。

（二）遴选年度智能制造试点示范项目

继续在全省范围内遴选一批智能制造试点示范项目。通过试点示范，进一步提升高档数控机床与工业机器人、增材制造装备、智能传感与控制装备、智能检测与装配装备、智能物流与仓储装备五大关键技术装备，以及工业互联网创新能力，形成关键领域智能制造标准，不断形成并推广智能制造新模式。

（三）开展智能制造总结和推广工作

组织召开湖北省智能制造试点示范经验交流会议；组织开展轻工、装备、电子、民爆行业典型案例经验交流与模式推广；编制完成智能制造试点示范项目经验交流材料汇编；组织智能制造试点示范项目集中展示，支持试点示范项目参加中国国际工业博览会等，集中展示智能制造试点示范项目取得的成果。

（四）开展传统产业智能制造试点示范

组织石化、冶金、建材、船舶、航空、汽车、电力装备、机床、纺织、食品、医药、轻工、民爆等传统行业重点企业，持续开展关键环节、生产线、车间、工厂的智能化改造，紧扣以信息技术嵌入为代表的智能装备和以智能工厂、数字化车间为代表的智能制造两大方向，引导传统制造业的生产模式逐步向智能制造跃升，全面提升企业研发、生产、管理和服务的智能化水平。

（五）支持智能制造示范基地建设

支持创建国家级智能制造示范基地、国家新型工业化示范基地，规划一批产业配套完善、龙头企业主导、创新能力突出、辐射带动较强的省级示范基地。实施"两化融合"试点示范。建立覆盖区域、行业和企业多层次的"两化融合"试点示范体系，分行业、分领域树立一批贯标示范标杆企业，通过试点示范带动企业"两化融合"整体水平提高。

（六）开展工业互联网产业推进工作

组织在工业以太网、工厂无线应用、标识解析、IPv6应用、工业云计算、工业大数据等领域开展创新应用示范，支持相关单位和高校参与国家工业互联网试验验证平台、工业互联网关键资源管理平台和工业互联网商用流转数据管理平台建设。开展智能制造网络安全保障能力建设，开展工业互联网安全监测、工控网络安全防御、工业控制系统仿真测试与验证等项目建设，开展关键技术攻关。

（七）开展"两化融合"评估对标引导和经验推广

依托"两化融合"服务平台，周期性开展企业自评估、自诊断、自对标，进行全省"两化融合"现状识别、效益分析、问题诊断、趋势预测。加强"两化融合"管理体系实施与推广，总结提炼贯标成果和经验，推动管理体系工作由试点推广向全面普及转变。

第十三章　制造业创新中心

制造业创新中心是推进和落实制造强国战略的关键举措，在汇聚创新资源、突破关键技术、促进成果应用、深化国际合作等方面都取得了积极的成效。制造业创新中心的使命不仅仅是进行技术创新，更重要的是通过技术创新、模式创新、体制创新、业态创新，将技术研发成果切实转化为先进生产力，加速实现中国制造转型升级，加快中国制造向全球价值链中高端迈进。

在制造业创新中心工程写入《中国制造2025》、中央"十三五"规划建议和国家"十三五"规划纲要的同时，制造业创新中心工程也是《中国制造2025湖北行动纲要》的核心任务。近年来，湖北制造业创新中心建设工程在多方面取得了重要进展。

第一节　基本情况

一、发展现状

（一）制造业创新中心总体发展良好

制造业创新中心建设工程，是实现中国制造向中国创造跃升的重大工程。2017年、2018年，国家信息光电子创新中心、国家数字化设计与制造创新中心连续落户武汉，并全面实质化运营，成为比肩上海、北京的"双中心"城市。国家信息光电子创新中心是《中国制造2025》正式授牌的第二批创新中心之一，也是设立在华中地区的首个国家制造业创新中心。国家信息光电子创新中心致力于汇聚行业优势创新资源，共建信息光电子产业创新平台，聚焦新一代网络、数据中心光互联、5G等信息光电子应用领域，在高端材料生长、核心芯片工艺、先进封装集成等方面突破关键技术和共性技术瓶颈。力争通过3~5年建设，建成国际一流的信息光电子制造业创新平台，实现核心光电子芯片和器件行业供给率超过30%；力争到2025年，实现核心光电子芯片和器件自主可控，打通先进制造技术从基础研究到应用研究、首次商业化和规模化生产的创新链条，促进行业关键共性技术向规模化、经济高效的制造能力转化。国家数字化设计与制造创新中心以武汉数字化设计与制造创新中心有限公司为主体，面向航空发动机及燃气轮机、航空航天飞行器、航天火箭、汽车、轨道交通装备、高端数控机床、能源及海洋重大装备等国家战略和支柱行业，聚焦数字化设计、数字化分析、数字化制造等方面关键共性技术，建设数字化设计与制造创新能力平台,为数字制造和智能制造关键领域研发核心工业软件和核心工艺装备、提供人才和技术支撑,以形成我国数字化智能化制造技术核心竞争力。

湖北省坚持创新驱动,把创新摆在示范基地建设的核心位置。目前,示范基地已建成国家级制造业创新中心2家、国家产业创新中心1家、国家认定企业技术中心64家,国家工程研究中心6家,国家重点实验室15个,国家技术转移示范机构20家。成立了16个省级新型产业技术研究院,省级企业技术中心535家,共性技术研发推广中心50家,省级制造业创新中心6家。2019年,湖北省高新技术企业总数突破6500家,科技企业孵化器在孵企业突破20000家;高新技术产业增加值达6653亿元,比上年增长12.8%。目前湖北省国家高新区达到12家,省级高新区达到20家,基本形成了沿长江、汉江布局的高新技术产业带。光电子信息、汽车、磷化工、资源循环利用等特色优势产业集群竞争力持续提升,芯片、新型显示屏、新能源汽车等新兴产业加速布局,网络直播、人工智能、"互联网+"等新业态不断涌现。

(二)制造业科技成果转化增速加快

创新中心要转变思维方式,从跟随式创新转变为引领式创新,着眼国家战略布局,形成具有国际领先水平的重大科技成果。湖北省大力推进科技成果转化,技术合同成交额稳步增长,2018年达1237亿元,位居全国第4。下一步,将深入实施创新驱动发展战略,加强重大平台、重大项目、重大园区、重大人才团队建设,力争2019年高新技术产业增加值保持10%以上增速。

企业R&D经费支出强度由2015年的0.9%提高到3.5%,万人有效发明专利授权数达到5.39件。实现了64层三维闪存芯片、100G硅光收发芯片、万瓦级光纤激光、氢油物流车等一批前沿技术突破,湖北省新型工业化基地各种创新要素活跃,已成为全省制造业创新发展的"新引擎"。

(三)湖北省省级工业设计中心增多

2019年7月,湖北省经信厅公示2019年国家和省级工业设计中心评审(推荐)名单,武汉重型机床集团有限公司工业设计中心等15个工业设计中心为省级工业设计中心,武汉爱帝集团有限公司针织工程技术研究中心等22个工业设计中心(企业)拟通过复核,拟推荐东风汽车集团有限公司技术中心等8个工业设计中心(企业)申报国家级。

自2013年开始,湖北省省级工业设计中心每年认定一次,实施动态管理,每两年组织一次复核。截至目前,湖北省共认定46个省级工业设计中心、7家工业设计企业。

国家级工业设计中心从2013年起每两年认定一次,目前湖北省有3个国家级工业设计中心(企业)。其中,烽火通信科技股份有限公司创新设计中心、武汉高德红外股份有限公司工业设计中心被认定为国家级工业设计中心,东风设计研究院有限公司被认定为国家级工业设计企业。

二、主要进展

(一) 开展和培育省级制造业创新中心建设工作

2018年12月,为贯彻落实《中国制造2025湖北行动纲要》战略部署,构建制造业创新体系,提升制造业创新能力,促进工业经济高质量发展,在企业自愿申报、属地经信部门初审推荐、湖北省经信厅组织专家论证评审的基础上,经研究,将由武汉中极氢能产业创新中心有限公司牵头申报的"氢能制造业创新中心"、武汉光庭科技有限公司牵头申报的"智能网联汽车创新中心"、武汉导航与位置服务工业技术研究院有限责任公司牵头申报的"北斗高端制造业创新中心"、湖北国创高新材料股份有限公司牵头申报的"资源循环利用及装备创新中心"、骆驼集团新能源电池有限公司牵头申报的"低成本、长寿命动力电池创新中心"等,作为第二批省级制造业创新中心培育对象。

(二) 推进湖北省科学技术奖励暨科技创新

近年来,在湖北省委省政府制造强省战略的引领和"科技创新20条""工业高质量发展三年计划"等一系列重大政策举措的支撑下,湖北省经信厅重点抓好以平台建设为牵引,大力推进制造业创新成果转化;以投资技改为抓手,努力实现制造业创新驱动发展;以"两化融合"为方向,着力提升制造业创新内生动能;全省制造业创新及高质量发展取得显著成效。

(三) 组织企业申报2019年国家技术创新示范企业

2019年5月,根据《工业和信息化部办公厅关于组织推荐2019年国家技术创新示范企业的通知》要求,依据工信部、财政部《技术创新示范企业认定管理办法(试行)》,湖北省经信厅决定组织2019年国家技术创新示范企业申报和推荐工作。

(四) 加快制造业关键领域创新突破

面对全球科技革命和产业变革的新趋势,全国各地工信系统要以习近平新时代中国特色社会主义思想为指导,深刻认识产业科技创新在产业发展中的重要性,以落实和推动制造业高质量发展为产业科技工作的落脚点和出发点,综合运用制造业创新中心、技术标准、知识产权和质量品牌等手段,推动技术、资金和人才等各类资源向关键核心技术领域汇集,引领和服务制造强国和网络强国建设。

湖北省将深入实施"一芯两带三区"区域和产业发展布局,加快制造业关键领域创新突破、成果转化和产业化,提高制造业创新能力,共同谱写湖北制造业高质量发展新篇章。

(五) 深化制造业与互联网融合发展

2019年8月,湖北省为贯彻落实国务院《关于深化制造业与互联网融合发展的指导意见》和省人民政府《关于深化制造业与互联网融合发展的实施意见》等文件精神,以制造业"双创"平台为支撑,加速激发制造企业创新活力、发展潜力和转型动力,切实做好湖北省制造业"双创"平台（企业）建设工作,湖北省经信厅决定在全省范围内遴选2019年湖北省基于互联网的制造业"双创"平台（企业）试点示范项目。重点围绕"双创"平台＋要素汇聚、"双创"平台＋能力开放、"双创"平台＋模式创新、"双创"平台＋区域合作4个领域,遴选若干产业应用基础好、发展前景广阔、带动作用强的试点示范项目,支持制造业"双创"平台建设,形成资源富集、创新活跃、高效协同的"双创"新生态。

第二节　面临的问题

制造业创新中心是推进和落实制造强国战略的关键举措,在汇聚创新资源、突破关键技术、促进成果应用、深化国际合作等方面都取得了积极的成效。湖北是科教大省,完全有能力并行跟进新一轮科技革命和产业变革,实现制造业的转型升级和创新发展。在激烈的市场竞争中,唯创新者进,唯创新者强,唯创新者胜。但目前湖北省制造业创新发展还面临很多难题。存在的问题主要有以下几个方面。

一、总体功能定位有待加强

制造业创新中心的总体功能定位是开展产业前沿和关键共性技术研发,促进技术转移扩散和首次商业化应用。因此,创新中心的核心目标是补齐产业发展的技术短板,打通产业链和创新链各个环节,从而跨越基础研发和产业化应用之间的鸿沟。然而湖北省制造业创新中心基本上都还在建设初期,处于摸着石头过河的阶段,各项体制机制还不健全,要实现其最终发展目标仍然面临着重重挑战。根据相关政策规定,创新中心应以企业法人形式存在,按照现代企业管理制度进行运营,因此一旦顺利启动以后,创新中心就需要自主经营、自负盈亏。但开展前沿和共性技术研究是一项艰巨的任务,投资高、风险大、周期长,最终能否取得成功还需要经受住实践的考验。

二、共享合作机制有待健全

制造业创新中心作为产业创新资源的整合枢纽,十分重视成员单位的多元化结构,尽可能多地吸纳各类创新主体。从当前省内创新中心的组建情况来看,申请国家创新中心时,明确要求其股东中必须包括若干本领域排名前十的企业,涵盖50%以上本领域的国家重点实验室、国家工程实验室、国家工程研究中心等国家级创新平台。因此,各级在创新中心创建过程中更加重视大型骨干企业和国家重点研究单位的参与,对于中小企业的重视程度不高。

中小企业往往具有较高的市场敏感度和研发创新活力,但是在资金实力和研发实力方面与大型企业相差甚远。如果实行单一的股权制结构,对中小企业而言,参与制造业创新中心建设的门槛显然过高。美国的制造业创新中心通常采取的是多层级会员制度,依据缴纳会费多少而享受不同等级的权利,这一制度极大提高中小企业参与创新中心建设的积极性，有利于激发中小企业的创新活力。

此外，从形式上看，采取"公司＋联盟"模式的创新中心将本领域内的各类创新主体聚集在一起，但要真正实现创新资源的整合，还需要进一步完善成员之间的共享合作机制。

三、知识产权运营能力有待提升

知识产权既是制造业创新中心关键投入要素，又是研发创新成果的重要体现，一个创新中心的知识产权存量和增量是衡量其研发创新能力的重要评价标准。可以说，知识产权是创新中心的灵魂。因此，能否充分利用既有知识产权从事新项目研发，能否有效保护知识产权成果并运用知识产权创造收益，决定了一个创新中心能否实现可持续发展。

在创新中心建设初期，较多的工作重心放在融资和研发启动方面，对于知识产权成果的保护、运用和共享问题重视不够。如果前期制度建设不到位，后期技术成果转化和收益分配就容易发生矛盾和纠纷。因此，必须高度重视创新中心知识产权制度建设。

第三节　推进的措施及建议

全面贯彻党的十九大精神，坚持以习近平新时代中国特色社会主义思想为指导，牢固树立"创新是引领发展的第一动力，是建设现代化经济体系的战略支撑"理念，深入实施创新驱动战略，把创新能力发展作为推进供给侧结构性改革、建设经济新体系的重要任务，以突破重点领域前沿引领性技术、关键共性技术、现代工程化技术为导向，以产业创新平台和双创示范基地建设为抓手，整合行业优势资源和多元化创新资源，着力建立以企业为主体、市场为导向、产学研深度融合的技术创新体系，贯通创新链、产业链和服务链，构建产业创新生态网络，培育壮大产业发展新动能，打造"创新湖北"经济发展的强大引擎。

一、推进措施

（一）加强统筹协调

充分发挥湖北省企业技术中心建设部门协调机制作用，做好推动产业创新能力提升工程实施的具体工作，加强统筹协调，加强调查研究，促进信息沟通，指导推动各地工作。建立规划实施目标责任制，将产业创新能力规划确定的发展目标、主要任务分解到各地和各部门，明确责任主体，实施进度要求，形成多层次推动产业创新能力建设的工作格局。

（二）优化创新投入

充分利用现有资金渠道，加大对创新平台等建设项目的支持。发挥现有财政专项资金、股权投资引导基金、创业投资引导基金的牵引作用和撬动作用，通过市场机制引导社会资本和金融资本支持产业创新能力建设，重点支持战略性新兴产业发展的重要环节、关键技术、示范工程以及创新平台建设。大力发展天使投资、创投基金、风险投资，鼓励引导社会资本投资早期创业创新实践,对投资早期创业创新企业的基金给予一定的让利和政策激励。大力发展科技金融,鼓励商业银行提高对创新型企业的贷款额度,提供科技融资担保、知识产权质押、股权质押、债权融资、信用担保、银保联动等金融服务。

(三) 凝聚优秀人才

建立健全人才激励机制,提高高校院所科研人员在科技成果转化中的收益比例。创新人才评价机制,加快职称制度和职业资格制度改革,实行科研人员分类评价制度,建立科学的人才评价体系。根据全省重点产业和战略性新兴产业发展需要,引进一批与湖北省产业、企业发展需求紧密对接的海内外高端人才、拔尖人才和紧缺人才。支持国内外高层次人才团队携科技成果来鄂创业创新,对创办企业的落地团队可运用引导基金参股支持。创新技术技能人才教育培训模式,深化校企协同育人,促进企业和职业院校成为技术技能人才培养的"双主体"。

(四) 完善知识产权保护

健全知识产权维权援助体系,设立知识产权维权援助工作站,加强对小微企业、科技人员知识产权维权服务工作,营造有利于自主创新的环境。完善专利审查协作机制,继续深化专利审查业务国际合作,拓展"专利审查高速路"国际合作网络。推行企业知识产权管理国家标准,在生产经营、科技创新中加强知识产权全过程管理。鼓励和支持大型企业开展知识产权评议工作,在重点领域合作中开展知识产权评估、收购、运营、风险预警与应对。切实增强企业知识产权意识,支持企业加大知识产权投入,提高竞争力,培育知识产权优势企业。

(五) 推动开放合作

围绕湖北省产业创新能力发展需求,在新一代信息技术、高端装备制造、生物、新材料、绿色低碳、数字创意、现代农业等领域建设若干国际联合研究中心、国际技术转移中心、示范型国际科技合作基地和国际创新园。吸引海外知名高校、研发机构、跨国公司到湖北省设立全球性或区域性研发中心,引导湖北省企业与研发中心开展深度开放合作。深化科技人才国际合作交流,面向全球扶持一批高层次科技人才团队携带成果在湖北省创新创业,依托高层次人才信息、技术优势,引进一批国际先进技术和研发资源在湖北省布局。支持湖北省有条件的企业引进或并购境外企业和研发机构,鼓励企业到境外建立研发机构,主动参与全球产业协作和研发分工。

二、发展建议

(一) 建设区域制造业创新体系

加强创新中心顶层设计,强化各部门工作组织协调,加强资源整合共享,形成工作合力,推进创新中心建设工作的实施。湖北省制造业创新中心要积极融入国家制造业创新体系,聚集优势资源，推进区域制造业创新中心建设。以创新中心建设为核心，发挥公共服务平台、工程数据中心、企业技术中心、重点实验室、创新创业平台等载体的重要支撑作用，打造区域制造业创新体系，使之成为全国一流的制造业创新中心。以武汉建设全面创新改革试验区为突破口，统筹推进科技、管理、制度、商业模式创新，推动"引进来"和"走出去"有效结合，加强高科技领域的合作创新，建立完善市场化的创新方向选择机制和鼓励创新的风险分担、利益共享机制，攻克一批具有全局性、带动性的关键共性技术，加快成果转化和产业化。

（二）加快布局和建设智能制造产业创新中心

聚焦战略关键领域，推进省级中心升级。根据已确定的创新中心重点布局领域，继续培育遴选若干家国家创新中心。整合智能制造和机器人领域产业链、创新链中相关企业、高校、科研院所和服务机构等创新资源、平台，装备制造及生产、数据与网络层、感知层、智能工厂系统集成、下游应用等产业链各环节，实现产业链、创新链和资金链的深入融合，共同组建智能制造产业创新中心。

（三）加大核心关键共性技术研发

瞄准湖北制造业转型升级重大战略需求和未来产业发展制高点，制定实施重点领域技术创新路线图，明确阶段性目标、关键技术和路径，建立长期的持续跟踪研究和投入机制。整合创新资源，加强对关键技术研发的专利布局导航，积极推进由企业牵头、产业目标明确、产学研结合的协同创新联盟建设。以汽车、光电子、智能制造、海工装备、生物医药等优势产业为突破口，聚焦有较好研发基础和潜在市场前景的关键核心技术、共性技术等，集中力量，重点突破，支撑产业技术发展和集成能力提升。

围绕共性技术研发和转化，聚焦"互联网+"、生命健康、新材料、智能制造、人工智能等领域，整合产学研创新资源，支持建设功能型技术创新平台，加快共性技术成果转化。围绕专项技术的研发和转化，引导和支持东风汽车、烽火通信、三江航天、长飞光纤等行业领军企业以及高校院所、重点实验室、工程研究中心等向社会开放创新资源。建立以质量提升与安全管控服务为核心的检验检测技术体系，面向设计开发、生产制造、售后服务全过程，开展观测、分析、测试、检验、认证等一站式服务。聚焦省内优势行业及战略性新兴产业，以重点实验室、工程研究中心等创新平台为主体，强化项目研发和创新链整合，推进创新资源开放共享和关键技术的合作攻关。

（四）推动中小企业创业创新

制造业创新中心设立的主要功能是最大限度聚合各类创新资源，而中小企业是创新的主力军之一，具有敏锐的市场嗅觉。不断优化中小企业发展环境。建立"互联网+"中小企业政策服务平台，实现跨部门、跨地区的一站式政策服务为目标的中小企业政策综合性服务平台，实现政策资源共享和专网查询。支持各类中小企业开展新模式、新业态、新产品的创新。继续支持各地小微企业创业创新基地建设，培育一批示范带动作用强的国家小微企业创业创新示范基地建设。推动创客中国平台建设，举办创客中国创新创业大赛。进一步采取措施，推动在"双创"中实现第一、二、三产业相互渗透，产业链上下游、大中小企业融通发展，让更多小微企业在市场竞争中发展壮大。

（五）推动科技成果转化和产业化

创新中心要突破行业内各创新主体在地域、组织、技术上的界限，要采取"公司＋联盟"发展模式，组建产业创新联合体，由院士和顶尖科学家领衔，联合龙头企业，实行产学研联合创新。探索推进新型研发机构运营管理机制改革，鼓励高校院所教授、专家控股成立新型科技创新公司。聚焦湖北省重点领域关键核心技术和产业发展急需的科技成果，采取公开张榜、政府补贴的方式，引导企业和高校院所参与湖北省重点产业关键核心技术研发和科技成果转化。弥补创新链条中从实验室样品到生产线产品中间涉及的工艺、专用材料、专用设备、标准、检测等短板和弱项，将行业关键共性技术的创新成果快速引入生产系统和市场，加快成果大规模商用进程。

（六）加强创新平台建设

重点支持四大产业基地、两大国家级和存储器、氢能、北斗等6个省级制造业创新中心建设。推动规模以上企业建立创新平台，三年力争覆盖50%，促进产学研协同创新。集中政策资源支持集成电路、光电芯片、激光等"大国重器"研发和量产。一是狠抓应用转化，强化产业创新。细化实化"一芯两带三区"区域和产业发展战略布局，扎实推进"万企万亿"技改工程，抓实工业项目"三库"建设，以新技术、新业态、新模式催生八大传统产业升级和十大新兴产业壮大；积极对接"振芯铸魂"工程，争取国家大基金更多支持，力争工信部将光电子及激光、芯屏端网、新能源网联汽车等纳入世界级先进制造业集群支持。二是狠抓融合发展，强化模式创新。加快工业互联网建设，发展顶级节点产业生态，扩大IPv6改造和5G商用，促进更多中小企业上网入云；大力支持"机器换人、设备换芯、生产换线"，加紧实施制造业数字化、网络化、智能化改造，发展数字经济，加速动能转换。三是狠抓"一优两落"，强化服务创新。认真落实"科技创新20条"等政策，开展企业家培育、产学研合作和"银企证基"对接，加大降本减负和惠企政策督促落实力度，甘当创新发展勤务员，积极参与营造良好营商环境，推动制造业高质量发展。

（七）加强人才培养和引进

依托已有的教育资源，建立健全制造业人才培养体系，支持相关高校设立课程、学科或专业。利用湖北省相关人才计划，引进海外制造业高端领军人才和专业团队。建立和完善人才激励机制，落实科研人员科研成果转化的股权、期权激励和奖励等收益分配政策。

（八）鼓励参与国际合作

推进开放创新，加强创新中心在更高的层次上与全球创新要素深度融合。用开放的视野，促进创新中心和产业链的融合，加强对国际科技合作项目的跟踪，鼓励创新中心对境外创新资源的并购，融入全球知识生产链，与国际同行开展实质性研发与创新合作。

第十四章 工业强基

工业基础主要包括核心基础零部件(元器件)、关键基础材料、先进基础工艺和产业技术基础(简称工业"四基"),是工业发展的基石,是支撑和推动工业发展的物质基础条件,直接决定着产品的性能和质量,是工业整体素质和核心竞争力的根本体现,是制造强国建设的重要基础和支撑条件。

工业基础能力决定了一个国家和地区制造业的整体素质、综合实力和核心竞争力,没有坚实的工业基础就不可能有强大的制造业。工业强基工程,是推动制造业高质量发展、实现制造强国建设目标的重大战略性工程。党的十九大报告指出,突出抓重点、补短板、强弱项,提高供给体系质量,加快建设制造强国,对提升工业基础能力提出了明确的要求。2019年继续贯彻落实《中国制造2025》、中央"十三五"规划建议和国家"十三五"规划纲要中对工业强基的要求。同时,工业强基也是《中国制造2025湖北行动纲要》的核心任务,是制造强省战略的基石。近年来,湖北工业强基在多方面取得了重要进展。

第一节 基本情况

一、发展现状

2019年,湖北省59家企业被评为第三批支柱产业细分领域"隐形冠军"示范企业,95家企业被评为第三批支柱产业细分领域"隐形冠军"科技小巨人企业,331家企业被评为第三批支柱产业细分领域"隐形冠军"培育企业。

2019年,工信部首批认定248家专精特新"小巨人"企业中,湖北省就有9家企业入围。目前,湖北省"隐形冠军"企业730家,涉及食品、智能装备、生物医药和高端医疗器械、汽车及零部件、电子信息技术等13个行业。湖北省各方政策发力,一批"卡脖子"技术不断突破,如突破100G硅光收发芯片、自主架构64层三维闪存芯片、氢油物流车等一批产业核心、前沿技术,在Ⅲ-Ⅴ族光电芯片、硅光芯片、量子芯片和芯片系统应用等方面,取得重大进展。

二、主要进展

(一)强化创新驱动,搭建新型协同创新平台

成立以光电、遥感等领域为主的14个省级以上新型产业技术研究院,组建新能源汽

车、机器人等行业的50家产业技术创新战略联盟。加快推进信息光电子以及数字化设计与制造两大制造业创新中心建设，引导政府产业投资基金和地方政府共同出资扶持，探索"法人实体＋产业联盟"的全方位开放、政产学研用协同创新的新机制新模式。

（二）在新兴产业领域保持高位持续快速增长

长飞光纤光缆股份有限公司作为预制棒、光纤产销量全球第一，光缆产销量全球第二的光纤光缆制造商，同时也是当今中国生产技术最先进、生产规模最大的光纤光缆产品及制造装备的研发和生产基地，在超低损耗光纤领域内不断实现高技术产业基础研发快速增长。

（三）多项研发技术的产业化，填补国内空白，打破国外垄断

武汉华大新型电机科技股份有限公司LDD系列新型交流伺服电机产品，其高速、高响应、高过载能力、高功率密度等技术指标达到了世界先进水平，填补了国内高性能伺服电机领域的空白。湖北鼎龙化学股份有限公司是全球唯一一家同时掌握载体芯材和载体包覆技术的企业，静电图像显影用磁性载体项目的研究开发在打破日本企业对该领域高度垄断的同时，也为我国兼容碳粉全面进入主流复印机行业和高端打印机行业打下了坚实的基础。武汉高德红外股份有限公司首次实现非制冷红外焦平面探测器的产业化，填补国内技术空白，打破国际垄断。湖北晶星科技股份有限公司是省内唯一一家具有完整太阳能光伏产业链的企业，拥有华中地区规模最大、设备最先进的分析检测中心，并自主研发建成投产国内首家电子级二氯二氢硅/三氯氢硅生产线和国内最大规模的光纤四氯化硅生产线，打破了我国电子半导体、光纤原材料长期依赖进口的被动局面。太和气体（荆州）有限公司采用自主知识产权专有技术，研制出可替代进口的高纯三氯氢硅。

第二节　面临的问题

尽管当前湖北省工业经济稳中有进、稳中向好，但制约产业转型升级的问题仍然突出，后期经济运行面临形势依然十分复杂而严峻，这与我国巨大的工业体量和规模极不协调，工业基础能力薄弱是重要原因，突出表现在以下方面。

一、工艺装备水平有待提升

有些企业处在较低水平状态下运行，工艺和工艺装备水平有待提高，难以保证零部件质量的一致性。没有好的基础材料、基础零部件（元器件）、基础工艺，就无法形成具有特色和竞争力的整机和系统设备。必须扎扎实实推进工业强基，逐步摆脱长期受制于人的局面，筑牢筑久工业发展的根基。

二、产业自主发展能力有待加强

先进产能比重较低，产品附加值低，导致工业产品普遍产能结构性过剩，低端产品产

能过剩、高端产品供给能力不足的矛盾突出,如我国高档工程机械中的液压件和发动机基本依赖进口,两项占整机成本比重高达30%~50%;数控机床配套的高档数控系统95%以上依赖进口。而进口产品价格高、供货时间无保证,成为一些重要国产化工程的卡脖子环节。

三、核心技术竞争力有待提升

产业技术基础体系缺失,难以支撑行业发展,企业整体仍停留在劳动密集型的代工模式,对先进产品的模仿也整体停留在浅表。"中兴事件"更明显体现出缺乏核心技术支撑的产出追赶最终仍将被人扼住咽喉。因此,中国制造需要从技术做起,积极推动产能的更新换代,加大对先进制造技术的研发投入,增强核心竞争力,向知识和技术密集型产业转型,从而不断攀向产业链的上游。

第三节 推进措施及建议

2019年,湖北省落实制造强省建设战略部署,围绕《中国制造2025湖北行动纲要》十大重点领域高端突破和传统产业转型升级重大需求,坚持"问题导向、重点突破、产需结合、协同创新",以企业为主体,应用为牵引,创新为动力,质量为核心,聚焦五大任务,继续开展重点领域"一揽子"突破行动,实施重点产品"一条龙"应用计划,持续推动"四基"领域军民融合发展,着力构建市场化的"四基"发展推进机制,为建设制造强省奠定坚实基础。

一、推进措施

(一)聚焦顶层设计,建立完善工作机制

积极对接《中国制造2025》和《工业强基专项行动方案》,组织编制了《湖北省工业强基工程三年实施方案》,明确今后一个时期重点任务和发展目标,同时,加强湖北省工业强基方案与"万企万亿"技改工程对接,制定并以省政府名义印发《关于加快稳增长快转型高质量发展工作方案(2018—2020年)》以及修订、完善《湖北省传统产业改造升级资金管理暂行办法》,用好用活7亿元的省级传统产业改造资金和30亿元的引导基金。协调长江产业基金、省级股权投资引导基金,出资30亿元发起设立传统产业改造升级基金,确保3年内投向传统产业改造升级的资金规模不少于100亿元。

(二)聚焦重点领域,高位组织推进

围绕《工业强基工程实施指南(2016—2020年)》明确的"四基",聚焦湖北省有基础、有优势、有潜力、有前景的新一代信息技术、新材料、航空航天、北斗等十大重点领域,特别是国家重点支持的集成电路、电子基础产品、新能源汽车、高档数控机床、海洋资源开发装备等细分领域,精心编制支撑产业发展的重点项目包,积极开展各类试点示范,一个领域、

一个行动方案、一个重大项目包,实施政策创新、要素倾斜、分业推进、优先发展,培育在世界有影响力的先进制造业集群。

(三)聚焦重点项目,培育产业新优势

制定发布《全省技术改造导向计划》和《湖北省工业转型升级与技术改造投资指南》,引导企业技术改造和社会投资向智能制造、节能减排、质量品牌等关键环节和产业链"短板"聚集,滚动制定重点领域亿元以上重大项目包和投资过千万元的工业技术改造项目库,共收集项目3000多个,投资近万亿元。近年来,立足湖北省资源禀赋和市场条件,突出先进性和支柱性,大力推进工业强基在先进制造业领域的实施,紧跟国家强基发展重点,积极组织有代表性、有竞争力、具备实施条件的企业参与强基工程,目前,湖北省获批工业强基专项支持共计11个项目,支持金额达23658万元。

(四)聚焦重点领域,发挥项目辐射作用

在传统产业领域不断突破。武汉市菱电汽车电子有限责任公司承担的"涡轮增压缸内直喷(TGDI)汽油机管理系统实施方案"项目填补了国内在涡轮增压缸内直喷发动机控制系统(TGDI-EMS)的产品空白,多项指标达到国际先进水平,项目实施对打破国外垄断起到重要作用;湖北新冶钢有限公司优质特殊合金钢棒材生产线技术改造项目实现从百年老厂向特钢强企的嬗变;湖北新火炬科技股份有限公司轿车用第三代轮毂轴承单元项目,在传统产业领域形成新的竞争优势。

二、发展建议

(一)持续打牢工业发展基石

工业强基并非一日之功。将久久为功,不断强化措施,提升湖北工业基础能力和竞争力。

坚持创新驱动,着力打造"四基"研发平台。将以国家级新型工业化产业示范基地为重点,利用湖北省科教优势资源,引导和搭建国家级"四基"产业共性技术和关键核心技术研发平台,积极对接国家重大专项,突破一批关键核心技术和产业化技术,着力破解制约重点产业发展的瓶颈,进一步强化湖北省制造基础。

加强项目储备,做好协调服务。抓紧摸底并汇总湖北省工业强基项目库,滚动推进实施,努力形成前期储备一批、开工建设一批、竣工投产一批、达产达效一批的良性动态循环。对已列入国家工业强基工程的项目,建立健全项目跟踪管理机制,强化各类要素保障,及时帮助解决项目建设中的问题,推进项目建设进程,加强事中事后监管,按照工业强基项目验收评价办法,做好验收评价工作。

创新财政资金使用方式,加大对接扶持力度。探索建立政府主导、银行主动、企业主体的"三位一体"的联动机制,引导各类产业基金特别是政府发起设立的产业引导基金,优化投入方式,精准支持"四基"重点领域,同时,在省级传统产业改造升级专项中重点支持

强基入库项目,积极推荐参与国家各类专项资金。

更大力度推进"中国质造"和"中国智造"。加快推动建立以工业产品质量为核心的、基于大数据应用的目标考核、统计指标和信用评价体系,推进工业强基,加快形成以质量品牌为标识的中国制造竞争新优势。

(二)继续推进重点领域突破发展

继续发挥工业强基专项资金的引导作用,突出重点,创新管理,梳理装备和系统需求,分析产业现状,每年遴选若干标志性基础产品、材料和工艺,实施"一揽子"突破行动,集中突破一批需求迫切、基础条件好、带动作用强的核心基础零部件、关键基础材料和先进基础工艺,以单个产品和技术的突破支撑行业整体能力的提升。按照小规模、专业化、精细化的原则组织生产专用核心基础零部件(元器件)和关键基础材料,重点解决终端用户的迫切需求。按照大批量、标准化、模块化的原则组织生产通用核心基础零部件(元器件)和关键基础材料,推广先进基础工艺,重点提升产品可靠性和稳定性。核心基础零部件(元器件)重点支持机器人伺服控制器和驱动器、5G通信核心器件、高档数控机床轴承等方面;关键基础材料重点支持航空航天标准件高温合金材料、高效电池组用高分子薄膜、海工装备特种焊接材料、可降解血管支架材料等方面;先进基础工艺重点支持大型金属构件增材制造、汽车关键零部件近净成形精锻制造等工艺。

(三)继续开展重点产品示范应用

继续实施"一条龙"应用计划,在更大程度上发挥市场的能动性,更大范围内调动各方的资源和积极性,鼓励整机和系统开发初期制定基础需求计划,吸收基础企业参与;鼓励基础企业围绕整机和系统需求,不断开发和完善产品和技术。鼓励整机和系统企业不断提高基础产品质量,培育品牌,满足市场需求。努力探索整机企业、零部件企业、原材料企业、科研院所等主体协同共生的强基成果推广应用一体化新模式。由政府遴选企业承担项目,转变为链上企业根据市场形式、自身优势自由组合;由政府推动牵引强基项目实施,变为产业链上下游企业根据市场情况和具体需求进行线上线下沟通;由政府斥资补助承担项目的企业,变为上下游各级企业组成联盟按照市场规则确定利益分隔。

(四)持续培育一批专精特新"小巨人"企业

通过实施十大重点领域"一揽子"突破行动及重点产品"一条龙"应用计划,持续培育一批专注于核心基础零部件(元器件)、关键基础材料和先进基础工艺等细分领域的企业。完善市场机制和政策环境,健全协作配套体系,支持"双创"平台建设,鼓励具有持续创新能力、长期专注基础领域发展的企业做强做优。优化企业结构,逐步形成一批支撑整机和系统企业发展的基础领域专精特新中小企业。鼓励基础企业集聚发展,围绕核心基础零部件(元器件)、关键基础材料和先进基础工艺,优化资源和要素配置,形成紧密有机的产业链,依托国家新型工业化产业示范基地,培育和建设一批特色鲜明、具备国际竞争优势的基础企业集聚区,建设一批先进适用技术开发和推广应用服务中心。

（五）推广一批强基先进经验和有效模式

一是继续办好工业强基工程现场会和工业强基专家论坛，将其打造成为年度性宣传推广品牌，逐渐形成工业"四基"领域政产学研对接的常态化载体。二是加强工业强基项目的考核评估，结合工业强基项目验收工作，及时总结一批先进经验和典型案例，在有条件的地区和企业率先示范推广。三是充分利用新媒体多渠道宣传工业强基理念和工程推进效果，鼓励民营企业广泛参与，推进"四基"领域大众创业、万众创新，营造重视基础、积极参与的氛围。

第十五章 绿色制造

绿色制造也称为环境意识制造、面向环境的制造等,是一个综合考虑环境影响和资源效益的现代化制造模式。其目标是使产品从设计、制造、包装、运输、使用到报废处理的整个产品全寿命周期中,对环境的影响(副作用)最小,资源利用率最高,并使企业经济效益和社会效益协调优化,并在基础设施、管理体系、能源与资源投入、环境排放、环境绩效等方面有系列的综合评价指标。

第一节 基本情况

一、发展现状

湖北省在积极推进绿色制造体系建设的过程中,着力推进开发绿色产品、创建绿色工厂、打造绿色供应链、建设绿色工业园区、创建绿色示范工程等。同时,湖北省着力创建国家工业节能与绿色评价中心,面向企业提供能源审计、清洁生产审核和节能环保技术咨询服务;组织申报绿色制造系统集成项目,引导龙头企业关联上下游企业和科研机构组建联合体,示范推进行业绿色制造整体水平提升,湖北省企业列入全国绿色工厂26家、绿色产品8个、绿色供应链4条。培育国家级绿色制造系统集成企业11家。

湖北省扎实推进沿江化工企业"关改搬转",认真贯彻"共抓大保护,不搞大开发",践行生态优先、绿色发展理念。2018年以来,全省共完成沿江化工企业"关改搬转"企业261家,其中关闭70家、改造130家、搬迁26家、转产35家;完成城镇人口密集区危化品生产企业搬迁改造99家,其中关闭32家、搬迁21家、转产46家,基本解决"化工围江"突出问题,促进湖北省化工企业安全环保达标升级、化工企业入园集群发展和化工产业转型升级。

湖北省大力推进节能减排,实行工业能效提升计划,对钢铁、化工等649家高耗能高排放企业实施节能监察,倒逼企业节能降耗。推广清洁生产,大力控制和削减"三废"排放。积极构建循环体系。制定工业固废利用评价管理办法,推进粉煤灰、冶炼渣、磷石膏等固废综合利用,开展工业园区循环化改造,"一主两副"列入全国固废综合利用基地,8个园区列入全国工业循环经济产业园。推行绿色制造示范。

二、主要进展

(一)出台长江经济带绿色发展"十大战略性举措"

湖北省政府就做好生态修复、环境保护、绿色发展"三篇文章",出台了湖北长江经济带绿色发展"十大战略性举措"等工作方案。这"十大战略性举措"是:加快发展绿色产业、构建综合立体绿色交通走廊、推进绿色宜居城镇建设、实施园区循环发展引领行动、开展绿色发展示范、探索"两山"理念实现路径、建设长江国际黄金旅游带核心区、大力发展绿色金融、支持绿色交易平台发展、倡导绿色生活方式和消费模式等。其中大力构建工业绿色制造体系提出"积极支持开发绿色建材产品,建设绿色工厂,打造绿色供应链,发展绿色园区,打造供应链绿色信息管理平台,鼓励省级及以上工业园区内企业废物资源综合利用"。

(二)积极推进绿色供应链建设

湖北省人民政府办公厅2019年1月25号印发了《省人民政府办公厅关于推进供应链创新与应用推动经济高质量发展的实施意见》,该意见提出要积极推进绿色供应链创新发展。

大力推动绿色制造。严格落实《绿色制造 制造企业绿色供应链管理 导则》(GB/T 33635—2017),规范绿色供应链管理范围和总体要求,引导供应链企业遵循绿色管理的要求。鼓励企业构建资源节约、环境友好的绿色供应链体系。制定分行业、分领域绿色评价指标、评估方法及奖励办法,健全供应链环保信用评价及信息披露机制。

积极推进资源绿色循环利用。积极推进伴生矿、尾矿、大宗工业固体废弃物等高附加值利用,推进依托供应链的废弃物集约化、规模化发展。大力推进秸秆的肥料化、饲料化、能源化利用以及作为食用菌基料、工艺纤维、工业原料的开发利用,积极推进资源循环利用。

积极推行绿色流通。积极倡导绿色消费理念,深化政府绿色采购,培育绿色消费市场。鼓励流通环节推广节能技术,贯彻执行绿色物流标准。完善绿色供应链激励体系,落实财税优惠政策。

建立逆向物流体系。探索"互联网+回收/逆向物流",鼓励开展"快递业+回收业"定向合作,积极支持智能回收等新型回收方式发展。鼓励建立基于供应链的废旧资源回收利用平台。推动骨干再生资源交易市场向线上线下结合转型升级,拓展在线定价及线上线下结合的经营模式。

(三)推进绿色工厂建设

2019年工信部公示第四批绿色制造名单,共有611家绿色工厂、50家绿色供应链管理示范企业、40家绿色园区,其中湖北省9家企业入选绿色工厂,3项产品入列绿色设计产品、1家企业入围两型汽车入列绿色供应链管理示范企业,见表15-1。

表 15-1 第四批国家级绿色制造名单(湖北)

序号	企　业	类别(绿色工厂/绿色供应链管理示范企业/绿色设计产品)
1	奥美医疗用品股份有限公司	绿色工厂
2	东风汽车集团股份有限公司乘用车公司	绿色工厂
3	湖北达能食品饮料有限公司	绿色工厂
4	荆门宏图特种飞行器制造有限公司	绿色工厂
5	泰山石膏(襄阳)有限公司	绿色工厂
6	武汉金发科技有限公司	绿色工厂
7	武汉联德化学品有限公司	绿色工厂
8	咸宁南玻玻璃有限公司	绿色工厂
9	中韩(武汉)石油化工有限公司	绿色工厂
10	东风(十堰)林泓汽车配套件有限公司	绿色供应链管理示范企业
11	黄石东贝制冷有限公司	商用小型制冷设备
12	东风小康汽车有限公司	东风风光 580 年度款
13	东风小康汽车有限公司	东风风光 IX5(HD15 款)

第二节　面临的问题

一、技术水平有待提升

湖北省科技创新能力不断增强,专利申请数量虽然众多,但是含金量却不高,在与制造过程密不可分的绿色工艺及节能环保技术装备等领域,缺乏核心技术。在一些领域,即使已发明出可替代产品,但由于质量、价格、可靠性或运营成本等问题,很难与国外同类产品进行竞争。由此导致湖北省制造业发展过程中,一般物的要素投入依旧过高,而知识、技术等投入却过低,即使付出较大的资源环境成本,产出却很难尽如人意。

二、产业结构有待改善

近年来,能源及资源密集型产业发展迅速,在制造业中占比越来越高,钢铁、电解铝、平板玻璃、水泥、造船等传统产业已出现严重产能过剩,平均产能利用率不足 80%,低于世界平均水平。除传统产业外,不少新兴产业也出现了产能过剩的迹象。湖北省在一些领域出现产能过剩问题的同时,一些科技含量高、附加值高的领域发展却严重不足,相关产品供给多依赖进口。

三、绿色转型动力有待加强

目前我国经济发展已经进入新常态,下行压力增大,企业普遍经营困难。从产品全生命周期看,企业若优化生产工艺,购置先进的节能、节水、污染处理设施,或者开展绿色回收和再制造工作,其生产的产品会更加绿色,但也会增加额外开支。基于商业利益考量,很多制造企业绿色转型意愿并不强。同时由于监管不严,"违法成本低、守法成本高"的问题突出,不少企业从环境违法行为中获利,而守法企业即使付出额外成本也难以获得竞争优势。由此导致大多数企业以满足法定最低标准为目标,企业绿色转型步伐缓慢。

第三节 推进措施及建议

一、推进措施

(一)开发绿色产品

按照产品全生命周期绿色管理理念,遵循能源资源消耗最低化、生态环境影响最小化、可再生率最大化原则,积极开展绿色设计示范试点,引导企业开发具有无害化、节能、环保、低耗、高可靠性、长寿命和易回收等特性的绿色产品。支持企业开展绿色产品第三方评价和认证。发布全省工业绿色产品目录,引导绿色生产,促进绿色消费。

(二)创建绿色工厂

推行用地集约化、原料无害化、生产洁净化、废物资源化、能源低碳化的绿色制造模式,积极支持企业创建绿色工厂。鼓励企业通过绿色建筑技术建设改造厂房,开展绿色设计和绿色采购,生产绿色产品,优先选用先进的清洁生产工艺技术和高效末端治理装备,建立资源回收循环利用机制,推动用能结构优化,提高资源利用效率,减少污染物排放,实现工厂的绿色生产。

(三)打造绿色供应链

引导企业建立以资源节约、环境友好为导向的采购、生产、营销、回收及物流体系。加强供应链上下游企业间协调与协作,发挥核心龙头企业的引领带动作用,确立企业可持续的绿色供应链管理战略,实施绿色伙伴式供应商管理,优先纳入绿色工厂为合格供应商和采购绿色产品,强化绿色生产,建设绿色回收体系,搭建供应链绿色信息管理平台,带动上下游企业实现绿色发展。

(四)建设绿色工业园区

鼓励工业基础好、基础设施完善、绿色制造水平高的省级及以上工业园区,以企业集聚发展、产业生态链接、服务平台建设为重点,提高园区土地节约集约化利用水平,推动基础设施的共建共享,加强余热余压废热资源的回收利用和水资源循环利用,促进园区内企业废物资源交换利用,补全完善园区内产业的绿色链条,推动园区内企业开发绿色产品、主导产业创建绿色工厂,龙头企业建设绿色供应链,实现园区整体的绿色发展。

二、发展建议

(一)加大政策支持

加大政策支持,用好现有财政税收政策,支持绿色制造体系建设,将绿色制造体系建设项目纳入现有财政资金支持重点范围。拓展完善绿色产品政府采购、绿色信贷和财政支持政策,加大政策支持力度。鼓励金融机构为绿色制造示范企业、园区提供便捷、优惠的担保服务和信贷支持。

(二)鼓励企业创新

支持工业企业在实施绿色发展中,依托相关行业联盟、协会、高等院校、科研机构,在节能节水、资源综合利用、清洁生产、绿色产品、绿色工厂、绿色园区、绿色供应链等方面,加强技术创新和推进机制创新,积极参与研究制定地方性、团体性标准,不断完善绿色制造标准体系。

(三)提升服务能力

鼓励科研机构、行业协会、咨询服务机构、金融机构发挥优势,为企业、园区开展绿色制造体系建设提供技术咨询、评价及培训等服务。利用现有门户网站、云服务平台提供政策法规宣贯、信息交流传递、示范案例宣传等服务。

(四)强化监督管理

建立绿色指标统计评价体系,建立完善用能权、碳排放权、排污权、水权等交易制度,加快碳排放交易中心建设,大力推进环保、节能、低碳、节水、可再生循环等绿色产品认证,加快健全全省绿色制造政策法规标准体系。加快建立健全环境影响评价、排污许可、强制性清洁生产审核、环境信息公开等制度,提高排污标准,强化排污责任,推行环境污染第三方治理,推进企业环境信用评价体系建设,建立生态保护修复和污染防治区域联动机制,完善生态文明绩效评价考核和责任追究制度,严格执行生态环境损害责任终身追究制。

第十六章　服务型制造

服务型制造是制造企业为适应技术发展与市场变革、更好地满足用户需求、增强市场竞争力，通过采用先进技术、优化和创新生产组织形式、运营管理方式和商业模式而形成的一种新型产业形态。服务型制造无论是从服务提供的主体还是从服务本身都体现出先进制造业与现代服务业深度融合的特征。推动生产型制造向服务型制造转变，是我国制造业提质增效、转型升级的内在要求，也是推进工业供给侧结构性改革的重要途径。

第一节　基本情况

一、发展现状

（一）服务型制造示范

为促进制造业与服务业融合，湖北省积极开展服务型制造试点示范，延伸服务链条，发展个性化、柔性化、网络化服务，一批有条件的企业率先从主要提供产品制造向提供产品和服务转变，12家企业获批国家级服务型制造示范企业（见表16-1），69家企业获批省级服务型制造示范企业。

表16-1　湖北省国家级服务型制造示范企业（项目、平台）

序号	企业（项目、平台）名称
一、服务型制造示范企业	
1	武汉重型机床集团有限公司
2	东风设计研究院有限公司
3	武汉高德红外股份有限公司
二、服务型制造示范项目	
4	烽火通信科技股份有限公司面向定制化生产的柔性供应链系统项目
5	黄石东贝电器股份有限公司面向服务的协同精益供应链建设项目
6	湖北良品铺子食品工业有限公司良品铺子全渠道服务建设项目
7	武汉新烽光电股份有限公司海绵城市监测评价体系整体解决方案
8	湖北中南鹏力海洋探测系统工程有限公司海洋环境立体监测大数据中心及云计算精细化预报平台项目

续表

序号	企业(项目、平台)名称
9	武汉爱帝集团有限公司时尚智慧制造聚集平台项目
三、服务型制造示范平台	
10	华工科技产业股份有限公司汽配产业链区域综合服务平台
11	宜昌市微特电子设备有限责任公司微特智慧吊装生态管理系统
12	武汉电一家网络科技有限公司电e家共享平台

(二)工业设计服务

湖北省加大支持力度,引导工业设计中心加快发展,引领产业转型升级,推动湖北制造向湖北创造转变。目前湖北省有3个企业(设计中心)被认定为国家级工业设计中心(企业),其中烽火通信科技股份有限公司创新设计中心、武汉高德红外股份有限公司工业设计中心被认定为国家级工业设计中心,东风设计研究院有限公司被认定为国家级工业设计企业,37家企业被认定为省级工业设计中心(企业)。

二、主要进展

(一)开展省级工业设计中心认定工作

2019年7月10日,湖北省经信厅根据《省经信厅办公室关于做好2019年度省级工业设计中心申报和2017年度省级工业设计中心复核工作的通知》和《省经信厅办公室关于做好第四批国家级工业设计中心申报和第一批、第二批复核工作的通知》精神,经企业申请,市州初审,专家评审(推荐),并经厅长办公会研究,武汉重型机床集团有限公司工业设计中心等15个工业设计中心拟被认定为省级工业设计中心,见表16-2。

表16-2 2019年省级工业设计中心

序号	工业设计中心名称	所属市州
1	武汉重型机床集团有限公司工业设计中心	武汉市
2	华工科技产业股份有限公司工业设计中心	武汉市
3	湖北久之洋红外系统股份有限公司红外激光产品工业设计中心	武汉市
4	武汉金运激光股份有限公司技术中心	武汉市
5	汉江弘源襄阳碳化硅特种陶瓷有限公司碳化硅陶瓷泵工业设计中心	襄阳市
6	黄石东贝制冷有限公司工业设计中心	黄石市
7	湖北众达智能停车设备有限公司智能立体停车系统工业设计中心	黄石市
8	圣基恒信(十堰)工业装备技术有限公司工业设计中心	十堰市

续表

序号	工业设计中心名称	所属市州
9	湖北源久汽车零部件有限公司设计中心	十堰市
10	湖北汉唐智能科技股份有限公司工业设计中心	十堰市
11	湖北勇创智能泊车设备有限公司工业设计中心	十堰市
12	湖北龙王恨渔具集团有限公司垂钓研究院设计中心	孝感市
13	湖北金泉新材料有限公司锂离子电池设计中心	荆门市
14	湖北楚胜汽车有限公司专用汽车工业设计中心	随州市
15	泰晶科技股份有限公司石英晶体制造技术及装备研发设计中心	随州市

(二)开展省级服务型制造示范企业认定工作

2019年12月10日,湖北省经信厅根据《湖北省发展服务型制造专项行动实施方案(2016—2020)》要求,经企业申报、地方推荐、专家评审并向社会公示,认定武汉武大卓越科技有限责任公司等19家企业(项目、平台)为省级服务型制造示范企业(项目、平台),其中高端装备、电力电器、新材料等新兴产业占了一半以上,见表16-3。

表16-3 第三批省级服务型制造示范企业(项目、平台)

序号	企业(项目、平台)名称	所属市州
一、服务型制造示范企业		
1	武汉武大卓越科技有限责任公司	武汉市
2	武汉精测电子集团股份有限公司	武汉市
3	盛隆电气集团有限公司	武汉市
4	武汉新威奇科技有限公司	武汉市
5	东风电驱动系统有限公司	襄阳市
6	湖北楚大鸭业有限公司	襄阳市
7	湖北山特莱新材料有限公司	襄阳市
8	湖北楚峰建科集团荆州开元新材股份有限公司	荆州市
9	益盐堂(应城)健康盐制盐有限公司	孝感市
10	湖北同方高科泵业有限公司	鄂州市
11	杜肯索斯(武汉)空气分布系统有限公司	鄂州市
12	维达力实业(赤壁)有限公司	咸宁市
13	健鼎(湖北)电子有限公司	仙桃市

续表

序号	企业（项目、平台）名称	所属市州
二、服务型制造示范项目		
14	武汉科林精细化工有限公司加氢催化工程设计全套服务项目	武汉市
15	湖北时瑞达重型工程机械有限公司新能源轨道工程车制造技术项目	襄阳市
16	黄石山力科技股份公司连续镀锌生产线总集成总承包系统解决方案项目	黄石市
三、服务型制造示范平台		
17	湖北迈睿达供应链股份有限公司迈睿达供应链管理平台	武汉市
18	湖北恒维通智能科技有限公司汉江流域3D打印专业服务型制造示范平台	襄阳市
19	宜昌欣扬孵化运营管理有限公司宜昌生物医药孵化器	宜昌市

（三）推进供应链创新与应用，推动经济高质量发展

湖北省人民政府办公厅2019年1月25号印发了《省人民政府办公厅关于推进供应链创新与应用 推动经济高质量发展的实施意见》，意见提出要推进供应链协同制造及服务型制造。鼓励制造企业建立和完善从研发设计、生产制造到售后服务的供应链体系。推动供应链企业实现协同采购、协同制造、协同物流。鼓励核心企业拓展协同研发、众包设计、解决方案等专业服务；延伸远程诊断、维护检修、融资租赁等增值服务。

（四）促进先进制造业和现代服务业深度融合

湖北省人民政府2019年9月发布了《中共湖北省委关于落实促进中部地区崛起战略 推动高质量发展的意见》，意见提出促进先进制造业和现代服务业深度融合。以制造业数字化转型为主攻方向，积极开展国家及省级智能制造、"双创"平台、"两化融合"试点示范，持续推进"万企上云"工程。加快5G、工业互联网等新型基础设施建设，推进各类工业园区、经济开发区高带宽光纤网络接入，到2021年实现武汉市全域和有条件的市州主城区5G全覆盖。大力发展研发设计、现代供应链、信息技术服务、检验检测等生产性服务业，提升服务要素在制造业投入产出中的比重。

第二节 面临的问题

加快推进服务型制造有利于湖北省制造业的稳增长，有利于经济效益提高，有利于向产业链的高端推进，有利于提高国际竞争力，更有利于将信息技术与制造业的有机融合，实现智能制造。目前，湖北省服务型制造依然处于发展初级阶段，多数制造企业主要基于产品的延伸服务，而基于客户需求的整体解决方案业务所占比重较小，服务活动所带来的经济效益尚不明显。湖北省服务型制造发展依然面临着一些制约因素。

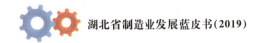

一、制造业企业自主开展服务化的动力不足

制造业企业发展服务型制造，推动服务化转型，涉及企业的战略规划、经营管理、资源配置等多方面因素，不仅需要大量的资金与人力资源支持，还缺少可供遵循的固定模式和路径，而且也面临着市场、技术和经营等不确定风险。从相关信息汇总情况来看，人才、市场、资金成为制约企业发展服务型制造较为重要的因素。不少大中型企业缺乏足够动力开展服务型制造，而拥有人才和专业优势的一些企业服务部门和第三方服务机构，往往规模较小、资源较少，很难为大型制造企业提供系统化、一站式的专业服务。

二、企业开展服务型制造深度有差距

多数制造企业服务型制造主要围绕产品的后续增值服务而展开，即制造企业以实物产品为基础，为支持实物产品的销售而向消费者提供附加服务，开展研发设计独立化、融资租赁、整体解决方案等深度服务项目的企业相对较少。虽然一些行业龙头和骨干制造企业已将提供整体解决方案作为重要业务，但在资质条件、响应速度、服务品质等方面与发达国家的企业相比仍存在明显差距。

三、关键领域技术水平制约服务型制造发展

服务型制造是基于企业核心产品和核心业务的服务创新，服务型制造的用户通常也对产品的质量、性能具有更高的要求，这就要求服务化转型的企业在同行业中具有较强的创新能力。研发投入不足、技术水平低，特别是一些关键领域自主研发能力欠缺，使我国制造企业的服务化转型缺乏有力的支撑。同时，由于许多核心技术和产品依赖进口，造成核心零部件、高端装备、工业软件价格居高不下，加重了企业服务化转型的负担。

四、专业化服务的平台网络有待进一步建设

服务型制造的重要方向是深化产业链上下游相关企业的合作关系，需要公共服务平台在集中采购、产业协同、平台营销、技术支持和服务集成等方面，提供专业高效的中介服务。目前省内综合性、区域性、专业化的服务平台在数量上较少，服务水平和能力有待进一步提升。针对服务化转型公共服务供给能力还较为薄弱，特别是尚未形成有效的制造与服务融合发展的支撑体系。

第三节　推进措施及建议

一、推进措施

（一）加快生产性服务业创新发展

依托制造企业集聚区，以外引、内联等方式，吸引、培育一批现代化的生产性服务企

业。在智能制造、海工装备、轨道交通、汽车等领域,大力发展融资租赁服务业,对高附加值设备、成套生产线等提供融资租赁服务,鼓励融资租赁企业支持中小企业发展。以智慧湖北建设为契机,推广信息服务业,重点支持信息服务机构面向"四六十"产业提供专业化服务,推动制造业的智能化、网络化、柔性化发展。充分利用高校、科研院所、企业的检验检测设备资源,聚焦光电子、新材料、生物医药等领域,大力发展分析、测试、检验、认证和计量等综合性服务,通过检验检测服务业引领提升制造业发展水平。利用北斗导航等先进技术,加快发展第三方物流,加快物流公共信息平台建设,提升物流业信息化水平,降低湖北制造业流通成本。大力发展服务贸易,积极推进服务外包,努力把武汉创建成为全国的服务外包示范城市。

(二)促进生产型制造向服务型制造转型

围绕拓展产品功能和满足用户需求,增加研发设计、物流、营销、售后服务、企业管理、供应链管理、品牌管理等服务环节投入,提升服务价值在企业产值中的比重。鼓励发展定制化生产,支持船舶、航空航天、纺织服装、家具、玩具等行业积极开展个性化定制,建立快速响应的柔性生产模式,在重点行业推行定制化生产试点,以点带面促进全产业实现定制化生产。支持高端装备制造企业搭建智能服务平台,利用智能技术和信息技术,对装备使用过程的运行状态、利用效率进行远程监测,提供在线检测、检验、监控服务。推动新一代信息技术在产品营销中的应用,拓展电子商务平台功能,通过大数据、云计算的数据挖掘和分析提高消费类制造企业的市场响应能力。

(三)推进服务业综合改革试点区和服务业发展示范园区建设

通过合理布局和有效开发,营造有利于服务业快速发展的良好环境,打造开放型、动态型、创新型服务业综合改革试点区和具有产业集中、资源共享、发展集约等特征的服务业发展示范园区。积极推进服务业综合改革试点区创新发展,紧扣体制机制创新的主题,积极探索新的发展模式和路径,为其他地区服务业发展提供可借鉴的经验。大力促进园区提档升级,充分利用园区自身比较优势和资源禀赋,积极引进人才,创新发展模式,培育和引进具有特色的服务业项目,发挥服务业增长极的作用。

二、发展建议

(一)培育产业融合发展理念,构建一体化产业政策体系

消除服务业和制造业之间在税收、金融、科技、要素价格的政策差异,降低交易成本。把高技术现代服务业和高技术制造业全部纳入高新技术产业的范畴予以支持。从客户需求的视角整合行业管理部门的职能,制定相互协调融合的行业监管、支持政策,形成合力,推动服务型制造的大发展。

(二)强化"两化融合"发展观念,提升信息技术支持能力

加快建设低延时、更可靠、广覆盖、更安全的工业互联网基础设施体系。加速开发集

成消费、设计、生产、销售和服务全过程的工业大数据应用服务。通过大力推动云制造服务，支持制造业企业、互联网企业、信息技术服务企业跨界融合，实现制造资源、制造能力和物流配送开放共享。

（三）树立产业生态系统观念，加强制造服务平台建设

政府一方面要建立创新设计、物流服务等生产性服务公共平台，培育研发、法律、工程等生产性服务业体系，提升产业结构层次，加强制造业配套能力建设。另一方面要加强信息化网络服务平台建设，积极搭建大数据、云计算等服务外包产业平台，积极研究工业互联网网络架构体系，制定面向工业互联网平台的协同制造技术标准，以及产业链上下游间的产业规范。

第十七章　智能化技改

当前，新一代信息通信技术快速发展并与制造技术深度融合，正引发制造业制造模式、制造流程、制造手段、生态系统等重大变革。坚定不移发展先进制造业，推进制造强国战略是实现中华民族伟大复兴的重要基础和主要支撑。

湖北省是老工业基地、制造业大省，传统产业是湖北工业的重要基础和现实生产力。湖北省发展正处于历史机遇叠加期和转型升级关键期，工业经济发展面临的内外环境更加错综复杂。近年来，湖北省主动适应把握引领经济新常态，把传统产业改造升级作为深化供给侧结构性改革的主动选择和制造强省建设的重要抓手，深入实施"万企万亿"技改工程，修复和巩固提升传统动能，加快新旧动能转换，促进湖北工业结构调整和实体经济转型发展。

第一节　基本情况

一、发展现状

2019年，湖北省大力推进制造业高质量发展，加快新旧动能转换。全面贯彻"巩固、增强、提升、畅通"八字方针，把推动制造业从数量扩张向质量提高的战略性转变作为供给侧结构性改革的主攻方向，加快建设现代化产业体系，提升湖北省在供应链、产业链、价值链中的地位。立足老工业基地与制造大省的实际，抢抓新旧动能转换机遇，自2017年起，湖北省连续三年重点实施"万企万亿"技改工程，工业技改投资年均增长41.5%。截至2019年，全省共有1.2万个项目实施技改，累计完成投资超1.4万亿元，其中实施亿元以上技改项目超过6000个。

近年来，湖北省全省经信部门认真贯彻习近平生态文明思想和习近平总书记视察湖北重要讲话精神，认真落实省委省政府十大战略性举措，树立新发展理念，坚持生态优先、绿色发展，努力在"改旧、育新、增绿"上做文章，在"一优两落"上加力度，有力促进了全省工业稳中有进、转型升级和绿色发展。主要做了以下三点。

一是锲而不舍"改旧"，狠抓传统产业改造升级，提升工业发展含金量。抓"万企万亿"技改，促进工业投资和技改项目建设。2019年1—8月，湖北省工业投资、技改投资分别增长9.2%、18%，高于全国5.9个百分点、7个百分点。抓"关改搬转"，促进全省沿江化工企业搬高搬强搬绿。截至2019年8月底，全省已完成"关改搬转"160家。抓数字化、网络化、智能化改造,实施"机器换人、设备换芯、生产换线"。近年来,全省1100多家企业实施了"三化"改造,其中83家成为国家和省级试点示范。

二是持之以恒"育新",狠抓新兴产业培育壮大,提升工业发展含新量。落实"一芯两带三区"区域和产业发展战略布局,制定发布全省产业地图,促进各地协调发展、错位发展。聚力打造"芯屏端网"、信息光电子、新能源及智能网联汽车等万亿元级先进制造业集群。目前,"芯屏端网"产业链企业近400家,产业规模突破3000亿元。谋划投资50亿元以上重大工业项目48个。出台5G产业、工业互联网发展三年行动计划。国家互联网顶级节点落户武汉并率先上线运行。截至2019年8月底,全省已建成5G基站6527个,居全国第3、中部第1。建成一批智慧工厂、数字车间、智能产线,中小企业上网入云突破10000家。

三是久久为功"增绿",狠抓绿色制造体系建设,提升工业发展含绿量。牵头依法依规淘汰落后产能,提前两年完成国家下达的"十三五"淘汰落后产能任务。组织高耗能高排放企业实施国家重大节能监察,推进清洁生产,大力控制和削减"三废"排放。制定工业固废利用评价管理办法,推进大宗工业固废综合利用。构建绿色制造体系,促成湖北省企业列入全国绿色工厂26家、绿色产品8个、绿色供应链企业4家。

二、主要进展

(一)加速推进"万企万亿"技改工程建设进程

为加速推进"万企万亿"技改工程,及时跟踪了解全省工业和技术改造投资项目建设进程,规范省级传统产业改造升级专项资金项目申报,湖北省经信厅搭建了"湖北省工业和技术改造项目管理系统"网上操作平台。

为适应当前信息化条件下对全省项目信息的管理,加强对企业项目建设情况、相关信息数据的采集、管理和查询分析应用,同时提高湖北省经信厅在项目申报工作上的效率,建设开发项目申报及企业数据综合管理系统。在系统里将随时查看到最新的办事指南、政策法规以及项目申报的流程指引等信息。系统主要包括企业基本情况审批、工业和技改项目库、专项资金管理、统计分析、用户管理、专家信息库的操作,通过企业用户操作定期上报项目数据,以便管理和查询自身企业上报的项目信息。

经济发展新常态下,有效发挥政府引导作用,推动企业加快技术改造,是适应市场竞争新形势和未来制造业发展趋势的主动选择,是推进供给侧结构性改革的重要一环,对保持经济中高速增长、推动产业迈向中高端具有重要的现实意义。要实现湖北省经济平稳发展,守住"稳"的大局,坚定"进"的方向,进一步发挥金融支撑和引领作用,推动金融与实体经济相融合,助力全省新一轮企业技术改造和设备更新,加速"万企万亿"技改工程实施。

(二)加强新兴产业培育壮大

在新一轮技术和产业变革、全球制造业布局调整、世界百年未有之大变局下,在我国由高速增长跨入高质量发展新阶段,推动制造业高质量发展、实现三大变革,显得尤为重大而紧迫。习近平总书记在2019年经济工作会议、推动中部地区崛起工作座谈会以及视察湖北重要讲话中,都将推动制造业高质量发展作为首要任务,为湖北省经信厅的工作指明了前进方向,提供了根本遵循。

在工信部的大力支持和湖北省委省政府的高度重视下,全省工信战线认真学习贯彻习近平总书记重要讲话精神和中央决策部署,认真落实省委省政府"一芯两带三区"区域和产业发展战略布局,大力实施"万企万亿"技改工程,狠抓工业投资和技改项目,着力推进传统制造业转型升级,促进老树发新芽;同时,加强新兴产业培育壮大,重点发展集成电路、光电激光北斗等新一代信息技术、新能源汽车、生物制药等新兴产业,大力发展工业互联网、5G技术及应用等,促进新枝长新树,全省工业保持了良好的发展态势,制造业创新体系和能力建设不断加强,供给质量和水平逐步提高,制造业高质量发展成效初步显现。2019年1—4月,全省规模以上工业增加值增速升至9.8%,位列全国第2、中部第1;营业收入利润率达6.1%,位列全国第12、中部第1。这些成绩的取得,离不开工信部以及通管局、各大运营商等兄弟单位的大力支持。

(三) 加强传统产业改造升级资金支持

2019年9月,湖北省经信厅下达了《省经信厅关于下达2019年第一批省级传统产业改造升级专项资金的通知》《湖北省传统产业改造升级资金管理暂行办法》的文件,组织全省进行2019年第一批省级传统产业改造升级专项申报,要求按照规定的使用范围和支持重点,提出资金安排方案,及时将资金拨付到市县或项目承担单位,切实加强资金监管,充分发挥资金使用效益。

第二节 面临的问题

一、国产工业软件支撑智能制造发展的能力有待提高

工业软件是制造业实现数字化、网络化、智能化的核心要素,工业软件在各个发达国家实施智能制造的战略中均占据着重要位置。当前,在细分领域里,以 ERP、SCM 为代表的经营管理类软件,国外厂商占据60%以上的市场容量,国产软件存在厂商分散、低价竞争、全方位集成不够、缺少领军型企业等问题;以 MES 为代表的国产生产管理类软件,在工业流程的理解和行业知识库积累方面有欠缺,为多个行业提供解决方案的能力不足;以 CAE、PLM 为代表的研发设计类软件,技术壁垒高;湖北省内的大数据分析与应用类软件,相关市场尚未成型,竞争格局仍存在较大变数。从市场规模、技术趋势、竞争格局等来看,支撑智能制造发展的能力有待提高。

二、中小企业智能化改造推进速度慢

对湖北省本地产品研制企业支持力度不够,多数中小企业受制于技术、人才、资金等制约,智能制造参与程度很低。中小企业普遍信息化、自动化基础薄弱,可借鉴的低成本智能化改造方案严重缺失,融资难度远高于大型企业,管理、技术稀缺,开展智能化改造难度较大。

三、智能制造装备供给能力需提升

虽然近几年湖北省智能制造技术装备整体发展迅速,但是核心关键技术不高、装备短板问题仍然存在,目前大多数省内零部件企业只能生产中低端产品,智能制造关键装备的研发、设计、加工难度较大,产品性能,尤其是稳定性、可靠性问题突出,核心元器件和零部件主要依赖进口。全省高端装备关键技术自给率低,先进技术对外依赖度高,自主品牌缺乏。

四、智能制造人才供应存在短板

人才资源是智能制造改造升级中必不可少的战略资源,大力培养和广泛吸纳高级科技人才是提高企业自主创新能力的关键因素。目前智能制造人才培养体系尚未建立,人才储备不足,人才缺口较大。具有智能制造基础的高级技工缺乏,具备操控关键设备技能的一线人员不足。

第三节 推进措施及建议

2017年起,湖北省实施了持续3年的"万企万亿"技改工程,成为全省工业转型升级的强大引擎。湖北省即将实施新一轮大规模技术改造工程,发挥有效投资对工业经济的关键支撑作用,搭建产融对接合作平台,全力推动传统制造业转型升级,为"六稳""六保"提供强力支撑。

目前,湖北省传统产业占比较高,要围绕传统优势产业转型升级,以"数字化、网络化、智能化、绿色化"为重点,持续推进企业技术改造和设备更新,不断提高制造业发展质量和效益,加快构建现代化制造业产业体系。

一、推进措施

(一)加强顶层设计

2018年4月,湖北省政府印发《湖北省工业经济稳增长快转型高质量发展工作方案(2018—2020年)》。该方案提出,到2020年湖北省制造业总量保持全国第一方阵,制造业竞争力明显增强;努力建成全国重要的战略性新兴产业集聚区;工业经济运行处在合理区间,规模以上工业增加值年均增长保持在7.5%左右、力争达到8%,每年增长不低于7.0%;工业经济转型取得快速突破,高新技术制造业增加值年均增长13%以上,高新技术制造业增加值占经济总量的比重达15%以上;工业经济发展进入高质量轨道,力争3至5年打造3个万亿元以上产业、10个5000亿元以上产业、20个1000亿元以上行业,1000个细分行业领域"隐形冠军"。

湖北省将以"十个强力推进"为着力点,即强力推进工业企业技改转型、新兴产业培育壮大、制造业融合发展等,推动工业经济高质量发展。该方案明确,加快布局百万吨级烯烃及芳烃、芯面端、新能源汽车、智能网联汽车、新一代信息技术等产业,形成新的竞争优势;聚焦发展新一代信息技术、高端装备、新材料等优势产业,培育壮大生物、绿色低碳、数字创意等潜力产业,超前谋划空天海洋、信息网络、生命科学等未来产业。

(二)强化规划引导

按照"项目化、方案化、精准化"要求,加紧制定"万企万亿"技改工程三年行动方案,围绕智能制造、绿色制造、服务制造、高端装备、工业强基、两化融合等方面,谋划储备一批重大技改项目。继续根据工业技改导向计划和投资指南,引导和支持各地高质量、高效率投资技改。

(三)优化行政审批程序

建立省市县工业技改投资重大项目库,推进百项重大技改示范项目,完善项目推进机制和绿色通道制度,强化督查考核,加快项目落地和投资进度。推行并联审批,简化和规范技改投资项目审批事项办理流程。对列入省重点技改工程的项目,优先安排用地指标,优先落实主要污染物总量指标,减少环评审批前置条件,提高环评审批效率,对符合条件的项目开辟绿色通道,加快项目落地。改革不新增建设用地的技改项目审批方式,在规划调整、环评、节能评估、建设工程设计方案、招投标等环节,采取告知承诺、同步审批、限时办结等方式,进一步简化审批事项,不新增建设用地的技改项目审批期限在法定时间基础上压缩1/3以上,强化事中事后监管。

(四)组织实施典型示范

每年支持100家企业重点围绕"机器换人""产品换代"实施100项重大示范项目,以点带面普及推广智能制造。建立投资额1000万元以上的工业技改项目库,实行省、市、县三级联动服务跟踪机制,掌握项目情况,强化跟踪服务。建立省级重大工业技改项目监测跟踪机制,由省经信委牵头,省发改委、省科技厅、省国土资源厅、省环保厅、省国防科工办等部门参与,建立问题反馈和协调制度,实施精准对接、精准服务。

(五)强化金融助推和财税激励

认真贯彻省政府《关于金融助推"万企万亿"技改工程的指导意见》,建立政银企合作机制和风险补偿机制。推广华夏银行等的成功经验,运用省级奖补资金,扩大投贷联动规模,放大资金乘数效应,吸附更多贷款投入技改。扩大长江经济带产业基金、股权投资引导基金、创业投资引导基金规模,统筹优化基金投向,形成总规模500亿元的新旧动能转换引导基金,推动设立2500亿元新旧动能转换基金群。统筹省级财政专项资金,对企业牵头组建的国家级和省级创新平台分别补助建设经费1000万元和500万元。对国家、省重点支持的高新技术领域的企业,其研发投入在享受税前加计扣除政策基础上,按企业年销售收入规模及研发投入占销售收入的比重分别给予20%、10%的补贴。

二、发展建议

(一)促进先进制造业和现代服务业深度融合

围绕实现智能制造,推动互联网、大数据、人工智能和实体经济的深度融合,培育新增长点、形成新动能。依靠市场机制和现代科技创新推动服务业发展,推动生产性服务业向专业化和价值链高端延伸、生活性服务业向高品质和多样化升级。推进信息化和工业化"两化融合",强化大数据、云计算、物联网、区块链等新型通用技术引领带动,加快新技术、新产业、新业态、新模式发展应用。加快发展先进制造业,推动互联网、大数据、人工智能和实体经济深度融合。要统筹新型基础设施、新型通用技术、新业态新模式和新型监管方式,加快建设5G、工业互联网等新型智能基础设施,强化大数据、人工智能等新型通用技术的引领带动作用,培育发展网络化协同研发制造、大规模个性化定制、云制造等智能制造新业态新模式,构建友好监管环境,提高先进制造业与现代服务业融合发展水平。

(二)推进创新发展体系建设

建设创新发展的基础支撑体系,鼓励企业建立工程研究中心、技术创新中心、产品检测中心等研发技术机构,支持重点行业和企业建立院士工作站,建设面向企业生产一线的工业研究院等政产学研合作平台,提高创新发展的技术支撑能力。建设创新发展的现代产业体系,推进创新链、产业链、资金链、政策链、人才链"五链"融合,提高资源市场化配置能力和配置效率,形成有利于科技成果产业化的协同创新体系。建设科技成果转化体系,创新技术成果转化机制,加快发展技术市场,完善制造企业、科研院所、金融资本合作机制,促进技术创新与产业发展良性互动。

(三)持续推动传统产业改造升级

贯彻落实"一芯两带三区"区域和产业发展战略,积极推进以核心技术攻关的卡脖子工程、工业基础能力建设的强基工程、上下游贯通的补链强链工程为抓手的新一轮"万企万亿"技改工程,引导资金、项目、土地等资源向"芯屏端网"等信息、光电子等十大重点产业聚集,常态化、针对性地开展好企业技改银企对接,大力实施好新一轮全省工业大规模数字化、网络化、智能化技术改造。促进汽车、食品等重点产业向数字化、网络化、智能化、绿色化发展。实施智能制造工程和制造业数字化转型行动,加强对制造业龙头企业支持,打造先进制造业集群。推动东风本田三厂、三宁化工乙二醇、华新水泥新生产线等重大新增长点发力见效,支持宜昌打造国家仿制药生产基地、随州全面深化"中国专用汽车之都"建设。

深化供给侧结构性改革,依法依规淘汰落后产能。更多运用市场机制和经济手段,在产能严重过剩领域压减无效低效产能,通过兼并重组等方式稳妥推进"僵尸企业"出清。有效推进工业"三去一降一补",优化存量资源配置,扩大优质增量供给。继续深入实施"万企万亿"技改工程,提升全省制造业智能化、服务化、绿色化水平,强化企业品种、品牌、品质"三品"能力建设,重点支持钢铁、石化、建材等行业加快实施技术改造,优化石化产业布局。支持黄石市国家产业转型升级示范区建设。深入实施军民融合六大工程,支持武汉、襄阳、宜昌、孝感等示范基地做大做强,支持随州、咸宁等地建设国家应急产业基地。积极打造一批军民融合千亿元产业。支持和鼓励钢铁、汽车、石化、纺织、食品和建材等行业的企业兼并重组。实施中小企业成长工程,培育一批细分行业领域的"隐形冠军"。

(四)加快企业智能化产品提档升级

支持企业实施个性化定制、柔性化生产改造,开发高端、智能、绿色、健康新产品。重点围绕汽车、家电、智能终端、纺织服装、医药、食品等消费品领域,以实施增品种、提品质、创品牌的"三品"专项行动为抓手,坚持依法依规加大保护知识产权的力度,全面加强质量管理,组织重点企业开展行业对标和产品品质对比活动,支持企业实施一批创新成果产业化项目和精品名牌产品改造扩能项目,推动标准提升和产品升级换代。推动实施"工业千项精品工程",支持企业提升技术研发能力、创意设计能力、中高端制造能力、品牌运作能力和市场服务能力,发扬"工匠精神",发展中高端产品,培育"百年老店"。

发挥标准引领作用,加强质量品牌建设,提升质量管理水平,推广数字孪生、可靠性设计与仿真、质量波动分析等技术的开发应用,提升产品质量设计和工艺控制能力。持续推进"两化融合"管理体系贯标,推动云计算、大数据、人工智能等新一代信息技术在质量管理中的应用,支持建立质量信息数据库,开发在线检测、过程控制、质量追溯等质量管理工具,加强质量数据分析,推动企业建立以数字化、网络化、智能化为基础的全过程质量管理体系。着力打造一批品质高、效益好、实力强、拥有核心技术和自主知识产权的大企业集团,重点扶持一批传统行业"专精特新"和科技型企业发展。

(五)提升产业集约集聚发展水平

产业集聚带来"内部经济"和"外部经济",并可以促进创新、促进竞争,为提高企业竞争力提供更多可能。湖北省要大力推进传统产业走集聚发展模式,依托资源条件、产业基础和龙头企业,加快发展特色鲜明、集中度高、关联性强、市场竞争优势明显的产业集群。继续推进老工业基地改造、资源枯竭型城市转型、城区危险化学品企业搬迁和新型工业化示范基地建设,鼓励产业园区制订整体改造提升规划。重点扶持一批重点成长型产业集群发展,推进产业集群内传统产业链条的完善和企业间的协作,探索建立传统产业技术创新联盟,加强对产业发展的共性技术开发、研发设计、质量认证、试验检测、信息服务、第三方中介组织等公共服务平台的建设,进一步提升产业集聚效应。以龙头企业为主体,加快推进升级传统产业集聚基地建设。

(六)健全人才资源支撑体系

深化人才培养方式改革,依托企业、高校和科研院所雄厚的产学研资源,建立湖北省智能制造产业人才培养基地,推进校企合作和产教融合。加大在培养和引进高层次人才方面的力度,要让更多的湖北省培养的人才能留下来为湖北服务。推广现代学徒制,强化以实践能力为导向的应用型人才培养。大力发展职业教育,支持企业开展技能人才培训,完善技能认证体系,提高技能人才的社会地位和经济待遇,拓展技能人才职业发展通道,弘扬工匠精神,努力培养大国工匠。

第十八章　质量品牌提升

在经济全球化时代,质量和品牌已经成为制造业乃至国家核心竞争力的象征,代表着国家的信誉和形象。党中央提出,"把推动发展的立足点转到提高质量和效益上来","形成以技术、品牌、质量、服务为核心的出口竞争新优势"。质量与品牌代表着产品满足顾客需求的程度,代表着市场竞争力。"质量为先"本质上是顾客需求为先、市场竞争力为先,体现了"市场决定资源配置"的重要思想。稳增长、快转型、高质量是新时代湖北省工业经济发展的新要求。增长稳是条件,转型快是重点,质量高是目标,实现稳增长、快转型和高质量发展的有机统一、协同推进,是湖北省工业经济发展要把握的重要原则。

第一节　基本情况

随着国家品牌战略的推进,湖北省坚持把品牌建设作为促进创新驱动发展、结构性改革和经济转型升级的重要抓手,围绕推动"湖北产品"向"湖北品牌"转变,组织各地、各部门大力实施品牌强省建设,品牌理论研讨和品牌建设实践都取得了显著成果。

一、发展现状

湖北省近年来大力推进质量品牌工作,推动湖北制造业高质量发展,引导企业树立"品牌引领"意识,大力推行品牌培育管理体系实施指南等系列行业标准,深入推进区域品牌产业集群共建共享,加快培育湖北工业名企名品,培育了一批精品名牌。长飞光纤、人福医药、劲牌公司等7家企业被评为国家质量标杆,全省获中国质量奖提名企业5家、个人1名,获湖北长江质量奖企业20家、提名34家。

截至2019年,全省万人发明专利拥有量9.9件,比上年增长20.27%;全省拥有有效注册商标54万件,比上年增长26.9%;地理标志商标达到434件,位列全国第3、中部第1;拥有地理标志保护产品165件,居全国第2;湖北名牌数量达到1093个;驰名商标认定387件,排名全国第7。湖北省各市州、区县全面开展了质量兴市、兴县活动,大多数市州召开了高规格质量工作大会,先后有8个城市获批创建"全国质量强市示范城市",13个县市争创"质量强省示范市(县、区)"。

武汉市出台政策,重点引导高新科技、先进制造业等行业的商标注册,鼓励驰名、著名商标企业开展技术创新、培育核心竞争力,加强品牌对整体经济的长期带动能力和辐射力。东风汽车有限公司等大型企业继续保持良好的发展势头,在世界品牌实验室发布的2019年中国500个最具价值品牌排行中,东风品牌以1489.25亿元排名第37位。2019

年7月"独角兽"企业斗鱼"游"向世界，登陆美国纳斯达克，成为湖北省首家海外上市的本土互联网公司。

宜昌是湖北优秀品牌的另一个主要生发地，目前共拥有中国驰名商标64件，地理标志商标68件，国际注册商标990件，湖北名牌产品146个，"中华老字号"品牌企业2家，"湖北老字号"品牌企业5家。各项品牌建设指标均排在全省前列，领跑各市州。2018年5月，宜昌成功入选中国城市品牌评价榜13强。而且宜昌的名标发展带动面广，其下辖所有县市均实现了驰名商标"零的突破"，达到了"一县一标"的目标。目前宜昌已形成以宜化、兴发、三宁为代表的磷精细化工品牌集群，以安琪、人福为代表的生物医药品牌集群，以稻花香、枝江为代表的食品品牌集群。

二、主要进展

（一）企业质量提升

开展"双零"行动和"万千百"质量提升工程，每年在10000家企业中组织开展先进质量管理方法培训，促进质量管理水平提升；在1000家企业中导入卓越绩效等先进质量管理模式和标准，提升质量管理能力；培育、树立100家卓越质量品牌企业标杆。大力开展以"服务零距离、质量零缺陷"为主题的质量技术服务中小企业活动，针对中小企业发展面临的难点和瓶颈，实施精准质量帮扶，强化质量第一意识，加强全面质量管理，促进企业质量效益提升；扎实推进中小企业质量提升工程试点，推广武汉市"一站式"质量服务试点经验，为质量提升行动提供质量技术服务。中铁大桥局集团有限公司获得第三届中国质量奖，实现湖北省中国质量奖零的突破；长飞光纤光缆股份有限公司荣获欧洲质量奖，成为欧洲质量奖设立以来首个获得该奖项的中国企业。

（二）消费品质量提升

围绕全省千亿元产业、重点产业集群和化肥、建材、线缆、纺织服装、汽车零部件等重点产品，以深入推进"十大"质量提升示范区为工作抓手，有效地调动社会各方参与质量提升的积极性。组织实施消费品质量提升"1048工程"，全省开展质量提升示范区创建的项目达到13个。

（三）产品与服务标准提升

印发《关于在全省开展标准化工作"万人千企"行动的通知》，以标准化主管部门和行业主管部门标准化管理人员为重点，培养标准化管理人才；以各行业协会、各重点企业标准化技术骨干为重点，培养标准化应用型人才。扎实推进"比标对标、提标升标"活动，引导企业与国际标准和国外先进标准进行比对。

第二节　面临的问题

湖北省在中部地区有着桥头堡的区位优势，历史上工商业发达，产业基础雄厚，造就过一批闻名遐迩的品牌企业,武汉市曾经是全国品牌最多的城市之一。但由于种种原因,进入 21 世纪的湖北省整体品牌影响力减弱。为此,湖北省将品牌建设工作放在突出位置,政策支持力度前所未有。近年来,湖北省品牌建设战略虽取得了可喜的成绩,但也还存在着一些问题。

一、品牌数量和规模较小

在向高质量发展阶段转变过程中,湖北省并没有跨入第一方阵,品牌发展的进程与湖北省现有的产业规模相比,未能充分彰显品牌力量。在全国有影响力的知名品牌少,全省只有 44% 的企业拥有自主品牌,已经连续多年无缘"最具价值中国品牌 100 强"。在湖北省所拥有的知名品牌中,除东风、稻花香等少数大品牌外,多数品牌知名度不高,市场占有量较小,能够走出去的、在全国叫得响的湖北品牌还比较少。

二、品牌发展不均衡

湖北省品牌发展的不均衡包括地域分布和行业分布的不均。武汉和宜昌两地几乎占据了全省驰名商标数量的一半,而有的地方却还未实现零的突破。同时,过于倚重制造型企业,驰名商标、特别是大品牌多集中在汽车、钢铁、化工、装备制造、烟草等传统行业,而高新技术产业、创意产业等新兴领域的品牌打造和经营还比较滞后。

三、品牌发展和管理意识有待加强

近年来,湖北省各级政府越来越重视质量品牌提升,以政府为主体的品牌推广活动较多,但企业对自身的品牌进行推广的主动性意识不强,对政府的依赖心理较重。相当一部分企业的品牌运营意识并不强,很多企业创业时规模小,以为政府名称就是品牌,有的企业认为自己卖的产品相对竞争对手个性化不明显,关键是搞好服务,认为发不发展自己的品牌都一样;即使是一些在业内已形成良好口碑的企业,也可能在平常的发展中并不注重自身品牌的推广、运营和维护,对品牌的经营管理处于一种粗放状态。另外,企业在享用品牌价值的同时对提高自身产品质量不够重视,对品牌的管理和保护力度不够。

第三节 推进措施及建议

一、推进措施

(一)坚持规划引领,明确目标任务

湖北省坚持规划引领与年度计划相结合,扎实开展品牌培育工作。在《湖北省"十三五"工业发展规划》和《中国制造 2025 湖北行动纲要》中,均对质量品牌建设提出了明确的目标任务。在此基础上,湖北省每年按照工信部工作要求,制定出台《全省工业品牌培育

工作方案》,细化落实年度目标和具体任务,确保工业品牌培育工作有序推进。

(二)坚持企业主体,推进自主品牌建设

湖北省聚焦在全国有一定知名度和市场竞争力强的骨干企业、产业集群,搭建完善品牌培育平台,积极开展自主品牌创建。一是抓技术研发创新。组织以企业为主体、产学研用相结合的共性技术攻关,为开发品种和提升产品质量创造了条件。二是抓诚信体系建设。组织企业面向市场、面向消费者提高实物质量,引导提升产品知名度和信誉度,全省已有近千家企业签订了信誉承诺书。三是抓区域品牌创建。研究制定推进区域品牌建设的政策措施,在武汉、襄阳、宜昌、随州等市开展了生物医药、新能源汽车、数控机械装备、特种专用车区域品牌培育试点。

(三)坚持标准先行,提升产品质量标准体系

一是强化标准管理。全面组织工业标准的制定、修订和宣贯,开展工业产品的对标和实物质量比对活动,制定具体工作措施和管理办法。二是强化质量管理。有针对性地推广卓越绩效模式、六西格玛管理、精益生产、现场质量管理等质量管理方法,推广9000系列质量管理标准及GMP等管理体系。三是强化内部管控。深入开展质量管理小组、质量信得过班组、现场管理等质量管理活动,促进工业产品质量管理和品牌档次提升。

(四)坚持信息化支撑,推动两化深度融合

一是实施"互联网+"行动。谋划出台智慧湖北发展意见和三年行动方案,推进云上楚天等重点工程,楚天云建成并投入运营。二是培育智能制造生产模式。推进重点领域高端数控机床的研发和应用,推广人机智能交互、柔性敏捷生产等智能制造方式,促进生产制造设备的联网和智能管控。三是推进智能工厂和数字化车间建设。通过优先帮助品牌,培育试点企业开展"两化融合"的评定和贯标工作,构建企业核心竞争力,塑造企业质量品牌基础。

(五)坚持示范带动,开展质量品牌培育试点

一是营造氛围。引导企业树立正确的质量品牌责任观,鼓励企业做出质量承诺,对企业承诺内容与产品质量加强监督和管理,并切实保护诚实守信的企业。二是政策倾斜。对积极申报国家品牌培育试点示范企业和产业集群,给予政策优惠和扶持。如襄阳、孝感对被国家授予品牌培育示范的企业分别给予20万元、30万元的奖励。三是培植典型。对湖北省列入全国的质量品牌培育示范企业、质量标杆企业和产业集群示范区域,加大推广和扶持力度,在全省形成典型示范效应。

(六)坚持市场导向,提升企业品牌建设能力

一是加大专业人才培训。认真组织品牌培育工作培训班,近年来共培训专业人才500余名。二是组织质量品牌专家问诊。探索市场化运作模式,组织质量品牌专家和智库机构等力量,为企业问诊把脉,促成孝感等市与工信部电子五所签订质量品牌战略合作

协议。三是提升企业品牌建设能力。对标国家品牌培育示范和质量标杆要求,组织试点企业建立、策划和实施品牌培育管理体系,提高企业的品牌建设能力。

二、发展建议

1. 深化品牌培育

突出重点产业,强化制造业品牌提升。在巩固、充实传统优势产业品牌的基础上,聚焦四大国家级产业基地和十大重点产业,以"芯屏端网"龙头企业、细分行业"隐形冠军"企业、科技"小巨人"企业、"独角兽"企业、"瞪羚"企业以及年产值在5000万元以上的高新技术企业为重点,支持瞄准国际标杆企业,创新产品设计,尽快推出一批质量好、附加值高的精品,促进制造业升级,培育在全国知名的"湖北制造"。

2. 加大湖北品牌宣传力度

(1)突出引导推介,推动湖北品牌消费。以湖北省电子信息、汽车制造、生物医药等优势品牌和新经济、新产业、新业态、新模式品牌为重点,统筹运用各种媒介资源,充分、准确、全面开展推介,展示湖北品牌内涵,提升湖北品牌知名度,积极引导消费需求,形成关注湖北品牌、选择湖北品牌的消费文化。

(2)拓宽品牌产品走出去渠道。举办地理标志大会暨品牌培育创新大赛,组织各大超市、网络平台参与湖北品牌营销对接活动,鼓励省内各类品牌参加地理标志大会、中国国际商标品牌节等主题展示,深度参与"4·26世界知识产权日"、"5·10中国品牌日"等各类宣传活动。充分开发线上宣传平台,发布湖北特色品牌和各地各单位品牌建设成果,拓展品牌湖北和湖北商标品牌微信公众号服务功能,持续宣传推介湖北品牌。

(3)提高品牌创建国际化水平。实施"重点企业知识产权海外护航工程",充分发挥知识产权制度在参与国际竞争的支撑和保障作用,提高企业参与"一带一路"倡议和国际竞争的能力和水平。

(4)挖掘地理标志经济效能。抓住湖北省作为2020年国家地理标志运用促进工程实施省份的机遇,主动对接国家知识产权局地理标志运用促进工程。强化地理标志新专用标志的申报、推广和规范使用,组织实施好地理标志专用标志换标工作,适时召开地理标志发展现场会,积极创建地理标志保护示范区。切实推进"知识产权运用示范工程",跟踪地理标志项目实施单位落实发展规划。

3. 加强企业自身品牌意识

落实企业质量主体责任,引导企业树立质量第一的意识,弘扬工匠精神,唱响"品质湖北"。开展形式多样的活动,提升企业全员质量品牌意识,狠抓产品质量提升,开展工业企业质量信誉承诺,建立完善诚信管理体系,支持有关单位开展质量管理小组、质量信得过班组、现场管理、品牌故事会等质量管理活动。鼓励地方和行业开展品牌宣传、展示和交流活动,弘扬质量先进典型。引导媒体单位深入企业和产业集群走访调研,宣传优秀工业品牌,推动湖北省工业经济发展进入质量时代。

第十九章 制造业国际化

为促进中国制造业的跨越式发展,我国政府提出了"中国制造2025"战略,要将中国从"制造大国"打造成"制造强国"。中国制造要引领全球制造业的发展趋势,很重要的一点是要让我国企业"走出去",参与国际竞争。

湖北省抢抓国家实施"一带一路"、自由贸易园(港)区等战略机遇,引导企业"走出去",先后制定了《湖北省国际化发展专项行动计划》《湖北省参与建设丝绸之路经济带和21世纪海上丝绸之路的实施方案(送审稿)》,出台了《湖北省深度融合"一带一路"建设重点任务分工方案》等相关政策方案,湖北省在扩大开放合作、提升制造业外向型发展水平方面做了不少探索,取得了积极成效,在共建"一带一路"中作出较大贡献,取得颇多收获。依托光纤通信、汽车等行业优势,积极承办具有国际影响力的全球性贸易博览会及国际会议,打造省内制造业企业交流的国际平台。依托湖北省产业集聚区和沿江产业带,培育国家级制造业出口创新示范基地,建设省级制造业出口创新示范区。

第一节 基本情况

一、发展现状

世界500强企业是全球经济风向标,2019年湖北省新增世界500强企业34家,总数达314家,数量继续保持中部第1。

(一)进出口情况

2019年,湖北省进出口总额571.28亿美元,比上年增长8.2%,其中出口总额359.80亿美元,比上年增长5.5%,进口总额211.49亿美元,比上年增长13.0%。对"一带一路"沿线国家进出口总额171.42亿美元,比上年增长22.4%。出口商品种类较多,除纺织品、服装、钢材等传统商品外,还有光纤、船舶、火车机车等高技术产品和机电产品。

2019年,湖北省出口机电产品1312.28亿元(190.10亿美元),比上年增长2.9%,占全省出口总额52.8%。其中,电器及电子产品639.7亿元,比上年增长5.9%;机械设备328亿元,比上年增长7.5%。同期,湖北省出口纺织服装等七大类劳动密集型产品436.6亿元,比上年增长25.8%,占全省出口总值17.6%。此外,出口农产品135.4亿元,比上年增长9.9%。其中,出口茶叶总额比上年增长53.6%,出口中药材及中式成药总额比上年增长3倍。2019年,湖北省进口机电产品947.8亿元,比上年增长25.5%,占全省进口总值的65%。其中,进口机械设备447.9亿元,比上年增长39.3%;进口电器及电子产品306.4亿元,比上年增长18%;进口仪器仪表145.9亿元,比上年增长20.1%。

(二)外经合作情况

2019年,湖北省新批准外商直接投资项目446个,合同利用外资162.5亿美元,增长9.6%,实际利用外资129.1亿美元,增长8.1%。

2019年,湖北省对外制造业投资同比增长69%,主要进入生物医药、计算机通信、仪器仪表制造等先进制造业领域;对外承包工程企业承揽境外工程项目实力不断增强,新签1亿美元以上的大项目33个,同比增加16个,其中15亿美元的特大项目3个。

(三)国际人才引进培育情况

2019年4月4日,武汉东湖高新区第十二批"3551光谷人才计划"启动,面向全球招才引智,主要围绕光电子信息、生物医药、节能环保、高端装备制造、现代服务业等光谷五大千亿产业,以及集成电路和半导体显示、数字经济两大新兴产业,招揽"高精尖缺"人才。

自烽火科技集团和华中科技大学"一带一路"人才基地建设以来,华中科技大学已经为全球150多个国家培养了近7000名各类人才,烽火科技集团为全球90个国家和地区3000余人提供了培训服务。双方合作为创新国际化、综合型、适用型服务贸易人才培养提供了创新模式。

二、主要进展

为深入贯彻落实《湖北产业转型升级发展纲要(2015—2020)》的精神,根据《国务院关于推进国际产能和装备制造合作的指导意见》,以及工业和信息化部《促进中小企业国际化发展五年行动计划(2016—2020年)》部署要求,湖北省发改委制定了《湖北省国际化发展专项行动计划》,推进湖北省企业参与国际产能和装备制造合作,加快产业发展国际化步伐。

(一)加快推进与"一带一路"国际产能和装备制造合作

积极参与中俄、中法、中非以及"金砖国家"等双边或多边合作,办好多种形式、具有实效的投资推介活动。加快推进重点合作项目建设,为更多企业"走出去"提供指引、搭建平台。

"百展行动"开拓国际市场,湖北省2019年共计安排195个展会,均围绕湖北省电子电器、汽车及零部件、食品、农产品、化工、医疗器械等优势行业。2019年上半年,襄阳恒德配件有限公司共参加在墨西哥、马来西亚等国举行的6个境外展会,不仅壮大国际市场,还完成转型升级,目前产品主要用于国际中高端汽车改装市场和售后市场,预计全年出口2000万美元。

（二）大力支持传统优势产业拓展海外发展空间

积极引导湖北省钢铁、有色金属、建材、电力、化工、纺织等具有比较优势的传统支柱产业加快向东南亚、南亚、中亚、非洲及拉美等自然资源丰富、劳动力成本较低、区域市场空间广阔的地区有序转移。通过投资建厂、建设工业园区等多种方式建立海外生产加工基地，带动省内优势技术装备出口，开拓海外市场，加快湖北省产业国际化布局。

推动中比科技园、湖北哈萨克工业园、湖北莫桑比克农业园等重点境外经贸合作区稳妥起步。支持格林美集团在南非建设中非循环经济产业园。实现中比科技园纳入商务部境外经贸合作区统计系统，协调福汉木业控股的国家级境外园区中俄托木斯克州经贸合作区回运资源。

（三）搭建水、陆、空交通枢纽，构筑对外开放大通道

截至2019年10月，武汉至欧洲的国际班列累计开通16条线路，辐射34个国家、70多个城市，实载率达97.7%，居全国各中欧班列线路之首。宜昌、襄阳奋起直追，纷纷搭上中欧班列的快车。搭乘中欧班列，湖北及周边省市的电子产品、汽车整车、汽车零配件、服装和食品，源源不断进入丝路沿线国家。与此同时，奥地利苏打水、法国葡萄酒、德国啤酒、俄罗斯食用油等异国商品纷纷入鄂。69条国际与地区航线贯通四大洲，形成了湖北至东南亚主要城市4小时、全球主要城市12小时的航空圈，将东南亚及遥远的欧洲、非洲、美洲、大洋洲等与湖北"拉近"。奔腾的长江上，"天天班"江海直达航线成为靓丽名片，武汉至东盟、日韩等近洋航线持续优化，武汉港、黄石港国际直航业务正式启动并常态化运行。湖北省共构建5个国家级口岸、3个综合保税区、5个保税物流中心（B型）、15个特殊商品进境指定监管场地，搭建了一张水、陆、空立体开放的口岸体系网，货物流通更加高效便捷。

2019年，武汉天河国际机场新开伊斯坦布尔、纽约、仰光、曼德勒等国际航线，加密新加坡航线，使国际航线达63条；国际及地区旅客吞吐量达到310.6万人次，连续7年蝉联中部第1，同比增长15%。2019年武汉"芯屏端网"产业规模不断壮大，这些高端产业的设备仪器、原材料及制成品的进出口大多有赖于民航运输。为了服务产业，天河机场适时开通直达欧美、日韩的全货机航线，先后为长江存储、京东方、联想等企业提供了便捷的航空货运服务。

（四）自由贸易试验区快速发展

湖北自贸试验区紧紧围绕中部有序承接产业转移示范区、战略性新兴产业和高技术产业集聚区的战略定位，涵盖武汉、襄阳、宜昌三个片区近120平方公里。中山大学发布的2018—2019年度中国自贸试验区制度创新指数研究报告，在第三批自贸试验区所有片区中，武汉片区制度创新指数位居第1，武汉、襄阳、宜昌片区的政府职能转变指标分居第1、第2和第4位。

武汉自贸片区以产业创新为重要抓手，实现高质量发展。集聚着湖北"芯屏端网"相

关产业，2019年4月13日，长江存储最新128层三维闪存研发成功。这是国产闪存首次进入全球第一梯队，而且同时在容量、密度及性能上领先，意义重大。在芯片领域，武汉自贸片区已形成涵盖芯片设计、封装材料、制造、应用等环节的产业链。依托国家存储器基地、国家信息光电子创新中心等重大项目，武汉片区吸引美国半导体设备、科大讯飞、联影医疗、小米等一批行业龙头企业落户，并带动一批"互联网＋独角兽"企业不断壮大，正逐步成为中国光通信领域最大的技术研发和生产基地，努力打造超万亿产值的世界级产业集群。韩国赛尔群项目一期在光谷生物城投资5.5亿美元，计划2024年成品药（DP）工厂实现商业化，年产600万西林瓶，2025年大规模原料药（DS）工厂实现商业化，规模为12万升，助力打造生物医药和医疗器械世界级的产业集群。

襄阳自贸片区初步形成新能源汽车"两纵三横"（纯电动汽车、混合动力汽车，动力电池、驱动系统、控制系统）产业生态，已聚集40多家新能源汽车产业骨干企业，拥有200多项专利和实用技术，7家企业关键技术达到国内领先水平，建有国家及省级新能源汽车技术平台6家，襄阳达安汽车检验中心成为全国两家其中之一、华中地区唯一的国家级智能网联汽车检测中心。2019年前三季度，襄阳出口绝对值位列全省第2位，出口产品以机电、纺织服装为主；对东盟、欧盟等主要市场保持增长，增速达81.9％、46.1％；对非洲、拉美、"一带一路"沿线等新兴市场出口也保持快速增长态势。

宜昌自贸片区生物医药产业不断裂变、扩张，优势企业积极"走出去"，加速全球布局。2017年4月，宜昌人福药业与印度尼西亚MBF公司就麻醉药品技术出口项目签订协议，成为中国首家麻醉药品技术出口企业。自贸区挂牌以来，医药产业产值年均增速超过20％，安琪酵母、人福药业、奥美医疗等品牌已享誉全球。

（五）湖北制造"走出去"步伐加快

2019年1—7月，湖北省备案新设境外投资企业48家，同比增长17.1％，其中备案金额超1亿美元的项目1个，即格林美在印尼设立的青美邦新能源材料有限公司，中方协议投资额1.8亿美元，从事电池级镍化学产品的研制，对外实际投资额9.87亿美元，同比增长4％。湖北省制造业对外投资2.65亿美元。境外投资频现大手笔，湖北省增资备案项目12个，其中生物医药领域人福医药集团对其在美国设立的制药公司增资1亿美元。

产业走出去，骆驼股份在马来西亚投资1亿美元新建的工厂已经投产；在哈萨克斯坦，葛洲坝水泥投资1.78亿美元建设的水泥厂已经运营；在埃塞俄比亚，人福医药建成了现代化药厂；在埃及、俄罗斯，安琪酵母带来去了"中国味道"。

品牌走出去，湖北开放型经济量在大幅增长，质也在不断提升。越来越多的湖北出口产品向价值链高端攀升，机电产品和高新技术产品继续成为出口主力，积极抢占国际高端市场，华星光电只是其中一个代表。2019年以来，在"一芯驱动"产业布局下，华星光电进一步扩充产能以满足高端客户的增长需求，月产能达5万大片，出货量稳居全球第2。光谷已成为全球最大的中小尺寸显示屏研发生产基地。武汉华星光电相关负责人表示，除高端智能手机外，T3项目还在积极布局车载显示屏、笔记本电脑等"蓝海"市场，其LTPS笔记本电脑液晶显示屏已打入国际知名品牌供应链，实现量产出货，车载显示屏也已具备量产能力。

技术走出去，三环集团收购欧洲百年老店克拉希尼克轴承厂后，带去资本、技术和管理，让当地工厂从濒临破产到融入奔驰全球采购体系，书写出波兰大地上"起死回生"的传奇故事；长飞光纤的技术设备广泛应用在印尼、缅甸、南非等地，打通了区域与世界互联的通道；在马来西亚，烽火科技建成了该国国家骨干网和城域网。

第二节　面临的问题

湖北省具有雄厚的工业经济基础和比较齐全的制造业体系，制造业经济总量居全国第7位。在"一带一路"倡议的指引下，湖北省具备条件的企业纷纷"走出去"，开疆拓土，进入全球多个国家，在海外市场取得了不俗的成绩，特别是在东南亚市场。但是与沿海一些先进省份比，还存在一些差距。

一、外贸产品竞争力有待提升

湖北省对外贸易依存度一直处于10%左右的较低水平，进出口贸易规模偏小，与发达地区相比存在一定差距，与GDP的发展速度和总量不相称。2019年湖北省GDP占全国GDP的比例为4.6%，但是在进出口贸易总额上，湖北省仅占全国份额的1.7%。国际旅游外汇收入、对外经济合作等项目占GDP的比重都较低。外贸对经济增长的拉动作用有限，外向型企业规模偏小、数量较少，产品竞争力不强。出口商品主要以资源型产品、劳动密集型工业品以及一般机电产品为主，处于产业链中低端，高附加值的产品占比较低。

二、外经合作层次仍需提档升级

一是利用外来资金规模相对较小。2019年，湖北省实际使用外资为129.1亿美元，仅占全国使用外资总额的9.7%，同期上海市、广东省实际使用外资分别是湖北的1.47倍、1.69倍，2019年前11个月安徽省实际使用外资165.2亿美元，江苏省实际使用外资234.7亿元。二是外来投资结构不够合理。外来资金投资主要集中在第二产业，外来投资企业规模偏小，国际大财团、世界500强企业相对较少。三是对外投资产业层次偏低，"走出去"能力有待提高，外经合作层次仍需提升。湖北省在外经合作方面，合作对象主要集中在亚洲、大洋洲和非洲，合作内容主要是对外承包工程和直接投资。2019年湖北省对外承包工程完成营业额仅占全国的2.9%，大多数对外承包工程企业抗风险能力弱，受国际环境变化的冲击较大。在非金融类对外直接投资上，湖北省在全国占比也很低，2019年湖北省实际对外直接投资额约为23.4亿美元，仅占全国对外直接投资总额的2.17%。

三、国际化风险依然较高

由于国际投资环境的复杂性、多样性和特殊性,企业在"走出去"的过程中对境外法律法规、监管要求、行业准则、商业规则的不熟悉或不理解,加上本身的合规管理工作不到位,导致合规风险事件频发。企业在境外投资过程中将面临各种各样的风险,尤其是区别于境内投资的特殊风险。这类的特殊风险主要包括政治、外汇、税务和人员风险(包括中外人员融合、人身安全等)。

四、国际化人才依然缺乏

在境外投资过程中,一方面缺乏全球化高质量"朋友圈",境外项目拓展仍然存在单打独斗,合作以"一锤子买卖"的雇佣关系为主,缺乏全球化布局广、专业技术水平高、公信力强、信誉度好的合作伙伴关系网,为企业提供全面持续性的资源支持。一方面境外投资过程中均面临国际化、高素质人才短缺的问题,从业人员经验主要以国内投资为主,企业尚未配置专职的境外投资管理部门/岗位,难以满足海外投资管理需求。

第三节 推进措施及建议

一、推进措施

(一)建立统筹协调机制

积极推动出台《关于加快开放发展推动形成全面开放新格局的若干意见》《湖北省贯彻落实国家进一步扩大开放重大举措加快形成全面开放新格局2019年重点工作方案》,推动各级政府、各部门形成开放发展合力。优化对外开放工作机制,建立健全常态化工作机制,协调解决对外开放重大问题,发挥好领导小组统筹职能。探索建立开放发展指标评价体系,健全督导、激励机制,科学指导各市州提升开放水平。

(二)规划实施重点项目

提出湖北省实施"一带一路"倡议工作意见,发布"一带一路"年度重点项目库,实现国际贸易"单一窗口"上线运行、汉新欧班列常态化运营,推动葛洲坝、联投集团、安琪酵母、华新水泥等在沿线国家重大项目顺利实施。更新推进国际产能合作工作方案并编制项目清单。

(三)强化基础设施互联互通

打造自由贸易港、航空港、国际陆港,深化港口、机场、陆路交通的国际合作,构筑联通内外、便捷高效的水陆空综合大通道。一是加快中欧班列(武汉)发展,组织开行武汉至东南亚、中亚地区的国际货运直达班列,以及武汉至内蒙古、广东境内多式联运线路;加快推进武汉东西湖汉欧国际物流园、白俄罗斯布列斯特物流分拨中心等境内外物流园区建设；参与中欧班列的数据信息交换和监管结果互认，提高对中欧班列（武汉）运行全程监控能力。二是加快武汉长江中游航运中心建设，推动发展武汉新港近洋直航，黄石新港至韩国近洋国际航线；开辟和发展长江中上游、汉江等港口至武汉新港集装箱喂给港航线，深入推进长江黄金水道建设。三是加快国际航空运输通道建设，开通武汉至欧洲全货机航线，以及武汉至沿线国家的国际民航航线，加快湖北国际物流核心枢纽项目建设。四是大力发展多式联运，加快推进多式联运示范工程建设，近期重点推进武汉新港阳逻铁水联运示范项目、黄石新港铁水联运示范工程建设等。

以信息通信为主的"信息丝绸之路""网上丝绸之路""物联网"等建设机会，及时跟进国家"互联网＋"行动计划，统筹信息资源开发利用，推进国家级互联网骨干直联点建设，建设湖北省与沿线国家和地区的"软设施"网络。

（四）推动自贸区建设

促进政策创新，联合湖北省发改委、湖北省科技厅等22个部门和片区相继出台支持湖北自贸区的政策举措；利用中博会等业务平台成功举办湖北自贸区建设推介会。加大招商引资力度，截至目前，武汉、襄阳、宜昌三大片区共新增市场主体过万家，自贸区品牌效应初步显现。

二、发展建议

（一）加大政策支撑

深化行政审批制度改革及完善财政金融支撑体系。完善开放口岸功能，推进国际贸易"单一窗口"建设；减少和规范行政审批，由注重事先审批转为注重事中、事后监管；增强效率意识和服务意识，借鉴其他省份的经验和做法，成立省级投资促进机构，不断优化营商环境。增加省级财政对外贸等资金支持，加快建立湖北"一带一路"基金，在信贷、财税、出口保险等方面出台扶持政策；加快金融市场开放，创新金融支撑功能。

（二）加强开展标准化对外合作

以沿线国家市场准入要求和主要技术标准为基础，实施《标准联通共建"一带一路"行动计划》，建立涉外投资准入"负面清单"和"鼓励清单"，简化外资市场准入程序，"并联"审批流程；创新外商投资和对外投资合作管理体制，积极探索与国际接轨的贸易监管方式。

（三）扩大国际产能合作

深化双向投资合作，促进优势产能合作出海。立足湖北省优势产业和产业转型升级的需要，着力在装备制造、能源开发、现代农业、基础设施建设、钢铁、有色金属、建材、石化、电力、轻纺、汽车、船舶与海洋工程等领域加强合作。创新项目合作模式，引导湖北省企业与沿线国家开展产能合作，实现更高质量、更有效益的发展。提升利用外资的技术溢出和产业升级效应,鼓励外资重点向省内的自由贸易区、国家级开发区及省级重点产业园区集聚,促进湖北省与沿线国家和地区的深度经济合作,推动湖北经济高质量发展。

推进境外产业园区建设。加快中国-比利时科技园、中俄托木斯克州木材工贸合作园、哈萨克斯坦-湖北科力生工业园、伊朗北斗高科技产业园、莫桑比克农业合作示范园等产业园区建设,积极推动项目落地,园区项目拓宽产业链、扩大产能,打造湖北与"一带一路"沿线国家和地区经济合作平台载体。

促进多种形式技术合作。推动湖北省战略性新兴产业企业在沿线国家设立研发机构,开展以先进技术、成熟品牌、市场渠道为主要内容的跨国并购,引入先进技术在省内落地转化,提升企业技术、品牌的国际化水平。

支持湖北省相关企业赴沿线国家投资贸易。创新企业"走出去"的模式,积极推进服务贸易"走出去"、管理运营"走出去"等新模式,支持民营企业"走出去",促进湖北省与沿线国家形成贸易与投资良性互动。

(四)提升投资贸易质量

打造出口品牌。围绕湖北省优势产业,鼓励企业积极进行商标国际注册和产品认证,培育创建自主品牌,打造湖北省出口品牌。依托武汉东湖高新区、武汉经济开发区、襄阳高新区和宜昌高新区等一批重点产业集聚区,建设光纤、汽车等品牌示范区,将汽车及汽车零部件、光电子、北斗导航、船舶、优质农产品、环保等产品培育成品牌。

加快制造业转型升级步伐。打造光电子信息技术产业、先进装备制造业、食品加工业、纺织服装产业及服务业等出口产业集群,培育一批新兴的优势产业出口基地,重点提升轻纺、化工、机电、农产品等传统出口产品的科技含量和附加值,推动船舶、轨道交通、汽车等优势装备制造业和大型成套设备出口。

(五)稳步推动双向贸易

继续实施"骨干企业龙头工程""成长企业壮大工程""开口企业实绩工程"等外贸"三项工程",实现湖北省与沿线国家年进出口额近百亿美元。机电设备、高新技术、通信器材、农产品、钢材等出口产品为沿线国家经济发展起到积极作用。

(六)加强境外投资人才队伍建设与外派人员培训

中国企业"走出去"需要在投资、运营、财务、人力等各专业领域配备大量的国际化的人才队伍,特别需要重视对国内派出人员的培训工作。打造国际化、专业化境外管理团队,各层级分工明确,包括从业人员在语言、对投资所在国(地区)的了解程度、国际化视野等方面。

区域篇

第二十章　武汉市
第二十一章　襄阳市
第二十二章　宜昌市
第二十三章　黄石市
第二十四章　荆州市
第二十五章　十堰市
第二十六章　荆门市
第二十七章　孝感市
第二十八章　鄂州市
第二十九章　黄冈市
第三十章　咸宁市
第三十一章　随州市
第三十二章　恩施州
第三十三章　神农架林区
第三十四章　天门市
第三十五章　仙桃市
第三十六章　潜江市

第二十章 武 汉 市

第一节 发展概况

一、总体发展情况

在湖北省委、省政府和武汉市委、市政府的坚强领导下,在湖北省经信厅的关心指导下,全市工业战线贯彻落实"一芯两带三区"战略布局,奋力拼搏攻坚克难。2019年,规模以上工业增加值同比增长4.4%,全部工业增加值占全市GDP比重为28%,全年规模以上工业企业营业收入14178.43亿元,增长1.7%,利润总额930.67亿元,增长25.8%,同比提高27.7个百分点。全市新增规模以上工业企业308家,规模以上工业企业达到2902家,在副省级城市中再进位。东风本田年产值达到1350亿元,省电力首次突破千亿元。

(一) 工业投资

2019年,武汉市工业投资增长16.3%,高于全市固定资产投资增长6.5个百分点,增速在全国15个副省级城市中排名前列,全市共签约亿元以上工业项目184个,协议投资额2939.39亿元,成为工业经济稳增长的重要支点。一批重大项目加快推进:长江存储已量产64层三维闪存芯片,东风本田三厂已正式投产,京东方10.5代线9月点亮投产,华星光电T4项目量产柔性AMOLED产品。

(二) 重点行业

2019年,武汉市规模以上工业行业中,汽车制造业增加值增长0.2%,烟草制品业增长0.8%,电力、热力生产和供应业增长8.6%,计算机、通信和其他电子设备制造业增长12.3%,电气机械和器材制造业增长4.5%,石油、煤炭及其他燃料加工业增长4.1%,黑色金属冶炼和压延加工业下降5.5%,金属制品业增长12.8%,非金属矿物制品业增长3.2%,医药制造业增长12.9%,农副食品加工业下降1.4%,化学原料和化学制品制造业下降10.6%。12大重点行业中,医药制造,计算机、通信和其他电子设备制造,电气机械和器材制造三大行业保持了较快增长,增速分别为12.9%、12.3%和4.5%,分别高于全市规模以上工业8.5、7.9和0.1个百分点,有效缓解了汽车、烟草、石化等传统行业下滑带来的影响。

（三）产业基地

着眼新一轮科技革命和产业变革，以培育具有核心竞争力的主导产业为主攻方向，近年来，武汉市谋划、获批建设存储器、商业航天、网络安全人才与创新、新能源和智能网联汽车和大健康5个国家产业新基地，并以此为牵引、为依托，打造芯片、航天、网络安全、下一代汽车、大健康五大产业生态圈。国家存储器基地实现全国首款64层三维闪存芯片量产；航天产业基地成功发射2颗卫星上天组网；新能源与智能网联汽车基地率先建成5G和车联网全覆盖的示范区并投入运营，发放全球首张智能网联汽车道路运输试运营许可证，自动驾驶公交车、环卫车、出租车、物流车等多种场景同时开放；国家网络安全与人才创新基地基本形成涵盖数据储存、传输、处理、应用、终端全链条的网络安全产业链；大健康产业基地"一城一园三区"加快建设，联影武汉总部基地、迈瑞医疗等重点项目正加快推进和引进。

（四）改革创新

2019年，武汉市"四上"企业高新技术产业增加值4167.27亿元，比上年增长11.8%，增速高于全省平均水平0.5个百分点，占GDP比重25.7%。2018、2019年，武汉市分别净增高新技术企业709家和881家，总数达到4417家，总量和增量连创历史新高。

国家信息光电子创新中心能力平台建设已购置设备165台/套，合同金额5158万元，国家数字化设计与制造创新中心能力平台建设已签订合同金额7276.91万元，与华天软件等联合中标工信部2019年工业强基项目，并在工信部制造业创新中心建设工作座谈会上，作为典型代表作经验交流。信息光电子创新中心攻克25G Tunable TOSA器件的关键技术，完成国内首款5G光模块"心脏"，硅光平台开发出国内首套自动化8/12寸硅光晶元筛检系统，效率可达3000片/年；国家数字化设计与制造创新中心承担2项工信部2019年工业强基项目，并着手开展大型风洞移动机器人加工关键技术、航空航天发动机匣类零件机器人去毛刺加工等项目研发；新增2家省级制造业创新中心培育对象，分别是武汉新芯牵头的半导体三维集成制造创新中心和华中数控牵头的新一代智能数控系统创新中心，武汉市现拥有6家省级创新中心培育对象，正在对标建设，其中，半导体三维集成制造创新中心今年已成功升级为省级制造业创新中心，已涌现出"格罗夫"氢能源车等一批创新成果。

（五）工业强基

在光电子信息技术、高端装备等领域牵头制定9项国际标准、52项国家标准。工业软件发展加快，武汉开目软件、天喻软件、艾普工华、佰思杰等企业积极研发相关的设计、工艺、仿真、管理、控制类工业软件，重点行业整体解决方案能力全面提升。华工科技等企业积极研发融合新型技术的工业互联网设备与系统，广泛应用于南阳飞龙汽车、西峡水泵、和氏乳业、国宝桥米、明一国际等行业龙头企业。武汉邮科院、光庭科技积极研发融合新型技术的工业互联网设备与系统，构建工业互联网标识解析系统及试验验证平台，在城市地铁、智能网联汽车试验建设等项目中开展试验和应用创新。

企业不断取得创新突破。长飞突破了 VAD 芯棒退火集成数控加工中心、OVD 预制棒制锥集成数控加工中心等多种智能制造成套装备。武汉船机突破了船用机电设备加工智能化设备和船用关键零部件装配用柔性制造设备两种短板装备。烽火通信突破了激光精密焊接设备以及 LCR 智能化测试装备等。华星光电突破了液晶屏移载机、框胶检查机等多种智能制造装备。美的武汉突破了外机全自动化生产线、遥控器全自动化生产线等多个行业首创自动化装备。武重集团突破了大型平面在线检测的相关技术及配套技术。

大力推进新型信息基础设施建设,建成 5G 基站 6300 多个,基本实现三环内重点区域 5G 全覆盖。持续推进制造业创新中心建设,大力开展装备首台套、新材料首批次、软件首版次产品应用推广,涌现出 9 纳米光刻实验样机等一批"国之重器"。

(六) 两化融合

指导企业积极开展"两化融合"贯标体系评定工作,全年通过评定、获发证书企业达到 136 家。系统推进工业互联网建设,引导开展行业、企业示范应用,工业互联网标识解析国家顶级节点建设进度全国第 1,应用场景加速落地。

聚焦重点领域,开展基于智能制造标准、核心支撑软件、工业互联网基础与信息安全系统的关键技术装备和先进制造工艺的集成应用,大力支持系统解决方案供应商能力建设。华中数控、东风设计院列入国家智能制造系统方案解决商目录。湖北工业大学成果转化中心、中国地质大学知识产权与技术转移中心、武汉工程大学成果转化中心于 2015 年列入国家级技术转移示范机构。中冶南方工程技术有限公司、武钢设计研究总院、武汉冶金建筑设计院、中煤国际武汉设计研究院、中南电力设计院、湖北电力勘测设计院、武汉供电设计院、武汉化工设计院、中国五环工程有限公司(原化四院)、武汉石化设计院、中国医药集团武汉医药设计院、中铁第四勘察设计院等一批行业设计院在智能工厂、数字化车间、自动化生产线设计和规划方面具有较强的实力。武汉还拥有一大批从事工业机器人等智能设备系统集成的中小企业。

自 2015 年工信部启动智能制造试点示范专项行动以来,武汉市智能制造发展取得积极进展,全市共有国家智能制造试点示范项目 9 个(见表 20-1),项目数量在全省占比 3/4,在全国占比 3‰,在全国副省级城市中排名第 2,位列全国第一方阵。

表 20-1 武汉市国家试点示范项目基本情况

序号	年度	企业名称	项目名称
1	2015 年	长飞光纤光缆股份有限公司	光纤智能制造试点示范
2	2016 年	武汉船用机械有限责任公司	船海工程机电设备数字化车间试点示范
3	2016 年	美的集团武汉制冷设备有限公司	智能空调数字化工厂试点示范
4	2017 年	武汉光迅科技股份有限公司	光电子器件智能制造试点示范
5	2017 年	武汉华星光电技术有限公司	6 代 LTPS TFT 面板智能制造试点示范

续表

序号	年度	企业名称	项目名称
6	2018年	烽火通信科技股份有限公司	光通信设备智能制造试点示范
7	2018年	武汉爱帝集团有限公司	针织服装智能制造试点示范
8	2018年	武汉征原电气有限公司	轨道交通装备智能制造试点示范
9	2018年	武汉重型机床集团有限公司	重型机床智能制造试点示范

(七)服务型制造

积极开展服务型制造试点示范,通过鼓励企业增加服务环节投入,聚焦供应链管理、产品全生命周期管理、总集成总承包服务和信息增值服务等领域,延伸服务链条,发展个性化、柔性化、网络化服务,支持一批有条件的企业率先从主要提供产品制造向提供产品和服务转变。9家企业获批国家级服务型制造示范企业(项目、平台),23家企业获省级服务型制造示范企业(项目、平台)(见表20-2)。大力发展工业设计,打造展会、研究平台、集聚区、精品赛事、知识产权运营管理等全产业链条,烽火通信等3家企业被认定为国家级工业设计中心,中国工业设计展览会已成为国内工业设计行业唯一冠以"国字号"、规模最大、参展企业最多、全国参与范围最广的展览会。成功申报4家省级工业设计中心,组织评选出8家市级工业设计中心、1个知名工业设计奖奖励项目。目前全市累计拥有国家级工业设计中心3家,省市级工业设计中心59家,市级工业设计集聚区3个。

表20-2 武汉市服务型制造示范企业(项目、平台)名单

示范企业			
序号	年度	级别	企业名称
1	2017	国家级	武汉重型机床集团有限公司
2	2018	国家级	东风设计研究院有限公司
3	2018	国家级	武汉高德红外股份有限公司
4	2017	省级	东风设计研究院有限公司
5	2017	省级	武汉重型机床集团有限公司
6	2017	省级	易瓦特科技股份公司
7	2018	省级	武汉高德红外股份有限公司
8	2018	省级	武汉爱帝针纺实业有限公司
9	2018	省级	武汉奥杰科技股份有限公司
10	2019	省级	武汉武大卓越科技公司有限公司
11	2019	省级	武汉精测电子集团股份有限公司
12	2019	省级	盛隆电气集团有限公司
13	2019	省级	武汉新威奇科技有限公司

续表

			示范项目	
序号	年度	级别	企业名称	项目名称
1	2017	国家级	烽火通信科技股份有限公司	面向定制化生产的柔性供应链系统项目
2	2017	国家级	湖北良品铺子食品工业有限公司	良品铺子全渠道服务建设项目
3	2017	国家级	武汉新烽光电股份有限公司	海绵城市监测评价体系整体解决方案
4	2017	省级	烽火通信科技股份有限公司	面向定制化生产的柔性供应链系统项目
5	2017	省级	武汉新烽光电股份有限公司	海绵城市监测评价体系整体解决方案项目
6	2017	省级	湖北良品铺子食品工业有限公司	良品铺子全渠道服务建设项目
7	2017	省级	武汉虹信通信技术有限责任公司	移动通信基站天线扩产增效项目
8	2018	省级	武汉库柏特科技有限公司	智能工业机器人自动化物流分拣系统
9	2019	省级	武汉科林精细化工有限公司	加氢催化工程设计全套服务项目

			示范平台	
序号	年度	级别	企业名称	平台名称
1	2017	国家级	华工科技产业股份有限公司	汽配产业链区域综合服务平台
2	2018	国家级	武汉爱帝集团有限公司	时尚智慧制造聚集平台
3	2018	国家级	武汉电一家网络科技有限公司	电e家共享平台
4	2017	省级	华工科技产业股份有限公司	汽配产业链区域综合服务平台
5	2017	省级	武汉制信科技有限公司	制造能力与制造资源在线协作与交易平台
6	2017	省级	武汉华夏星光工业产品设计有限公司	机床装备智造工业设计一站式服务
7	2017	省级	武汉药明康德新药开发有限公司	武汉药明康德新药研发公共服务平台
8	2019	省级	湖北迈睿达供应链股份有限公司	迈睿达供应链管理平台
9	2018	省级	武汉电一家网络科技有限公司	电e家共享平台
10	2018	省级	武汉纺友技术有限公司	纺织工业品全流程共享平台

（八）中小企业及专精特新企业

2019年末全市市场主体130.13万户，比上年增长9.9%，其中，企业55.71万户，增长14.3%，在企业类型中99%以上是中小企业。全年新登记市场主体21.78万户，增长14.0%，其中，新登记企业12.16万户，增长22.1%。

认真组织"隐形冠军"企业培育，出台实施《武汉市全国制造业单项冠军企业和产品奖励资金管理办法》，严密组织全国制造业单项冠军的梳理、复合、推荐、宣传工作，加强"单项冠军""隐形冠军"企业的氛围培养和重点宣传。2019年申报全国制造业"单项冠军"企业8家、省"隐形冠军"企业107家，数量同比增长60%、114%，创历史新高。预报入围省第三批"隐形冠军"企业101家（新增82家，含示范企业16家），获省推荐申报国家"单项冠军"企业3家，预计武汉市省级冠军企业将增至202家，国家制造业单项冠军企业9家。助力中小民营企业专精特新、做大做强，以办理"政协1号提案"与落实《关于进一步促进民营经济高质量发展的实施方案》为契机，加大减税降费等惠企政策宣传，落实促进中小民营企业转型升级，2019年武大吉奥、同济医药、华工图像成为全国第一批专精特新"小巨人"企业，中国民营企业500强入围企业达到12家。

（九）转型升级

围绕产业创新能力建设、产品结构调整与质量品牌提升、基础元器件与关键基础材料、工业设备改造与两化融合、绿色制造与安全生产等五个方面，滚动实施和建立全市企业技术改造项目库，明确推进关键节点，积极分类指导、聚焦培育。全年工业技改投资增长31.8%，增速在全省排第2位。

深入推进工业企业智能化改造升级行动计划，在全国率先构建以咨询诊断平台建设加大工业智能化改造的推进模式，共组织实施智能化改造项目达到425个，新增计划总投资397.5亿元。公开遴选5家市级智能化改造平台，有效整合科研院所、工程设计、金融服务、施工管理等资源，为企业智能化改造提供全链条服务。全年共上门诊断企业210家，出具诊断报告70份，签约项目协议金额21.6亿元。加快建设一批智能化车间和智慧工厂，打造40家典型示范项目并积极进行应用推广。

大力培育战略性新兴产业。充分发挥战略性新兴产业引导资金效能，不断规范优化引导基金管理流程，2019年，引导基金历年归集数达9.75亿元，累计出资9.46亿元，实现放大5.04倍，已完成对26个企业项目投资。持续深化"单项冠军"和"隐形冠军"企业培育，新增国家制造业"单项冠军"示范企业2家、省支柱行业"隐形冠军"示范培育企业38家，获评省级以上"隐形冠军"示范培育企业累计达到122家。全市签约亿元以上战略性新兴产业项目126个，协议投资额2900.42亿元，约占工业项目投资额比重80.1%。战略性新兴制造业产值增速高于规模以上工业总产值增速2个百分点。

（十）品牌建设、知识产权

开展品牌建设，提升品牌质量，在全市推进"名品名企名家"工程，长飞光纤光缆股份有限公司荣获欧洲质量奖;开展首届"武汉名品"认证试点工作,建立了"武汉名品"培育对象库,纳入数据库的企业达到270家。

2019年,武汉市有效发明专利4.61万件,每万人口发明专利拥有量41件,全年通过PCT国际专利申请1825件,处于全国十大创新城市的前列。知识产权保护助推优化营商环境取得良好成效,武汉市获批国家知识产权局知识产权侵权纠纷检验鉴定技术支撑体系建设试点城市。中国(武汉)知识产权保护中心通过国家知识产权局验收并开展工作,中国武汉(汽车及零部件)快维中心加快建设步伐,全市基层知识产权保护工作站系统推进,知识产权保护体系不断优化和完善。武汉市营商环境总体评价获得全国前十、中部第一。

(十一)节能环保

2019年,全市规模以上工业综合能耗为2506.69万吨标准煤,比上年增长3%;规模以上单位工业增加值能耗下降1.34%。其中,能耗万吨以上企业71户,综合能耗占全市规模以上工业综合能耗93.97%,为2355.55万吨标准煤。六大高能耗行业综合能耗占全市规模以上工业综合能耗91.43%,为2291.87万吨标准煤,比上年增长2.85%。

实施《武汉市煤炭消费总量控制3年行动计划(2018—2020年)》,支持青山老工业基地转型升级。持续做好沿江化工企业关改搬转,2019年两化搬改省拨付沿江资金5416万元,目标企业24家,就地改造企业19家,关改搬转工作圆满通过了省指挥部来汉检查,已列入武汉市长江大保护十大标志性战役。关闭、转产、搬迁企业共5家,围绕化工、汽车、食品等重点行业,推进企业节能技术改造、能效提升,5个项目入选全国绿色工厂示范项目(见表20-3)。

表20-3 武汉市2019年全国绿色工厂示范项目

序号	项目名称	依托企业	获批年度
1	东风汽车集团股份有限公司乘用车公司	中国汽车技术研究中心有限公司	2019年
2	武汉金发科有限公司	中冶京诚工程技术有限公司	2019年
3	湖北达能食品饮料有限公司	江西省科学院能源研究所	2019年
4	武汉联德化学品有限公司	国润创投(北京)科技有限公司	2019年
5	中韩(武汉)石油化工有限公司	中国船级社质量认证公司	2019年

二、重点产业发展情况

(一)汽车及零部件产业

武汉是全国六大汽车产业基地之一,汽车及零部件产业规模居中部地区第一,连续10年成为武汉第一大支柱产业,总产值已占到全市工业总产值的20%以上。在整车生产领域,全市拥有东风本田、上汽通用、神龙公司、东风乘用车、东风雷诺(企业重组中)、东风日产(在建项目)、吉利汽车(在建项目)等七大乘用车整车企业。2019年生产整车154.7万辆,实现产值2034.54亿元,汽车行业总产值已占到全市工业总产值的20%以上。在零部件生产领域,全市规模以上汽车零部件企业超过500家,涵盖车身、发动机、电气设备、底盘等多个领域。目前武汉市正以承担国家新能源和智能网联汽车基地为契机,按照轻量化、电动化、智能化、网联化、共享化发展趋势,加速探索5G技术、智能汽车、智慧交通融合发展新模式。

(二)光电子信息

武汉市是"中国光谷"所在地,电子信息产业近年来发展迅速,为武汉市第二大产业,武汉光电子信息(不含软件)产业产值规模约2200亿元,连续多年保持两位数以上的增长。武汉市拥有国家信息光电子创新中心、武汉光电国家研究中心等国家级创新平台,在光通信、集成电路、新型显示屏、消费电子等领域具有领先优势,在全国产业链上下游协作中具有重要地位。在光通信领域,武汉是全球最大的光纤光缆制造基地、国内最大的光电器件生产基地和光通信技术研发基地,光纤光缆产能全球第一,光电器件全球市场占有率居世界第三,国内市场占有率超过50%。在集成电路领域,我国首条12英寸集成电路生产线和国家存储器基地落户武汉,烽火、梦芯、高德红外等行业应用芯片研发水平全国领先。在新型显示屏领域,武汉是全球最大的中小尺寸显示屏基地,总产能超过25万片/月,康宁、冠捷显示、恒生光电等上下游龙头企业聚集,产业链完备。在消费电子领域,基本形成以手机、电脑整机生产为主的规模化研发制造集群,联想武汉基地累计生产手机终端超过1亿部。

(三)生物医药及医疗器械

武汉市以生物制药和医疗器械为主要发展方向,巩固发展化学药和中成药优势,加快培育生物医药服务产业。生物医药及医疗器械产业近三年来增速均保持在15%以上,武汉光谷生物城居全国生物创新园区第三位。在生物医药领域,人福药业等一批龙头企业快速壮大,吸引了赛诺菲、辉瑞、诺华、喜康等一批国际巨头企业,培育了科前生物、禾元生物等一大批拥有原创性技术的潜力企业。在医疗器械领域,培育了安翰光电、德骼拜尔等一批高技术企业,吸引了华大基因、联影等一批国际企业来武汉市发展。

(四)装备制造

武汉市装备制造业门类齐全,在多个领域拥有一批在全国具有影响力的重点企业。在船舶海洋工程领域,拥有武船、武汉船用机械有限责任公司、中石化石油工程机械公司等骨干企业;拥有7家军工船舶研究所(全国共29家),其中701所、709所达到了全国领先水平。在激光装备领域,拥有华工科技、锐科激光、楚天激光、金运激光、天琪激光、华俄激光、奇致激光、三工光电、逸飞激光、帝尔激光、久之洋等一批激光龙头企业、上市企业。在轨道交通装备领域,武钢、武重、中铁科工集团、中车长江车辆、中车长客轨道车辆、武汉中车株机轨道交通装备、征原电气、烽火通信、武汉中车电牵、中铁第四勘察设计院、武汉利德测控、武汉地铁集团等组成了完善的上中下游产业体系。

（五）钢铁及深加工

武汉市是全国重要的钢铁生产制造基地，冷轧硅钢片单厂产能居世界第一。2019年武汉市钢铁及深加工行业总产值约为1100亿元。在钢铁主业领域，以武钢为主，武钢拥有当今世界先进水平的炼铁、炼钢、轧钢等完整的钢铁生产工艺流程，生产主体装备达到国际一流水平，形成了以冷轧硅钢片、汽车板、高性能工程结构用钢、精品长材四大战略品种。在钢铁深加工领域，形成了以武钢江北公司为主的钢材剪切配送、钢结构制造、精密钢带、钢管、冷弯型钢、镀涂层板、钢丝绳等钢材深加工企业。

第二节　主　要　措　施

一、加快产业优化升级，推动经济高质量发展

（一）推动制造业高质量发展

紧盯关键领域和薄弱环节，开展强链、补链、延链行动，大力推进光电子信息、汽车及零部件、生物医药及医疗器械三大世界级产业集群建设，规模以上工业增加值增长7.8%左右。确保东风本田三厂、京东方10.5代线、华星光电T4等5个项目投产，加快推进长江存储二号厂房、天马G6项目二期、东风乘用车扩建等18个项目建设，工业投资增长13%以上。加快先进制造业和现代服务业深度融合，开展工业新技改行动，加快国家工业互联网顶级节点建设和创新应用，滚动实施100个企业技改示范项目，加大宝武武钢集团等重化工企业技改支持力度，推进规模以上工业企业技改项目全覆盖，提升装备制造、钢铁、石化、日用轻工、建材等优势产业竞争力。全面开展质量提升行动，积极创建国家标准化改革创新先行区，着力打造一批新名企、新名家、新名品。

（二）推动现代服务业创新升级

实施服务业高质量发展"八大行动"，加快建设"一都一枢纽、两城四中心"，服务业增加值增长8.5%以上。支持中心城区建设现代服务业集聚区，大力发展楼宇经济，力争新增5栋纳税亿元以上商务楼宇。大力发展总部经济，支持东风汽车、中国信科、宝武武钢集团、葛洲坝集团、中诚信、小米武汉等各类总部企业跨越发展，支持更多行业龙头企业和知名企业在汉举办全球供应商大会，大力引进企业总部或"第二总部"，加快发展数字经济、共享经济。深入实施新消费引领计划，鼓励发展生鲜电商、智慧零售等新业态，电子商务交易额增长20%以上，培育引进知名品牌旗舰店、体验店50个。推进全市商圈差异化发展，支持各区打造商业地标，推动汉正街高品质发展，高标准、高品位建设江汉路步行街，带动中山大道及周边商业功能品质提升，鼓励社会资本复兴"老字号"。推动市属商业

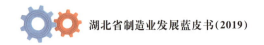

集团转型发展,提升本土商贸企业竞争力。

(三) 积极扩大有效投资

市级重大项目计划投资2200亿元以上。积极支持民间投资健康发展,有序推进政府和社会资本合作项目,不断激发民间有效投资活力。深化招商引资"一号工程",实际到位资金8600亿元以上,实际利用外资增长12%。推动与世界500强企业、中国企业500强等知名企业深度对接合作。聚焦全市主导产业和战略性新兴产业,大力引进关键环节、核心企业和上下游配套项目,打造完整产业链。

(四) 支持民营经济健康发展

着力破解民营企业融资难,逐步形成总规模100亿元制造业发展基金、总额100亿元上市公司纾困基金,筹措100亿元用于支持融资担保体系建设。开展民营企业壮大工程,扩大"四上"企业总量规模,加快培育中国民营企业500强。构建亲清新型政商关系,搭建政商交往、政企沟通制度化平台,深入开展领导干部联系服务企业等活动,切实为民营企业排忧解难。

(五) 加快建设区域金融中心

深入推进武汉科技金融改革创新试验区建设,申报国家级保险型社会先行示范区。增强金融服务实体经济能力,持续推进上市公司倍增三年行动计划,积极支持企业在科创板上市,新增境内外上市企业8家以上、上市后备"金种子"企业100家,直接融资规模达到2000亿元。开展常态化银企对接活动,实施金融支持小微企业"万企千亿"行动计划,确保实现"两增两控"目标。做大做强法人金融机构,新增金融机构10家以上。

二、着力完善创新体系,争创综合性国家产业创新中心

(一) 推进"一芯两带三区"战略布局落地落实

全面提速存储器、航天产业、网络安全人才与创新、新能源和智能网联汽车四个国家新基地建设,大力发展以集成电路为代表的高新技术产业、战略性新兴产业和高端成长型产业,培育"国之重器"的"芯"产业集群。集聚创新要素资源,推动形成绿色发展方式和生活方式,加快构建现代产业体系,争当全省高质量发展第一动力源,在长江绿色经济和创新驱动发展带、汉孝随襄十制造业高质量发展带中发挥更大作用。

(二) 提高自主创新能力

推动高校院所与龙头企业资源共享对接,积极筹备建设国家实验室,提升脉冲强磁场、生物安全与技术等大科学装置功能,提升光电国家研究中心、信息光电子创新中心、数字化设计与制造创新中心、先进存储产业创新中心等平台自主创新能力,谋划建设一批重大科技基础设施。加强生命科学、人工智能、量子科学、未来网络等领域战略布局,力争突破一批前沿领域核心技术。

(三)建设科技成果转化高地

支持武汉大学、华中科技大学等在汉高校"双一流"建设,推进市属高校内涵特色发展。深化高校院所科技成果转化对接工程,力争签约转化项目800个以上。提升武汉技术交易市场功能,建成全国高校技术转移华中中心。推动工研院创新发展,支持建设一批高水平工研院。大力发展院士经济,加强与国内外院士对接合作,新建院士专家工作站20个,力争落地院士合作项目50个以上。实施新技术新产品应用示范工程,建立"首购首用"风险补偿机制,促进装备首台套、新材料首批次、软件首版次产品的应用推广。

(四)实施高新技术企业倍增计划

新增高新技术企业800家,3年内突破6000家。培育科技型高成长企业1500家。大力发展"专精特新"企业,加快培育"隐形冠军""单项冠军"企业。鼓励企业加大研发投入,新增省级以上创新平台50家。深入开展知识产权强市创建,发明专利申请量、授权量均增长13%。

(五)推动军民融合深度发展

促进创新资源共享,加强军地联合攻关,提高军民协同创新能力。推进"军转民"和"民参军"双向转化,加快推动实施174个军民融合项目,大力支持船舶与海工装备、智能装备、航空航天、新一代信息技术、医疗卫生等军民融合优势产业发展,积极争创国家军民融合创新示范区。

(六)打造"双创"升级版

实施全域推进国家自主创新示范区建设行动,规划建设光谷科技创新大走廊,加快建设环大学创新经济带,新增省级以上众创孵化机构30个。深入开展招才引智,更大力度吸引大学生留汉创业就业,更大力度引进海内外高层次人才和团队,新增留汉大学毕业生25万名,引进战略科技人才10名、产业领军人才200名。大力实施"武汉工匠"培育计划。促进科技资源共建共享,推动一批大型科技仪器向社会用户开放。

三、全面深化改革,打造内陆开放新高地

(一)深化重要领域改革

深入推进供给侧结构性改革,在"巩固、增强、提升、畅通"上下功夫。完成全面创新改革试验任务,形成一批可复制可推广的经验。实打实推进国资国企改革,深化市属国企混合所有制改革,做强做优做大国有资本。推进稳地价、稳房价、稳预期"一城一策"试点,培育发展住房租赁市场。推动住房公积金制度改革。健全预算绩效管理体系。推进供销合作社综合改革。

(二)打造一流营商环境

开展营商环境重点领域提升行动。全面实施市场准入负面清单制度,营造公开公平

公正的营商环境。深化"放管服"改革,推进马上办、网上办、就近办、一次办,实现企业开办时间压减至3个工作日以内、工业项目施工许可压减至50个工作日以内、工程建设项目审批压减至90个工作日以内,强化事中事后监管,完善"双随机一公开"监管机制。开展降本增效专项行动,以更大力度降低企业税费、融资、物流、用工等成本,实质性减轻企业负担。营造法治化制度环境,维护企业合法权益,加强产权保护,创建国家社会信用体系建设示范城市。强化以评促建,全面开展营商环境考核评价。

（三）构建全方位对外开放新格局

发挥自贸区武汉片区示范引领作用,突出"双自联动",加大金融创新力度,强化产业支撑,培育引进国际化市场主体,支持企业开展高技术、高附加值的保税服务业务。深化自贸区与各口岸通关协作,促进自贸区、综保区等联动发展。高标准建设中法武汉生态示范城,实施中法合作项目三年行动计划,突出国际园区特色,推动绿色高端产业加快集聚。加快建设国家跨境电商综合试验区,深化汉口北国家市场采购贸易方式试点,跨境电商进出口总额增长80%以上。进一步拓展"一带一路"沿线市场,支持行业龙头企业开展国际工程总承包,扩大武汉产品、装备、技术、标准和服务出口。

（四）促进区域协调发展

主动服务国家战略,积极发挥在长江中游城市群发展中的引领作用,深化四省会城市会商合作,谋划推进基础设施互联互通和创新资源对接共享。启动大都市区基础设施规划建设工作,加快推动武汉城市圈发展,支持三大国家级开发区与省内市州共建产业园区。优化全市生产力布局,实施区级经济倍增行动,促进各区协调发展。积极申报国家级武汉长江新区,推动长江新城起步区建设,高标准规划建设长江科学城。

第三节 存在问题

一、战略性新兴产业发展不足

工业结构偏重导致对能源、原材料的巨大消耗和高度依赖,而武汉市本身是一个能源净输入城市,随着经济快速发展,生态环境面临的压力不断增大,对武汉市加快转变经济增长方式、实现工业转型升级提出了更高的要求。武汉市战略性新兴产业总体发展不足,在全市产业体系中引领性不强,尚未形成支柱。

二、传统产业转型升级压力较大

传统产业升级转型速度较慢,形成新业态、新技术、新模式的步伐有待加快;制造业产品国际占有率有待提升。光电子产业链延伸不充分,关键电子材料、核心器件、专用制造装备等缺失,具有影响力的领军企业不多。传统汽车增长难以持续,新能源汽车整车及关键零部件产业化不足。

三、两化融合推进措施有待加强

两化融合、先进制造业与现代服务业融合发展是一个长期过程,目前推动手段还十分有限,需要更加有力的措施来持续推进。

第四节 发 展 建 议

一、着力强产业

抢抓全球产业链重构窗口机遇,围绕汽车及零部件、光电子信息等优势支柱领域固链、稳链,聚焦智能制造、生命健康等战略新兴领域补链、强链,着眼人工智能、商业航天等未来前沿领域建链、延链,提高产业链韧性和竞争力,夯实高质量发展基础。

二、着力稳企业

健全领导对口联系企业工作机制,协调解决企业复工复产中的堵点、难点问题,强化惠企政策宣传,推进政策落实。建立常态化供需对接机制,及时更新发布武汉工业产品推广应用指导目录,分行业组织展会活动,帮助企业拓展市场,畅通产业循环、市场循环、经济社会循环。

三、着力转动能

积极主动对接中央支持湖北发展的一揽子政策,抓好"十四五"发展谋划,推进一批重大产业项目、重大改革举措,真正把政策优势转化为发展红利。大力推进5G等新基建建设,加快5G大规模商用,促进大数据、区块链、人工智能、5G等新一代信息技术集成应用,推广数字经济、在线经济等新业态新模式,加快形成新经济新动能支撑。

第二十一章 襄 阳 市

第一节 发展概况

一、总体发展情况

（一）工业经济稳中有升

2019年，面对国内外经济形势异常严峻、风险挑战明显上升的复杂局面，襄阳市工业战线在市委、市政府的坚强领导下，坚持以改革创新增动力、以精准服务提信心、以强化调度稳增长，以"三大改造"（技术改造、智能化改造、绿色化改造）促转型，有力地促进了全市工业经济平稳较快增长。2019年，襄阳市规模以上工业增加值同比增长9.8%，规模以上工业企业实现产值同比增长10.7%；其中，高技术制造业产值增长30.4%，比上年加快16.7个百分点。规模以上工业企业主营业务收入增长13.9%，利润总额增长8.5%。2019年，襄阳市新进规模以上工业企业118家，高于全年目标（80家）38家，规模以上工业企业总数达到1634家。同时，通过全力推进高质量发展，襄阳市工业领域荣获了一系列含金量极高的试点示范和荣誉称号。

（二）项目建设稳步推进

坚持重点工业项目协调机制，及时收集并协调解决重点项目建设中的困难问题，精心组织全市季度项目拉练活动，营造各地竞相加快工业项目建设的浓厚氛围。目前，中车汉江捷运装备总部基地轨道交通电车生产、骆驼集团资源循环襄阳有限公司动力电池梯次利用、湖北卡为智能科技有限公司智能终端制造产业园3个50亿元项目已开工，130个亿元以上工业项目开工建设，98个亿元以上工业项目竣工投产或部分投产，183个千万元以上技改项目开工建设，162个千万元以上技改项目竣工投产或部分投产。积极争取国家和省项目支持资金，目前已为达安、万洲等企业争取国家项目资金1053万元，争取省级传统产业改造升级切块资金6222万元。坚持招商引资"一号工程"不动摇，紧盯襄阳市产业发展短板及产业链短缺环节，先后到深圳、上海、北京、青岛、武汉等地开展招商引资活动20余次，一电科技、金凤氢能源等一批大项目、好项目落户襄阳取得实质性进展。

（三）新旧动能转换加快

加快推动智能制造，深入实施《襄阳市建设数字化生产线、数字化车间、智能工厂和机器换人示范企业管理办法（试行）》，先后组织开展全市工业企业智能制造工作推进会、襄阳市智能制造产销对接暨培训会。把推动汽车这个龙头产业转型升级作为壮大新动能、高质量发展的关键，加快"新能源汽车之都"建设。2019年1—10月，襄阳市新能源汽车产业实现产值197.9亿元，同比增长11.2%。积极发展智能网联汽车产业，在全省第一个发布智能网联汽车道路测试管理办法、公布公开道路测试路段、发放公开道路测试牌照，总投资24亿元的东风公司襄阳试车场四期扩建及智能网联小镇项目建设进展顺利，东风汽车集团有限公司、华为技术有限公司在襄阳联合开展"智行隆中"项目，致力将襄阳打造成为国家智能网联汽车产业示范区、智慧交通标杆城市。积极开展氢燃料电池汽车产业布局，东风襄阳旅行车公司的氢燃料电池客车于2018年10月成功下线，已有7米和10米两款氢燃料客车产品公告。襄阳达安汽车检测中心氢燃料电池实验室已经建成，成为国内首个具备氢燃料电池汽车测试能力的试车场，武汉金凰将在襄阳市设立氢燃料电源系统研发生产合资公司，海亿氢能年产1.3万台套高性能氢燃料电池发动机系统生产线落户老河口市，加氢站项目建设有序推进，与武汉理工大学、国家电力投资集团有限公司、东风汽车股份有限公司就氢燃料汽车研发与制造、氢能交通应用示范与推广等方面签订战略合作协议，氢燃料电池汽车产业链初见雏形。坚持创新驱动，武钢襄重入选工业企业知识产权应用试点企业，新火炬成为全省唯一国家技术创新示范企业。积极开展2019年度省级工业设计中心认定及2017年度省级工业设计中心复核工作，襄阳市的汉江弘源襄阳碳化硅特种陶瓷有限责任公司碳化硅陶瓷泵工业设计中心被列入2019年度省级工业设计中心新认定名单，襄阳市省级工业设计中心已达6家。

（四）企业培育成效显著

抓企业培育，力促成长壮大。按照大众创业、万众创新培育一批，招商引资、项目建设新增一批，政策扶持、化解矛盾盘活一批，强化服务、政策支持稳定一批，技改扩能、转型升级提升一批"五个一批"思路，大力实施企业成长工程。1—10月，襄阳市新进规模以上工业企业97家，规模以上工业企业数量达1613家。制定出台《襄阳市小型微型企业创业创新示范基地建设管理办法》，组织29家企业参加2019年"创客中国"湖北省中小企业创业创新大赛，航天四十二研究所两个项目获得创客组二等奖。光瑞汽车零部件公司和飞龙摩擦材料公司被工信部评为首批"专精特新"企业（全国248家，全省9家），三环锻造中重型商用车转向节产品入围国家"单项冠军"产品，湖北智航教育被工信部认定为国家中小企业服务公共示范平台，37家企业成为细分领域"隐形冠军"企业（示范企业6家、"科技小巨人"企业12家、培育企业19家）。大力实施企业家能力素质提升工程，组织开展十多次企业经营管理人才专题培训，共计1000多人次受训。引导企业加强现场管理，研究制定创建标准和评选办法，今年共评选20家示范企业。

（五）绿色发展深入推进

积极推进工业综合利用基地工作，襄阳市成功入围工信部发布的第二批工业资源综合利用基地名单(全国 48 个城市)。扎实推进《襄阳市工业绿色制造体系建设实施方案(2017—2020 年)》,泰山石膏成功入选第四批国家绿色制造名单。强力推进磷石膏综合利用,制定出台了《关于支持磷石膏综合利用的意见》,争取市政府每年设立磷石膏综合利用专项资金 3000 万元,用于磷石膏综合利用企业新建、改建、扩建项目和磷石膏综合利用产品研发、技术创新、品牌培育、推广应用等。全面完成《湖北省重点行业挥发性有机物削减行动计划实施方案》中,涉及襄阳市三环锻造公司喷漆有机废气治理项目等 9 个项目任务,完成《全市重点企业清洁生产技术改造导向性计划(2018—2020 年)》中 6 个挥发性有机物治理项目。大力推进危化品生产企业搬迁改造和沿江化工企业关改搬转,按照《襄阳市危险化学品生产企业搬迁改造实施方案》和《襄阳市沿江化工企业关改搬转工作方案》,预计年底完成 10 家以上。

二、重点产业发展情况

(一)汽车及新能源汽车产业

1. 汽车

2019 年,面对复杂的国内外环境和国内汽车产业持续负增长的严峻形势,坚持以"减量化增长"推进绿色发展和高质量发展,加快新旧动能转换,襄阳市汽车产业呈现稳中有进、稳中向好的良好发展态势。汽车产业平稳增长,增速高于全国水平。自 2018 年 7 月以来,全国汽车市场连续下滑,襄阳市汽车产业增速一直保持稳步增长态势。2019 年,全市规模以上汽车企业实现产值 2285.2 亿元,同比增长 8.1%;整车产量突破 40 万辆。特别是专用车增长迅猛,全市专用车产量突破 3.2 万辆,同比增长 31.8%。

坚持精准服务东风,增强龙头带动作用。一是推动框架协议落实。积极推动与东风汽车公司、东风日产、东风股份签订战略合作框架协议落实,对协议中明确东风板块企业未来发展方向、重点项目以及襄阳支持东风汽车公司在襄企业发展支持政策等议定事项加强协调落实。二是提升襄阳-东风高层会晤机制。襄阳市与东风汽车公司会晤的层次、范围、频率不减,实效不断增强。三是重点协调解决企业发展难题。专题协调东风汽车公司提请市政府支持事项 15 项,先后召开了支持风神生产成本协调会、东风井关公司不动产权证协调会、东风股份公司不动产权证协调会等。

围绕重大项目抓服务,壮大汽车产业规模。一是一批重大项目已达产见效。风神 VOCs 涂装车间改造项目、东风汽车公司 VOCs 涂装车间改造项目已建设完成,东风康明斯发动机公司国六发动机已下线。二是一批重点项目正稳步推进,智行隆中项目、东风电驱动搬迁项目、东风股份铸造产业园搬迁项目、东风试车场四期及智能网联生态小镇项目等。三是兑现落实产业扶持政策。

聚焦调结构促转型,推动产业高质量发展。在全国汽车产业发展低迷情况下,支持企业围绕"五化"(智能化、网联化、电动化、轻量化、国际化)转型升级,推动企业产品、技术、商业模式创新,掌握核心技术,积极应对市场挑战。

2. 新能源汽车

2019年襄阳市新能源汽车产值247亿元,同比增长8.53%。面对国家新能源汽车补贴退坡以及全国新能源汽车产量下滑的态势,2019年襄阳市新能源汽车产量依然突破2.3万辆。2019年生产氢燃料电池汽车底盘1808辆,同比增长128.57%。

目前,襄阳市正利用自贸片区先行先试的政策机遇,积极开展智能网联汽车项目建设工作,抢抓智能网联汽车发展先机,进一步落实国家发展战略,加快襄阳市智能网联汽车产业发展,提高产业创新能力,助力襄阳产业链优化升级,改善城市交通状况,提升民众出行体验。致力打造中国智能网联汽车示范基地和中国智慧交通标杆城市,与东风汽车公司、华为技术有限公司正在进行"智行隆中"项目合作,积极响应号召,向工信部申请创建国家级车联网先导区。自2019年4月2日东风汽车公司、襄阳市人民政府、华为技术有限公司签署《"智行隆中"项目战略合作框架协议》以来,三方积极推进"智行隆中"项目建设;成立了东风、华为、襄阳达安中心、移动公司等30余家企事业单位襄阳市智能网联汽车产业联盟。"智行隆中"项目分阶段实施,共同打造智慧汽车谷、智慧出行、智慧物流和智慧交通云平台等四个板块。

(二)农产品深加工产业

2019年襄阳市农产品深加工产业累计完成产值1726.7亿元,占全市工业增加值比重达29.8%,在"六大支柱"中稳居首位;产业增速为9.9%,低于全市工业增加值平均增速4个百分点。细分行业中,农副食品加工业增长11.1%,食品制造业增长5.9%,酒、饮料和精制茶制造业增长12.9%,纺织业增长8.9%,纺织服装、服饰业增长11.2%,皮革、毛皮、羽毛及其制品和制鞋业增长5.3%,化学纤维制造业增长4.2%,木材加工和木、竹、藤、棕、草制品业增长24.4%,家具制造业下降5.2%,造纸和纸制品业增长14.7%,印刷和记录媒介复制业增长17.3%,文教、工美、体育和娱乐用品制造业下降35.6%,橡胶和塑料制品业增长14.7%。

2019年,襄阳市农产品深加工产业新进规模以上工业企业22家,占全市新进规模以上工业企业数量的53.7%。全市117家重点监测农产品深加工企业中,2019年全年营业收入过10亿元的企业有8家,过5亿元的企业有3家,过亿元以上企业48家(均不重复统计)。2019年,襄阳市农产品深加工业投资1000万元以上的项目有75个,总投资194.7亿元。全年有61个过千万元的技改项目竣工投产,累计完成投资94.2亿元。其中,食品行业27个,完成投资48.0亿元;纺织行业25个,完成投资37.0亿元;轻工行业9个,完成投资9.3亿元。

(三)装备制造产业

2019年,襄阳市装备制造产业面对错综复杂的国内外经济形势,特别是中美贸易摩擦加剧、重点企业增长乏力等不利因素,市经济和信息化局装备制造产业办公室认真贯彻落实中央、省、市装备制造产业发展重大决策部署,大力开展行业研究、政策落实、产业招商、服务企业等工作,推动装备制造产业高质量发展。全市装备制造产业继续保持两位数增长,延续了稳中向好的发展态势,全年实现产值699.9亿元,同比增长10.8%,好于全市平均水平。全年新签约项目132个,合同投资额497亿元,同比增长34.1%;签约项目实际到位资金完成405亿元,同比增长13.3%,完成全年年度任务的105.2%;新引进5亿元以上项目37个,合同投资额365.1亿元。襄阳市2019年政府工作报告中提出"建设智能工厂10个、机器换人示范企业30家、数字化车间27个、数字化生产线130条"的目标任务,明确了襄阳市产业转型升级重点方向。

经过多年发展,襄阳市高端产业初步形成以航空航天、轨道交通、智能制造等领域为主体的产业体系,产业规模稳定增长,特色优势日益明显,主导地位渐趋巩固。航空航天领域以航宇公司、中航精机、航泰动力等企业为龙头,具备航空座椅、飞机内饰、救生防护装备、通航飞行器研发生产以及飞机整机、发动机、机载设备、配件及子系统维修能力,初步形成依托主导优势产品的航空航天装备制造产业发展格局。轨道交通领域依托金鹰重工、中车电机等龙头企业,形成以轨道养路机械、轨道交通检测维护装备、铁路车辆电机等成套装备为核心,相关配套企业共同发展的产业聚集态势。智能制造领域以中日龙、博亚精工、江山华科、龙思达、智鸿工控、科威电气、诚贤电气、欧安电气等企业为代表,围绕工业机器人、数控装备、电气设备等研发生产与改造升级,初步形成产业聚集态势,具备较好的发展潜力。

(四)医药化工产业

2019年,襄阳市医药化工产业规模以上工业企业172家,其中医药企业21家,化工企业155家,新进规模以上工业企业5家,高新技术企业47家,"隐形冠军"企业12家,省级企业技术中心7家,国家级企业技术中心1家。另有应税销售收入800万元～2000万元的"小进规"培育企业44家。2019年规模以上医药化工企业累计实现产值534.2亿元,为全市第四大产业。

襄阳市生物医药产业经过多年的发展,形成了原料药、制剂、中成药、中药饮片、医药中间体等品种较为齐全的医药生产体系,在部分领域已形成一定的规模优势,拥有全省最多的OTC非处方药品种,已建成全省最大的小针剂生产基地。华中药业拥有215个药品批准文号,是全省药品批文最多、剂型最全、产业链最完善的医药企业,是国家二类精神药品的定点生产企业,是世界上最大的维生素B_1原料生产企业,年产量占世界总量的55%,产品外销欧盟、美、日等50多个国家和地区,公司生产的异烟肼片通过了仿制药一致性评价(全省仅有5家企业6个品种通过)。

襄阳市化工产业主要分为三大板块,其一是以磷矿石开采为主的化学矿开采业,其二是以磷化工为主的基础化工,其三是涵盖硝基类、有机硅类、聚氨酯类、催化剂和各种助(试)剂、涂料、农药、食品(饲料)添加剂、胶粘剂等各细分类别的精细化工。襄阳市的化工企业大部分位于化工园区内,少数园区外的企业也在目前正在进行的沿江化工企业关改搬转和危化品生产企业搬迁改造工作中陆续搬往园区。为了承载搬迁企业,根据《湖北省化工园区确认指导意见》的要求,襄阳市对县(市、区)的化工园区进行了评估确认。截至2019年底,襄城、枣阳、老河口、宜城等4个县(市、区)的化工园区已被确认为了合规化工园区。各园区通过化工园区评估确认,园区的软件、硬件水平都有了比较大的提高,园区面貌焕然一新,园区规划、安评、环评等得到完善,水、电、路、气、热、污水处理厂等基础设施短板得到了弥补。

(五)新能源材料产业

襄阳市现有两新产业规模以上工业企业71家。其中,新能源产业现有规模以上工业企业20家,其中新能源发电企业12家(光伏发电企业6家、风力发电企业3家、生物质发电企业2家、其他企业1家),制造业企业8家。新材料产业现有规模以上工业企业51家,其中金属结构材料企业7家、有机高分子材料企业10家、无机非金属材料企业18家、复合材料企业4家、功能材料企业12家。

两新产业共有高新技术企业19家,其中,国家级企业技术中心1家,省级企业技术中心2家。两新产业有1家企业被认定为省级细分领域"单项冠军"示范企业,有5家企业被认定为"隐形冠军"企业"科技小巨人",有3家企业被认定为"隐形冠军"培育企业。

(六)电子信息产业

2019年,襄阳市电子信息产业保持较高速平稳运行态势,始终维持30%左右的高速增长,居各产业第1,全年累计实现产值272.2亿元,同比增长27.7%;规模以上企业75家,比上年净增加4家,其中亿元以上企业52家(5亿元~10亿元14家,10亿元以上2家)。

2019年,襄阳市电子信息产业发展主要呈现以下特点。一是消费电子引领行业发展。2019年,电子信息产业亿元以上新增长点、重大项目主要集中在消费电子领域。振华宇科工业园引进的产业链企业已有11家进规,2019年实现产值突破30亿元,同比增长超过100%;卡为、颂世电子、清华同方等一批重大项目正按计划分步实施,消费电子产业链将逐步健全并发展壮大。二是机电控制领域继续保持稳定增长。随着市场的不断拓展和技术水平的不断提高,目前,襄阳市机电控制和电能优化领域产品种类不断丰富,已经形成集群发展格局。三是电子材料与元器件产业机遇与挑战并存。受中美贸易战影响,电子材料与元器件产业销售和利润空间呈现收窄态势。襄阳市众多电子元器件生产企业都是产业链中段生产制造类企业,在产业链的议价能力不强,上游原材料因为供给侧改革成本高企,下游消费电子终端类企业直接受贸易战影响会要求产业链中段产品大幅降价,税费改革也增加了企业的成本负担。

第二节　主要措施

一、抓精准调度,确保平稳运行

坚持月调度机制不动摇,每月提请市政府召开工业经济运行分析会,研判形势,分析走势,明确工作重点。强化工业经济监测调度,以500家企业作为监测重点,坚持实施运行数据异常变动预警及调节机制,针对各时间段出现的工业用电量下降、部分企业营业收入等指标下滑,深入企业摸清工业经济数据异常变动及其原因,积极与供电、税务等部门沟通,采取措施消除影响工业经济增长的不利因素。加强增长点跟踪服务,实行分级包保机制,及时协调解决增长点形成出力中的困难问题,92个亿元以上重大增长点有84个形成出力,出力面达到91%,拉动全市工业经济增长5.1个百分点。

二、抓有效投资,增强发展后劲

坚持重点工业项目协调机制,及时收集并协调解决重点项目建设中的困难问题,精心组织全市季度项目拉练活动,营造各地竞相加快工业项目建设的浓厚氛围。目前,中车汉江捷运装备总部基地轨道交通电车生产、骆驼集团资源循环襄阳有限公司动力电池梯次利用、湖北卡为智能科技有限公司智能终端制造产业园3个50亿元项目已开工,170个亿元以上工业项目开工建设,130个亿元以上工业项目竣工投产或部分投产,231个千万元以上技改项目开工建设,211个千万元以上技改项目竣工投产或部分投产,41个过亿元新兴产业项目落地生产。积极争取国家和省项目支持资金,目前已为达安、万洲等企业争取国家项目资金1053万元,争取省级传统产业改造升级切块资金7092万元。坚持招商引资"一号工程"不动摇,紧盯襄阳市产业发展短板及产业链短缺环节,先后到深圳、上海、北京、青岛、武汉等地开展招商引资活动20余次,一电科技、金凰氢能源等一批大项目、好项目落户襄阳取得实质性进展。

三、抓企业培育,力促成长壮大

按照大众创业、万众创新培育一批;招商引资、项目建设新增一批;政策扶持、化解矛盾盘活一批;强化服务、政策支持稳定一批;技改扩能、转型升级提升一批"五个一批"思路,大力实施企业成长工程,全年新进规模以上企业118家,扭转了近年来规模以上工业企业进不抵退的被动局面。制定出台《襄阳市小型微型企业创业创新示范基地建设管理办法》,组织29家企业参加2019年"创客中国"湖北省中小企业创业创新大赛,航天42所两个项目获得创客组二等奖。大力实施企业家能力素质提升工程,组织开展十多次企业经营管理人才专题培训,共计1000多人次受训。引导企业加强现场管理,研究制定创建标准和评选办法,2019年共评选20家示范企业。12月31日,省政府下发了《省人民政府关于表彰2017—2018年度全省中小企业成长工程先进单位和先进工作者的通报》，襄阳市经济和信息化局、国家税务总局襄阳市襄州区税务局、襄阳高新技术产业开发区经济贸易发展局、老河口市科学技术和经济信息化局、襄阳市樊城区经济和信息化局等5家单位获得先进单位荣誉称号，襄阳市统计局程力泽、保康县科学技术和经济信息化局申康南、南漳县科学技术和经济信息化局都雯琦等3名同志获得先进个人荣誉称号。

四、抓改革创新，提升发展质效

聚焦千企登云，扎实推进工业信息服务云平台建设。研究制定《襄阳市加快工业互联网创新应用推动"千企登云"行动计划(2019—2020)》，目前全市上云企业总数突破2100家，其中，规模以上工业企业突破900家，占规模以上企业总数55%，为企业节约IT成本超过50%。聚焦企业诉求，扎实推进企业问题流转平台建设。制定出台《拓宽企业诉求渠道建立服务企业长效机制的暂行办法》《市领导包保联系重点民营企业建议名单》《市领导联系民营企业工作制度》，联合市行政审批局共同组建涉企问题流转12345热线平台，联合市工商联建立企业反馈问题共享流转机制，建立了企业诉求有渠道、督办落实有力度的常态化机制。

聚焦融资瓶颈，扎实推进供应链金融服务平台建设。制定出台帮助中小制造企业增加信用缓解资金流动性紧张的16条具体措施，改变电、气"先付费、后使用"为"先使用、后付费"，为320家中小企业释放流动资金6.5亿元；启动供应链金融服务相关工作，对东风汽车公司、东风康明斯发动机公司等主机厂的143家配套企业开展账款即收即付工作，可增加流动资金1.7亿元；大力推广"纳税信用贷""应收账款贷""无还本续贷""集合贷"等模式，支持企业发行"集合债""绿色债"，财政全额补贴担保费用，全市各项贷款余额比年初新增282.5亿元。

五、抓转型升级，凝聚发展动能

加快推动智能制造，深入实施《襄阳市建设数字化生产线、数字化车间、智能工厂和机器换人示范企业管理办法(试行)》，先后组织开展全市工业企业智能制造工作推进会、襄阳市智能制造产销对接暨培训会，2019年新增智能工厂10家、数字化车间27个、数字化生产线130条，机器换人示范企业30家，申报省级服务型制造示范企业（项目平台）已有5家通过省级初审。把推动汽车这个龙头产业转型升级作为壮大新动能、高质量发展的关键，加快"新能源汽车之都"建设。1—11月，全市新能源汽车产业实现产值221.39亿元，同比增长8.84%。积极发展智能网联汽车产业，在全省第一个发布智能网联汽车道路测试管理办法、公布公开道路测试路段、发放公开道路测试牌照，总投资24亿元的东风公司襄阳试车场四期扩建及智能网联小镇项目建设进展顺利，东风汽车集团有限公司、华为技术有限公司在襄阳联合开展"智行隆中"项目，致力将襄阳打造成为国家智能网联汽车产业示范区、智慧交通标杆城市。积极开展氢燃料电池汽车产业布局，东风襄阳旅行车公司的氢燃料电池客车已有7米和10米两款氢燃料客车产品公告,截至目前已生产氢燃料电池汽车底盘1461辆。襄阳达安汽车检测中心氢燃料电池实验室已经建成,武汉金凰将在襄阳市设立氢燃料电源系统研发生产合资公司,海亿氢能年产1.3万台套高性能氢燃料电池发动机系统生产线落户老河口市,加氢站项目建设有序推进,襄阳市与武汉理工大学、国家电投、东风汽车股份有限公司就氢燃料汽车研发与制造、氢能交通应用示范与推广等方面签订战略合作协议,氢燃料电池汽车产业链初见雏形。积极开展2019年度省级工业设计中心认定及2017年度省级工业设计中心复核工作,襄阳市的汉江弘源襄阳碳化硅特种陶瓷有限责任公司碳化硅陶瓷泵工业设计中心被列入2019年度省级工业设计中心新认定名单,襄阳市省级工业设计中心已达6家。

六、抓绿色发展,践行新发展理念

积极推进工业综合利用基地工作,深入实施《襄阳市工业绿色制造体系建设实施方案(2017—2020年)》,制定出台了《关于支持磷石膏综合利用的意见》,争取市政府每年设立磷石膏综合利用专项资金3000万元,用于磷石膏综合利用企业新建、改建、扩建项目和磷石膏综合利用产品研发、技术创新、品牌培育、推广应用等。全面完成《湖北省重点行业挥发性有机物削减行动计划实施方案》中涉及襄阳市的9个项目任务,完成《全市重点企业清洁生产技术改造导向性计划(2018—2020年)》中6个挥发性有机物治理项目。大力推进危化品生产企业搬迁改造和沿江化工企业关改搬转,全年完成12家企业搬迁,完成目标任务的240%。

七、抓精准服务,提振企业信心

兑现落实《关于加快工业经济发展实现倍增目标的意见》,共为182家企业(单位)兑现市县两级财政奖补资金1.66亿元;扎实开展民营企业账款清理工作,建立了每周一次的清理进度跟踪督办机制,已清偿5.1亿元,清偿进度为93.57%;积极开展产销对接活动,以提升传统主导产业本地化配套率为切口,探索建立全市工业企业产销对接平台,先后组织举办新能源汽车、磷石膏综合利用、纺织服装、消费品、智能制造等产销对接活动,为一大批企业拓宽了市场渠道,同时,线上线下齐发力,加快推进"产销云"平台建设,提升本地工业企业资源信息共享效率。1—11月,全市规模以上工业企业产销率达到96.58%。2019年,全市落实惠企政策减税降费58.8亿元,降低用电成本超过3亿元,促进信贷同比增长12.8%。

八、抓协调发展,统筹区域平衡

全力促进县域经济加快发展,制定印发《襄阳市"一县一品"特色产业集群促进县域经济高质量发展三年行动计划(2019—2021)》,2019年襄阳市纳入考核的7个县(市、区)全部被省委、省政府表彰为"2018年度全省县域经济工作成绩突出单位"。加快推进特色产业园区建设,研究制定《襄阳市特色产业园区高质量发展三年行动计划(2019—2021年)》,与厦门大学合作举办为期一周的市级特色产业园区培训班,管理园区、服务企业的能力明显得到提升。加大产业集群培育力度,组织襄阳市已有的10个重点成长型产业集群做好评审复核工作,新申报襄阳市智能轨道交通产业集群。

第三节 存在问题

一、科技创新能力有待加强

一是目前高新区的科技创新平台数量不够,创新平台在建设过程中缺乏统一的规划和规范的管理,整合度不够高,难以形成资源共享的规模效益。装备制造、新能源、新材料等产业缺乏核心技术和关键人才,企业所生产的产品多是面向周边企业辅助零件的加工和机械的组装,生产工艺简单、行业准入门槛低,附加值不高,不利于形成企业的核心竞争力,也阻碍了高新区整体"制造"向"智造"和"创造"的转型升级。二是企业的自主创新能力不强,多数企业缺少核心技术,科技研发投入不够,技术效率和管理效率指标还不高,拥有自主产权的创新型产品数量不足,不重视自身的研发创新平台的建设。

二、传统产业调整转型较大

襄阳市作为地处内陆中部地区的城市,既赶又转的压力非常大,与东部发达地区同类城市相比,襄阳市的发展量级还存在较大差距,转型升级起步较晚,承接东部地区产业转移又存在一些不利因素(如区位、科教、人才等)。尽管近年来襄阳市工业经济总量快速扩张,量级突破仍是当前面临的首要问题。但同时也面临着非常迫切的转型升级要求,不转型升级就无法实现持续快速增长,也将与标兵拉大差距,被其他城市赶超。

三、新旧动能转换任务艰巨

襄阳市工业前几年的高速增长,很大程度上来自汽车及零部件、农产品深加工、化工等传统优势产业的拉动,但随着市场饱和、资源环境要素紧张等制约,这些传统产业的高速增长不可持续,部分传统产业的生产经营举步维艰。如食品加工产业,大宗产品生产企业普遍规模较小,抗风险能力不足,部分规模还算较大的企业过去发展势头一直很好,但由于受巨头粮油企业低价倾销、资金链断裂等因素影响,一夜之间说垮就垮了,急需靠大联大才能实现持续发展,而精深加工产品严重缺乏,品牌化、特色化不足,如襄阳市也有一些特色精深加工企业,由于缺乏品牌效应,一直难以走出去扩大市场份额,无法扩张总量规模。同时,襄阳市战略性新兴产业发展不够,对工业的支撑有限,新能源汽车产业虽是襄阳市的品牌,但当前也遇到技术、市场、政策变动等瓶颈制约,企业普遍反映发展困难,难以快速实现发展壮大。

第四节 发展建议

一、着力加强运行分析监测,确保工业经济稳增长

坚持和完善工业经济运行调度例会制度,分析研判形势,协调解决问题,落实工作举措。优化全市 500 家重点企业运行监测机制,建立重点企业定期会商制度,实施差异化调度。全力做好 377 个新增长点尤其是 69 个亿元以上重大增长点的跟踪服务,建立台账、分级包保、定期调度。强化煤、电、油、运、气等生产要素保障。

二、着力培育先进制造业集群,夯实高质量发展基础

在汽车产业领域,继续深化与东风公司战略合作,争取推动导入更多新车型;以智能网联汽车为主攻方向,以打造"智行隆中"2.0 为抓手,加快建设国家车联网先导区;继续推进"新能源汽车之都"建设,加快布局氢燃料电池产业链。在装备制造产业领域,坚持高端化、智能化发展方向,重点在航空航天、轨道交通等领域实现突破性发展;积极争取大湾区高端装备制造产业链整体承接,着力打造襄阳市高端装备制造产业集群。在医药化工产业领域,推进化工企业退城入园,引导化工园区建立准入门槛制度,实行负面清单管理;鼓励化工园区在按整改要求完善基础设施的同时,积极调规扩区,提高承载能力。在电子信息产业领域,围绕"芯屏端网"加快完善产业链条。在新能源新材料产业领域,依托立晋、回天等重点企业引领,加快壮大产业规模。在农产品深加工产业领域,以"三品"示范城市建设为抓手,积极开展增品种、提品质、创品牌工作,评选认定一批先进示范企业。

三、着力推进重点项目建设,壮大产业发展动能

加大招商引资和重点项目建设力度,加快推动国电投氢燃料电池汽车项目和金凤集团氢燃料电池项目尽快落地,推进高新区无人机智能制造产业园、北航通航产业基地、中车汉江装备总部基地、立晋钢铁汽车用钢材、湖北回天车用新材料等重大项目建设,抓好奥利斯智能装备、振华宇科、颂世电子等在建项目服务与调度。

四、着力提升企业服务效能,培育壮大市场主体

以加快中小企业服务体系建设为抓手,大力提升服务质量和水平。强化政策服务,加大中央和省、市相关政策措施宣传解读力度,鼓励和指导企业申报国家级和省级各项政策资金,加大市级政策兑现落实力度,增强企业获得感。强化融资服务,在现有供应链金融服务基础上,搭建企业信用信息平台,积极做好银政企对接。实施企业梯次培育计划,以主营业务收入 800 万元~2000 万元企业为重点,建立"小进规"企业培育库,以高成长性中小企业为重点,建立专精特新"小巨人"企业培育库,以行业骨干企业为重点,建立龙头

领军企业培育库,分类施策,分析监测,促进企业加快成长壮大。

五、着力推动企业改造升级,提升智能制造水平

引进和培育壮大一批硬件制造商、软件开发商、集成应用商、运维服务商,鼓励新项目按智能制造标准建设,引导现有企业加快智能化改造。组织企业参加国家和省级智能制造试点示范创建,持续开展市级智能制造示范企业评比和认定。深入开展"千企登云"行动,搭建覆盖全市、统一接入的区域工业互联网平台,以市场化手段鼓励、引导企业"登云"。加快工业互联网标识解析二级节点建设和创新应用,鼓励和支持工业APP研发,在重要产品追溯、农业产业化等领域广泛使用标识解析技术和成果。制定出台5G产业发展实施方案,加快部署建设5G基础网络,以示范工程和重大项目为先导,推动5G在工业企业创新应用。

六、着力建设绿色制造体系,提升工业绿色发展水平

制定出台《襄阳市建设国家工业资源综合利用基地的实施意见》,在磷石膏综合利用领域取得突破,进一步提高废钢铁、废铅酸蓄电池、废旧新能源汽车动力电池等大宗固体废物的综合利用水平。大力推进危化品暨沿江化工企业关改搬转,完成13家沿江化工企业关改搬转任务。

第二十二章 宜 昌 市

第一节 发展概况

宜昌市制造业要顺应经济全球化和新一轮科技变革发展大势,深刻把握以互联网、大数据、人工智能为代表的新一代信息技术蓬勃发展对全球经济、产业结构、消费结构和社会发展产生的深远影响,以及衍生出的重大机遇,加快制造业高质量发展。经过多年发展,宜昌市制造业已形成了以化工、食品饮料、装备制造、生物医药、电子信息、建材等为主导的产业格局。2019年制造业产值占规模以上工业总产值的比重达87.1%,远远高于采矿业(4.2%)、电力、热力、燃气及水生产和供应业(8.7%)。其中,化工、食品饮料、建材、纺织、冶金五大传统产业占比54%左右,装备制造、生物医药、电子信息等新兴产业占比32%左右。全市制造业发展呈现以下特点:

一、产业门类较多

工业统计41个大类中,除了石油和天然气开采业、有色金属矿采选业、石油加工业外,其他38个门类产业均涉及,一批主导产业为全市工业平稳发展提供了有力支撑。

二、重点产业支撑力足

2019年,化工、装备制造、食品饮料、生物医药等支柱产业工业总产值实现两位数增长,营业收入除化工产业外也均实现两位数增长。重点产业的优势特色领域中,产业集聚态势好,产业集群化发展步伐加快,全市共有磷化工、医药、茶业、酒业、数控、机电等12个湖北省重点成长型产业集群。化工(磷化工)·湖北宜昌经济技术开发区猇亭园区和湖北宜昌高新技术产业开发区为国家新型工业化产业示范基地。

三、龙头企业实力较强

拥有一批实力强的龙头企业,如化工的宜化、兴发、三宁等,食品的稻花香、安琪酵母、土老憨等,装备制造的710、403、388、仝鑫精密锻造、奥力铸造、红旗电缆等,医药的人福药业、东阳光药业、奥美医疗等,电子信息的南玻、欧赛科技、新成石墨等,建材的三峡新材、华新水泥、葛洲坝水泥等,这些行业内有影响、实力强的企业抗风险能力强,是全市企业的发展标杆。

四、主导产品市场影响大

一批重点企业拥有较好的产品和技术储备,如人福的系列麻醉药、东阳光磷酸奥司他韦、安琪集团的酵母、三峡制药的硫酸新霉素等,在全国乃至全球都有较大影响;拥有全国制造业单项冠军企业4家(长机科技、三峡制药、安琪酵母、人福药业),在全省仅次于武汉市;国家专精特新"小巨人"企业2家(南玻光电玻璃、黑旋风锯业);省级支柱产业细分领域"隐形冠军"企业70家,其中示范企业17家、"科技小巨人"企业34家、培育企业56家,位列全省第2。

五、产业技术支撑较好

截至2019年底,全市已拥有高新技术企业521家、国家级企业技术中心6家、国家地方联合工程研究中心3家、国家地方联合工程实验室3家,拥有国家级知识产权示范企业5家、知识产权优势企业30家,拥有中国驰名商标66件。

六、"两化"融合水平不断提高

信息基础设施建设走在全省前列,在全省率先实现了光纤"村村通"。全市互联网出口带宽达到4100G,固定宽带家庭普及率达到80%,全市建成通信铁塔7893座,移动通信基站(3G/4G/5G)2.83万个。工业化和信息化融合成效较好,全市已有国家"两化"深度融合示范企业1家,国家"两化"融合管理标准体系贯标示范企业2家,国家"两化"融合管理标准体系贯标试点企业12家,通过国家"两化"融合标准体系认定的企业8家,省级"两化"融合试点示范企业136家。

七、资源和区位优势好

宜昌市拥有支撑磷化工和食品、医药产业发展的丰富磷矿、石墨、农林特产品资源,教育人才资源在省内各市州中也仅次于武汉,加上地处中西结合部、长江三峡出口,是区域性交通枢纽,有较好的水陆空铁运输基础和优越的市场半径,外引内联、承接产业转移有优势。

第二节 主要措施

一、深入推进"双千"服务活动,促进实体经济高质量发展

进一步提升服务企业质效。针对现有待办事项,逐一督办推进,尤其是长期悬而未决的问题,要认真分析原因,研究解决办法,做到事事有回应,件件有着落。同时,更加关注和协调解决企业发展中的新问题,特别是带有行业共性的问题。此外,狠抓惠企政策宣传

落实,突出重点稳定经济增长。

二、强化"降成本"优环境,做多做优做大市场主体

进一步激活稳增长的内生动力。开展申报进规企业一对一服务,加强"小进规"申报的指导培训,确保完成省下达的新进规目标,争取净增规模工业企业100家以上。着力培育"隐形冠军"企业。鼓励"专精特新"企业加快发展,在政策导向上更多向中小企业倾斜。做强做大龙头骨干企业。做强做大一批关联度大、主业突出、创新能力强、带动性强的行业龙头骨干企业,围绕汽车制造、精细化工、仿制药和原创药、电子级多晶硅及新型显示、锂电池等重点产业领域打造一批规模过100亿、过50亿的龙头企业,积极争创中国企业500强和中国民营企业500强,通过龙头骨干企业带动,做大产业增量,优化产业结构。此外,深入推进"降成本"改革,加强中小企业服务体系建设。

三、强化工业投资和技术改造,打造高质量发展的动力源

进一步夯实稳增长快转型的基础。深入研究国家产业政策,主动对接国家发展战略和重点,落实省委省政府关于推进全省十大重点产业高质量发展的意见,结合宜昌实际,围绕产业链培育、延伸、补强,紧盯国内外大企业大集团和行业优强骨干企业,指导、帮助各县市区精准谋划好项目、大项目。建立2019年市县两级工业技术改造项目库,实施动态管理,一季一更新,及时了解企业最新投资意向,将项目入库与技改专项资金使用挂钩,促进项目早日开工建设。此外,落实技改支持政策,加强项目建设专项督导。

四、深入推进化工企业"关改搬转",推动产业向高端转型升级

进一步凸显绿色发展理念。坚持挂图作战,建立"月调度、季督办、年考核"和交账销号机制,依法再关停4家、改造升级18家、搬迁14家、转产4家。对已完成"关改搬转"任务的化工企业开展验收试点工作。大力推进磷石膏综合利用,加强磷石膏制建筑石膏粉、纸面石膏板、路基水温层、矿渣水泥以及磷矿填充试点等大宗综合利用技术攻关,推动一批磷石膏综合利用产业化示范项目建成投产。进一步优化化工产业结构,全面提升行业产品质量和安全环保水平。

五、强化创新协调融合发展,打造工业发展新动能

进一步彰显高质量发展要求。谋划建设基于"三峡云"的工业互联网(工业云)共享平台,鼓励行业龙头企业搭建行业工业互联网平台,组织实施"企业上云"工程。力争全年新增国家两化融合管理体系贯标试点2家、省级两化融合试点示范企业15家,完成国家两化融合管理体系贯标评定1家。深入推进智能制造,完善智能制造项目库,开展市级智能制造示范试点认定,分级分批支持企业实施智能化改造,打造智能生产线、智能车间、智能工厂。此外,加强质量品牌建设,加快通信基础设施建设,促进区域协调发展。

六、强化重点项目建设，推进军民融合产业发展落实落地

进一步拓展对接合作的领域和深度。进一步健全完善专班工作机制，加强与中船重工集团、中国兵装集团、航天科工集团、凌云集团等军工央企集团的对接合作，围绕民用航空航天、海洋工程、LNG装备与船舶制造、安防及节能环保装备、智能制造装备等重点发展领域引进一批新项目，完成年度招商任务。此外，狠抓重点项目落地，加快创新平台建设，搭建军民融合服务平台。

第三节 存在问题

一、规模总量偏小

2019年，宜昌规模以上工业企业营业收入3528亿元，同比增长9.0%。尽管增速较快，但总量占全省规模以上工业企业营业收入的比重仅为7.8%，与宜昌市省域副中心城市地位不相称，低于武汉（14178亿元）、襄阳（5829亿元）。

二、产业结构不优

传统产业占比仍较重，战略性新兴产业体量小，尚不足以形成有力支撑。2019年，化工、食品饮料、建材等传统产业完成工业总产值1873亿元，占全市工业总产值比重为48.9%；装备制造、生物医药、电子信息等新兴产业完成工业总产值1226亿元，占全市工业总产值比重为32.0%。

三、区域发展不平衡

部分县市区由于发展空间、功能规划等原因，在区域经济发展中工业主导地位日渐衰弱，制造业转型升级缓慢。2019年，西陵、伍家岗、点军、猇亭、高新区5个中心城区工业总产值仅占全市工业总产值的15.3%；远安、兴山、秭归、长阳、五峰5个山区县工业总产值仅占全市工业总产值的11.5%；宜都、枝江、当阳、夷陵4个东部发达县（区）工业总产值占全市工业总产值的66.4%。

四、市场主体偏少

2019年底，全市规模以上工业企业1203家，规模以上企业数量居全省第4，相比年初的1159家仅净增44家，净增的市场主体较少，工业增长后劲严重不足。"一主两副"中，宜昌市规模以上工业企业数量明显偏少，比武汉少1598家，比襄阳少431家。

五、项目后劲乏力

实施工业技改三年行动以来,技改投资总量和增速快速增长、企业技改覆盖面快速上升,但两年过去,技改项目新增储备量、新增投资额以及完成投资增速都开始出现下滑趋势,技改投资后劲不足的问题开始显现,特别是2020年初又受到疫情影响,企业实施技改项目的困难加大。在第六轮技改项目中,总体项目数量和大项目数量都比较少。

六、转型升级仍待攻坚克难

当前化工企业搬迁入园改造成为转型升级的重难点,特别是巨量的搬迁改造资金成为影响企业搬迁改造进度的拦路虎,需要进一步创新思路,多渠道多层次抓好资金筹措工作。同时,受制于居高不下的生产成本和有限的需求及应用领域,磷石膏综合利用水平提升难度大,实际效果差强人意,需要努力在技术创新和降低成本上争取新的突破。

第四节　发展建议

一、深度谋划产业发展方向,培育具有比较优势的产业,加快构建彰显宜昌特色的现代制造业体系

打造4个国家级示范区。主动对接湖北省"一芯两带三区"区域和产业布局,着力打造全国制造业高质量发展示范区、国家自主创新示范区、三峡国家级承接产业转移示范区和全国绿色发展示范区。推动制造业产业层次显著提升、科技创新能力显著增强、市场主体培育显著增加、绿色制造体系基本建立。

加快"5+4+N"产业发展。聚焦六大重点产业,突破性发展生物医药产业、先进装备制造产业、精细化工产业、电子信息产业、航空航天产业等5个新兴产业,改造升级食品饮料产业、轻工纺织服装饰品产业、建筑材料产业、能源工业等4个传统产业,加快发展数字经济和生产性服务业,着力培育一批特色产业,引领带动全市形成生物医药、先进装备制造、健康食品、精细化工4个千亿元产业。

培育"16+N"条重点产业链。结合宜昌市产业发展现状,突出产业链培育和延伸,重点培育生物制品制造、仿制药制造、高端装备制造、化工新材料制造等16条市级重点产业链,打造制造业发展新增长点和结构升级新支撑点。以此为基础,"十四五"期间还将根据产业发展状况和新兴产业的成长情况,继续谋划市域内的重点产业链和县市区重点产业链。

建设一批重点产业集群。按照每个产业集群要有一个龙头企业、一个主导产品、一条

产业链、一批驰名商标、一个公共创新服务平台、一个承载产业园等"六个一"的要求,围绕六大重点产业,在巩固提升省级重点成长性产业集群的基础上,着力培育磷化工、仿制药、医疗防护物资等产业基础好、知名度高、引领性强、特色鲜明的重点产业集群成长为长江经济带、国家级乃至世界级产业集群。

加快培育市场主体。培育10家百亿元级大企业,打造一批具有国际影响力和核心竞争力的大企业或企业集团。加快产业链龙头企业培育,打造20家规模过50亿元的骨干企业,管控产业链发展的核心企业。加快培育100家长期专注细分领域的专精特新"小巨人"企业和"隐形冠军"企业,形成"10+20+100"的骨干龙头企业发展格局。

二、深度谋划产业布局,加快产业园区转型升级,推进产业功能区、产业生态圈建设

优化产业空间布局。坚持创新、协调、绿色、开放、共享的发展理念和可持续发展原则,以开发现状为基础,以促进产业转型升级、构建现代产业体系为目标,以资源集约、布局集中、产业集聚、打造集群为方向,实施"双核驱动、多点支撑、协同发展"战略,结合《宜昌2050发展战略规划》,以宜昌高新区和各区县重点产业集聚区为依托,加大产业整合力度,促进产业集聚发展,推动优势资源和规模企业向符合产业布局要求的园区集中,重点构建"一轴牵引多区、三带集聚多园"的整体市域产业布局。实现规模效应增强,产业内部联系强化,产业协作配套加强,产业链条延伸,形成一批特色优势产业集群,打造长江中游绿色产业转型发展高地。

"一轴牵引多区":以长江经济带为发展主轴,牵引1个国家高新技术产业开发区和15个省级经济开发区依次展开,形成沿江绿色工业转型升级走廊。

"三带集聚多园":以农产品加工经济带、先进制造业经济带、绿色建材产业经济带为支撑,优化布局生物医药-食品产业园,精细化工-新材料产业园,电子信息-数字产业园,装备制造-汽车产业园,海洋工程装备-航空航天产业园,农产品加工-绿色建材产业园等。

加强工业园区规范管理。组建由市、县市区两级共同出资的工业园区投资开发融资平台,对全市各级各类工业园区实行统一开发、统一规划、统一建设、统一管理和按照股权结构分享园区收益的管理机制。深入推进园区开发体制改革,吸引专业企业建设工业园区,鼓励跨地合作的"飞地园区"发展,探索适应不同合作方式的工业园区利益分享机制。建立以市级统筹为主,市、县市区两级联动的工业项目布局协调机制,由市级有关部门统筹安排各类工业项目"落地",逐步解决各类工业园区之间的同质化、低水平竞争。

构建峡江产业生态圈。以传统工业园区、开发区、集中发展区为载体,以优势产业、核心技术和龙头企业为支撑,因地制宜发挥比较优势,着力克服产城脱节、职住分离、配套缺失等薄弱环节,通过构建产业生态圈创新生态链吸引集聚人才、技术、资金、物流、信息等

要素高效配置和聚集协作，形成集设计、研发、生产、消费、生活、协作、生态多种功能为一体的新型城市社区，有效破解传统产业园区、开发区、集中发展区的重生产发展轻生活服务、重项目数量轻企业协作、重地理集中轻产业集聚等问题，有效解决产城分离、同质竞争、产业协作不经济、基础设施不专业等现实问题，推动工作推进机制、政策集成机制、要素保障机制、考核评价机制的创新，实现产业与环境的协同和谐。

三、深度谋划产业基础能力建设，进一步提升产业支撑能力，构建制造业高质量发展的基础支撑体系

谋划制造业创新能力建设。聚焦基础零部件、基础元器件、基础材料、基础工艺、基础软件和产业技术基础等"六基"领域，实施强基工程，推动在生物技术、原研药与仿制药、化工新材料等领域具有自主知识产权、研发基础好、技术创新能力较强、具有行业带动性的龙头企业，打造一批具有国际竞争力的创新平台。开展跨行业、跨领域、跨区域的产学研用协同创新与联合攻关，着力攻克一批共性关键技术，解决产业发展中的技术瓶颈，提高企业核心竞争力，引导材料、零部件研发生产企业、工艺和技术研发机构等有机结合，协同开展核心技术攻关，促进科技创新成果的工程化、产业化。

谋划新型基础设施建设。包括以5G、物联网、工业互联网、卫星互联网为代表的通信网络基础设施，以人工智能、云计算、区块链等为代表的新技术基础设施，以数据中心、智能计算中心为代表的算力基础设施等。推动"宽带中国"建设，"十四五"期间，4G网络全覆盖，5G网络要覆盖城区、县市区建成区及工业园区。加快建设市级工业云综合服务平台（三峡工业云），支持企业在技术改造中充分运用云计算、大数据、新一代互联网和人工智能技术，加快企业数字化、网络化、智能化转型升级的步伐。

谋划产业技术基础公共服务平台建设。围绕可靠性试验验证、计量检测、标准制修订、认证认可、产业信息、知识产权等技术基础支撑能力，依托三峡检验检测中心及现有第三方服务机构，在宜昌生物产业园、宜都化工园区和枝江姚家港化工园区等重点园区，创建一批产业技术基础公共服务平台，建立完善产业技术基础服务体系。注重发挥云计算、大数据等新技术和互联网的作用，支持企业与高等学校、科研院所建设工业大数据平台。支持在工业园区建立第三方产业技术基础公共服务平台，提升工业集聚集约发展水平。

加快发展生产性服务业。大力促进工业设计、服务型制造、现代物流、产融合作、技术转移、创业孵化、知识产权、科技咨询等科技服务业，发展壮大节能环保、检验检测认证、电子商务、服务外包、融资租赁、人力资源服务、售后服务、品牌建设等生产性服务业。

第二十三章 黄 石 市

近年来,黄石市大力实施《振兴黄石制造加快工业转型发展行动计划》,聚焦九大主导产业,聚力制造业高质量发展,推动黄石制造向"黄石创造""黄石智造""黄石品质"升级,全市制造业呈现出"规模扩大、结构优化、活力增强、效益提升"的良好态势。2019年,黄石市工业经济逆势而上,保持了高开稳走、稳中有进、进中向好的运行态势,工业增速为近六年来最好水平。

第一节 发展概况

一、总体发展情况

(一)增长态势平稳较好,全省位次领先

2019年,黄石市规模以上工业企业756家,完成工业总产值2196亿元,同比增长9.8%,其中大中型企业完成产值1408.9亿元,同比增长11.7%;工业增加值同比增长9.8%,连续四年稳定在8%以上,比上年提高0.8个百分点,增速位居全省第2,与上年并列为近几年最好位次。其中,开发区、铁山区增长12.5%,下陆区增长10.5%,大冶市增长9.1%,西塞山区增长8.9%,阳新县增长8.4%,黄石港区增长3.2%。

(二)新动能加速成长,经济结构优化

2019年,在规模以上工业企业中,高技术产业产值规模接近100亿元,增加值同比增长24.8%,增速高于规模以上工业增加值15个百分点,占规模以上工业比重为4.4%,比上年提升0.5个百分点;装备制造业增加值同比增长16.4%,战略性新兴产业增加值同比增长20.5%,增速分别高于规模以上工业增加值6.6个百分点、10.7个百分点。新动能持续快速成长,成为推动全市工业经济增长的重要动力。

(三)工业效益持续改善,利润增长明显

2019年,黄石市工业效益继续改善,利润增速持续高于全国、全省水平。1—11月,全市规模以上工业企业实现利润112.51亿元,同比增长22.8%,分别高于全国、全省平均水平24.9个百分点、13.7个百分点,增速位居全省第3;实现利税176.01亿元,同比增长17.5%;营业收入利润率5.84%,同比提升0.97个百分点;亏损企业亏损额9.44亿元,同比下降8.3%。

（四）工业用电保持稳定，重点行业较旺

2019年，全市工业用电量114.19亿千瓦时，同比增长7.7%，高于全省3.1个百分点，用电总量位居全省第4，增速位居全省第6。从行业看，有色金属压延、装备制造、黑色金属压延等重点行业用电量分别同比增长30.4%、16.6%、12.6%，保持了快速增长势头。从重点企业看，新冶钢、新鑫钢铁、东贝、华中铜业等企业用电量分别增长9.8%、15.2%、15.0%、29.5%，成为全市工业用电增长的重要支撑。

（五）技改投资增长较快，传统产业加速提升

黄石市十大技改项目加快推进，新冶钢系列技改、华新百年复兴基地、奥莱斯扩能技改项目全部或部分投产，大冶有色40万吨高纯阴极铜清洁生产项目开工建设。2019年，全市技改投资增长18.8%，高于全省3.4个百分点，增速位居全省第6；工业投资增长6.8%，低于全省1.3个百分点，增速位居全省第10，处于低位运行态势。

二、主导产业发展情况

近年来，黄石市坚持以科学发展观为指导，以发展产业集群为主攻方向，加快产业结构调整，推进产业配套和产业延伸，产业层次和素质不断提升，产业竞争力明显增强，目前已形成了黑色金属、有色金属、建材、电子信息、新能源汽车及零部件、装备制造、化工医药、食品饮料、纺织服装、模具制造等十大主导产业。2018年省级重点成长型产业集群9个，2019年新申报1个，2020年集群总数有望达到10个。

（一）黑色金属

黄石市规模以上黑色金属产业聚集企业共有149家，已形成年产钢400万吨、钢材600万吨、钢管100万吨、涂镀板100万吨的综合生产能力。2019年黑色金属冶炼及压延加工业实现产值392.41亿元，同比增长6.6%。

（二）有色金属

黄石市规模以上有色金属产业聚集企业有132家，形成年产电解铜50万吨、铜板带10万吨、低氧铜杆10万吨、铝型材50万吨的综合生产能力。2019年有色金属冶炼及压延加工业实现产值484亿元，同比增长9.9%。

（三）建材

建材工业在黄石市有一百多年的发展历史，黄石被称为湖北省的水泥生产基地及我国的"水泥之乡"。目前黄石市共有建材企业110家左右，主要分布在大冶市和阳新县，建材工业已经形成以水泥工业为主，兼有新型墙材、建材装备、石材、非金属矿及传统建材产品的产业体系。2019年非金属矿物制品业完成产值163.5亿元，同比增长17.5%。

（四）电子信息

近年来，黄石市电子信息产业实现持续快速发展，产业规模、产品质量、技术水平得到

大幅提升，形成了以PCB(印刷电路板)、光电子产品、应用电子、嵌入式软件等为主的产业门类，全市有电子信息制造企业30家，软件企业6家，其中规模以上工业企业22家，过亿元的企业11家。黄石市电子信息产业集群被列入了湖北省重点成长型产业集群。2019年，计算机、通信和电子设备制造业产值达到50.71亿元，同比增长29.5%。

（五）新能源汽车及零部件

黄石市的汽车零部件产业集群是湖北省重点成长型产业集群，有汽车整车及零部件企业28家，规模以上工业企业15家。近年来，黄石市新能源汽车产业招商效果显著，劲峰锂电、中兴派能等项目落户黄石，为黄石市发展新能源汽车提供了新动力。2019年，汽车制造业完成产值85.4亿元，同比增长88.6%。

（六）装备制造

黄石市装备制造业已基本形成金属制品业、通用设备制造业、专用设备制造业、汽车制造业、电气机械及器材制造业，以及铁路、船舶、航空航天和其他运输设备制造业、计算机、通信和其他电子设备制造业、仪器仪表制造业等门类较全的产业体系。黄石市汽车零部件产业集群和黄石(大冶)高端装备制造产业集群被列入湖北省重点成长型产业集群。2019年装备制造业完成产值262.6亿元，同比增长18.3%。

（七）化工医药

随着我国市场经济的不断完善，黄石市化工医药产业结构不断优化调整，呈现出强劲的发展势头，逐步形成了以精细化工、医药化工、农用化工、原料药、中成药等为主的化工医药产业格局。全市化工医药企业有70余家，其中规模以上工业企业50余家。黄石市(阳新)化工医药产业集群被列入湖北省重点成长型产业集群。2019年全市化学原料和化学制品制造业完成产值46.04亿元，同比增长10.3%，医药制造业完成产值30.23亿元，同比增长14.8%。

（八）食品饮料

黄石市食品工业主要涉及农副食品加工业、食品制造业、酒类饮料制造业3个行业，全市规模以上食品工业企业47家。大冶市饮料食品产业集群被列入湖北省重点成长型产业集群。2019年，食品制造业完成产值12.74亿元，同比增长15%，酒类饮料制造业完成产值131.9亿元，同比增长10.2%。

（九）纺织服装

黄石市纺织服装产业经过半个多世纪的发展，已初步形成拥有棉纺、毛纺、麻纺、纺机、服装、鞋帽等较完整的纺织工业体系。黄石纺织工业在发展中调整，在调整中提高，逐渐形成美尔雅、美岛、顺富、立峰、宝加等一批纺织服装龙头企业。先后获得"中国男装名城""国家外贸出口基地"等荣誉称号，黄石市服装产业集群被列入湖北省重点成长型产业集群。全行业现有企业175家，资产总额约70亿元，职工40000余人。棉纺纱锭40万枚,麻纺锭20000枚,精毛纺锭10000枚,气流纺5000头,各类织机1200台,服装设备41259台。

（十）模具制造

模具是制造业的基础工艺装备,被称为"工业之母"。黄石市模具产业历经30年的发展,已进入转型升级的快速成长期,是国内唯一高度聚集的挤出模具基地。全市共有模具制造企业72家,省级高新技术企业14家,规模以上工业企业36家,从业人员近5000人,研发设计人员260余人,共获得国家科技进步二等奖1项,申报发明专利13项,实用新型专利200多项,产品国内市场占有率近60%,出口占年产量的30%。黄石市模具产业集群被列为省级重点成长型产业集群,2012年被中国轻工业联合会、中国塑料加工工业协会授予"中国挤出模具之都"称号。

第二节 主要措施

近年来,黄石市通过抢抓被列为全国资源枯竭转型试点城市的机遇,强力推进,成功探索出理念、产业、城市、生态、动力等"五位一体"转型模式,成功获批全国首批产业转型升级示范区,并在全国产业转型升级示范区考评中获得优秀等次。黄石市自获批"示范区"以来,坚持以产业绿色转型、发展质量变革为方向,围绕建设"山水园林市、最美工业城",聚焦工业、聚焦产业、聚焦实体经济,全力打造先进制造之城,推进制造业高质量发展。

一、大力推动传统产业改造升级

黄石市围绕黑色金属、有色金属、建材等传统产业,深入实施"五年技改行动计划",着力推进"五个一批":退城入园一批、产品升级一批、工艺改造一批、装备升级一批、环保安全设施升级改造一批。三年来,推动全市一大批龙头骨干企业集中实施大规模技改,在全市掀起了二次创业的高潮:新冶钢投资近百亿元实施系列技改项目、华新水泥投资60亿元新建百年复兴基地三大产业园区、劲牌投资100亿元建设健康白酒产业园、大冶有色金属投资57亿元建设40万吨高纯阴极铜项目,几乎是再造一个新冶钢、新华新、新劲牌、新有色。

二、着力提升优势产业竞争力

加快优势产业向规模化、基地化方向发展,已建成涵盖36个工业门类的工业体系,现有国家铜及铜材加工示范基地1个,湖北省重点成长型产业集群9个。湖北百强企业8家,制造业百强企业14家。产值过百亿元企业3家,大冶有色金属、华新水泥、大冶特钢跻身中国企业500强。劲牌公司成为中国保健酒龙头企业,全国信息化融合示范企业,同时积极向白酒和生物医药进军,年缴税收近30亿元。东贝拥有500多项国内外专利,压缩机产品销量高居亚洲第一。三丰智能引进世界先进机器人生产线,引领机器人行业新潮流。全年完成科技成果转化65项,技术合同登记成交额达到27.5亿元,专利授权量达到1240件。全市拥有20个综合竞争力位居全国第1的产品,形成"黄石制造"的新名片。

三、积极培育发展新兴产业

把发展电子信息、高端装备制造、生物医药、新能源、新材料等新兴产业作为主攻方向。坚持依托黄石现有产业基础、现有企业资源,围绕产业链缺失和薄弱环节,有针对性地策划包装项目,实施定向精准招商,着力引进强链、补链、延链项目。近两年,随着招商引资力度的加大,黄石市新兴产业发展明显加快,特别是随着沪士电子、上达电子、欣兴电子、西普电子、汉龙汽车等一批重点项目的建成投产,电子信息、新能源汽车产业将成为黄石市工业转型发展的新引擎、新动能。

四、大力发展现代服务业

在全力抓好与大工业配套的现代物流、现代金融等生产性服务业的基础上,以举办中国(黄石)地矿科普大会、第二届全国工业旅游创新大会为契机,把"藏在深闺"的地矿资源、工业遗产,转化为科普、文化、旅游资源,全力创建国家历史文化名城,着力擦亮黄石"山水园林市、最美工业城"的品牌。重点实施黄石矿物晶体奇石文化博览园、湖北水泥遗址博物馆、黄石地质馆、东钢工业遗址文化产业园等一批重点项目,预计全年旅游总收入完成141.6亿元,同比增长20%。

五、全面提升全要素生产率

黄石国家级经济技术开发区、黄石新港(物流)工业园"两大示范园区"发展势头强劲,开发区大冶湖生态新区20平方公里核心区基本建成,新港"亿吨大港"建设步伐较快,建成湖北首个公铁水多式联运港口,年吞吐能力达4000万吨。与工信部电子第五研究所合作,建成了中国赛宝黄石工业研究院。市级政府投融资平台资产规模达1100亿元,年融资规模超过160亿元。引导企业参与"一带一路"建设,华新水泥海外基地、东贝巴西压缩机研发中心等经济和社会效益十分明显,黄石连续多年跻身全国"外贸百强"。

六、坚持绿色发展理念

坚持生态优先,绿色发展,坚决打赢全市工业污染防治攻坚战,共"关改搬转"企业近千家。一是大力推进模具钢行业依规整治转型升级高质量发展。根据市政府统一部署,义无反顾,勇于担当,督促各县市区集中拆除了198家模具钢企业236台中频炉,而且保持了社会稳定。同时,积极开展黄石市模具钢产业转型升级高质量发展规划编制工作,积极争取省级传统产业改造升级专项资金,支持黄石市模具钢行业转型升级高质量发展。

二是大力推进危化品搬迁改造和沿江化工企业关改搬转。严格按照国家产业政策要求，综合利用能耗、环保、质量、安全法律法规和技术标准，依法依规加快推进危化品企业搬迁改造和沿江化工企业"关改搬转"，2019年，黄石市已全部完成8家危化品企业搬迁改造任务，6家已验收；完成16家省级沿江化工企业"关改搬转"任务，13家已验收。

七、大力推进"两化融合"

一是支持智能制造产业发展。以三丰智能、中城自动化、科威自控等龙头企业为引领，积极开展自主创新，支持关键部件技术研发，加大产品推广应用，加快推进机器人及智能输送成套装备产业发展。二是加快智能化改造。引导企业运用新一代信息技术，进行自动化、数字化、智能化改造，加快建设智能工厂、数字化车间，推进企业信息化应用从单项覆盖向集成提升乃至产业链协同应用等方向拓展。支持企业搭建智能制造网络系统平台，实现智能管控，全面提升企业的智能制造能力、科学决策水平和经营管理效率。三是推动"制造业＋互联网"深度融合。引导企业顺应互联网、大数据、云计算、物联网等发展潮流，积极培育服务型制造等基于互联网的新型制造模式，推进研发、金融、物流、生产制造、供应链管理等环节的网络化改造，促进企业生产方式和发展模式变革。四是促进制造业与生产性服务业融合发展。突破性发展生产服务业，着力构建与产业紧密衔接、功能完善、协调发展的生产性服务平台。谋划对接湖北航空物流枢纽和正兴建的鄂州顺丰机场，建设临空经济物流平台，构建与产业紧密衔接、功能完善、协调发展的工业物流服务业平台。大力引进检验检测、认证认可、设备研产配套服务机构，出台相关配套扶持政策，着力打造一批国家级、省级检验检测中心。

八、着力优化营商环境

一是深入开展"双千"服务。2019年，我们聚焦民营中小企业这个服务重点，深入开展了以"抓创新、强保障、提品质、上档次"为主题的"双千"活动，督促各部门针对企业普遍存在的融资贷款难、招工引才难、创新转型难、政策落实难、园区交通难等共性难题，加强顶层设计、深化改革创新，研究制定了一系列系统性解决办法。二是大力支持民营经济和中小企业高质量发展。认真贯彻落实习总书记民营企业座谈会重要讲话精神，市委市政府起草了《关于支持民营经济高质量发展的若干意见》，制定了33条支持民营经济发展政策措施。成立黄石市企业家培养学院，举办首届民营企业领军人才培训班，170多名企业负责人参加培训。同时，按照全市优化营商环境工作责任分工，抓好推动民营经济政策落实、优化企业用能服务、健全完善信用环境等重点工作落实，充分发挥企业家协会和各行业协会作用，搭建政府与企业沟通桥梁，营造一流的营商环境和产业生态，全力服务民营经济和中小企业高质量发展。

第三节 存在问题

一、整体竞争实力不强

突出表现在产业规模偏小、技术水平偏低，仍以中小企业为主。龙头企业较少、规模小、品种单一、带动力弱、技术与国际先进水平差距较大，产品大多处于产业链前端和价值链中低端，产品附加值低，结构性矛盾突出。从黄石市产业布局看，高端装备制造业布局分散，产品低质化和同质化竞争比较突出，有限的资源无法形成合力，不利于产业集聚发展。

二、产业链条不够完整

高端装备制造业是一个涉及许多相关配套行业的产业，目前黄石市高端装备制造行业由于没有形成以主机制造厂为核心、上下延伸的强大自主研发的体系，上下游产业链条不够完整，支柱产业和龙头企业孤军奋进，产业之间关联度不高，产业配套能力不足，产业配套链条短，延伸加工不足，企业间尚未建立真正意义的协同联盟关系，产业总体规模、经济效益和竞争力难以提高。

三、产业创新资源匮乏

总体看，科技创新型的企业较少，受地理位置和企业实力与品牌知名度等影响，引进高端人才困难，研发投入不足，技术创新体系不健全。拥有自主知识产权的产品不多，原创性的先进技术和高、精、尖的产品少。同时，黄石市缺少高水平专业研究机构、产业公共服务平台等支撑体系，难以引进和承接国内外高端人才团队，共性技术、核心技术和基础工艺研究短缺，成为制约产业发展的重要瓶颈。

第四节 发展建议

一、坚持规划引领，聚力打造先进制造之城

深入贯彻落实省委、省政府"一芯两带三区"战略布局，在去年出台《关于打造先进制造之城推进制造业高质量发展的意见》的基础上，高标准谋划黄石市"十四五"制造业高质量发展规划，坚持"五基地一先行区"的战略目标，重点发展九大主导产业，保持自身特色，着力构建黄石制造业现代产业体系。

二、坚持创新驱动,激发转型升级内生动力

大力推进"技改五年行动计划",持续推进"五个一批"技术改造,重点推动工业企业实施智能化改造,重点支持企业应用人工智能、工业互联网等方面的新技术、新工艺、新装备。加快推动新一代信息技术与制造技术融合发展,推进制造业向数字化、网络化、智能化加快转型。

三、坚持项目为王,全力筑牢高质量发展底盘

狠抓重大项目建设,实施专班服务、保姆服务、跟踪服务,坚持分级、分层、分类、分时调度,着力解决项目建设中存在的难点、痛点、堵点问题,推动项目顺利实施。强化重点产业工业招商,实施定向招商、定点招商、以商招商、"政府＋协会＋商会"招商、中介机构招商,着力引龙头、补短板、建生态,特别是引进一批补链强链重大产业项目。同时,抢抓国家支持、湖北给予,积极对标相关政策,深度谋划、布局、实施一批重点项目,为制造业高质量发展抢占先机、赢得主动。

四、坚持服务为要,持续优化营商环境

深入开展"双千"活动,坚持一企一策、因企施策,帮助解决堵点、痛点、难点问题。全面落实中央、省、市各项政策措施,大力推动土地、能耗、用工、审批、资金、技术、物流等要素自主有序流动,提高要素配置效率,破解企业要素紧缺问题,着力打造疫后营商环境高地。

第二十四章 荆 州 市

第一节 发展概况

2019年,荆州市深入贯彻落实省、市发展战略部署,立足产业基础和比较优势,牢固树立创新、协同、开放的发展思路,以智能制造为主攻方向,强化工业基础,提升制造水平。充分发挥比较优势,优化制造业发展环境,汇聚制造业关键要素,推动制造业增量升级,培育发展新动能,为全市的高质量发展提供有力支撑。2019年全市完成工业总产值2347.4亿元,同比增长5.6%;规模以上工业企业主营业务收入2076亿元,同比增长1.3%,规模以上工业增加值同比增长7.5%,高新技术产业增加值同比增长16.7%;制造业投资同比增长0.1%;新增规模以上工业企业98家,达到1181家。

一、总体发展情况

(一) 产业布局持续优化,集聚效应初显

自启动"一城三区、一区多园"建设以来,改革成效显现,制造业产业在城市经济中得到优化布局。18个产业园区,每个园区明确2~3个主导产业,并重点扶持主导产业向一个细分领域的中高端发展。同时,荆州市立足本地制造业基础和比较优势,以提高产业集中度、实现差异化和协同发展为目标,改造提升传统产业、培育新兴产业,产业布局持续优化,发展质效明显提升,发展优势加速汇聚,集聚效应初步显现。

(二) 企业支柱效应明显,产业发展壮大

荆州市围绕食品加工、医药化工、纺织服装、装备制造、轻工建材、电子制造六大重点产业进行建设。特别是荆州经济技术开发区形成了以创新型产业集群建设为重点的电子信息产业集群,凯乐科技量子通信、菲利华石英纤维、五方光电等一批骨干企业的技术实力在全国市场占有率居行业前列。荆州市制造业产业集群共有11个,其中,石油机械产业集群和石化装备产业集群是湖北省内唯一的相关产业集群。支柱企业促进了产业集群式发展。2019年纳入全省支柱产业细分领域"隐形冠军"培育的企业52家,累计达到134家,占全省10.8%。江汉精细化工、四机赛瓦石油钻采、中石化四机石油机械分别入选全国制造业单项冠军产品、单项冠军培育企业、示范企业。湖北吉象、菲利华、福娃集团等15家成为全省支柱产业细分领域"隐形冠军"示范企业,江汉建机、丽源科技、高博科技等

22家企业成为全省"科技小巨人",宇兴环保、五方光电等97家企业成为省"隐形冠军"培育企业。

(三)创新体系逐步完善,研发成效显著

2019年荆州市规模以上高技术产业增加值78.1亿元,同比增长30.2%,规模以上工业企业用于研发的费用22.7亿元,同比增长90.9%。拥有国家企业技术中心1家,博士工作站1家;省级企业技术中心4家;省级产业技术研究院2家,工程技术研究中心29家;中国名牌产品称号1个,驰名商标1个。钻(修、固)井机、蝶(闸)阀、工程装备配件、高压柱塞泵等一批重大装备产品达到国际、国内领先水平。清华大学、湖北恒隆、华盈基金与荆州开发区管委会联合成立"清研汽车先进制造创新中心",从事新能源汽车、智能汽车领域技术研发、成果转化,加速荆州汽车产业的创新。福娃、白云边、中兴能源(湖北)等企业都加大科技投入,与武汉大学、华中农业大学、武汉轻工大学、长江大学等高等院校建立了良好的产学研合作关系。

(四)转型升级步伐加快,结构不断优化

"千企千亿技改工程"为新旧动能转换和制造业高质量发展提供强劲动力。2017—2019年荆州市纳入重点技改库项目328个,总投资636.02亿元。特别是石首市德永胜纺织22万锭精梳高端智能化纺织技术改造项目完成投资3.3亿元,项目已投产。湖北唯思凌科研发的工业机器人已经开始批量应用于恒隆集团所属各个分公司的生产线,同时该公司成为国内汽车动力转向行业最专业的生产线设备供应商。雅士精密、精川智能等公司也快速发展成为"为客户提供系统、个性化的解决方案和智能装配线"的装备技术服务型公司。智能制造、机器人制造率先在汽车零部件行业落地、应用,为荆州的装备制造产业转型升级注入了新的活力。

二、重点产业发展情况

落实省委、省政府"一芯两带三区"区域和产业发展战略,围绕促进转型升级、构建先进制造业体系,立足现有基础,着眼未来发展,积极培育发展具有高成长性、代表未来产业方向、需重点突破的高端制造业领域,聚焦电子信息、装备制造、新材料、食品深加工、医药大健康等重点领域,集聚创新要素资源,突破关键核心技术,加速科技成果转化,推动优势和战略产业发展,引领制造业向中高端迈进。

(一)电子信息产业发展提速,增速远超其他产业

荆州市电子信息产业经过近年来的持续成长,产业规模快速扩大,培育了如凯乐科技、菲利华、711厂、航天南湖等一批研发、生产实力较强的骨干企业,形成了通信设备、电子元件、电子器件、软件及信息服务等领域的电子信息产业发展格局,成为全省仅次于武汉的第二大电子信息产业基地。2019年电子信息产业实现主营收入136.02亿元,同比增长23.7%,高于同期食品加工、装备制造、医药化工、纺织服装、轻工建材产值增速,成

为产业发展新亮点。

(二)装备制造产业规模扩大,支撑作用日渐突出

成长型产业集群形成,差异化特色突出。石油机械产业集群、石化装备产业集群、汽车零部件产业集群,三大产业集群已纳入湖北省重点成长型产业集群,占全市入选湖北省重点扶持产业集群(11个)数量的近三分之一。其中,石油机械产业集群和石化装备产业集群是湖北省内唯一的相关产业集群。创新体系逐步完善,装备研发成效显著。2019年,装备制造业主营收入589.03亿元,同比增长10.1%,占全市工业总产值的28.4%,装备制造业企业达到331家,2019年用于研发的费用13.01亿元,同比增长1.24%,占规模以上工业企业研发投入的57.3%,实现利润34.7亿元,同比增长15.7%,税金18.3亿元,同比增长2.4%。

(三)食品加工产业结构趋向合理,创新能力逐步增强

荆州市食品加工企业产品结构进一步优化,从以谷物磨制、饲料和油料生产、畜禽及水产品加工、果蔬、淀粉及蛋品加工为主,开始向精、深加工延伸,资源得到进一步的综合开发利用,白云边、福娃、中兴能源(湖北)等一批企业围绕食品制造,配套种养殖生产和加工基地,初步形成了循环发展的格局。2019年食品加工行业研发费用同比增长17.6%,高于其他行业研发费用投入增速,每百元营业收入中的成本同比减少0.24%,营业收入利润率同比增长1.5%,食品加工业亏损企业亏损总额同比减少4.75%。

(四)统筹发展医药化工产业,经济贡献有所提升

经过多年发展,已形成石首染料及染料中间体产业集群、沙市区医药化工产业集群等一批各具特色的生物医药和大健康产业基地和产业集群。积极推进76家沿江化工企业"关改搬转",通过优化组合,促使企业搬大、搬精、搬强,至2019年已完成36家,完成率达144%,"关改搬转"企业质量效益明显提升。2019年规模以上医药化工业企业113家,同比仍新增1家,实现主营业务收入285.21亿元,同比增长2.4%;2019年实现税金9.46亿元,同比增长24.5%。石首市和荆州开发区占全市医药化工产业的比重分别超过30%和20%。

第二节 主要措施

一、扎实推进工业经济稳增长

一是支持重点龙头企业做大做强。紧盯销售收入过5亿元的中大型企业,强化运行服务,确保龙头企业生产经营持续稳定,重点支持凯乐科技、美的冰箱、沙隆达、恒隆、亿钧等重点企业冲刺百亿企业目标。二是培育新的经济增长点。牢牢抓住新增长点进行培育,每年培育新增产值过亿元的增长点100个以上,培育销售收入过100亿元的增长点3

~5个。三是加大企业盘活力度。加强对全市工业总量较大区域的运行调度,支持有订单、有效益、有潜能的企业充分发挥产能,对停产、半停产企业进行清理、盘活,确保企业开工率,防止出现大起大落。

二、扎实推进工业企业提档升级

实施"千企千亿技改工程"。每年实施技术改造工业企业不少于350家,技术改造投资不少于500亿元。建立全市工业技改投资项目库台账,每年滚动实施10项重大技改示范项目。"两化"融合全国贯标企业力争达到10家。稳步推进长江沿线化工企业关改搬转。

三、扎实推进工业投资平稳增长

强化招商引资工作"一号工程",盘活存量与引进增量两手抓。及时研究和协商盘活机制,通过二次招商兼并重组,盘活项目闲置资产(资源),为承载新项目提供空间。突出"招大引强"精准招商,编制工业招商引资投资指南,制定产业链招商路线图。充实全市招商引资工业项目储备库,围绕产业链引进一批强链、延链、补链的项目。力争每年新开工投资过5亿元的工业投资项目15个,投资过50亿元的项目5个。

四、扎实推进新产业培育

把"一城三区、一区多园"打造成为引领全市转型升级创新发展的先导区,整合资源实现错位发展,形成特色化、差异化产业园区,避免同质化竞争。推动军民融合发展,突破性发展雷达产业,积极申报省级军民融合示范区。推进重点行业电子商务平台与物流信息化集成发展,提高食品、农产品等冷链物流信息管理水平。加快培育1~2个产业特色鲜明、大中小企业协同发展、具有竞争力的新产业集群。

五、扎实推进市场主体发展壮大

完善培育"成长工程"推进机制,培育、跟踪小微企业成长,优化企业上市绿色通道,加大对上市后备企业培育辅导力度。到2020年,全市规模以上工业企业达到1500家左右。力争进入国家制造业单项冠军企业和单项冠军产品企业5家,省级支柱产业细分领域"隐形冠军"培育企业达到70家。做好成长型重点产业集群培育工作,推动11个省重点成长型产业集群发展壮大,力争纳入省重点成长型产业集群占全省10%。

六、扎实推进工业互联网应用

以"两化融合"试点示范企业为引领,积极组织中小企业开展"千企上云"工程。建设荆州工业云,整合行政审批、企业咨询服务、运行调度和匹配生产要素资源。鼓励生产技术服务创新、管理创新和商业模式创新,从制造业向生产性服务业延伸,提高制造业服务水平和核心竞争力,支持符合条件的企业争创国家级服务型制造示范企业。

七、扎实推进绿色制造体系构建

支持国家绿色工厂、绿色供应链、绿色工业园区等示范项目建设;发挥绿色信贷的引领导向作用,积极推进绿色制造系统集成项目、绿色制造重大项目建设。开展钢铁、水泥、电解铝、磷化工等重点行业能耗指标达标情况监督检查;开展节水型示范企业创建活动,促进重点行业能效对标达标,提高用水效率。对标能耗、环保、质量、安全、技术等综合标准,按照市场化、法治化方式,依法依规倒逼落后产能退出。

八、扎实推进创新驱动

创新产学研合作对接服务新模式。通过引智、引技、引资,搭建工业企业技术难题、人才需求与省内外高校科技成果信息互通平台,促进科技成果转移转化,培育一批具有自主知识产权的科技创新型中小企业。充分利用好、服务好、落实好人才战略,建立企业家、管理人才、高级技术人才、产业工人等制造业人才培养体系,强化企业创新人才培育。重点实施企业家培育工程,支持开展专家服务行活动,邀请制造强省专家进行专题辅导培训,通过"借脑引智"加速科研成果转化。

九、扎实推进精品名牌建设

鼓励企业争创中国质量奖、长江质量奖、荆江质量奖等精品名牌,促进重点产业、重点企业产品的质量对标提升,擦亮荆州工业"质造"。加大规模以上工业企业品牌培育力度,开展"百企品牌培育试点"活动,树立3～5家全国工业质量标杆企业,推进工业百项精品工程建设。支持发展前景良好、具有明显区域产业聚集特征的重点成长型产业集群创建国家级产业集群区域品牌建设试点区。

第三节 存 在 问 题

一、大企业少,龙头带动作用弱

当前,荆州市制造业仍以食品加工、纺织服装等传统产业为主,产品附加值较低,处于产业价值链的中低端,而附加值大、成长性好、带动性强的先进制造业发展相对滞后,产业发展不平衡、产业结构不合理等问题较突出。从重点企业发展现状上看,缺乏一批支撑大产业的过百亿元重点企业和高新技术企业。大企业少,龙头企业带动作用弱,高新技术产业规模不大。2019年,荆州市规模以上工业大型企业13家,仅占规模以上企业总数的1.1%,产值过50亿元的仅有3家,过百亿元的仅有1家。规模以上高技术增加值占工业增加值的比重仅9.25%。

二、专业人才匮乏,创新能力不足

制造业是一个劳动密集型和技术密集型的产业,专业人才是制造业企业快速发展的重要生产要素。荆州市拥有长江大学、荆州理工职业学院等高等院校,人才培养能力较强,但多数毕业生选择珠三角、长三角一带就业,没有对荆州制造产业发展形成有效的人力资源支撑,较缺乏一批技术型专业人才和高质量科研人员等中高端人才。此外,荆州制造业企业创新意识不强,对创新人才的培养和技术研发的应用不够重视,科技成果转化率较低,新产品开发、升级换代速度缓慢,创新和引领能力还较弱。

三、发展方式落后,产业转型缓慢

当前,荆州的制造业仍以传统产业为主,总体上尚未摆脱高投入、高消耗、高排放的发展方式。沿江的产业空间布局欠优化,工业园区规划布局有待调整,承载产业高质量发展的载体还不健全。沿长江两岸的主导产业仍是食品加工、轻工建材、纺织服装、装备制造等传统产业,没有形成过千亿元的产业,仍以劳动密集型低附加值的产业为主,技术含量低,产业层次不高,战略性新兴产业还未形成一定规模。此外,荆州制造业与新一代信息技术的融合深度不够,生产过程的数字化、网络化、智能化程度不高,产品质量有待提升,亟待完善制造业体系,实现产业的转型升级。

四、产业布局分散,产业链发展不健全

从产业集群发展情况来看,同行业企业相对集中、达成关联、形成一定规模、有培育前景的产业集群基础还不足。具体表现为集群龙头不强,带动能力不够,布局分散,产业门类跨度太大,没有形成产业链条。公安县造纸包装和生物医药、石首森工木业和体育用品、洪湖水产加工等已有一定基础,但产业链不完善或规模尚未形成,有待进一步加强规划和培育。监利家居、医药化工产业相对集中,可加强行业龙头培育,光电子信息产业园初显雏形,可作长期引导。荆州开发区凯乐科技量子通信产业发展较快,可加大扶持力度培育成长新的产业集群。另外,从产业链供需结构上看,部分产业生产运营成本增加。2019年全市六大支柱产业,每百元营业收入中的成本同比增长0.95%,部分物料需从沿海地区甚至海外采购,加长了产品的生产周期,增加了生产成本。

五、受内外经济形势影响,工业效益增速放缓

受经济下行、中美经贸摩擦和化工企业关改搬转等因素影响,2019年全市减产企业394家,比去年增加15家,福娃、安道麦、亿钧、恒隆、玉沙、宏凯等行业领域的大企业大幅减产;亏损企业87家,亏损总额12.54亿元,同比增长98.1%,食品加工、医药化工、纺织服装亏损企业数同比有所增加;实现税金65.65亿元,同比减少3.5%;部分重点企业出口下降幅度较大,安道麦、江汉精细化工、新生源、能特、利洁时、菲利华、恒隆等同比不同

程度下降；食品加工和轻工建材负债同比增加；食品加工、纺织服装、医药化工产业主营收入同比下降。

第四节 发 展 建 议

充分发挥荆州的产业优势，以科技创新驱动全市的制造业结构优化，按照湖北省"一芯两带三区"发展战略布局，积极对接"芯屏端网"万亿元级产业，瞄准长江经济带发展战略和"一带一路"倡议的有效对接和产业转型升级，积极融入长江绿色经济和创新驱动发展带，打造荆州高质量集聚发展、长江创新驱动绿色发展、江汉平原乡村振兴发展三个示范区。

一、优化承载产业发展载体

围绕产业集聚和区域协同高质量发展，科学研究全市园区总体规划，提高产业集中度，实现差异化和错位发展，逐步改变小而散、盲目发展、重复建设的局面。加强开发区（工业园区）、中心商务区、生活服务区、中心物流区的规划、PPP招商和基础设施建设，打造产城一体的工业新城。为企业提供集生产、研发、物流、展示、人才集聚及融资等生产要素关联的一体化综合解决方案，构建一个助力企业健康成长的多元化发展平台。

二、引进产业链上下游项目

以产业为主攻方向，在区域地点上"远近结合"，即以长三角、珠三角、武汉城市圈为重点，主动承接产业转移；在招商对象上，盘活荆州企业家优势资源，以商招商开展产业链延伸式招商，以行业100强、世界和全国500强企业为重点，突出招大引强；关注国家相关部委工作部署所引发的潜在项目、投资群体及配套资金的流向，分析宏观政策调整对投资的影响，有针对性地推介、联系、跟踪，避免无为地投入。

三、推进产业转型升级发展

突出现有骨干企业合资合作、技术改造以及产业发展重点招商引资项目，推进重点工业建设项目实施，根据产业、产品技术的发展方向，引导支持企业加快应用高新技术和先进适用技术改造、提升传统产业。支持重点企业开展合资合作，促进企业做大做强。支持企业以产品升级换代、技术装备水平提升、节能减排、资源综合利用等为目标建设项目的实施。组织荆州市制造业企业与国际、国内互联网小镇、大数据和5G商用计算基础架构对接，推动全市大中小企业智能化改造和应用。积极构建5G产业发展格局，引领荆州市制造业借力移动互联、VR产业加速转型升级，实现高质量跨越式发展。

四、支持重点企业发展壮大

研究制定企业主体招商的针对性政策措施,完善政府优化营商环境服务具体举措,充分发挥"两化融合"对工业转型升级的重要驱动作用,特别是对传统产业升级改造和激活存量资产的重要作用。以各产业龙头骨干企业为重点,提升重点企业和优势主导产业"两化融合"水平。积极开展和推进"两化融合"示范点建设,鼓励企业上云,加快从基础建设到单项应用、综合集成乃至协同创新的进程。实施信息技术与研发设计、生产过程、企业管理、采购营销以及人力资源管理五个方面的融合,提升"两化融合"的水平。

五、以项目为载体培育新兴产业

加大谋划和引进新兴产业项目工作力度,进一步推进新能源、新材料、生物产业、高端设备制造、信息产业等新兴产业的培植和发展。以科技成果转化为先导,着力引进智能装备研发和生产企业,建设科技成果转化基地和智能装备生产基地。

第二十五章　十　堰　市

2019年，十堰市全市上下坚持稳中求进的工作总基调，贯彻落实新发展理念，坚定推动产业高质量发展，扎实做好"六稳"工作，围绕全省"一芯两带三区"区域和产业战略布局，加强对重点产业、重点行业和重点企业的监测、调度，统筹推进稳增长、促改革、调结构、惠民生、防风险、强生态工作，促进经济社会持续稳定健康发展。总体上看，2019年全市经济运行总体平稳、稳中向好。

第一节　发 展 概 况

一、工业稳升趋好，产业结构持续优化

2019年，全市规模以上工业企业950家，实现工业总产值2276亿元，增速由上半年的1.8%回升至6.1%，工业增加值增速由上半年的1.0%回升至5.5%；其中地方工业全年实现产值1564亿元，占全市工业总产值比重68.7%，同比提高1%，增速达到5.8%；主营业务收入1995.6亿元，同比下降0.36%；利润总额122.9亿元，同比下降52.7%；全市亏损企业亏损额9.6亿元，同比下降41.2%。县域经济竞相发展，出台了《县域经济高质量发展行动方案》，制定了《十堰市重点特色产业集群培育规划方案（2018—2025）》，县域工业实现产值852.1亿元，占全市工业总产值比重37.4%，增速达到3.3%。汽车主导产业结构优化，全市整车与零部件产值比达到1∶1.09，高于全省配套比，零部件配套企业竞争力不断增强；单台整车产值达12.4万元，同比上涨2.6万元，整车附加值显著提高。装备制造、电子信息、生物医药、新材料、轻工纺织、冶金化工等产业产值占全市工业比重趋于稳定。软件和信息服务业加快发展，信息传输、计算机服务和软件业固定资产投资同比增长102.1%；软件业监测运行平台有4家重点企业，已通过软件产品、软件企业双软认定的企业有3家，软件业销售收入5100万元，同比增长36%。

二、重大项目快速推进，发展后劲不断增强

加强工业投资督办落实，积极谋划重大项目，强化项目建设跟进服务。2019年，全市累计完成工业投资410亿元，同比增长10.3%，增速居全省第6；完成工业技改投资202亿元，同比下降6.5%。全市11个重大工业项目总体进展顺利，农夫山泉三期、双星东风4.0工厂、易捷特新能源乘用车、东风力神动力电池、东风商用车总装业务优化、东风M9T

轻型发动机项目均已实现投产（或部分投产）；东风小康迁建项目、锂诺新能源电池项目已完成主体厂房建设，驰田金钢智慧工厂项目正在进行厂房施工，东风装备新能源减速器项目正在进行新设备采购及老线试产。2019年，全市新建投产进规企业60家，小进规企业43家，新进规企业达到103家，高于100家的预期目标，全面扭转进不抵退的发展态势。103家新进规企业实现产值119.9亿元，同比增长697.6%，拉动全市工业经济增幅5.0个百分点。其中，东风商用车新疆专卡、京能热电、亨兴、东实大洋等20家企业实现产值达亿元以上，拉动作用明显。

三、转型升级初显成效，创新能力逐步提升

推进"万企万亿"技改工程，出台了《十堰市工业转型升级专项资金管理实施细则》《十堰市省级传统产业改造升级资金管理实施细则》，与中国工程院签订"现代新车城，绿色生态市"创新驱动发展合作协议，启动实施"双百行动"（培育百强企业、百优产品），企业转型升级加快，创新能力和质量品牌不断提升，东风商用车获评2019年全国质量标杆，32家企业入选省级第三批"隐形冠军"企业，全市"隐形冠军"企业达到61家；湖北商用车及智能装备工业设计研究院被确定为湖北省第一批6个工业设计研究院培育对象之一，9家工业设计中心被认定为2019年湖北省工业设计中心，全市省级工业设计中心达13家；有国家级中小企业公共服务示范平台4家，省级中小企业公共服务示范平台4家，省级小微企业创业创新示范基地5家。部分细分行业龙头地位稳固，驰田汽车致力于打造"中国高轻自卸第一品牌"，创新引领轻量化技术标准，2019年实现产值53.8亿元，同比增长38.4%；佳恒公司专注于工程车液压系统研发生产，市场份额逐年增长，2019年实现产值22.2亿元，同比增长23.2%；东风康明斯排放系统公司瞄准国家法规产品，大力研发生产国Ⅵ排放系统，2019年实现产值19.0亿元，同比增长13.1%。部分零部件产品国际化水平提升，东风M9T轻型发动机批量下线，排放水平达到欧Ⅵ标准，将在轻卡、轻客、皮卡和SUV上得到广泛应用；东风延锋的轻量化内外饰材料技术和制造工艺达到国际平均水平，实现车身内外饰件与整车同步开发配套；东风零部件集团积极推进整体上市，加快实施业务归核化、资源系统化、产品模块化布局调整，打造国际化汽车零部件集团。

四、工业信息化深度融合，绿色发展水平提升

信息基础设施建设稳步推进，全市光缆网络总长度超过25.86万千米，互联网出口带宽达1840G，互联网宽带接入用户110.08万人，移动互联网用户319.59万人，全市城区光纤宽带和4G网络基本实现全覆盖，已建设完成5G基站近200个。产业数字融合应用成效明显，2家企业平台入选2019年全国制造业"双创"平台试点示范名单，4家企业入选2019年湖北省基于互联网的制造业"双创"平台（企业）试点示范项目，16家企业入选2019年省级"两化融合"试点示范企业，全市"两化融合"类试点示范企业达到94家。工业互联网创新应用推进顺利，全市上云企业数量达930余家，促进企业向"互联网+智能

制造"和"云＋智能制造"转型升级。工业污染有效防治,17家沿江化工和危化品生产企业完成关改搬转"清零销号"验收,水泥错峰生产计划超额完成,全市无新增钢铁产能和生产"地条钢"现象。循环产业加快发展,工业绿色制造体系逐步建设,十堰市再生资源有限公司、郧阳荣顺废旧物资回收有限公司2家企业入选国家第七批《废钢铁加工行业准入条件》企业名单;东风小康、东风(十堰)林泓2家企业入选国家第四批绿色制造体系建设示范企业(产品)名单,实现零的突破。

五、加快新旧动能转换,新兴产业不断培育壮大

(一)传统产业持续改造升级

轻工纺织产业提档升级。大力推进以地道农副土特产品加工和水资源利用为主的食品饮料行业产品升级换代,以适应市场消费升级;支持梨花村、庐陵王、房县忠旺酒业发展,推进房县黄酒＋旅游＋文化协调发展,促进酿酒行业的提质增效;推进慕百川、嘉麟杰服饰、郧阳袜业等为代表的纺织行业智能化改造实现机器换人,提高效率,促进纺织服饰行业加快融入主流服饰加工产业链,推进纺织服饰行业提档升级。2019年,全市规模以上轻工纺织企业完成工业总产值330亿,同比增长6.4%;完成工业增加值81.6亿元,同比增长6.7%。其中,食品制造业完成工业总产值16.7亿元,同比增长2.2%;饮料制造业完成工业总产值78.3亿元,同比增长9.5%;副食品加工业完成工业总产值94亿元,同比增长5.5%;纺织行业完成工业总产值25.61亿元,同比增长9.1%。

冶金化工产业改进工艺。推动冶金化工行业改进提高生产工艺,列入国家监察名单的8家企业均顺利通过国家重大工业节能专项监察,双星东风轮胎建成华中地区首个轮胎全流程"工业4.0"智能化工厂。2019年,全市规模以上冶金化工建材企业实现产值216.44亿元,同比增长5.4%;工业增加值完成50.43亿元,同比增长1.74%。其中,金属冶炼及压延加工业实现产值78.71亿元,同比增长6.0%,工业增加值完成15.55亿元,同比增长5.9%;化学原料及化学制造业实现产值27.55亿元,同比下降14.7%,工业增加值完成7.99亿元,同比下降3%;橡胶制品及塑料制品业实现产值37.71亿元,同比增长12.2%,工业增加值完成8.73亿元,同比增长7.9%;建材业实现产值72.47亿元,同比增长8.7%,工业增加值完成18.16亿元,同比下降2.2%。钢材产量97.8万吨,同比增长24.8%;水泥产量413.49万吨,同比增长6%;汽车外胎产量393.41万条,同比下降17.8%。

(二)汽车产业"五化"步伐加快

2019年,全市按照"商乘并举,油电并重"的方针,以汽车电动化、轻量化、智能化、网联化、共享化为方向,推进汽车产业优化产品结构、提升产品品质。全年生产汽车51.8万辆,同比下降5.2%,降幅低于全国(下降7.5%);实现产值1504.3亿元,同比增长5.1%,占全市工业总产值的比重达66.1%。全市规模以上汽车企业达到431家,具有整车生产

资质企业9家(含1家非独立法人整车生产企业),新能源整车生产企业7家(含1家改装类新能源整车生产企业),专用车生产企业35家,资产总额接近3000亿元,整车产能达到90万辆,专用车产能达到25万辆,从业人员20万人左右。

轻量化方面。汽车企业紧跟发展趋势,在关键零部件结构设计、新材料应用上不断创新,轻量化产品不断推陈出新。驰田汽车独家定制高强度钢板,成功开发高轻自卸,将自重降低1.5吨;东风商用车新款天龙底盘通过优化设计,改变承重结构应力,较老款东风天龙减重500公斤;维斯曼新能源涡旋空压机体积减小三分之一,重量减轻20公斤。

电动化方面。以东风商用车、东风特商、东风小康、三环汽车等企业为主的纯电动整车研发生产格局已经形成,产品涵盖纯电动轻型物流车、中重卡、公交客车、环卫车、专用车、轿车、SUV等几十个公告车型,产能增加到31万辆/年。产业链逐步完善,全市新能源核心零部件已形成了驱动电动机系统17万套/年、电控系统10万套/年、车用动力电池系统26万套/年、车用燃料电池系统8000套/年,进一步增加了汽车电动化发展后劲。

智能化方面。随着汽车电子技术的发展,汽车机械操作将逐步被智能化所替代。全市汽车整车企业积极推进汽车智能化发展,东风风光IX5、IX7增加流媒体、人机交互等智能化产品;东风商用车天龙旗舰KX2020升级主动安全,增加智能环境影像、智能前向碰撞预警系统、车道偏离预警系统,整车智能化程度明显提升。

网联化方面。在发展电动化的基础上,整车企业不断加大网联化研发力度。东风商用车高等级的智能网联技术取得新突破,2019年5月无人驾驶的东风天龙KL完成国内首次大规模的商用车列队公开验证试验。湖北汽车工业学院成立了主动安全与智能驾驶研究所,部分成果应用于东风Sharing-VAN移动出行服务平台,奠定了十堰市网联汽车发展基础。

共享化方面。截至2019年12月,全市共享及网约车达到696辆,其中2019年新增516辆;全市租赁城市货运物流车达到746辆。建成并投入使用公用及专用桩达到66个站、414个桩(分散式及个人充电桩未统计),较2018年增加113个桩。

(三)新兴产业不断培育壮大

电子信息产业加快培育。通过加大招商力度和承接沿海电子信息产业转移,补齐电子信息产业发展短板。竹山县通济沟、竹溪县金铜岭、房县东城等工业园,东实大洋电机相继投产,从传统的汽车电子扩展到消费电子、光纤通信设备、电路板模块、智能机器人等领域,产业结构进一步优化。2019年,全市电子信息制造业实现工业总产值84亿元,同比增长7%,完成工业增加值25亿元,实现利税5.4亿元。全市共有电子信息制造业企业60余家,拥有资产总额44.3亿元、主要生产设备5132台(套)。

装备制造业快速发展。形成了以汽车生产装备制造为主的产业基础和产业链,同时积极向非汽车类装备产业拓展。高周波科工贸有限公司高精轴承感应装备,彻底打破了国外技术壁垒,是"大国重器";湖北双兴智能装备有限公司研发了智慧农机履带式大豆收割机。2019年底，全市规模以上装备制造企业达到46家，实现产值176.6亿元，同比增长9.15%。

生物医药产业不断壮大。依托生物医药产业园及丰富的中药材种类，大力引进医药制造业企业，逐步成长为十堰市新兴产业的重要支撑。截至2019年，全市中药材种植总面积148.1万亩，中药材品种达28个，初步形成了以武当山地区为主体，高、中、低山相结合的中药材产业带。全市规模以上生物医药企业达32家，其中年产值过5亿元2家，过3亿元5家；实现总产值38.03亿元，工业增加值10.93亿元。

新材料产业积极推进。丹江口市丹瑞科技新材料扩能、上海烨轩环保科技有限公司高科技复合材料、湖北新时代纳米科技公司锂电池纳米导电浆料综合体、湖北宏迈高科新材料有限公司年产60000吨锂离子动力及储能电池正极材料项目、湖北天龙石墨碳业有限公司与北京北汽鹏龙汽车服务贸易股份有限公司球化石墨提纯等一批项目均在顺利推进中。2019年，新材料新能源产业实现产值86亿元，其中，新材料产业实现产值43亿元，同比增长9%；新能源及新能源电池产业实现产值12亿元，同比增长8%；电力生产及供应31亿元，同比下降6%。

第二节 主要措施

一、抓项目投资，加快培育新动能

瞄准国家政策取向、产业导向、资金投向，围绕全省"一芯两带三区"战略布局、汉江生态经济带规划、老工业基地搬迁改造、南水北调对口协作、脱贫攻坚、基础设施、社会民生等重点领域，抢抓"十三五"规划中期调整等机遇，谋划重大项目，力争更多项目挤进国家和省政策的"笼子"、规划的"盘子"和资金的"袋子"。积极争取国家专项债券基金、中央和省预算内投资。发挥政府资金牵引作用，多管齐下拓宽投融资渠道，破解多方资本进入工业技改、农业开发、环境治理等难题，构建政府投资、社会融资、民间投资"三轮驱动"新格局，力争民间投资占固定资产投资比重45%以上。谋划好项目储备库，推动好建设库，充实好达效库，力争储备亿元以上重大项目1000个，开工建设亿元以上重大项目400个以上，投资项目"两库"转化率30%以上。

二、抓产业转型，推动制造业高质量发展

一是强谋划，持续扩大工业投资。围绕省"一芯两带三区"战略布局和市"一心两翼三高地"产业布局及"一主四大四新"产业体系，认真收集谋划一批产业项目，按照建设库、达产库分门别类建立市县两级工业项目库。突出技改扩规，实施"千企千亿"技改工程，扩大工业投资。

二是转存量，促进产业迈向中高端。推进汽车产业结构优化，按照"商乘并举，油电并

重"的方针,以汽车产业"五化"为方向,促进企业优化产品结构、提升产品品质,重点围绕东风商用车总装及车架业务优化、东风小康迁建等重大项目,推动整车迈向中高端、产品全系列发展。推进传统产业转型升级,加快轻工纺织食品饮料等传统产业的品牌打造、品质提升和智能化生产改造,推行定制化、柔性化、绿色化生产。支持建材、化工、钢铁、铸造、锻造、有色金属等企业以环保节能为主的技术改造和产品转型升级以及智能化、集约化生产。

三是提增量,培育壮大新兴产业。重点抓好新能源汽车及智能装备、生物医药、新材料、电子信息等产业发展。围绕东风重型电动商用车、易捷特新能源电动车、东风华神物流车、东风超龙客车以及三环氢燃料电池车等新能源车型,大力引进电池、电机、电控等配套项目,重点抓好东风力神动力电池、湖北锂诺新能源电池、十堰猛狮电池、东风装备减速器、东实大洋电机等项目建设,推进新能源汽车全产业链发展。围绕汽车装备制造,推进智能制造,重点发展工业机器人、智能装配线、高档数控机床、模具。围绕新能源电池材料、轻量化汽车材料等新材料的开发与应用,积极培育新材料产业。围绕车联网、北斗导航等领域,大力发展汽车电子产品制造,推进光电、通信、显示等产业发展。

三、抓创新融合,推进制造业与互联网融合发展

一是推进智能制造试点示范。大力实施数字化、网络化、智能化改造,开展市级智能制造试点示范认证,积极组织企业申报国家、省级试点示范。

二是推进工业互联网发展。抓好"两化融合"试点示范和贯标对标,利用京东、华为、中软国际等大型互联网企业,建设工业互联网共享平台,鼓励东风装备等龙头企业打造行业互联网平台,组织企业上云,争取国家工业互联网标识二级(行业)节点在十堰设立。统筹推进数字经济发展,编制智慧城市建设总体规划。

三是建设数据共享平台。建立全市规模以上工业企业运行监测平台,与工业企业基础数据库、项目库对接,实现数据互联互通,提升工业经济监管水平。

四、抓污染防治,推进工业绿色发展

一是巩固淘汰落后产能成果。持续开展打击"地条钢"行动,防止违规新增钢铁产能。加强督办检查,严格执行水泥错峰生产计划。

二是做好化工企业"关改搬转"工作。扎实推进危险化学品生产企业搬迁改造和沿江化工企业"关改搬转"工作,落实相关政策。

三是推进固体废物综合利用。加强工业废钢铁、废铅酸蓄电池、废旧新能源汽车动力电池回收利用体系建设,重点支持张湾和房县循环经济产业园、茅箭再生资源公司发展。

四是推进绿色制造。编制十堰绿色制造建设意见,加快绿色工厂、绿色园区、绿色供应链和绿色产品建设,力争建成一个绿色园区、一批绿色工厂。推进钢铁、水泥、电解铝等重点行业节能降耗,推广应用清洁生产先进技术。

五、抓平台建设，提升创新驱动能力

建好建强科技创新平台，积极争创国家级高新区，鼓励各地创建省级高新区；推进国家科技成果转化服务示范基地建设。打造"双创"升级版，加大政策支持力度，创建创业创新联盟，提升孵化机构和众创空间服务能力，推动线上线下结合、产学研用协同、大中小企业融合，促进创新成果转化应用。积极培育引进科技领军人才和团队。力争新认定高新技术企业20家，提升高新产业增加值和研发经费占GDP比重。加强技能人才培养，培育更多"车城工匠"和"行业技术能手"。深入推进质量提升行动，继续争创全国质量强市示范城市、长江质量奖，抓好3个国家级公共服务标准化试点创建，组织评选武当质量奖，培育湖北名牌15个。

第三节 存 在 问 题

一、结构调整任务艰巨

十堰市工业结构中汽车产业占比较大，长期维持在65%左右，装备制造、生物医药、电子信息、新材料新能源等产业发展滞后，支撑能力不足，汽车产业一旦受到影响，便会"一损俱损"，影响全市工业发展的稳定性。从汽车产业结构上看，整车在商用车领域实现全覆盖，中重型车、轻微车发展较好，但市场容量最大的轿车发展滞后。从专用车发展看，同质化竞争较为普遍，部分企业生产低端自卸车，还停留在拼价格阶段；零部件企业简单加工零件多、模块化系统化部件少，生产商用车零部件多，生产乘用车、新能源汽车零部件较少。

二、企业核心竞争力有待增强

新兴产业缺乏龙头带动。新兴产业普遍规模小，缺乏一体化的完整产业链，导致自主创新能力不强，专业化分工、社会化配套水平不高，企业附加值不高。高层次人才匮乏，特别是技术领军人才尤为紧缺，导致人才留住难、引进难。产业发展创新能力不足。企业创新意识不强，创新能力薄弱，缺乏具有自主知识产权的核心技术，很多产品仍处于产业链初端。

三、企业信息化水平发展滞后

企业信息化发展水平不平衡，对信息化建设的认识不足，信息化建设投入不足。部分企业信息化建设还处于初级阶段，需要加强引导和政策支持，建议省、市政府加大对"两化融合"类试点示范企业、贯标试点企业和互联网与工业融合创新等试点企业的政策资金支持力度，激发试点示范企业积极性。

第四节 发展建议

一、突出系统思维,整体谋划推进

做好项目谋划,围绕十堰市重点培植的新能源车、智能装备制造、生物医药等产业,结合"一带一路"、对口协作、产业转移,着力引进一批新的特色项目,逐步壮大十堰市新兴产业实力。高水平编制"十四五"规划。围绕"一主四大四新"产业规划及高质量发展要求,做好产业谋划,坚持将传统产业转型和新兴产业培育相结合,招商引资和优化环境相结合,"抓大"和"扶小"相结合,构建主导产业突出、产业梯次合理、专业集聚、协同发展的格局。做强做大汽车主导产业,以"创新、协同"为引领,以"五化"为方向,进一步优化汽车产业布局。

二、突出创新引领,加快动力转换

推进制造业与互联网融合发展,加快十堰市制造业装备智能化的运用,建设一批智能化工厂、数字化车间。加快工业云平台建设,推进企业上云工程,为企业赋能。加快5G商用、工业互联网等智能基础设施建设,争取国家工业互联网标识解析体系二级节点布局十堰。加快推进军民融合发展,创新军民融合机制,促进军品民用、民品军用,推动张湾区汽车产业园军民融合产业示范基地建设。

三、突出因地制宜,创造发展特色

各县市区坚持因地制宜打造绿色经济。打造"双十"产业集群,培育10个省级重点成长型产业集群及10个"专精特新优"型特色产业集群。做大做强现有7个省级重点成长型产业集群,大力培植市级智能装备、新能源汽车、丹江水都品牌食品饮料、竹山绿松石工艺品、竹溪魔芋食品、房县黄酒发酵食品、郧西木质板材家具等市级"专精特优"中小型产业集群。

四、突出务实操作,实行项目化推进

深入开展"双千""双百""双十""双链""双招"五双系列活动。通过"双千""领导干部走访服务企业"活动协调解决企业复工过程中的困难问题;通过深化"双百"对接活动,切实推进企业转型升级,提升企业核心竞争力;通过与东风商用车达成的"双十"计划(每年推荐10家优质零部件企业与东风商用车协作配套或提升配套份额,东风商用车等主机厂每年引入10家外地配套零部件企业在十堰落户),推进整零协同创新发展;通过实施"产业链""供应链"双链提升工程,强化产业链供应链发展;通过实施"招商引资""招才引智"双招活动,进一步壮大十堰市工业经济总量。

第二十六章 荆 门 市

第一节 发展概况

2019年,荆门市认真贯彻落实省委、省政府决策部署,紧扣稳增长、快转型、高质量发展三个重点,以建设"湖北区域性增长极"和争当"江汉平原振兴发展示范区排头兵"为奋斗目标,全力以赴谋发展、促创新、抓落实,制造业发展呈现总体平稳、稳中趋缓、稳中提质的态势。

一、工业运行总体平稳

2019年,从增速看,全市规模以上工业增加值同比增长7.8%,与全省持平。从产值看,全市规模以上工业企业完成产值3610亿元,同比增长8%,工业产销率96.6%。35个工业大类行业中,32个行业产值保持增长态势,增长面91.4%,其中,22个行业产值增速高于全市平均水平,较上一年增长3%。从产品产量看,全市146种工业产品中,107种产量实现增长,增长面73.3%。

截至2019年年底,荆门市十大细分产业完成产值1727.4亿元,占全市工业总产值47.8%,上缴税金168亿元。其中,石化产业完成产值274.7亿元,占全市工业总产值8.7%,同比增长8.8%;新能源汽车产业完成产值220.9亿元,占全市工业总产值6.1%,同比增长10%;玻璃深加工产业完成产值46.4亿元,占全市工业总产值1.3%,同比增长16%;通用航空器研发与制造产业完成产值4.5亿元,占全市工业总产值0.12%,同比增长22%;再生资源利用与环保产业完成产值342.2亿元,同比增长18.9%,占全市工业总产值9.3%;新型电子材料和元器件产业完成产值200.3亿元,占全市工业总产值5.4%,同比增长21.2%;生物医药产业完成产值30亿元,占全市工业总产值0.8%,同比增长20%;磷化工产业完成产值384.5亿元,占全市工业总产值11.1%,同比增长10.5%;精细化工产业完成产值185.9亿元,占全市工业总产值5.6%,同比增长35%;智能制造装备产业完成产值38亿元,占全市工业总产值1.0%,同比增长25%。

二、新旧动能转换加快

2019年,全市高技术制造业增加值增长22.6%,高于规模以上工业增加值增速14.8个百分点,占规模以上工业企业比重为3.3%,比上年同期加快0.4个百分点,拉动增加值增长 0.66 个百分点。其中,医疗仪器设备及仪器仪表制造业、电子及通信设备制造业、信息化学品制造业增加值增速分别为 210.7%、30.6%、23%,分别高于规模以上工业增加值增速平均水平 202.9 个百分点、22.8 个百分点、15.2 个百分点。

三、市场主体不断壮大

全年新增规模以上工业企业 55 家,市场主体不断壮大,规模以上工业企业总数达到 1063 家。产值过亿元企业 524 家,占比 49.3%。格林美迈入百亿元企业行列,目前全市百亿元以上企业达到 3 家(荆门石化、格林美、新洋丰),50 亿元~100 亿元企业 1 家(世龙化工),20 亿元~50 亿元企业 40 家,金泉新材料产值突破 35 亿元,同比增长 83%,10 亿元~20 亿元企业 10 家。

四、重点产业快速增长

在七大产业中,有 4 个产业产值实现两位数增长,其中电子信息、新能源新材料、再生资源利用与环保、装备制造产业产值增速达到 17.8%、17.7%、12.3%、11%,高于规模以上工业总产值增速平均水平 9.8 个百分点、9.7 个百分点、4.3 个百分点、3 个百分点。

五、工业效益持续改善

2019 年,全市规模以上工业企业实现营业收入 3328 亿元,同比增长 4.5%,总量居全省第 5 位;资产负债率 45.2%,低于全省(51.7%)6.5 个百分点;每百元营业收入中的成本为 83.88 元,低于全省 0.06 元,其中,荆门高新区·掇刀区、东宝区每百元营业收入中的成本分别低于全省 5.14 元、3.39 元。

六、绿色发展推动有力

出台支持化工企业"关改搬转"政策,市财政连续三年、每年设立 1500 万元专项资金支持,争取省补专项资金 1696 万元。79 家沿江化工企业制定了"一企一策"方案,已有 20 家企业完成"关改搬转"并验收销号。编制完成《荆门市磷化产业绿色发展规划(2019—2030)》,淘汰钟祥市 11 家企业 12 条生产线 89 万吨落后产能。出台专项补助和"以用定产"政策,新上磷石膏综合利用项目 6 个,建成投产 2 个,全市磷石膏综合利用率达到 30.9%。

七、服务环境更加优化

全力贯彻落实省委省政府《关于大力支持民营经济持续健康发展若干意见》,对照任务清单及配套措施抓好落实,修订完善支持现有企业发展有关政策。全年持续开展"千名干部进千企,创优服务促发展"活动,每月通报县(市、区)党政主要领导"一把手"包联情况和企业家座谈会开展情况。

第二节　主要措施

深化供给侧结构性改革,落实 20 个重点产业培育行动方案,推动产业集群化、产品高新化、模式新型化、业态多样化、品牌高端化。

一、推动制造业高质量发展

实施"百企技改"行动,完成工业技改投资 340 亿元。实施产业链垂直整合行动,以磷化工、农产品加工企业为重点,完成兼并重组项目 30 个。实施战略性新兴产业倍增行动,大力发展高端装备制造、再生资源利用与环保、新能源、新材料、电子信息、生物医药、大健康等产业,高质量建设国家通用航空产业综合示范区,力争战略性新兴产业产值增长20%。实施军民融合发展行动,加快荆门航空产业园军民融合产业示范基地、康沁药业国家军特药西南生产基地建设。实施骨干企业培育行动,支持荆门石化转型发展,支持格林美、新洋丰、凯龙化工、京山轻机等龙头企业稳产增产扩产、强链补链延链,支持 76 家细分领域"隐形冠军"企业做大做强。实施质量提升行动,创建全国质量强市示范城市,在规模以上工业企业推行全面质量管理体系。

二、推动新经济新业态发展

聚焦数字经济、智能经济、绿色经济、创意经济、流量经济、共享经济,构建新经济产业生态圈。加快人工智能与产业发展融合,重点推动 10 家企业开展智能化改造。不断拓展大数据应用空间,在生产经营、精准医疗、城市管理等领域实施一批示范项目,实现规模以上工业企业上云全覆盖。完善电子商务网络体系,加强电子商务质量监管,全市规模以上工业企业电子商务应用普及率达到 90%。

三、全力加快新旧动能转换

进一步突出创新引领。积极建设国家创新型城市,力争高新技术产业增加值增长12.5%,研究与试验发展经费占 GDP 比重达到 2.3%,高新技术、科技型中小企业分别达到 280 家、300 家。构建以企业为主体、市场为导向、主导产业为重点的区域创新体系,组建省级产业技术研究院,新增省级以上科技创新平台 10 家。

进一步激活人才资源。引进 15 个重大产业人才项目、10 个博士团队,定向培养 800 名技能人才,做实院士专家工作站,新增工作站 10 家。加快科创社区建设,提供产学研居娱一体化服务。全面落实人才政策,让各类人才充分施展才干、聪明才智迸发涌流。

进一步优化投资结构。完善项目储备库、建设库、达效库,从投资源头改造旧动能、培育新引擎。统筹推进 950 个亿元以上项目建设,开工建设新宙邦电解液、润都制药、君健新材料等重点项目,加快东方雨虹环保防水材料、众星汽车零部件、弘信柔性电子等重点项目建设，推动盈德气体、万华生态板、新视野机床等重点项目投产达效。

第三节 存在问题

一、产业结构有待完善

从产业规模来看，十大产业中，只有化工产值迈入千亿元行列，其他产业规模偏小，新型电子材料和元器件、生物医药等尚处于起步阶段。从产业链条看，产业上下游衔接不紧密，产业链不粗不长，没有形成产业集群效应。有些产业同质化严重，配套率低，如智能制造装备、玻璃深加工等产业。从产业层次看，高附加值、高税收、高科技含量的企业不多，化工产业特别是磷化产业很大部分企业处于初加工阶段，企业小散乱污严重，生产经营粗放，环境污染严重，不适应新时代绿色发展的要求。

二、政策支持有待加强

支持工业重点产业发展的"一业一策"有待制定出台。如在新能源汽车产业推进方面，荆门市近年来出台的一些政策与其他地区相比已无优势，影响了新能源汽车整车及关键零部件制造项目落户荆门市。再如在生物医药产业发展上，宜昌等地根据医药产业的特殊性，对获得国际、国内组织的药品生产质量认证（GMP）的企业给予奖励，对首次获得药品注册证并进入生产销售的、对从外地转入的药品批准文号并投入生产销售的以及对完成已有药品一致性评价的企业，制定出台一系列奖励扶持政策，这些做法值得我们学习借鉴。

三、创新能力有待提升

荆门市磷化等传统重化工产业转型升级需要技术和人才的支撑，新型电子材料和元器件、生物医药、智能制造、精细化工等战略性新兴产业都是技术密集型产业，也需要较强的创新能力。荆门市现有企业许多缺乏创新意识，产学研结合不够，研发投入少，技术平台缺乏，信息化程度低，创新能力不足。招商引资重大项目尚无突破，工业十大重点产业招商引资引进的大企业、大项目和高技术含量的项目不多。

四、服务效率有待提高

产业链招商项目存在落地难、协调难等问题，企业服务和产业推进工作效率有待进一步提升，营商环境有待进一步优化。在服务十大产业重点龙头企业要素保障等方面，少数部门和工作人员还存在推诿拖沓、效率低下的问题。

第四节　发 展 建 议

一、聚力抓动能转换

加强项目谋划，扎实开展百企技改动，力争 2020 年重点推进投资 5000 万元以上的技改项目 100 个。加快传统产业转型升级，以化工、农产品加工企业为重点，完成兼并重组项目 20 个。深入推进绿色制造体系项目建设，以格林美、荆门宏图 2 家国家绿色工厂和新洋丰 6 个绿色产品为牵引，全力推动绿色工厂、绿色园区、绿色供应链、绿色产品的培育工作，2020 年争取培育 1~2 家绿色工厂，3~5 个绿色产品。突出抓好东宝区电子信息、京山市智能制造、沙洋县新材料、荆门高新区·掇刀区再生资源利用与环保及新能源动力电池产业集群集聚发展。

二、聚力抓融合发展

推动企业深度上云，推动工业企业加快云化改造和云端迁移，打造省级上云标杆企业。加快推进 5G 规划建设，落实《荆门市 5G 通信基础设施建设实施方案》，实现县级以上城区 5G 网络覆盖。积极争取将军特药基地等重大项目纳入国家和省"十四五"规划。把发展通航产业作为今后的一项重要抓手，建设好钟祥军地两用机场，壮大爱飞客通用航空综合体，扎实推进钟祥市冷水镇驻军土地置换工作。

三、聚力抓产业培育

进一步完善工业类十大重点产业推进方案和重点工作责任清单，加大对十大重点产业园区建设和项目建设的调度力度，着力解决存在的困难和问题，并及时挖掘典型、总结经验，加大宣传力度，形成浓厚的发展氛围。充分发挥各产业链上的龙头企业的引领作用，通过鼓励和引导企业通过项目合作、相互参股、资本经营、兼并重组等方式，实行强强联合。引导各产业发展推进委员会加大与县市区联动力度，不断完善产业发展的产业链，完善优化"招商地图"，着力引进一批拥有雄厚实力、核心技术、知名品牌的好项目、强企业。

四、聚力抓绿色发展

严格按照省、市磷化产业绿色发展要求，明确工作责任，强化日常调度，落实支持政策，确保 34 家计划 2020 年完成的沿江化工企业"关改搬转"到位。进一步加大中小磷化企业整合重组和落后磷化产能淘汰力度，推进磷化企业有序向专业化工园区聚集，鼓励企业新建符合国家产业政策和产业发展方向的优质磷化项目。加快推进磷石膏综合利用项目建设，力争尽快投产，建立科学磷石膏利用率统计体系和日常调度机制，确保全年目标任务坚决完成。

五、聚力抓服务创新

深入开展惠企政策宣传活动,及时发布最新政策信息。强化落实市领导和部门包联企业工作制度,积极推进县(市、区)党政主要领导每月召开一次企业家座谈会或现场办公会,继续开展通报包联和企业家座谈会情况。提升素质抓培训,实施"企业家培育工程",加强企业经营管理者、新生代企业家、企业中层干部等各类企业人才队伍培训,开展企业培训及考察学习活动12场次以上,培训高、中层管理人员2000人次以上。

第二十七章 孝 感 市

第一节 发展概况

一、工业经济发展质效好

2019年孝感市规模以上工业增加值比上年增长9.7%,增速居全省第4位。轻工业同比增长10.0%,达到1782亿元;重工业同比增长9.2%,达到1178亿元,轻、重工业占比分别为60.2%和39.8%。其中,制造业同比增长9.9%,高于规模以上工业增加值增速0.2个百分点。

2019年,孝感市规模以上工业企业实现营业收入2691.09亿元,同比增长5.4%;实现利税216.72亿元,同比增长11.8%;实现利润124.55亿元,同比增长11.3%。营业收入过10亿元企业36家,过20亿元企业9家。

2019年,孝感市六大重点产业中,农产品加工制造企业494家,完成产值1153亿元;盐磷化工企业98家,完成产值335.4亿元;纸塑包装企业80家,完成产值223.1亿元;高端装备制造企业73家,完成产值127.2亿元;新能源汽车及零部件企业29家,完成产值49.8亿元;光电子信息企业82家,完成产值131.5亿元。

2019年1—9月,孝感市37个工业行业中有33个保持增长,增长面达89.2%,较上年同期提高16.2个百分点;全市1160家规模以上工业企业中,有909家产值保持增长态势,增长面达78.4%;累计产值过亿元工业企业571家,占规模以上工业企业总数的49.2%,产值同比增长17.4%。

二、产业结构持续优化

2019年,孝感市实现地区生产总值2301.40亿元,按可比价格计算,比上年增长8.0%。其中:第一产业增加值310.37亿元,增长3.3%;第二产业增加值983.30亿元,增长9.1%;第三产业增加值1007.73亿元,增长8.5%。三次产业结构由上年的13.7∶42.7∶43.6调整为13.5∶42.7∶43.8。孝感市农产品加工制造、盐磷化工、纸塑包装、高端装备制造、新能源汽车及零部件、光电子信息等六大重点产业实现增加值548.7亿元,增长9.9%,占规模以上工业增加值的比重达70.7%。1—9月,光电子信息、高端装备制造、新能源汽车及零部件三大战略性新兴产业在孝感市重点产业中的占比15%,较去年同期提高 0.7 个百分点。

三、创新能力不断提升

2019年,孝感市高新技术产业实现增加值320.94亿元,增长9.7%。认定高新技术企业129家,高新技术企业总数达到318家。新培育科技型创业企业209家。完成技术合同成交额36.3亿元,转化科技成果186项。国家企业技术中心达5个,省级以上孵化器、众创空间、星创天地达83家,发明专利授权300件,转化科技成果158项。新增国家知识产权示范、优势企业3家,注册地理标志商标2件。依托武汉一批院士团队,建成院士专家工作站5个,组建新能源汽车电动机转轴工程技术等各类研发中心10个。坚丰科技在国家赛宝实验室指导下建成湖北省轴业智能制造创新中心。

四、园区建设步伐加快

结合资源禀赋,孝感市规划建设了一批特色产业园区。湖北日商产业园,聚集了世界500强日本矢崎、车灯行业著名企业日本小糸、汽车零部件全球百强提爱思等28家日资企业。军民融合产业园,聚集了军民两用优势企业80余家,产值达到200亿元以上。纸品产业园,聚集了全国纸品行业前十强的恒安、维达、中顺、金红叶、丽邦等龙头企业。2018年纸品产业园生活用纸总产量181万吨,实现总产值102亿元,被中国生活用纸协会授予"生活用纸生产基地"称号。粮机产业园,聚集了24家粮油机械企业,粮机销售占全国市场份额的30%以上,龙头企业永祥粮机在全国同行业综合排名第1位。盐化工产业园,聚集了宜化双环、云图控股、富邦科技、中盐宏博等一批优质企业,形成了日化盐、纯碱、氯化铵等5条产业链。

五、"两化融合"深入推进

"两化融合"是加快工业经济转型升级、推动企业创新发展的有效抓手。近年来,孝感市积极推动"两化融合"试点示范企业的贯标、对标和引导工作,充分发挥试点示范企业的辐射带动作用,推动试点示范企业加快信息化项目建设,有效提升了企业智能制造水平。2019年,维达护理用品(中国)有限公司、湖北首通电磁线科技有限公司等10家企业入选湖北省信息化和工业化融合试点示范企业。目前,孝感市已有国家制造业与互联网融合发展试点示范项目1个,国家两化融合管理体系贯标试点企业4家,省级两化融合试点示范企业68家,省基于互联网的制造业"双创"服务平台试点示范企业1家。

六、军民融合成效显著

孝感是军工大市,历史上随着"三线"企业调迁,一批优势的军工科研生产单位落户孝感,目前已聚集了中国航天三江集团、中国兵器装备等25家军工企业,拥有国际合作基地1个,省级以上企业技术研发中心12个,近4000名研发人才和一大批专利成果。

2019年,孝感市4个整车资质、5个产品公告获批,其中,厦门金龙旅行车与三江万山开展合作,建设每年2000辆产能的客车研发生产基地,328辆"孝感造"新能源客车已交付使用。

七、重点项目有序推进

2019年,孝感签约亿元项目306个,签约引资2453亿元。在孝感市临空区,3个百亿元项目加速推进;新规划建设的汉孝产业园也已落户5个工业项目。华中光电搬迁主体工程基本建成,省高分辨率对地观测系统数据与应用分中心落户孝感,大悟武船产业园进驻企业5家。陶瓷芯片、半导体激光芯片、华工正源光芯片、锐邦光电光模块等一批"芯屏端网"加速成长。

第二节 主要措施

一、加强顶层设计,优化高质量发展布局

先后出台了《加快新旧动能转换促进新经济发展的实施方案》《推动工业经济稳增长快转型高质量发展行动方案(2018—2020年)》《孝感市省级传统产业改造升级专项资金管理实施细则》《孝感市沿江化工企业关改搬转和危化品生产企业搬迁改造若干措施的通知》《关于强化科技创新引领高质量发展的实施意见》等一系列政策举措,为促进实体经济发展提供强有力的政策支撑。编制了《孝感市产业发展融合对接大武汉研究报告》,明确产业对接的具体路径以及空间布局。

二、实施创新驱动,推动和引领经济高质量发展

围绕加快实施创新驱动发展战略,以科技创新引领孝感高质量发展,从补齐创新载体短板、人才短板、金融服务短板,培育优势特色产业,推进军民融合创新,推进汉孝科技一体化,完善科技成果转化,完善知识产权激励政策,加强科技创新工作组织保障等九个方面强化科技创新服务。进一步完善市级科技成果、企业技术需求数据库,构建开放共享的小试研发服务平台,奖励促成技术成功转化的中介机构,探索建立政府购买新业态新模式产品和服务的示范推广机制,创建重点任务责任清单等。

深入实施"我选湖北·立业孝感"计划、"百名博士联百企"专项行动,开展技能强省示范县创建,柔性引才、技能成才。

三、加速动能转换,增强高质量发展源动力

深化"两化融合",开展智能制造试点,启动工业互联网二级节点建设,引导企业分类上云;实施新一轮"千企千亿"技改工程,加快"机器换人、设备换芯、生产换线",促进三大

传统产业优化升级。深化军民融合,共建军民融合产业联盟,推动三江万山"混改",支持华中光电搬迁达产、新能源汽车量产达效,加快三大战略新兴产业成长壮大。

对接"中国制造2025"和省"十大重点产业",全力融入汉孝随襄十制造业高质量发展带,实施八大重点产业"三年倍增计划",扩大规模以上工业企业规模。推动先进制造业与生产性服务业深度融合,鼓励发展电子商务、网络型基础设施。

四、深化改革开放,增添高质量发展新活力

双向发力扩大开放。主动对接"一带一路"、湖北自贸区、长江经济带、汉江生态经济带和长江中游城市群。加强与汉新欧铁路、武汉综合保税区、武汉新港、天河国际机场合作,推动汉阳海关在孝感设立办事机构。支持市高新区日商产业园提档升级,争创省级日商国际产业园。发展友好城市关系,深化国际交流合作。加快建设外贸综合服务中心,实施国际市场拓展计划、破零攻坚行动,支持优势产业、重点企业"抱团出海",发展跨境电子商务,建设皮草、童车、禽蛋、茶叶外贸转型升级基地。

五、扩大有效投资,夯实高质量发展支撑力

对接重大战略,研深悟透政策信息,高质量编制"十四五"规划,在基础设施、先进制造业、乡村振兴等领域,跨区域谋划一批重大项目,挤进国家和省项目"盘子","三网"支撑、"三库"连通、动态管理、及时转化,对上争资高于上年水平,提高项目转化率。

聚焦产业高质量发展,力促市高新区华中马瑞利、市临空区苏宁易购、孝南千芝雅纸品、汉川拓普新材料、云梦融晟金属、安陆云谷光电、大悟中南家居、孝昌龙族药业等项目投产达产。

六、促进区域协调,提升高质量发展承载力

推进汉孝深度融合。以基础设施对接区域之"心",共建交通、水利、能源、通信等跨区域项目,协调推进沿江高铁、武汉枢纽直通线、武汉轨道交通20号线、武汉城市圈环线高速孝感北段通车,续建硚孝高速二期、武大高速北段、孝汉应高速、京港澳高速改扩建开工。以产业发展链接产业之"芯",合力共建汉孝产业园,服务武汉四大国家级产业基地建设,在激光装备、商业航天、"芯屏端网"等方面加强产业协作配套。以创新驱动融入动能之"新",深化"一网一图三库"建设,融通共享大数据信息,推动人才互派交流常态化、制度化,建立紧密的产学研合作关系。

竞相发展县域经济。加强高质量发展考核激励,鼓励各县市区发挥比较优势,比拼赶超、争先进位,实现创新、绿色、特色、错位发展。打造孝汉应经济走廊转型发展示范区,支持汉川早日跻身全国综合实力百强县市,支持孝南、应城冲刺全省20强。

第三节 存在问题

一、制约发展因素较多

孝感市经济发展中存在着企业规模低小散、产业结构低档次、产品品牌同质化、高端专业人才短缺等问题,成为制约质量发展的重要因素。

二、产品质量竞争力弱

孝感市名牌产品在产品质量、品牌信誉方面还有一定差距,具有国际竞争力的品牌很少,全国共有粮机生产主要企业120家,其中12%的粮机生产企业在安陆,只有安陆永祥粮机获得湖北省名牌称号。

三、缺少知名品牌产品

原创性产品和创新技术较少,缺少有国际竞争力的旗舰式企业和具有产业带动力的龙头企业,多数名牌企业规模偏小,品牌带动经济发展的成效不明显,科研成果转化滞后,支撑经济社会又好又快发展的驱动力不强,粗放型发展方式还没有得到根本改变。

四、科技研发能力不足

目前孝感市大中型企业有研发机构的仅占18%,研发经费支出与其销售收入之比多年来一直在1%以下徘徊。不少企业在生产经营中依然走的是简单拷贝、空间位移扩张、以"四低"(低成本、低价格、低技术、低附加值)打天下之路,产量虽有增加,质量却少有提高,在激烈的市场竞争中缺乏应对风险的能力。

五、品牌集聚效应较差

在品牌集聚方面,孝感市尚未形成具有较强竞争力的区域性名牌基地(示范区),集聚区行业中名牌产品企业还缺乏带动整个行业发展壮大的能力。

第四节 发展建议

一、抓融合促存量变革

深化"两化融合",开展智能制造试点,启动工业互联网二级节点建设,引导企业分类上云,新增2家省级"两化融合"试点示范企业;实施新一轮"千企千亿"技改工程,加快"机器换人、设备换芯、生产换线",促进三大传统产业优化升级,工业技改投资增长10%。深化军民融合,共建军民融合产业联盟,推动三江万山"混改",支持华中光电搬迁达产、新能源汽车量产达效,加快三大战略新兴产业成长壮大。

二、抓育新促增量崛起

对接"中国制造2025"和省"十大重点产业",全力融入汉孝随襄十制造业高质量发展带,实施八大重点产业"三年倍增计划",力争新增规模以上工业企业80家,工业增加值增长8%。围绕六大重点产业,着力打造以禾丰粮油、新都化工、金凤凰、华工高理、航天重工为代表的一批龙头企业;加速培育以麻糖米酒、瑞莱特、良辰汽车、大禹电气、京信通模塑为代表的一批成长型骨干企业;鼓励引导企业走科技创新"专精特新"发展之路。推动先进制造业与生产性服务业深度融合,鼓励发展电子商务、网络型基础设施。

三、抓创新促变量突破

深度推进产城融合发展,设立激光、石墨烯引导基金促新兴产业聚集,签约引进亿元项目40个、资金200亿元;鼓励产学研合作,新建院士工作站10家,转化科技成果80项。打造创新型领军企业,申报高新技术企业100家,培育科技型创业企业220家,高新技术产业增加值突破300亿元。深入实施"我选湖北·立业孝感"计划、"百名博士联百企"专项行动,开展技能强省示范县创建,柔性引才、技能成才,新增高技能人才400名以上,新建各类孵化载体10家以上。

第二十八章 鄂 州 市

第一节 发展概况

2019年,鄂州市以习近平新时代中国特色社会主义思想为指导,深入贯彻党的十九大和十九届二中、三中、四中全会精神,围绕"巩固、增强、提升、畅通"八字方针,全力推进制造业高质量发展,建设"航空城、生态城、科学城、武鄂一体化",加快由"钢城"向"港城"转变,争创转型发展示范区。

一、工业平稳增长,经济稳中有进

2019年,规模以上工业增加值增长8.0%,高于全省平均水平0.2个百分点,完成了全年目标。工业用电量增长9.0%,增幅居全省第3位。鄂州电厂三期、容百四期等一批重点技改项目竣工投产,扛住了经济下行压力,稳住了大盘。全市经济运行继续保持在合理区间,呈现总体平稳,稳中有进的发展态势。

二、转型升级加快,传统产业提质

2019年,全市共有113家工业企业计划实施130个技改项目,总投资554亿元,全年完成投资额121亿元。华工法利莱、科贝科技、博士达科技等14家企业通过技术改造,产品质量和市场占有率显著提高,获评省级"隐形冠军"企业,占据全国产业链核心。同方泵业、杜肯索斯入选省级服务型制造试点示范企业。鄂钢从2018年开始实施绿色智能钢厂技改工程,到目前累计投入技改资金18亿元,完成项目15个。传统行业开始摆脱"拖累",成为经济新支撑。

三、结构持续优化,新兴产业壮大

2019年,鄂州市高新技术制造业增加值增长15.3%,同比提高1.5个百分点,占工业比重提升0.5个百分点,对全市工业增长贡献率为16.3%,环比提高0.8个百分点。其中电子信息、新能源、电气机械制造等产业分别增长22.1%、31%、11.6%。高新技术制造业投资同比增长20.3%,其中,电子器件制造业投资增长50.2%。智能化、绿色化改造投资增长89%,产业结构持续改善,高质量发展动能不断积蓄。

四、"两化融合"深化,智慧制造发力

2019年7月,鄂州市与省通管局、省通信企业签订战略合作协议,共建"5G＋千兆光网"双千兆示范城市。争创武汉城市圈首个固话并网试点城市进展顺利,027试验网即将推进到全市域。5G网络在临空经济区机场率先试点,鄂钢成为国内首个5G智能钢厂。国家工业互联网二级节点落户鄂州。新增自强电工、咏丰科技等8家省级"两化融合"试点示范企业,灿光广电、爱民制药2家企业通过工信部"两化融合"管理体系贯标系认定。企业上云工程加快实施,工业和信息化深度融合发展。

五、市场主体增加,动能加速生长

三安光电、逸飞激光、千瑞达装备、容百锂电五期、虹润新材料二期、南都新能源二期等24个先进制造、新能源创新项目成功落户,百亿元级的智能制造产业集群和全省规模第1的新能源材料制造基地已初具雏形。全年,新增规模以上工业企业31家,产值增幅达260%,工业发展动能加速生长。规模以上工业企业研发费用同比增长1.16倍,新技术应用步伐加快。

六、服务企业强化,体系日臻完善

组织开展"千名干部进千企,优化环境促发展"(双千)活动,75家市直单位深入150家重点企业开展服务,累计协调解决企业诉求510项,企业对办结事项的满意率达100%。组织实施电力直接交易,参与企业54家,同比增长31.7%,降低企业用电成本6000万元。督促电力报装服务提速,2019年一季度在全省的"电力获得"指标评估中,得分全省第1。清理偿还拖欠民营企业中小企业账款6046.65万元,清偿完成率100%。

第二节 主要措施

一、加强顶层设计,制定高质量发展方案

为贯彻落实习近平新时代中国特色社会主义思想和党的十九大精神和省委省政府关于推进重点产业高质量发展要求,全面对接"一芯两带三区"区域和产业发展布局。抓住经济发展由高速度向高质量转型的关键"窗口期",促进全市工业经济稳增长、快转型和高质量发展,鄂州市政府发布了《鄂州市工业经济稳增长快转型高质量发展工作方案(2018—2020年)》和《鄂州市贯彻落实"一芯两带三区"布局推进重点产业高质量发展实施方案(2019—2023年)》。

二、以产业升级为抓手,推动高质量发展

围绕"一芯两带三区"布局,坚持"优旧"与"育新"相结合,推动传统产业向现代产业转化。一是存量上,推动传统产业脱胎换骨。在加速淘汰落后产能和化解过剩产能的同时,大力实施一批传统产业技改升级项目。鄂钢集团投资50亿元启动实施绿色城市示范钢厂改造工程,围绕"污水不外排、固废不出厂、噪声不扰民、废气超低量"的目标,烟气消白、绿色广场、废水循环利用、综合节能、烧结炉改造等工程基本完工,经营效益和环保指标均居宝武集团前列。二是增量上,推动新兴产业加速崛起。主动融入大武汉、对接大光谷,深度嵌入产业之"芯",积极培育动能之"新"。投资40亿元启动建设葛店光电信息产业园、大健康产业园。引进了投资120亿元的三安光电全球首个大规模 Mini/Micro LED 芯片项目落户,从洽谈到动工仅4个月时间。投资40亿元的容百锂电池正极材料四期工程竣工、投资10亿元的虹润高科锂离子动力电池材料二期已动工、投资36亿元的8GW南都固态锂电池项目即将动工。全市半导体芯片产业实现零的突破,新能源产业集群已现雏形。三是变量上,推动科技创新开花结果。抢抓武汉科技资源外溢机遇,与中科院合作建设精密测量大科学装置,沼山地下工程已动工。与社会资本合作设立40亿元科技创新股权投资基金,支持打造葛店、梧桐湖科技创新新高地。全市累计支持实施109个市校合作科技项目,成功实现30余个科研成果转化,申报知识产权132项。

三、以重大工程为依托,构建物流优势

2019年,随着亚洲第1、全球第4的湖北国际物流核心枢纽项目正式动工,鄂州市加速推进长江经济带综合物流交通节点建设,积极构建长江经济带内陆地区对外开放新通道,推动由"钢城"向"港城"的战略转型。一是全力建设国际化航空城。总投资159亿元的鄂州顺丰机场场道工程全面动工,总投资75亿元的拆迁安置主体工程竣工;投资154亿元的转运中心、货航基地、航油工程即将动工。围绕建设空港型国家物流枢纽承载城市,谋划空港经济布局,《鄂州市临空经济区总体方案》获批,临空经济区建设与产业导入工作全面启动,一批国内外知名企业来鄂州市实地考察,寻求合作。二是构建铁水公空多式联运体系。总投资50亿元的三江港铁水联运国家示范基地建设提速,三江港多式联运基地一期工程一季度投入运行,实现矿石、钢材等大宗货物铁水无缝衔接。三江港国家粮食转运基地、三江港集装箱码头加快推进,集装箱铁路专用线正在开展前期设计工作,力争下半年动工建设。三是培育现代物流产业集群。依托武汉中部强大市场,紧抓武汉地铁延伸到鄂州市的机遇,着力打造华中地区电商物流基地,唯品会、亚马逊、苏宁易购等电商物流企业扩规项目启动。全国最大的"互联网+冷链"综合物流港华中万吨冷链储运贸易综合体一期工程已建成、部分投入运营。华中地区首个"甩挂运输联盟"总部基地,南山集团赤湾东方物流产业园项目全面投产。

四、以生态建设为切入，实现绿色发展

鄂州市始终坚持生态优先、绿色发展理念，变绿水青山为金山银山。一是实施生态大修复。在省发改委（省长江办）的支持下，利用国开行绿色融资35亿元，顺利推进总投资58亿元的樊口滨江防洪及江滩环境综合整治工程建设。二是推进环境大整治。投资40亿元，全面开展沿江化工企业、散乱污企业"关改搬转"，取缔沿江非法码头、砂站108处，实施全线复绿防护工程。

第三节　存在问题

一、转型升级压力较大

鄂州市是传统工业城市，传统工业产业占工业比重高达80％，转型升级任务重。在经济下行压力较大的情况下，新建工业项目和竣工投产项目不多，导致新旧动能转换速度还不够快。

二、要素制约问题突出

鄂州市域面积狭小，工业用地指标少、价格高，严重制约了工业经济的发展。

第四节　发展建议

一、调动发展工业的主观能动性

近年来，湖北省经济和信息化厅实施"万企万亿"技改工程，将工业技改投资工作纳入省政府大督察内容，实行技改进度月度通报制度，引起了各地的高度重视，掀起了工业技改热潮，有力调动了各地发展工业的主观能动性。建议进一步加大支持和指导力度，完善督查通报内容，将工业化率纳入高质量发展考核指标，进一步强化"工业立省、工业强省"理念，引导各地进一步明确工业发展长期战略，持续支持工业发展。

二、强化科技创新支撑

积极承接国家实验室、工程实验室等高端平台，打造科技创新策源地、高端产业核心承载区。加快沼山精密测量科学实验设施项目建设，积极推进鄂州中科量子工研院、华中师范大学梁子湖新校区等项目，扶持钙钛矿产业技术联盟建设。发挥科技企业孵化器、众创空间等平台作用，加快PET-CT等科技成果转化项目产业化。引进专业投资机构，实施"领投＋跟投""领投＋跟贷"等投资模式，支持科技创新项目建设。鼓励企业建立技术

创新中心、产品检测中心等研发技术机构,加大研发投入,支持企业科创板上市。

三、加快融入大武汉

顺应城市群发展趋势,突破思维边界和行政边界,积极参与武汉新一线城市和国家中心城市建设。围绕武汉"四个中心"建设,呼应光谷科技创新大走廊东扩,紧盯四大国家级产业基地、三大世界级产业集群,推动武鄂产业融合发展。

四、加大工业招商力度

发挥省级优势资源,加大工业招商项目力度,通过招商引进新项目、大项目、好项目。加大项目开工、建设协调督办力度,多层级、多渠道协调解决项目建设难题。

第二十九章 黄 冈 市

第一节 发展概况

为贯彻落实新发展理念,紧扣高质量发展要求,黄冈市上下聚焦先进制造业发展,坚持稳中求进总基调,以供给侧结构性改革为主线,以"四大行动"为载体,培育新模式、发展新产业、壮大新动能,推动制造业质量变革、效率变革、动力变革。

一、总量规模扩大

2019年,黄冈市规模以上制造业企业完成产值1641.3亿元,同比增长8.7%,占规模以上工业总产值的93.7%,同比提高0.7个百分点。制造业增加值增速达到9.6%,高于规模以上工业增加值增速2.1个百分点。实现主营业务收入1504.5亿元,同比增长3.8%,居全省第11位;实现利润84.8亿元,同比增长12.5%,居全省第4位;实现工业增值税31亿元,同比增长6.3%,居全省第4位。全市36个行业大类中,制造业达到30个,涉及面达83.3%,其中6个行业增速超过20%。

二、企业成长加快

2019年,黄冈市制造业新进规企业83家,占新进规企业总数的92.2%。规模以上制造业企业达到1288家。其中,产值过亿元企业415家,完成产值1257.3亿元,占规模以上工业总产值71.8%;10亿元以上企业16家,完成产值429.8亿元,占规模以上工业总产值24.5%;5亿元~10亿元企业16家,完成产值110.5亿元,占规模以上工业总产值6.3%。税收过亿元企业达到7家,过2000万元企业达到31家。中船重工、鸿路钢构主营业务收入首次突破30亿元,武穴华新骨料、大别山电厂税收首次突破5000万元,稳健医疗税收首次突破1亿元。大二互科技、索菲亚家居被评为省级"隐形冠军"示范企业,黄冈稳健医疗、大二互科技、索菲亚家居、浠水蓝天气体被评为省级"隐形冠军""科技小巨人"企业,韩泰智能、红安方达环保等6家企业被评为省级"隐形冠军"培育企业,黄冈鲁班药业、武穴泰山石膏等11家企业被评为省级"两化融合"示范企业,200多家制造业企业成功上云。

三、产业结构优化

2019年,推动传统产业改造升级。聚焦食品饮料、纺织服装、医药化工、建筑建材、机械电子五大支柱产业,共实施技改项目106个,完成投资47亿元,对27家化工企业实施"关改搬转",产业数字化、智能化、绿色化水平明显提升,五大支柱产业共实现产值1302.6亿元,占规模以上工业总产值74.4%,实现利润63.3亿元,同比增长12.4%。加快培育战略新兴产业。新能源及新材料、新能源汽车、生物医药等战略新型产业加快发展,新动能支撑作用明显增强,高新技术产业增加值达到209.24亿元,占GDP比重9.01%。特色产业势头良好。华夏窑炉、武穴医化、蕲春医药大健康、鄂东汽配、大别山食品饮料、鄂东纺织、团风钢构、麻城石材等八大产业进入省级重点产业集群,产业的成长性、带动性更加明显,成为县域经济发展的主力军。

四、创新能力增强

2019年,黄冈市新增国家高新技术企业40家,高新技术企业总数达到313家。其中,规模以上高新技术企业实现产值720.2亿元,产值贡献率达到41.1%。新建科研平台41个,建成省级产业技术研究院2家、院士专家工作站35家、省级工程技术中心和校企研发中心60家。积极推动中科院武汉分院、黄冈高新区、黄冈师范学院共同组建中科产业技术研究院,已成立新材料、大健康、钛装备、智能制造9个分院,启动研发项目7个。规模以上工业企业研发费用达13.6亿元,同比增长2.5倍,研发费用占四项费用(财务费用、销售费用、管理费用、研发费用)比重达11.5%。

五、发展后劲提升

2019年,晨鸣浆纸、绿宇环保、顾家家居等139个增长点投产达效,全年完成产值389.8亿元,新增产值75.3亿元,新增贡献率达51.5%,这些都将成为全市工业的最大爆发点和支撑点。祥云集团、李时珍医药集团、华新水泥、伊利乳业、索菲亚家居、中船重工贵金属、宏源药业、馥雅食品等骨干龙头企业保持较快增长,发展势头持续向好,为全市制造业发展提供强大支撑。武穴电子信息园、星晖新能源汽车、中粮肉食、中船重工氢氧燃料电池等重大产业项目加快推进,为全市先进制造业后续发展增添持续动力。

第二节 主要措施

加快新旧动能转换,在产业转型升级上力争上游。坚持扩量与提质、特色与创新并举,聚焦实体经济,推进转型升级,提高产业竞争力,着力构建现代化产业体系,在鄂东转型发展示范区中走在前列。建立重点产业"十个一"工程措施,加快发展先进制造业,着力构建现代工业产业体系,实现制造业高质量发展。

一、加快新旧动能转换

聚焦食品饮料、纺织服装、医药化工、建筑建材、机械电子等传统支柱产业,重点实施106个"万企万亿"技改项目。推动新兴产业发展壮大,深度融入"一芯"、长江绿色经济和创新驱动发展带,发展智能制造、集成电路、生物产业、新能源与新材料等战略性新兴产业。大力发展"专精特新"企业,新增一批"隐形冠军"示范企业。实施骨干企业培育工程,支持龙头企业做大做强。实施中小企业成长工程,精准推动"个转企、小进规",新增进规企业50家。

二、推动品牌质量提升

支持企业增品种、提品质、创品牌,支持产业园区、特色产业集群争创"知名品牌创建示范区"。鼓励企业开展商标国际注册、产品国际认证。推动跨界融合。推进先进制造业与现代服务业深度融合,实施"万企上云"工程,新增省级"两化融合"试点企业10家。大力发展军民融合产业,创建军民融合创新示范区。

三、产业园区提档升级

加快国家级高新区创新发展,完善"一区多园"推进机制,统筹产业布局、功能分区、服务配套,构建核心引领、多点支撑、错位发展的新格局,实现园区对工业经济增长贡献率提高3%~5%。深化体制机制改革,扩大园区自主权,支持省级经济开发区扩区调区。拓展高新区核心区发展空间,提高承载能力。深化与东湖高新区合作,加快光谷黄冈科技产业园建设。推进黄冈产业园重点项目建设,实现提质发展。加快白潭湖"四区一城"建设,对接顺丰空港城,启动"四大中心"项目。

四、县域经济进位升级

坚持市区一体,高昂市区龙头,注重分类指导,支持县域经济特色发展。实施"六个一"计划,每个县(市、区)培育一个百亿主导产业、谋划一个百亿潜力产业、打造一个百亿园区、引进一个十亿元制造业项目、新增一批规模以上工业企业、实施一个亿元以上PPP项目,力争县县进位,1~2个进入全省县域经济20强。

五、向开放要空间

深化与武汉的融合对接,承接功能疏解和产业转移。融入长江经济带和中游城市群,承接沿海产业转移,深化港口合作、城市合作。推进小池镇、散花镇跨江合作,启动小池镇绿色发展三年计划。深化环大别山区域合作,合力推动大别山革命老区振兴发展。对接湖北国际物流核心枢纽,融入国家级空港经济综合试验区,规划建设黄冈临空经济区。大力发展外贸新业态,引导黄冈外贸企业"出口回归",支持广济药业、宏源药业等重点出口企业发展,推进生物医药、茶叶、新型建材等出口基地建设。扩大利用外资,提升国际化水平。

六、向创新要动力

完善以企业为主体、市场为导向、产学研相结合的技术创新体系,增强科技对经济发展的带动能力。新增高新技术企业 40 家,引进科技副总 100 个,R&D 经费支出占 GDP 比重达到 1%。大力实施"人才强市"战略,深化市校合作、千企联百校,深入推进大别山英才计划和"黄冈工匠"培养行动,加快引进一批高层次专业人才和科技领军人才。

第三节 存在问题

一、产业层次不高

纺织服装、建筑建材、医药化工等传统产业占制造业比重近 70%,部分企业劳动密集程度高、环境资源消耗大、发展方式较为粗放,产品缺乏核心竞争力。战略性新兴产业总体处于起步发展阶段,规模小、实力弱,支撑作用不够,难以在动能转换中发挥有效作用。产业聚集程度不高,产业链不够完整,上下游产品有待拓展。

二、企业实力不强

企业规模普遍偏小,行业内部聚集度较低,抗市场风险能力较弱,全市规模以上工业企业中 5 亿元以上大企业仅占总数的 2.6%。部分企业设备落后、工艺落后、管理落后,缺乏商标品牌,自主创新能力不强,导致生产成本高,综合效益低。2019 年黄冈市累计停减产企业 518 家,减少产值 163.7 亿元,下拉产值 10.2 个百分点。其中,减产亿元以上企业 31 家(包括停产企业),共减少产值 68.8 亿元,下拉产值 4.3 个百分点。

三、要素保障不够

融资难、融资贵问题仍然突出,2019 年黄冈市制造业贷款 123.7 亿元,仅占贷款总额 7.1%,同比降低 0.05 个百分点,6 个县市制造业贷款占比下降。人才引进难、留不住问题突出,行业高端人才、专业管理人才、技能操作人才不足,已成为先进制造业发展的关键"瓶颈"。

四、项目投资不足

受企业投资意愿、投资能力不足的影响,招商项目落地不快,在建项目投产不快,制造业发展缺乏大项目、好项目支撑。2019 年黄冈市新建进规企业仅 56 家,工业投资增速 5.2%,低于全省平均水平 2.9 个百分点。其中,技改投资增速仅 3.3%,低于同期 15.4 个百分点,低于全省平均 12.1 个百分点。

第四节 发展建议

一、实施新一轮技改工程

谋划启动实施新一轮重大技术改造升级工程,制定专项工作方案,明确目标、路径和任务,建立 2020 年技改项目储备库、建设库、达效库,力争 200 个项目列入省级导向计划。充分运用省级技改投资管理系统平台和市级"互联网＋项目化管理"平台,全程跟踪平台项目立项、开工、建成、达效,力争技改投资增长 6% 以上。

二、实施骨干企业培育工程

建立 100 家骨干企业培育目录,实行"一企一策",提供"量身定制"服务。围绕土地、用工、融资等关键领域,定期举办对接会,解决企业要素制约问题,保障企业生产经营。引导企业全面提升质量、标准、品牌管理水平,促进科研成果向企业延伸,加快成果转化运用,提高企业自主创新能力。组织开展优秀企业管理人才培训活动,力争全年组织培训 3 次以上,培训企业家 300 人以上。

三、实施强链补链延链工程

聚焦黄冈市工作方案中先进制造业十大领域,制定产业链招商地图,加大招商引资工作力度,引进 100 个强链补链延链项目。加强项目跟踪调度和协调服务,推进全市 63 个先进制造业项目开工建设,力争完成投资 75 亿元。加快完善园区基础设施,大力推动医院、学校、商业、住房等配套项目建设,全面推进园区闲置用地、低效用地清理,增强园区对产业的凝聚力、承载力、拉动力。

四、实施企业解困工程

常态化开展"进企业"服务活动,对困难企业逐户建档立卡,精准服务,排忧解难。对部分困难企业综合运用市场、行政、法律手段,通过兼并重组、腾笼换鸟等方式,倒逼转型升级。引导企业开发适应市场需求的新产品,从线下向线上拓展,不断降低营销成本,提升市场竞争力,扩大市场空间。

五、实施中小企业成长工程

建立小微企业"进规"培育库和"进规"企业成长跟踪库,坚持定向培育、靶向服务、精准解难,力争新增规模以上工业企业 50 家以上。以更大力度督促各地千方百计筹集资金,加快偿还拖欠民营企业账款,确保"无分歧"账款及时清零,并不发生新增拖欠。深入贯彻落实中央关于支持民营经济发展"新28条",更大力度推进优化营商环境十大行动落细落实,营造公平竞争的发展环境。

六、实施"万企上云"工程

组织浪潮、电信、移动等云应用服务商,开展上云培训和路演活动,加强云平台服务商与企业供需对接,打造20家云标杆企业,力争实现1000家企业上云。推进企业网络化、数字化、智能化转型运用,提升关键技术装备及工业互联网创新能力,新增省级"两化融合"示范企业10家。加快5G信息基础设施建设,推进5G在先进制造业领域的应用,培育5G产业生态,谋划建设黄冈市工业云平台。

第三十章 咸 宁 市

第一节 发展概况

一、工业经济平稳增长

2019年,咸宁市工业增加值609.17亿元,比上年增长9.5%。规模以上工业增加值增长9.6%,其中制造业增长10.5%。在规模以上工业增加值中,化学原料和化学制品制造业比上年增长21.1%,医药制造业增长18.3%,纺织业增长14.0%,非金属矿物制品业增长9.9%。仪器仪表制造业、汽车制造业、通用设备制造业、电气机械和器材制造业、计算机通信和其他电子设备制造业等装备制造业分别增长169.8%、26.7%、18.6%、11.3%和6.4%,占规模以上工业的比重提高到13.3%。

2019年,咸宁市新增规模以上工业企业115家,总数突破1000家。2019年,规模以上工业企业主营业务收入1844.49亿元,比上年增长8.3%;利润总额125.89亿元,增长4.0%;产销率为97.8%。

二、重点产业不断壮大

咸宁市34个大类行业中29个行业保持增长,其中钢铁、电力、汽车、农副食品加工等18个行业增速超过全市平均水平。食品饮料、纺织服装、森工造纸、冶金建材、机电制造、电力能源六大支柱产业累计完成产值1338.9亿元,同比增长11.4%,占全市工业总产值的75%,对全市工业增长贡献率达到63.1%。

食品饮料产业。咸宁高新区依托红牛饮料、奥瑞金饮料、黄鹤楼酒业、今麦郎等知名品牌,2019年食品饮料规模以上总产值48.7亿元。重点发展咸宁地方特色的功能饮料、高端休闲食品等,延伸拓展食品饮料下游产业链,发展外观设计、高端印刷包装等。着力做优品质、做大规模、做强品牌,推动食品饮料产业转型升级,建成全国最大的功能性饮料生产基地。

冶金产业。湖北金盛兰冶金科技有限公司是全省第三大钢铁企业,也是湖北省规模最大、品种最多、规格最全的高强度螺纹钢筋生产企业。2019年,该公司生产钢材325万吨,同比增长17万余吨,实现产值114.07亿元。"十四五"期间,嘉鱼县将以该公司为核心打造"1+N"的钢铁冶金产业集群。

机电制造产业。咸安区先进制造产业是市区共建的省级重点成长型产业集群,现有以三六重工、三合机电、洪盛模具、志研自动化为龙头的规模以上工业企业49家,产品覆盖面广,形成了一批在省内乃至全国市场有一定影响的知名品牌,涵盖2个湖北省著名商标、3个湖北省名牌产品、2个省级研发中心。2019年该产业实现规模以上工业总产值123.6亿元,增长9.7%。

纺织服装产业。赤壁市规模以上纺织服装企业共有48家,其中外贸直接出口企业达到15家,已经形成了较为完整的产业链条,2019年实现产值120.6亿元。2019年,继续被纳入全省重点产业集群。

生物医药产业。生物医药产业是咸宁市新兴的特色产业,同时也是工业经济发展极具潜力的新增长点。目前已有11家企业入驻咸安区,涵盖医用、保健、多肽产品、中药等多个领域。2019年,生物医药产业实现规模以上工业总产值21.2亿元,增长19.1%。

三、产业转型升级步伐加快

坚持做大做强特色产业,推动省"一芯两带三区"、市"133"区域和产业布局落实落细。工业技改投资增长20%;新增规模以上工业企业115家,总数突破1000家。培育省级、市级"隐形冠军"示范企业39家、省级"科技小巨人"企业21家,2家企业上榜湖北省民营企业100强,金盛兰冶金科技公司入围中国民营制造业500强,赤壁高新区入选国家应急产业示范基地。新认定高新技术企业87家,总数达228家,全年全部高新技术产业增加值239.30亿元,占GDP比重为15.0%,比上年提高4.8个百分点。六大高耗能行业增加值增长7.3%,增速比上年下降0.9个百分点,占规模以上工业的比重为37.2%,比上年下降0.8个百分点。

四、创新能力显著提升

2019年,咸宁市建成国家级、省级创新平台20家,成功申报省科技奖励项目8项,登记科技成果85项,转化科技成果80项,技术合同成交额42亿元。携手武汉理工大学共建咸宁研究院,香城智能机电产业技术研究院获批省级技术研究院,赤壁市跻身国家知识产权强县工程试点市。持续实施"南鄂英才"计划、"招硕引博"工程、"我选湖北·志在咸宁"计划,引进近4000名大学生来咸宁就业创业。

第二节 主要措施

一、推动传统产业高质量发展

继续开展传统产业转型升级三年攻坚行动,开展"两化融合"贯标试点,实施"互联网+先进制造"行动和"万企上云"工程,促进传统产业向数字化、高端化、绿色化升级,确保全市工业投资增长12%,技改投资增长15%以上。继续壮大12个省级重点成长型产业集群,加快发展"五大千亿"产业。

近年来,咸宁市高度重视制造业发展,制定《咸宁市推进重点产业高质量发展实施方案》,对标国家和省产业发展战略,统筹推进新能源与新材料、电子信息、汽车及零部件、医药健康、智能制造、集成电路等六大重点产业发展,加快培育全市产业发展的新增长极,促进新旧动能转换,引领产业发展实现质量变革、效率变革、动力变革,推动产业迈向价值链中高端。

二、培育壮大新兴产业

实施新兴产业培育工程,培育发展战略性新兴产业,打造中部地区极具特色的新兴产业示范基地。推进国家级智能机电创新型产业集群和省级军民融合试点。引导企业"专特新精"发展,再培育一批省市级"隐形冠军",继续推进现代企业制度示范工程。加快发展人工智能、生物医药、先进装备制造、新能源汽车等新兴产业。围绕物联网、大数据、云计算、区块链等新兴产业,夯实电子信息产业基础,扩大基础电子、光电、数字通信产业规模,建设华中电子信息基础材料基地和光电子信息产业基地。依托咸宁高新区、咸安区、通城县等地生物医药企业,研发具有自主知识产权的生物医药技术,做强做优一批生物医药产品。实施科技型中小企业培育工程,发展平台经济、数字经济等新产业、新业态、新模式。

三、优化工业经济结构

为加快动能转换,促进产业转型升级,引导和推动企业实施新一轮更大规模、更高层次的技术改造升级工程,加快推进新技术、新工艺、新装备、新材料应用,实现由设备更新为主向研发、设计、营销、服务全流程改造转变,由单个企业改造向产业链协同提升改造转变,由分散布局改造向促进集聚化改造转变。

截至2019年年底,咸宁市先后完成500万元以上工业技改项目183个,总投资达128亿元;争取省级传统产业改造升级专项资金3869万元,配套落实技改资金2亿元,以工业技改投资较上年增长26.4%的硬投入,带动工业投资增长12%,工业用电量增长8.55%,为佳顺轮胎、健翔生物、众盼包装等企业转型升级提供了有力的经济支撑,使一大批传统产业"老树"焕发"新芽"。

四、激活企业发展潜力

一方面突出政策引领,推动有效投资。结合咸宁发展实际,制定出台《关于加大扶持力度促进民营经济发展的实施意见》《关于进一步降低企业成本激发市场活力的意见》《关于加强招商引资工作的若干意见》等一系列支持企业发展的政策,"真金白银"地在用工、用电、用能、用地、人才培养、资金等方面保障企业需求。另一方面强化目标考核,围绕年初固定资产投资目标,层层传导压力,实行"一季一签约、一季一开工、一季一拉练、一季一排名、一季一通报"的考核机制,督促各地抓有效投资。

同时，出台《关于加快产业振兴全面构建现代化工业体系的实施意见》，对咸宁高新区和6个县市区的重点产业和重点发展领域进行统一布局，明确提出，要通过打造高端装备制造、食品饮料、电子信息、新能源等千亿元产业，培育医药健康、纺织服装、森工造纸、新材料、节能环保等百亿元产业，推动咸宁工业经济上规模、上档次。

第三节 存在问题

一、产业结构有待优化

咸宁市领军企业偏少，全市仅有金盛兰冶金一家产值过百亿，50亿元~100亿元的企业还没有，特别是在新兴产业领域，企业规模偏小。导致咸宁市制造业对外协作配套权重较大，对外依存度高，外部风险和不确定性对咸宁市支柱产业的影响增加。

新兴产业尚在培育阶段，虽然发展态势良好，但占全市工业经济总量的比重较低。2019年新认定高新技术企业87家，总数达228家，全年全部高新技术产业增加值239.30亿元，仅占GDP比重15.0%。产业结构调整和转型升级有待改善。

二、转型升级压力较大

咸宁市工业多是传统产业，产业基础能力不强、产业层级不高、结构不优、产业链水平不高、产业竞争力不强，对经济的带动作用不明显。新兴产业规模小，转型升级任务较重。自主创新能力较弱，多数企业仍处于跟随模仿阶段，装备水平低，试验检测手段不足，关键共性技术缺失，产业基础配套能力薄弱。

三、发展后劲有待增强

近年来，由于各地招商引资竞争加剧，新引进项目难度与日俱增，每年落地咸宁市的投资超过10亿元的工业项目寥寥无几，难以对工业增长形成强力支撑。截止目前，咸宁市预计全年新增产值5000万元以上的51家工业企业中仅有34家累计新增产值过4000万元，占比67%。2019年新入规工业企业累计新增产值29.7亿元，企业平均新增产值4000万元，对全市产值增长的拉动作用十分有限，仅为2.1个百分点。

第四节 发展建议

一、提高科技创新能力

支持企业建设各类技术研发机构，确保规模以上工业企业建立研发机构比例达25%。实施重大科技创新专项，攻克食品饮料、智能机电、砖茶清洁化生产等关键技术。

推动产学研深度融合,实现年度专利申请总量、发明专利申请量均增长11%以上。大力推行科技特派员制度,探索高校院所、研发机构、企业科研人员"互聘制",引进国内知名科技组织、检验检测公司、科技咨询企业来咸宁设立分支机构。

二、加快建设特色产业

大力实施"中国制造2025咸宁行动方案",围绕产业链上下延伸,培育做强农产品加工、清洁能源、电子信息、汽车及零部件制造、食品医药等五大千亿产业。引导企业实施"设备换芯""生产换线"和"机器换人",推进关键工序核心装备升级换代,打好产业基础高级化、产业链现代化攻坚战,实现工业技改投资增长15%以上。做大咸宁军民融合产业园、赤壁军民融合应急产业园,壮大12个省级重点成长型产业集群,确保智能机电创新型产业集群建设试点通过国家验收。

三、培育壮大新兴产业

持续抓好新兴产业培育,打造中部地区极具特色的新兴产业示范基地。加快发展人工智能、生物医药、先进装备制造、新能源汽车等新兴产业,力争全市高新技术企业达248家,高新技术产业增加值占GDP比重达16.5%。围绕物联网、大数据、云计算、区块链等新兴产业,夯实电子信息产业基础,扩大基础电子、光电、数字通信产业规模,建设华中电子信息基础材料基地和光电子信息产业基地。依托咸宁高新区、咸安区、通城县等地生物医药企业,研发具有自主知识产权的生物医药技术,做强做优一批生物医药产品。实施科技型中小企业培育工程,发展平台经济、数字经济等新产业、新业态、新模式。深入实施支柱产业细分领域"隐形冠军"企业培育工程,引导企业走"专精特新"发展道路。

四、推动制造业与现代服务业深度融合

积极推动制造业与现代服务业融合发展,促进制造业数字化、网络化、智能化水平提升。推进"两化"深度融合,培育一批以嘉麟杰、三环方向机为代表的"两化融合"试点示范企业,支持企业申报省级制造业"双创"平台、省级智能制造示范基地。全面实施5G商用试点,着力提升信息化基础设施水平。开展"一县一品"质量提升行动,实施中小企业质量能力提升工程,积极申报中国驰名商标、长江质量奖,筹建国家级智能机电检验检测中心和国家级苎麻质检中心,加强全国质量强市示范城市创建。

五、提升产业基础能力和产业链水平

提升产业基础能力和产业链水平,应坚持改造升级传统产业和培育壮大新兴产业并举。不仅要通过引入新技术、新管理、新模式,深挖传统产业发展潜力和空间,使传统产业焕发生机和活力,还要加强对技术创新、市场培育等的支持,提高关键核心技术创新能力,促进新兴产业集群式发展,实现产业新旧动能接续转换。

第三十一章　随　州　市

第一节　发展概况

2019年,随州市工业战线紧紧围绕市委、市政府年初决策部署,坚持以打造"品质随州"为引领,以建设"三城四基地"为主线,以推进"一优两落"为保障,奋力稳增长、着力提质效、全力优环境,全市工业经济运行呈现稳中有进、进中向好的良好态势。

一、工业经济平稳增长

随州市工业战线在多种复杂局面交织、多重困难压力叠加的情况下,坚持把"稳增长保目标"作为首要任务,工业经济呈现高效运行、高速增长态势。2019年,全市完成规模以上工业总产值1525.6亿元,同比增长10.6%,实现规模以上工业增加值383.9亿元,同比增长9.7%,增速高于年度目标1.7个百分点,高于全省平均水平1.9个百分点,位居全省市州第3位。全市工业累计用电量23.9亿千瓦时,同比增长8.7%,高于全省平均水平4.1个百分点,累计增速位居全省第4位。四大区域中,曾都区、随县、广水市、高新区规模以上工业增加值同比分别增长10%、9.7%、9.5%、9.5%,均好于年初预期,远远高于全省平均水平。

二、项目建设有序推进

2019年,随州市坚持以重大项目"集中开工"为主抓手,各县市区拼搏赶超。全市工业投资同比增长8.6%,高于全省平均水平0.5个百分点。程力专汽新厂区三期项目,新征地252亩,已完成投资3.8亿元,目前中重型卡车生产线和轻量化、智能化、高档环卫车生产线已顺利建成,科技大楼主体框架建设即将完工。齐星集团全年完成新项目投资2.3亿元,武桥重工大型钢构件生产项目首批共7000吨三座钢构桥梁实现交付;一期年产1万吨间苯二酚项目,合同已签订,启动征地工作;LNG天然气应急储备项目,现基本完工。三峰透平装备大力发展地铁风机、MVR蒸气压缩机等高端新产品,投资2亿元,新建地铁车间,购置5台五轴数控加工中心、数控液压板料折弯机、高功率激光切割机等设备。金龙集团新上四涂四烘和TPU生产线,新上压延线,改造泵业装配线,大力实施机器换人,公司产能明显提升,该公司连续召开了两场全国经销商新产品发布会,收获订单2亿多元。

三、支柱产业不断壮大

2019年,随州市六大产业实现产值1371.4亿元,同比增长10.9%,其中汽车机械、食品加工两大龙头产业领衔增长,合计实现总产值730亿元,占六大产业比重达到53.2%,比上年同期提高近1个百分点。汽车机械产业实现产值417.4亿元,同比增长12.8%;食品加工产业实现产值312.6亿元,同比增长16%;冶金建材产业实现产值285.3亿元,同比增长10.5%;医药化工产业实现产值193.3亿元,同比增长3%;纺织服装产业实现产值128.1亿元,同比增长9.1%;电子信息产业实现产值34.7亿元,同比增长4.2%。

2019年,50家重点企业实现产值428.3亿元,同比增长11.6%,其中34家企业实现产值增长,21家企业增速在两位数以上。齐星车身、程力专汽、犇星化工、湖北正大、波导电子、东风随专、神农生态、利康材料、中兴食品等一批企业产值同比增长超过20%;一批重大增长点如程力专汽、东风随专、品源现代、新楚风汽车、湖北正大等企业净增产值过亿元。其中,程力专汽实现产值60.5亿元,净增加10亿元。

依托专汽产业优势,随州在2015年被工信部、国家发改委、科技部联合授予首批国家应急产业(专用车)示范基地。2019年,应急产业示范基地建设作为市长领衔推进改革项目,全市应急产业规模以上工业企业136家,实现工业总产值420亿元,同比增长13%。

2019年,出台《关于促进小微企业等市场主体快成长上规模的实施意见》,兑现成长工程奖补政策。全年新增规模以上工业企业72家,达到694家,新增规模以上工业企业数量为近五年最多。新增专汽资质企业10家、消防车资质企业1家、二级保密资质企业1家。新申报全国专精特新"小巨人"企业1家、全省支柱产业细分领域"隐形冠军"企业15家。从财税、融资、创新创业、市场开拓等方面支持中小企业做大做强,全市净增产值过亿元企业达到38家。

四、"两化融合"深入推进

截至2019年底,随州市"两化融合"试点企业19家(高新区4家,随县1家,广水市9家,曾都区5家)。其中国家级"两化融合"管理体系贯标试点企业1家(程力专汽);省级"两化融合"试点示范企业18家(齐星集团、飞天网络、程力专汽、湖北双剑鼓风、中意机电、湖北省风机厂、美亚迪光电、湖北楚胜、德润锂电池、弘泰光电、华都钢琴、重汽华威、犇星化工、广仁药业、广彩印刷、茂鑫胶带、利康材料、俊浩专汽)。

目前,随州上云企业约41家,曾都区大多数集中在贸易企业,制造企业上云主要集中在几家专汽及零部件企业,如程力专汽,东风随专、玉柴东特、金龙集团等,云服务商主要是金蝶,金蝶从早期的财务软件入手,逐步推广其ERP系统。程力专汽集体管理、金龙集团物料管理作为金蝶软件云计算应用的全国样板客户全国推广。广水市上云企业分散在智能制造、纳米新材料、建筑材料、冶金、食品等行业。

五、5G产业发展稳步推进

为推进智慧城市建设,加快随州市产业数字化、网络化、智能化转型,制定并以市政府文件印发了《随州市5G通信建设发展实施方案》,计划到2021年,全市网络建设累计投入达到15亿元,完成全市范围3000座5G基站建设,逐步实现随州城区及主要乡镇和发达农村5G信号覆盖,为各类5G应用类项目做好5G信号覆盖。推动5G技术应用,融合随州区域特色,重点发展工业互联网、智能联网汽车、AR远程医疗、智慧教育、智慧农业等行业应用,将随州打造成为具有影响力的5G产业发展先行区。

第二节 主要措施

一、突出运行调度

实施"五抓五提",抓压力传导提士气、抓要素保障提信心、抓环保达标提质效、抓主要支撑提产能、抓成长工程提后劲,推动工业经济逆势回暖,全市规模以上工业增加值同比增长9.7%,增速高于全省平均水平,高于省定目标和年度预期;四大区域工业增加值增速均在8.5%以上,保持均衡发力;全市工业累计用电量同比增长8.7%,高于全省平均水平4.1个百分点。全力实施中小企业成长工程,新增规模以上工业企业71家,超目标任务21家,多年来首次实现年度规模以上工业企业个数净增长,总数达到693家。

二、突出基地建设

认真落实市委全面深化改革任务,牵头推进市长领衔的"加快应急产业示范基地建设"改革项目;紧紧围绕市委市政府"四大基地"建设安排部署,大力推进应急产业示范基地和地铁装备产业基地建设,狠抓目标任务落实。随州市应急特色产业逆境突围、引领增长,应急产业企业达到130家,实现产值400亿元,同比增长15%,尤其是专用汽车在全国汽车业产值大幅下降的背景下,逆势攀升,实现产值285亿元,同比增长16%。应急产业领域产值过10亿元企业达到12家,程力集团新能源汽车入选国家新能源汽车推广应用目录。国家应急产业示范基地有望通过工信部、国家发改委、科技部评估验收。

三、突出项目支撑

随州市工业项目投资企稳回升、结构优化。2019年工业投资同比增长8.6%,高于全国、全省平均水平。一是抓重大项目集中开工。每月举办重大项目集中开工仪式,鞭策县域"拼搏赶超"。健民叶开泰国药智能制药、黄鹤楼酒业搬迁扩能、品源现代扩能、齐星集团武桥重工、程力专汽三期、华韩化妆品等重大项目推进迅速;常森机械、浩天专汽、天一智能、科逸卫浴、意亚食品等投资过亿元项目相继投产。二是抓招商引资。2019年4月,随州市经济和信息化局组织了随州-武汉产业对接活动。近期,与中国汽车技术研究中心洽谈,拟引进国家专汽质检中心、汽车试验场等项目。与天津消防研究所、武汉理工大学对接,拟引进智能槽车项目。三是抓重组盘活。促成新兴铸管重组全力机械,许继电气重组湖北三铃,北京某上市公司收购中航奥龙,全年盘活亿元以上企业36个。四是抓传统产业改造升级。2019年,随州市共实施工业技改项目319个,争取省级传统产业改造升级专项资金2221万元,同比增长38.7%,再创新高。五是抓项目策划。围绕应急产业策划102个重大项目,总投资421.1亿元;围绕地铁装备领域策划42个重大项目,总投资176.3亿元;围绕5G战略布局,拟建设3000个基站,总投资15亿元。

四、突出优质服务

突出优质服务,民营企业信心提振、轻松上阵。一是培植"隐形冠军"企业。组织犇星化工等17家企业申报全省第三批支柱产业细分领域"隐形冠军",推荐齐星集团等2家企业申报全国第四批制造业单项冠军企业(产品),新增省级工业设计中心2家。泰晶科技获项目资金3000万元,被工信部授予专精特新"小巨人"企业称号。二是帮助企业申报资质。2019年,已成功申报专用车资质企业10家,超目标任务7家,全市专用车资质企业达到50家。帮助新东日专汽成功申报消防车生产资质,全市消防车资质企业达到4家。帮助程力专汽成功申报二级保密资质。三是实施企业减负行动。清理出政府部门和国有企业拖欠民营企业中小企业账款9369.13万元,目前累计还款7659.31万元,剩余欠款1709.83万元,还款率达到81%。组织15家企业参加工信部企业负担网上调查工作;全面落实减税降费政策,加大企业减负力度,全年为企业减负约8.8亿元。

第三节 存在问题

一、规模总量依然偏小

随州市规模以上工业增加值不足全省总量的3%,在同类城市中排名靠后,壮大工业底盘仍然是当前的重中之重。

二、产业结构仍然不优

随州市食品、建材及服装加工等传统产业生产企业412家,约占全市规模以上工业企业59%,大多采用传统的生产技术、工艺、设备,难以形成较强的竞争力。

三、企业核心竞争力不强

普遍存在研发投入不足的现象,绝大多数企业研发投入不足3%,未能形成自主技术研发体系,具有自主知识产权的产品还不多。

四、缺乏行业领军企业

随州市亿元企业虽然有 400 多家,但年销售收入过 50 亿元的企业仅有 2 家,缺少像三一重工、新兴际华等具有较强带动作用的龙头企业。

五、要素制约仍然明显

融资难、融资贵依然是困扰随州市规模以上工业企业的关键因素,多年来存贷比不足 50%;工业用电、用气价格一直居高不下,且在用电、用气高峰期存在限供、断供现象。

六、发展后劲仍然不足

近年来招商引资成效不明显,招引的亿元级工业项目不多,5 亿元以上的大项目凤毛麟角,再加上受经济下行及融资瓶颈影响,企业技改投资意愿不强,工业经济增长乏力。

第四节 发展建议

一、聚焦市场主体抓增量,把规模做大

一是引进新的。积极争取央企及上市公司在随州市扩大投资、转化技术,重点在央企合作和参与混改上做文章;积极争取与随州产业关联度较高的大集团大公司,在随州建厂、配套、发展;积极承接武汉、沿海发达区域产业转移,丰富随州制造业门类体系,填补一批空白。二是壮大老的。实施择优扶强,培育一批全国专精特新"小巨人"企业和全省支柱产业细分领域"隐形冠军"企业;培育行业领军企业,引导企业集团化发展,产生 1~2 家产值过百亿元的龙头企业;用活用足现有政策,鼓励支持优势企业技改扩能,形成新的重大增长点;抢抓资本市场改革机遇,提高企业上市直接融资比例。三是盘活死的。按照优于招商引资的政策、强于招商引资的力度推进危困企业重组盘活。把停产企业数量摸清,把有效资产摸清,把形成原因摸清,为二次招商、破产重组、租赁盘活打牢基础。同时,大力实施中小企业成长工程,培植更多的小(新)进规企业,壮大工业底盘;抓好稳规复规工作,实现退规企业逐年减少,已停产退规企业有序复产复规。

二、聚焦特色优势抓引领,把品牌叫响

一是高标准建设国家应急产业(专用车)示范基地。围绕应急所需抓新品开发、产业做大抓开放合作、适应规则抓标准建设、公平竞争抓规范整顿。大力发展会展经济,积极争取国家应急产业高峰论坛会址永久落户随州。不断完善配套体系,力争在专汽博览中心、汽车试验场、应急救援体验中心、应急装备储备调运中心等平台建设上取得实质性进展。二是高标准建设"中国香菇之乡"。围绕推进第一、二、三产业融合、制造业与服务业

融合、军民融合,为香菇产业发展赋新能。三是高标准建设"中国风机名城"。加快规划建设地铁装备产业园,将武汉地铁集团作为重点市场依托,加强跟踪对接,争取在产品采购、项目布局方面取得实质性成果。

三、聚焦高质量发展抓创新,把转型做实

一是坚持技术为王,在高端领域抢占先机。巩固提升湖北省专汽研究院、湖北省应急产业技术研究院、随州武汉理工大学工业研究院、香菇技术研究院等研发中心研发能力;鼓励优势企业建立研发机构,开展校企合作,加大科研经费投入。鼓励企业差异化发展、高端化迈进,瞄准高端市场,创造高端消费,追逐产品高附加值。二是坚持共享共建,在行业整合方面挖掘效益。引导汽车及零部件产业在制造、创新、采购、服务、环保及资质公告等方面开展共建共享。加强行业整合力度,引导行业抱团发展,向规模化、集团化要效益,降低企业综合成本,提高应对政策冲击、市场风险的能力。三是坚持五链融合,在模式创新领域厚植根基。围绕随州五大产业集群、六大支柱产业,抓价值链、供应链、创新链、产业链、资金链五链融合,为制造业高质量发展提供全方位要素保障和体系保障。通过创新驱动,把弱项变成强项,把强项变成优势项,把优势项变成领跑项。

四、聚焦优化环境抓服务,把潜力激活

一是实施产销对接工程。围绕本地市政工程建设、企业配套服务,组织本土企业紧密对接。同时,利用本地人脉资源,帮助优质产品开拓外地市场。二是实施资金融通工程。引导金融机构落实对中小微企业的信贷扶持政策,加大对技改扩能企业的长期贷款支持。用足用好用活县域产业基金和专汽产业基金。三是实施人才强企工程。对行业领军人物实行"一人一策",放眼全球引人才。组织企业到国内重点高校巡回招聘。开展企业技能提升专项行动,培育一批工匠和技能大师。四是实施干部驻企工程。对有明确投资计划的企业,报请市政府委派相关部门骨干驻企服务,直至项目建成投产。五是实施企业减负增效工程。督促落实国家、省减税降费政策;积极组织要素保障,确保融资成本、物流成本、水电气等能源成本进一步降低。

第三十二章 恩 施 州

第一节 发展概况

一、工业经济平稳增长

2019年,恩施州全部工业增加值234.28亿元,比上年增长6.4%。规模以上工业企业296家,增加值比上年增长0.5%。全年规模以上工业产销率96.8%。每百元营业收入中的成本75.72元,比上年增加2.43元;营业收入利润率11.1%,比上年下降1.41个百分点;每百元营业收入中的费用13.46元,比上年减少0.59元;单位成本费用89.18元,比上年增加1.84元;每百元资产实现的年营业收入89.30元,比上年增加4.70元;资产负债率53.9%,比上年下降1.1个百分点。工业投资增长11.4%,其中,工业技改投资增长49.7%,改建和技术改造投资增长30.3%。

二、重点行业支撑作用明显增强

经过近几年的发展,恩施州食品、烟草、医药和电子信息等四大产业初具规模,都保持较快增长,对恩施州工业的支撑作用明显增强。

医药行业。现有11家医药企业,占全州规模以上工业企业总数4%。2019年实现产值7.2亿元,同比增长23.9%;产值占全州规模以上工业企业总产值4.4%,直接拉动全州规模以上工业增加值增速约0.6个百分点。

食品行业。现有100家食品企业(农副食品加工业、食品制造业、酒饮料精制茶制造业),占全州规模以上工业企业总数36.8%,是全州占比最大的行业。2019年食品行业实现产值46亿元,同比增长1.6%,产值占全州规模以上工业企业总产值28.4%,拉动全州规模以上工业增加值增速约0.2个百分点。

烟草行业。全州规模以上烟草企业2家,分别为鄂西卷烟材料厂和湖北烟草金叶复烤有限责任公司,占全州规模以上工业企业总数0.7%。2019年实现产值2.4亿元,同比下降1.4%,拉低全州规模以上工业增加值增速约0.1个百分点。此外,湖北中烟恩施卷烟厂2019年生产卷烟34.2万箱,同比下降14.2%,实现不含税产值103.6亿元。

电子信息行业。立讯精密电子信息产业园、达翔(恩施)电子信息产业园等一批行业领先企业落户入园,电子信息产业集群初具雏形,增长迅猛。规模以上企业已经达到10

家,且有10多个项目入驻标准厂房,即将建成投产。

三、产业布局更加明晰

省级层面,省经信厅印发的《湖北省"一芯两带三区"战略布局产业地图》编制了全省十大重点产业布局图和百家产业集群分布图,将恩施州健康食品纳入了康养产业,将恩施州富硒茶产业集群、恩施州(恩施、利川、建始)富硒绿色食品产业集群、恩施州(咸丰、来凤)绿色食品产业集群纳入了全省百家产业集群。州级层面,明确了"4+N"产业集群建设的基本思路。一是传统优势产业集群稳步壮大。随着恩施州"一谷两基地三示范区"战略深入推进和四大产业集群建设快速发展,硒食品精深加工产业快速发展,突出抓好硒标准体系、硒认证体系和硒品牌体系建设,2019年发布硒食品安全企业标准26项,新增"三品一标"认证产品65个,"恩施硒茶"成功注册国家地理标志证明商标,"恩施玉露""利川红"成为武汉东湖国事活动茶叙用茶和第七届世界军运会用茶,硒种养殖地方标准体系初步建立,规模以上食品企业达到100家;生物医药产业稳步发展,编制完成《恩施州生物医药产业规划(2018—2030年)》,新建中药材基地28万亩,武汉国家生物产业基地恩施生物医药产业园落户州高新区,华阳(恩施)药业中成药生产基地、人福医药物流园基地开工建设,国家中药材质量监督检验中心启动建设,规模以上企业达到11家。二是新兴产业集群初具规模。医用物资行业从零起步,疫情期间,按照省政府扩产、转产、新建疫情防护物资"三个一批"工作部署,引导支持有条件、有意愿的企业自筹资金加快建设进度,目前已有10家生产企业(口罩企业6家,防护服企业2家,隔离衣企业1家,测温仪企业1家)建成投产,弥补了恩施州医疗物资生产行业空白,优化了产业结构,也为"十四五"期间工业经济注入了新的增长点。

四、发展基础明显增强

一是重点企业成长加快。2019年,产值过亿元企业达32家,总产值达72.5亿元,同比增长5.4%,总产值占全州规模以上工业企业产值44.8%,对全州规模以上工业企业产值增长贡献率达46.5%,拉动全州规模以上工业企业增加值增速约2.3个百分点。二是工业投资保持较快增长。2017年1—12月,全州工业固定资产投资同比增长37.7%;2018年1—12月,全州工业固定资产投资同比增长27.0%;2019年1—12月,全州工业固定资产投资同比增长11.4%;连续三年保持较高速度增长。立讯科技、达翔电子等重点工业招商项目相继建成投产。三是园区建设提速。以恩施高新区为龙头的"1+8"工业园区建设提速,特别是2018年以后加快标准厂房建设,2018年、2019年分别建成标准厂房44.08万平方米、33.02万平方米,部分进度靠前的县市迎来了一大批招商项目落地。

五、转型升级步伐加快

一是深入实施"万企万亿"技改工程,印发实施《恩施州传统产业技术改造三年行动方案(2018—2020年)》，推动传统产业改造升级。2017年、2018年、2019年全州工业技术改造投资同比增长25.0%、47.9%、49.7%，连续三年保持较高速度增长。法希饲料、圆通生物、正山堂、天宇环保建材等一批企业通过技术改造提质扩能，成长为规模以上企业。二是鼓励企业走"专精特新"之路，深耕细分，提升制造业核心竞争力。2017年4家企业被认定为湖北省第一批支柱产业细分领域"隐形冠军"企业，其中支柱产业细分领域"隐形冠军"科技小巨人企业1家，支柱产业细分领域"隐形冠军"培育企业3家；2018年7家企业被认定为湖北省第二批支柱产业细分领域"隐形冠军"企业，其中支柱产业细分领域"隐形冠军"科技小巨人企业2家，支柱产业细分领域"隐形冠军"培育企业5家；2019年6家企业被认定为湖北省第二批支柱产业细分领域"隐形冠军"企业，其中支柱产业细分领域"隐形冠军"科技小巨人企业2家，支柱产业细分领域"隐形冠军"培育企业4家。三是推动规模以上企业建立研发机构，提升企业自主创新能力，促进产业高质量发展。截至2019年底，恩施州规模以上工业企业272家，设有研发机构的规模以上工业企业总数65家，其中企业自办55家，企业与外单位合办10家。

第二节 主要措施

一、出台相关政策

为全面贯彻落实省委、省政府关于全面实施"一芯驱动、两带支撑、三区协同"区域和产业发展布局的决策部署，结合恩施州实际，制定《恩施州建设鄂西绿色发展示范区实施方案》，在巩固提升传统产业的基础上，聚焦生态文化旅游、硒食品精深加工、生物医药、清洁能源、电子信息产业，坚持创新驱动，推动集群发展，着力培育现代绿色产业体系。

二、全力以赴抓工业经济

全面贯彻落实中共恩施州委、恩施州人民政府《关于推动工业经济加快发展的实施意见》，把工业经济摆在更加突出的位置，按照"工业引领、生态优先、环境升级、民生为本"总体要求和"五个四"工作思路，全力推动工业提质增量、优化结构，扩充全州规模以上工业企业数量。

三、坚持绿色工业发展方向

深入实施"万企万亿"技改工程、工业"三品"工程，加强硒资源开发利用、生物医药等关键技术攻关，大力提升硒食品精深加工业能力，延伸生物医药产业链条，推进清洁能源产业突破性发展，夯实传统产业基础。

四、加快布局现代制造业

大力发展电子信息等新兴产业,加快打造"4+N"产业集群,培育壮大工业新动能。坚持工业园区化、园区工业化,进一步完善"1+8"工业园区建设管理机制,紧扣国家级高新区创建目标,持续念好"招、建、退、扩、服"五字文章,探索实行"封闭管理、一站服务、限时办结、超时默许"运行机制,全面落实"多评合一""多规合一""承诺审批"改革举措,建立标准厂房、标准地供应机制,加快投融资平台、担保平台建设,完善基础设施和公共服务设施,促进企业快速落地建设、快速投产达效,确保恩施高新区规模以上工业产值、招商引资到位资金实现倍增。

第三节 存在问题

一、工业经济规模小

恩施州由于地理位置的特殊性,工业基础条件差,大型工业企业少,工业产业规模小,发展后劲不强,2019年规模以上工业增加值增长0.5%,工业经济支撑力不强,主要以非金属矿产、烟酒、农副食品加工为主导产业。

二、产业结构不佳

恩施州工业产业结构层次低,整体竞争力弱。非金属矿物质制品业、酒及饮料制品业等传统产业发展较快,医药、电子信息等新兴产业发展滞后,企业工艺装备水平不高。

第四节 发展建议

一、鼓励企业做大做强

设立工业发展专项资金,实行分类奖补,对新进规企业、税收首次过千万元企业、产值首次过亿元企业进行奖励。

二、加快推进产业创新发展

推动全州经济发展由要素驱动向创新驱动转变,深入推动一二三产业融合发展,做大做强农副食品加工、食品制造、烟酒制造、非金属矿物制品、化学制品、医药、电子信息等"七大产业链"。突出抓好页岩气勘探开采、现代物流及相关产业配套,大力发展富硒产业,推进恩施"中国硒谷"建设,充分利用自然资源优势,为恩施州产业发展注入强劲动力。

三、多措并举全力支持制造业转型升级

制造业是立国之本、强国之基。继续在政策、资金、金融等全方位支持制造业转型升级,鼓励支持制造业企业提升创新发展能力、"两化融合"水平、工业基础能力和质量品牌水平,推动绿色制造升级、产业结构布局优化、服务化转型发展,推动制造业高质量发展。一是出台操作性强的政策支持制造业企业转型升级,结合梳理国家、省已出台的相关支持政策,出台一系列操作性强的政策支持制造业转型升级。二是完善政府协调机制,畅通银企对接渠道。政府可牵头组织银企专项对接会,建立产融信息对接合作机制,积极探索多样化的信贷风险分担机制,进一步加强社会信用体系建设,维护金融机构合法权益,塑造良好的金融生态环境。

第三十三章 神农架林区

第一节 发展概况

按照全省"一芯两带三区"战略布局,神农架林区坚持走生态工业发展道路,重抓服务、重抓载体、重抓项目,坚持绿色发展理念,稳步推进产业转型升级。

一、工业经济平稳增长

2019年,神农架林区全区规模以上工业企业11家,从业人员1500人,其中水电行业4家、矿山行业4家、农副特产加工业2家、建材行业1家;全年共实现总产值11.11亿元,同比增长8.6%;规模以上工业增加值同比增长6.3%。工业主要产品产量有增有降:规模以上工业企业生产磷矿石231.8万吨,同比增长10.8%;发电量50843万千瓦时,同比增长2.2%;水泥90635吨,同比下降3%;白酒1358.6千升,同比增长21.1%。规模以上水电企业装机容量15.7万千瓦,规模以上工业产销率为90.9%。

总的来看,神农架林区工业经济快速运行、平稳增长,产业结构不断优化,新旧动能加快转换,质量效益明显提升,发展活力进一步增加。

二、新型生态工业发展模式初具雏形

神农架林区工业产业结构正在由传统产业向着规模化、集约型、绿色、环保的方向发展,新型生态工业发展模式已初具雏形。一是严格执行"保护第一"的立区方针,确保"生态宝库"不受侵染、"绿色屏障"不遭破坏、"清水入库、清水北送"的目标不打折扣,主动放弃高耗能工业项目,坚持把生态经济作为支柱产业和主导产业来培育,发展绿色产业,努力推进产业转型升级,工业结构进一步优化,"一矿独大"局面得到扭转。二是绿色产品加工投资项目与投资规模快速增长。"水、蜜、酒、药、茶、菜"龙头产业齐头并进,据估测,工矿产业生产总值占比由2015年的约80%下降到2019年的50%,生态加工业生产总值占比由2015年的5%上升到2019年的20%,产业多点支撑逐步形成。神农架劲牌酒业、康帝水厂、神农百草园、蜜蜂天堂公司等一批重大工业项目陆续完工与投产,其中劲牌神农架公司的产值、销售双过亿元,凸显爆发式增长态势,康帝水厂、聚能药业、神农百草园等农林加工企业也蓄势待发,后劲十足,神农架劲牌酒业的慢城酒村-洞藏陶缸库、奇峰茶叶公司的青天袍茶叶深加工及茶文化体验中心、神农架道地药材公司的中药材仓储及分级

加工中心和天润科技公司的灵芝科技产业园等一批重大绿色产品加工投资项目正在开工建设,可望在今后的发展中做强、做大。三是工业节能减排力度加大。坚持以"节能、降耗、减污、增效"为目标,截至2019年,万元GDP能耗0.4812吨标准煤,万元GDP能耗降低率为0.32%,比2015年下降。

三、绿色发展加速推进

一是认真贯彻落实省委、省政府战略部署,继续深入实施"万企万亿"技改工程,进一步完善全区工业和技改投资项目库,2019年度全区工业技改投资同比增长44.8%。二是建立完善重点工业和技改投资项目推进机制和绿色通道制度,强化项目跟踪监测,实施精准服务。与统计部门形成长效机制,每季度通报工业和技改项目投资进度情况,促进技改投资落实落地。三是积极落实相关配套政策,制定印发了《神农架林区传统产业改造升级资金管理实施细则》,加大对技改项目支持力度,结合林区实际,对符合产业政策支持方向的项目,按照"成熟一个,补贴一个"的标准,分期分批进行补贴和支持。四是抓重大项目督查,围绕发展新经济、推进传统产业改造升级等一系列文件的贯彻落实情况,定期组织对全区技改项目和产业转型升级情况进行督查,通过检查督办和考评,强化考核结果运用,形成促进工业发展倒逼机制。

第二节 主要措施

一、扎实推进产业转型升级

一是积极调整产业结构,以国家产业政策为依据,结合神农架林区工业发展实际,重新修订了工业产业转移指导目录,重点发展绿色农副产品加工业,萎缩发展采矿和水电产业,积极推动绿色农副产品加工业基地与生态产业一体化示范区建设,"酒、水、蜜、菜、药、茶、果、醋、粮"等特色产品的发展,做优中药材、生态酒、富锶水、百花蜜、云雾茶等拳头产品,带动一批支撑经济发展的特色产业、特色产业带。二是加快工业投资和技改投资项目建设,围绕全省"万企万亿"技改工程,建立全区工业和技改投资项目库,确定了全区工业技改重点项目,并逐个建立问题清单、进度计划,实行问题销号管理。三是加大政策资金扶持力度,林区人民政府出台了《神农架林区工业经济稳增长快转型高质量发展工作实施方案(2018—2020年)》,大力推进神农架林区工业经济转型升级,同时,积极争取政策和财政支持,设立区级传统产业改造升级专项资金,每年财政安排一定资金,加大对工业企业技术改造的支持力度。四是继续推进中小企业成长工程、龙头企业培育和市场主体增量工程,加大企业交流合作力度,开阔企业视野,推进企业加速成长,2019年计划新增1家规模以上工业企业。五是严格淘汰落后产能,对高耗能、高污染企业采取逐步弱化直至关闭的分步分类措施,目前神农架林区没有重化工产业。

二、积极开展产业集群培育

一是大力发展生态产业。按照林区党委关于"深化'产业多点支撑、多级带动',夯实绿色发展基础"的战略决策,围绕大旅游、大健康、大农林产业,支持企业建立完整的产业链,积极推动生态生产加工企业通过公司+专业合作社+农户+基地、公司+林场+基地及转包、入股、合作、租赁等形式建立基地;指导园区充分利用丰富的绿色资源,着力推进"酒、水、蜜、菜、药、茶、果、醋、粮"等特色产品的发展,做优中药材、生态酒、富锶水、百花蜜、云雾茶等拳头产品,带动一批支撑经济发展的特色产业、特色产业带。二是培育壮大神农架生态产业集群,积极组织盘水生态产业园区做好全省重点成长型产业集群考核工作。

三、着力优化产业发展环境

一是加大"放、管、服"力度,推进政务服务"一张网"建设,全面贯彻落实国家、省一系列降成本政策,推行"限时办结制""圆桌会议制"等"一站式"服务模式,提高办事效率和服务水平;二是重新修订了《关于促进民营经济健康发展的若干意见》等政策文件,鼓励支持民营企业发展,营造企业家健康成长环境,加大对生态工业园区企业支持力度;三是加强政策支持和配套,坚持走生态工业发展道路,稳步推进产业转型升级,神农架林区出台了《神农架林区工业经济稳增长快转型高质量发展工作实施方案(2018—2020年)》,方案提出每年财政预算资金100万元,设立区级传统产业改造升级专项资金,加大对工业企业技术改造的支持力度,并研究设置工业企业技改新增地方财力三年返还政策;四是加大对区内龙头企业的培育力度,深化实施"一品一企一策"扶持计划,支持劲牌酒业、康帝水厂等龙头企业建立配套完善产业链;五是加强项目服务,为了加快项目建设进度,对进集群落户的项目全面推行"帮办责任制",积极主动上门服务,围绕相关生产要素,加大协调沟通力度,帮助企业解决实际困难,努力构建高效、快捷的服务保障体系,全力推进项目早开工、快建设、早投产。

第三节 存 在 问 题

一、生态工业发展基础薄弱

一方面,神农架林区工业经济尚处于新旧动能转换、产业转型升级的关键时期,徘徊在下行探底阶段,企稳基础不牢固,尚未真正进入绿色生态工业化时代,工业带一产促三产作用还不明显。工业经济"低、小、散、短"特征突出,难以向国家、省争取更多更大的政策和资金支持。另一方面,由于在区位、交通条件等硬环境方面不具备比较优势,融资渠道不畅,金融信贷市场不活跃,加之林区本地企业大多属小微企业,体量小,规模小,实力不强，信用等级低，企业的流动资金和项目建设资金贷款难，造成工业企业因流动资金紧张，不能满负荷生产及扩大再生产，难以发展壮大。

二、产业转型升级动力不足

神农架林区11家规模以上工业企业中，行业分类仅局限在矿产品采选业、农副特产加工业、电力三个门类，其中矿山水电企业数量占规模以上工业企业总数的75%，且贡献了全区70%以上的工业总产值，作为全区主要财源企业，工矿水电业占比较重，财政收入对传统工矿、水电业依赖过大。而传统工业的整体特征是科技含量低、产业链短，大多生产工艺简单，生产过程处于原始的原材料初加工状态，没有下游产品，产品附加值低，依赖资源生存，抗御风险能力差，并且在生产过程中极易对环境造成破坏或污染，产业结构转型迫在眉睫。另一方面，神农架林区旅游业和生态绿色工业等新兴产业虽然近几年发展迅速，但还处于发展起步阶段，对财政的贡献较弱，要发展成为支柱性财源还要有很长的路要走。

三、工业规模扩展空间受限

神农架林区经济"总量做大"和"质量提升"的双重任务异常艰巨，生态产业的支撑作用亟待提升，缺乏大项目支撑。虽然农产品资源相对丰富，但受制于产量、资金、技术、人才等因素，投资过亿元以上的大项目较少，产业集群化水平不高，精深加工能力不强，绝大多数加工项目科技含量较低，产品仍处于初级加工阶段，挖掘其高附加值的潜力仍然很大，建设产业集群基地的任务十分艰巨。

四、自主创新能力不足

神农架林区工业大部分工业企业专业化程度不够，技术水平偏低，自主创新能力和核心竞争能力不强，对新技术、新工艺研究资金投入偏少，高端技术和环保方面的人才较为欠缺，企业主动开展清洁生产、加强废弃物循环利用的积极性不高，产业竞争力不强，导致企业缺乏核心竞争力。

第四节 发展建议

一、要优化发展环境，推动产业有序发展

积极发挥政府统筹谋划引导作用，从规划引领、政策保障、财税扶持、设施建设、人才支撑等方面，为工业转型升级创造良好条件，服务和保障工业产业健康有序发展。一是要统一思想，转变观念，提高对工业产业转型升级的认识，站在战略高度，主动把加快工业经济转型升级作为经济发展的一项长期的核心任务，摆在重要位置。二是加强政策配套，进

一步完善扶持政策,加大工业产业转型升级财政资金扶持力度,推动科技创新和技术改造,提升工业投资在全区投资中的比重;用好用足产业支持政策,结合神农架林区产业发展实际,加强部门间的协同配合,制定相关配套措施,抓好产业准入、投资促进、项目落地建设等工作。三是加强企业服务,继续实施区级和部门领导联系企业制度,开展"三进三服务"专项行动;深化"放管服"改革,扎实开展企业减负工作,公开涉企收费项目,发放惠企政策宣传资料,为减轻企业负担和扶持企业发展营造良好的环境。四是为企业搭建平台,不断激发企业家的创业激情,要强化企业高管的培训,支持企业参加专业会议,不断提高经营者的管理水平,拓宽经营者的视野,转变发展理念,激发企业家的创业激情,适应转型升级的需要。

二、要明确发展重点,推进产业融合发展

"十四五"期间,将围绕全省"一芯两带三区"产业战略布局,发挥神农架生态资源、生态旅游"亮点"优势,坚持走生态工业发展道路,继续推动产业转型升级,建设绿色农副产品加工业基地与生态产业一体化示范区。一是调整和优化产业结构。以国家产业政策为依据,结合神农架林区工业发展实际,重点发展绿色农副产品加工业,积极推动绿色农副产品加工业基地与生态产业一体化示范区建设,打造全国叫得响的神农架品牌产品。通过延伸工业经济生态链和产业链,加大招商引资力度,努力构建工业"一园一区",即盘水生态工业产业园和木鱼生态产业观光区,以盘水生态产业园和木鱼省级旅游度假区建设为重点,大力发展特色农产品加工业和旅游商品加工业,盘水生态产业园以优势农林特产品为基础,优化配置资源,发展绿色食品加工、旅游商品加工、生物医药制造等现代产业;木鱼省级旅游度假区以旅游业为龙头,着力发展旅游产品加工业,增强旅游配套服务功能。二是加快推进产业融合发展。充分利用现有优质稀缺的水、土地、森林等资源,科学规划与发展生态农业和有机农业,做好做优绿色农副产品加工业;依托旅游业,加强工业产品设计与开发,全方位融入神农文化,不断夯实各种农副产品的文化底蕴,大幅提升其附加值,带动一批支撑经济发展的特色产业、特色产业集群;延长产业链,通过种植、生产、加工、旅游观光、休闲体验、展示展销、配送销售一体化的生产经营,开展精深加工和精细化管理;实施中小企业成长工程和市场主体增量工程,重点支持酒、水、蜜、菜、药、茶等骨干企业做大做强,鼓励本地企业和区外资本投资兴办农产品加工企业,通过技术改造、品牌嫁接、资本运作等方式,进行联合重组,推动企业跨行业、跨业态发展,培育品牌企业。

三、加快园区建设,打造产业发展载体

要把盘水生态产业园区建设放在首位,全力破解载体难题,结合当前城市化经济发展与规划调整实际,加快推进土地整合开发、厂房建设改造以及相关基础设施配套建设工作,推动产业集聚发展。一是加大招商力度,聚焦大旅游、大数据、大农业、大健康等产业

精准招商,整合现有企业闲置的土地、厂房等资源,吸引外来投资,提高现有企业的投入能力,新上项目,加快发展;探索工业地产建设模式,鼓励企业利用现有闲置土地自建或购地自建通用厂房,厂房建成后自用、出租或出售给其他工业企业;加快盘活改造闲置厂房,面向现有工业企业开展二次招商,重点安置辖区内急需厂房且成长性较高、发展前景良好的优质中小企业,实现土地集约化利用、产业集聚化发展的目标。二是加大产融对接力度,积极引导和支持企业通过融资租赁等方式开展技术改造,促进信贷政策、产业政策和技术改造政策的协调配合。三是优化园区发展环境,做好工业用地及相关产业用地总体规划工作,完善通用厂房集聚区周边的配套基础设施,实现"五通一平"及污水处理等功能配套,重点谋划好盘水生态园区污水处理等环保设施,探索建设隧道引流等途径解决企业排污问题;完善商超、医疗卫生机构、公交等生活配套设施,提升园区承载能力和综合竞争力。四是完善园区产业管理职能,健全园区经济开发机制,统筹协调相关部门,做好园区招商引资、项目落地、跟踪服务与数据统计等工作。

四、坚持创新驱动,加快新旧动能转换

技术改造是推动工业转型升级的关键手段,要继续深化推进新一轮技术改造,不断增强工业发展新动能、提升产业科技竞争力。一是要深化政策引导,继续推进"万企万亿"技改工作。要以国家产业政策为依据,结合工业发展实际,抓好重点企业政策的宣传、培训,强化产业政策导向作用,引导企业资金投向,避免低水平投资和重复建设,指导企业用足用好政策,使企业充分认识技术改造和技术进步工作的重要性、紧迫性,增强技术改造的自觉性,尽快把神农架林区工业技术改造工作提高到一个新阶段、新水平。二是要推进重点工业投资项目建设,抓好项目谋划和储备。围绕全省"万企万亿"技改工程,根据神农架林区工业结构调整目标,积极选择和储备一批产业特色突出、产品优势明显、技术水平较高、经济效益良好的技术改造重点项目,建立全区工业和技改投资项目库,要切实加强神农架林区重点企业技改项目的申报和实施工作;继续加大项目争取力度,积极争取国家、省对神农架林区重点技术改造项目的扶持力度;加强重大项目的跟踪服务,建立完善重点工业和技改投资项目推进机制和绿色通道制度,强化项目跟踪监测,实施精准服务。三是要加大科技创新投入力度。要引导企业技术创新、产品创新和管理创新,鼓励企业采用新技术、新设备,淘汰落后产能,增强创业创新的积极性和主动性。要积极实施知识产权战略,加大企业知识产权保护力度,鼓励企业申请专利、创建品牌、参与标准制订,全方位提升企业核心竞争力。四是积极改善创新发展环境,加强财政资金保障,认真贯彻落实高新技术企业申报奖励、研发经费加计扣除等扶持创新发展政策,大力培育科技型企业,同时搭建融资平台,推动银企合作,激发企业创新热情。

五、坚持人才强企,壮大产业人才队伍

人才是创新发展的第一要素,要支持企业人才队伍建设,加大企业人才引进的支持力

度,帮助企业引进技术人才、管理人才以及蓝领人才;积极建设企业孵化器、众创空间、"双创"示范基地,建立产业人才培养平台;进一步完善人才引进配套政策,研究出台人才扶持政策,解决住房、子女入学等后顾之忧,使人才能够引得进、留得住,促进创新能力和制造业水平的提高。

第三十四章 天 门 市

第一节 发 展 概 况

近年来,天门市委、市政府高度重视制造业高质量发展,大力实施工业强市、产业兴市战略,强化招商引资、强化项目服务、强化要素保障,持续优化营商环境,产业规模不断壮大,形成了纺织服装、生物医药、食品加工、机电汽配、新能源新材料、轻工、建材等七大产业,为全市经济社会发展夯实了坚实的基础。

一、总体发展情况

全市现有规模以上工业企业298家,形成了以生物医药、机电汽配、食品加工、纺织服装为主的四大传统产业以及新能源新材料、轻工、建材为辅的三大成长性产业。2019年,全市工业生产保持稳定增长,规模以上工业增加值同比增长8.5%;工业技改投资同比增长3.6%;工业增值税44035万元,同比增长20.5%,排名全省第1位;工业用电量6.13亿千瓦时,同比增长5.87%;新增规模以上企业数37家,取得历史最好成绩;"隐形冠军"企业达到17家,"两化融合"企业达到37家,高新技术企业达到38家。

二、重点产业发展情况

(一)医药化工产业

天门市医药化工产业发展迅猛,经济总量快速增长,科研创新实力明显增强。全市规模以上生物医药企业达43家,其中高新技术企业11家,"隐形冠军"科技小巨人企业2家,"隐形冠军"培育企业7家,"两化融合"示范企业8家。2019年,医药化工产业完成总产值226.2亿元,占全市规模以上工业企业比重为23.3%,主要涉及医药、化工、医疗器械等领域,形成了以益泰药业、润驰环保、人福成田、华世通为代表的医药化工骨干企业和以成宇制药、延安药业、诚鑫化工、环宇化工、维顿生物、德远化工、科田药业为代表的一批成长性较好的中小企业。

天门市医药化工企业紧紧抓住国家安全、环保整治的机遇,走转型发展、绿色发展的新路子,在全国医药化工企业纷纷关闭的大背景下,化危为机,发展迅猛。

益泰药业3大类15款产品在市场上供不应求。其中葡醛内酯、阿昔洛韦及中间体、林可醇化物、利巴韦林等四类产品尤为突出。目前,益泰药业正在研发瑞德西韦、恩替卡韦及富马山替诺福韦等抗病毒产品,致力于打造全球抗病毒原料药生产基地;华世通高分子抗肾病医药中间体、抗糖尿病原料药2大类5款产品销售、利润均有翻番,疫情期间抗冠状病毒药也进入第三期试验阶段。人福成田研发的5大类20多款产品已全面铺开市场;延安药业全球独家产品麝香草酚已正式进入批量生产。德远化工的吐纳麝香香精和环宇化工的主导产品酸性硅酮密封胶及有机硅材料全球覆盖面达60%以上。

(二) 机电汽配产业

天门市规模以上机电汽配企业共70家,其中高新技术企业12家,"隐形冠军"示范企业1家,"隐形冠军"培育企业3家,"两化融合"示范企业7家。2019年,机电汽配产业完成总产值193.8亿元,占全市规模以上工业企业比重为20.0%,主要涉及纺织机械类、粮食机械类、工程机械类、轻工机械类、石化机械类、汽车配件类、电子信息等领域,形成了以天门纺机、徐工环保、路伟换热器、天模精密、芯创半导体为代表的产业化骨干企业。

天门纺机通过机器换人解决用工难题,投资1000多万元购买等离子激光切割机等先进设备,不但降低了人工成本,产品质量也实现全面升级。优力维特电梯、路伟换热器等企业发展态势迅猛。新引进以天模精密为代表的模具产业已初具规模,围绕芯创半导体产业园打造的封装测试产业正在抓紧建设中。

(三) 食品加工产业

经过多年发展,天门市已经形成了以粮食加工、油脂油料加工、饲料加工、酱制品加工、小龙虾加工、禽蛋加工、休闲食品为主的门类齐全的食品工业产业体系。全市现有规模以上食品加工企业51家,其中高新技术企业1家,"隐形冠军"示范企业1家,"两化融合"示范企业8家。2019年,食品加工产业完成总产值150亿元,占全市规模以上工业企业比重为15.45%,形成了以庄品健、红日子、通威生物、海大饲料、粤海饲料为代表的产业化骨干企业。

天门市最大的粮食加工企业庄品健拥有中国驰名商标,实现了从作坊式大米加工厂向现代化粮食加工企业的蜕变,从初级加工向精深加工的跨越。湖北红日子投资2亿元扩建蔬菜食品加工生产线目前已投产,产品从传统酱制品发展到绿色保健休闲食品、速冻食品、旅游食品、航空食品。饲料行业发展迅速,海大饲料、粤海饲料、通威生物三大饲料厂产销两旺,供不应求。此外,鑫天农业小龙虾加工、全盛禽蛋加工增长速度远超历史。

(四) 纺织服装产业

天门市现有纺织服装企业100多家,其中规模以上工业企业38家,高新技术企业1家,"隐形冠军"科技小巨人企业1家,"隐形冠军"示范企业1家,"两化融合"示范企业5家。2019年,纺织服装产业完成总产值138.4亿元,占全市规模以上工业企业比重为14.3%,主要涉及棉花贸易、棉花加工、纺织服装制造等领域,形成了以景天集团、稳健医疗、卓尔天龙、妙虎线业、佑琪制衣、福如服饰为代表的产业骨干企业。

受中美贸易战的影响,天门市纺织行业棉纺下游需求不足,棉花价格震荡,纺织订单大幅减少,服装出口受阻,棉纺产品库存与同期相比翻倍。但是部分纺织企业转型、转产,也迎来了发展机遇。稳健医疗持续进行技改扩规,设备厂房成倍增长,采取全电脑集成控制,企业效益稳定发挥。卓尔天龙、柏兴万国、众邦非织造、今御龙、帝业塑业、亿业塑业、卓泰纺织等企业积极转型升级,生产的手术服、防护衣、口罩等产品供不应求,一些集聚型服装加工企业也通过各种招工活动抓好了招工问题,为企业后续发展解决了用工荒问题。

(五)新能源新材料产业

天门市新能源新材料产业属于成长性新兴产业,目前产业规模较小,规模以上工业企业共18家,其中高新技术企业3家,"两化融合"示范企业2家。2019年,新能源新材料产业完成总产值47.8亿元,占全市规模以上工业企业比重为4.9%,主要涉及太阳能、燃气、照明系统、生物质燃料、熔喷布、玻璃纤维、陶瓷纤维等领域,形成了以申安照明、宇电新能源、辉荣新材料代表的产业化骨干企业。

(六)轻工产业

天门市轻工产业规模以上工业企业58家,其中高新技术企业3家,"隐形冠军"示范企业1家,"两化融合"示范企业2家。轻工产业主要涉及塑料制品、木制品、渔网制造及其他日用品制造等领域,主要是以天佳日用品、科豪门业、顺康纸业、鼎盛木业为代表的产业化骨干企业。

(七)建材产业

天门市建材产业属于成长型新兴产业,目前产业规模较小,规模以上工业企业共20家,其中高新技术企业2家。2019年,建材产业完成总产值64.3亿元,占全市规模以上工业企业比重为6.6%,主要涉及混凝土、水泥等领域,形成了以莎丽建材、华茂商品砼、五华建材为代表的产业化骨干企业。

第二节 主要措施

一、加快新旧动能转换

实施支柱产业提质工程。推动纺织服装、食品加工、机电汽配、生物医药四大支柱产业向高端化、智能化、品牌化发展。重点支持天门纺机、益泰药业、振宇科技等35家企业进行技改扩规,完成投资100亿元。

实施新兴产业培育工程。支持芯创半导体、天瑞电子等电子信息企业延伸产业链,增强竞争力;支持诺邦科技、健坤高分子等新材料企业拓展市场,做大规模。

实施中小企业成长工程。加大"隐形冠军"企业培育力度,新增3家以上;持续推进小进规、新进规,全市规模以上工业企业达到320家,新增40家。

实施质量提升工程。支持12家行业标杆企业、150家中小企业开展质量提升行动。实施"两化融合"工程。培育市级智能制造试点企业20家,新增省级"两化融合"试点示范企业5家。

实施"实体经济＋互联网"工程。推动"司机宝"在天门建设物流金融平台,发展建筑供应链产业。

实施园区集约提效工程。完善园区基础配套,提升产业承载能力,兴建一批标准化厂房,促进产业向"一区三园"集中集聚。

二、激发科技创新活力

组织开展科普活动,提高市民科学素质。强化企业的创新主体地位,支持企业与高校、科研院所联合开展研发和成果转移转化,推进技术创新。引进科技服务中介机构,服务市内企业创新活动。支持科技企业孵化器建设,推动高新技术产业和企业集聚发展。完善"华中科技大学-天门市产业联合研究中心"运行机制,探索"技术孵化走出去,成果转化在天门"的创新发展模式。发挥人才创新创业超市作用,为各类企业家、人才、创客提供全方位、全过程、一站式创新创业服务。

三、扩大对外开放程度

主动对接和融入国家、省重大发展战略,做好规划衔接与项目实施工作。加强与周边地区的交通对接、产业对接、生态对接、平台对接,促进功能互补和公共服务共建共享。拓展"一带一路"新兴市场,组织企业参加各类进出口展会,支持外贸企业开拓国际市场、开展跨境电商业务,扩大外贸总量。

第三节 存在问题

一、工业企业块头不大,缺乏龙头企业

从总体规模来看,规模以上工业企业目前只有298家,在全市企业类市场主体中占比较低;从企业规模来看,产值过亿元的大型企业有景天集团、庄品健、鑫隆冶金、益泰药业、海大饲料等企业,2019年税收过千万元企业11家,占规模以上工业企业总数的3.7%,大企业数量偏少;从名牌企业数量看,全市有知名品牌的企业11家(湖北名牌产品9个,中国驰名商标2个),占规模以上企业总数的3.7%,名品名牌数量偏少。由于缺乏龙头企业,产业带动性弱、聚集度低,造成产业不强。

二、新开工大项目不多,新旧动能转换不快

工业投资主要以续建项目和技改扩规项目为主,新开工大项目少,特别是5亿元以上

项目少。工业经济后备力量仍显不足,新动能缺乏支撑。从新增长点来看,新增产值过 2 亿的项目少,仅有 3 个;从项目建设情况来看,大项目进展缓慢,如瑞亚特、鸿硕精密电工、威马汽车后市场等项目未达到预期进度;从成长工程来看,虽然每年天门市招商引资工业项目不少,但实实在在能成长进规模企业总体偏少,全市高新技术企业仅 38 家,数量偏少。

三、产业内企业关联度不强,产业链不完善

从医药化工产业来看,益泰药业、华世通、成宇制药为医药原料药生产企业,主要客户为国内外成品药生产企业;人福成田生产皮肤类用药,主要供医院门诊使用;诚鑫化工主要生产油酸,客户主要为其他化工企业;德远化工主要生产吐纳麝香,是日化洗护产品如洗手液、洗衣液、洗发水、沐浴露的主要原辅料(调香),是该单一产品的全球最大供应商,企业之间互不配套,无法形成产业合作。从食品加工产业来看,庄品健为大米生产企业,红日子食品主要生产各种蔬菜酱制品,均直接供货消费市场;通威生物、粤海饲料、海大饲料均为水产品饲料生产企业,企业之间也缺乏上下游关系。从纺织服装产业来看,景天棉花、妙虎线业、天龙纺织、天舒纺织均为纺纱企业,织布企业只有卓泰纺织、蓝发纺织等少数小型企业,稳健医疗主要生产无纺布,还有其他较小的无纺布生产企业和服装加工企业等,互相之间也是产品横向重叠多、纵向配套少,存在纺纱企业多、织布企业少、印染企业缺乏等现状。

第四节　发 展 建 议

一、加强产业顶层设计

一是提高思想认识。产业是发展之要,兴市之基。要牢固树立产业兴市发展理念,深刻认识到实施"产业兴市"战略是落实创新、协调、绿色、开放、共享的五大发展理念,加快推动产业转型升级,推动产业向效益型、集约型、生态型发展的必然要求,是培植天门特色产业、支柱产业,加快建设"绿色天门、创新天门、活力天门"的必然选择。二是明确产业发展方向。聚焦基础好、条件优、潜力大的生物医药、纺织服装、机械制造、食品加工、新能源新材料、电子信息等六大重点产业,研究制定各重点产业未来 5 年的发展规划,明确全市重点产业高质量发展的思路与目标、发展方向、重点布局、重点企业等。

二、强化领军企业培育

一是着力培育龙头企业。围绕生物医药、食品加工、纺织服装、机电汽配、电子信息等优势传统产业,选择一批有实力、有潜力的企业,集中政策和力量重点培育,扶持一批产值过亿元级、十亿元级、百亿元级企业。重点支持益泰药业扩大生产规模、股改上市,打造成

为华中地区抗病毒原料药生产基地；支持庄品健兼并重组、强强联合，打造成为华中地区粮食加工生产基地；支持芯创电子科技产业园建设，将其打造成为华中地区半导体封装基地；支持徐工环保新上二期、三期工程，将其打造成为全国环保装备的龙头企业；支持景天集团、稳健医疗大力开展智能化改造，扩大生产规模，将其打造成为华中地区纺织行业龙头企业；支持天门纺机实行智能化改造，将其打造成为全国并条机生产的龙头企业；支持卓尔医疗科技新建消杀车间，完善配套医疗防护产业，将其打造成为全省医疗防护物资生产的龙头企业。二是培育"专精特新"企业。充分发挥人福成田、延安药业、德远化工、稳健医疗、天瑞电子等17家"隐形冠军"企业示范带动作用，引导中小微企业向专业化、品牌化、特色化、创新型方向发展，大力培育"单项冠军""科技小巨人"企业，打造一批专注于细分市场，技术或服务出色，市场占有率高的"隐形冠军"企业。三是大力实施技术改造。以数字化、网络化、绿色化为重点，大力实施数字化智能化改造，推进制造业转型发展。推广普及数字化制造，支持企业升级新型信息系统，加强企业资源配置、研发设计、生产控制、经营管理等数字化应用与改造。大力支持企业开展智能制造，支持企业建设数字化生产线、数字化车间、智能化工厂。

三、做大做强支柱产业

一是推动支柱产业转型升级。重点支持稳健医疗、卓尔医疗科技、金御龙、柏兴万国、卓泰纺织、帝业塑业、亿业塑胶等企业由生产无纺布、纺纱等产品向生产医疗物资、发展健康产业方向转型；重点支持佑琪制衣、福如服饰、人本服饰、翰丰服饰、天牧莱服饰等服装企业由代工贴牌生产转向创建自主化品牌、开展个性化定制方向发展；重点支持益泰药业、人福成田、延安药业、华世通医药等生物医药企业抓住安全环保整治机遇，大力开展产品研发创新，由单一生产原料药、中间体向生产原料药、中间体、成品药完整产业链转型；重点支持庄品健、红日子、鑫天农业等食品加工企业创建国家、省级商标，向生产高品质高附加值产品转型；重点支持天门纺机、金兴达、优力维特、徐工环保等机械制造企业向智能化、数字化转型发展，使其打造成全省智能制造标杆示范企业。二是强化产业链招商。重点围绕生物医药、纺织服装、电子信息、新能源新材料、高端装备、模具等产业开展产业链招商，紧盯主业实力强、产业前景好、科技水平高、安全环保优、税收贡献大的项目，重点突破大型央企、行业龙头、上市公司，着力提升项目质效。重点以芯创电子产业园、鸿硕精密电工电子产业园、模塑生态联盟产业园、徐工智能装备、汉派服装产业园等项目为载体，招引上下游配套企业，形成产业集群。依托芯创电子产业园，在芯固电子、中美达、晶丰电子等企业基础上，引进一批靶材、基材、专用抛光液、专用清洗液、专用气体等电子化工配套，补充完善封测上游产业。大力发展 SiC、SiP 等先进封测技术，建设先进封测测试生产线和封测技术研究中心，提升封测测试液层次，形成较为完整的封测产业链。依托小板模塑产业园，在太鑫锻造、天模精密、振业模具等企业基础上，继续围绕模具钢铸、模架、模芯、热流道及模具配套生产企业等重点领域开展招商，巩固充实模具产业链。

第三十五章 仙 桃 市

第一节 发展概况

2019年,仙桃市认真贯彻中央、湖北省经济工作会议精神,坚持"稳中求进"的工作总基调,工业经济呈现"稳中有进、稳中竞优、竞进提质"的良好态势。

一、工业生产持续优化

2019年,仙桃市规模以上工业总产值完成1094.1亿元,同比增长7.9%;工业增加值增速9.4%,比同期高1个百分点,比全省平均水平高1.6个百分点,分别比天门市、潜江市工业增加值增速高0.9个百分点和0.6个百分点,全省排名第7位;全市累计工业用电量19.4亿千瓦时,同比增长11.50%,全省排名第2位。2019年,非织造布、食品、机械及汽车零部件、新材料及生物医药、电子信息、纺织服装等六大主导产业竞相发展,完成产值909.4亿元,占总产值的83.1%。

二、企业质效稳中趋缓

2019年,仙桃市规模以上工业企业实现主营业务收入1049.6亿元,同比增长8.7%;实现利润总额62.09亿元,同比增长8.1%;完成工业增值税9.2亿元,产销率达98.1%;2019年,减税降费效果明显。全市重点监测的40家重点工业企业中,有7家企业销售收入增速在15%以上,其中加多宝、恒天嘉华、南方路机、中骏森驰、健鼎电子、康舒电子等骨干企业销售收入分别增长49.2%、36.6%、25.2%、19.6%、25.3%、16.5%。

三、项目建设有序推进

2019年,仙桃市工业投资同比增长11.1%,增速居全省第4位,高出全省平均水平3个百分点,工业技改投资同比下降5.9%。全年建设项目200个,截至目前,已投产项目93个,正在进行建设项目91个,正在进行前期筹备项目16个,绿色家园二期、银河包装扩规、六合天轮扩规、郑场服装产业园、毛嘴服装产业园、凯跃达等一批重点项目已投产或部分投产。

四、新经济新动能加快培育

仙桃国家高新区起步区建设有序推进,麦秆环保科技、绿怡环保、杰希优表面处理等一批新兴产业项目落地建设;绿色家园、新蓝天化工、信达化工、茂源化工等15家化工企业整体搬迁取得阶段性胜利。2019年,新申报高新技术企业37家,全市高新技术企业达77家。全市申报31家"隐形冠军"企业,有29家企业被湖北省经信厅认定为"湖北省首批支柱产业细分领域隐形冠军"。

第二节 主要措施

一、强化运行调度,冲刺全年目标

一是把运行调度贯彻始终。坚持把每月下旬组织召开工业经济运行调度会作为制度来推进,牢牢把握工作主动权,促进工业经济运行在合理区间。二是把分析监测形成常态。密切跟踪40家重点企业生产经营情况,对产量、销售、订单、用电、原材料价格及利润等主要指标进行跟踪监测,分析问题、提出建议。三是把调查研究引向深入。准确掌握中美贸易摩擦、行业发展趋势、汇率变化、资源要素成本变化以及企业用工、融资等资源要素变化,形成专题调研报告送市领导审阅。

二、推进项目建设,筑牢发展基础

一抓集中开工。先后组织三次项目建设集中开工活动,58个项目开工建设,湖北瑞卡、菱电电梯、科诺生物等一批投资亿元以上项目先后集中开工建设。二抓项目拉练和签约。推进129个项目集中签约,计划总投资362.34亿元,鼓励先进、鞭策后劲,促进全市工业项目加快建设。2019年,在建工业项目200个,计划总投资544亿元,已投产项目93个。三抓问题协调。市委、市政府主要领导多次召开项目困难问题协调会,按照特事先办、急事快办、易事即办的原则,促进各类困难得到高效处置。先后为美德勒、百合医疗等项目解决供电、供水、供地、拆迁、绿化带开口、办证等困难和问题80多个。

三、实施技改升级,做优做强产业

一是持续加大支持力度。争取省级、市级技改专项补助资金4000多万元,支持企业技改升级,极大地增强企业发展信心。二是促进产业提档升级。积极推进健鼎电子、富士和机械工业、新发塑料、真巧食品等一批骨干企业扩规升级,增强市场竞争力和抵御市场环境变化能力。仙桃市再次被授予"中国非织造布产业名城"。三是加快动能转换。争取省级财政918万元支持15家化工企业和8家危化企业搬迁改造。绿色家园材料作为唯一企业代表在全国沿江化工企业关改搬转大会上交流发言。

四、推进"万企上云"工程,促进信息化发展

一是制订"万企上云"工作方案。结合仙桃市实际,制订了《仙桃市"企业上云"工程工作方案(2018—2020年)》。二是召开"万企上云"推进会。2019年8月14日,湖北省"万企上云"仙桃推进会成功举办,仙桃市参会企业代表270人参加会议,新增上云企业402家,已发放上云补贴企业198家,"万企上云"工程的推进取得了较大进展。

五、提升服务效能,营造良好环境

一是出台了支持发展经济的政策。按照含金量、含情量、含绿量、含热量的要求,出台《关于支持民营经济持续健康发展的意见》,真金白银支持民营经济健康发展。二是推进减税降费。预计全年为企业降低成本约9亿元,其中减税约4亿元,取消或暂停行政事业性收费45项约2亿元,降低社保费约5000万元,落实科技型中小企业研发费用和税前加计扣除约9000万元。三是开展环境整治。狠抓"一门"办理审批改革,梳理发布行政职权事项4676项,其中"马上办"清单335家、"网上办"清单1013项、"一次办"清单329项。

第三节 存在问题

一、新兴产业不多

仙桃市六大产业板块中,食品、非织造布、纺织服装等传统产业占全市工业比重80%以上,纳入高新技术企业统计的有80家,仅仅占规模以上工业企业20%,科技型、智能型、资源型企业缺乏,新能源、节能环保、电动汽车、新材料、新医药、电子信息等产业引进培育不足。

二、人力资源不足

一是管理型人才缺乏。随着企业规模、业务范围和领域的扩大,企业发展急需大批具有高素质、较高管理水平的专业人才进行支撑。但是,依靠企业内部选拔和培养与社会招聘的方式,无法满足企业现代化发展需要,因此企业的总体管理水平有限,严重制约企业的进一步发展。二是具有高水平专业技术能力的人员不足。企业的一线员工通常采用社会招聘和高校招聘结合的方式,新进员工在流程操作、实践经验、设备使用等方面与实际企业发展需要存在一定差距,虽然企业一般会对其进行一定的培养,但要形成结构合理的技能水平梯队式的员工队伍需要长时间的发展和时间沉积,在短时间内无法满足企业生产需要。

三、企业竞争能力有待提高

一是品牌培育不足。近年来,仙桃市传统非织造布、纺织服装企业多为代工或贴牌生产,由于缺少自主品牌,造成产品附加值过低,企业利润难以得到保证,造成效益低下。部分企业虽然有自己的品牌,但是在核心部件领域还缺乏具有自主知识产权的产品,企业竞争力不足,很难取得较大发展。二是科研投入不足。近年来,仙桃市虽然有一些企业加大技术研发和技改力度,但仍有相关一部分企业创新能力不足,产品更新较慢,企业产品市场占有率难以扩大,难以掌握在行业发展中的话语权。

四、信息化应用有待加强

近年来,仙桃市一些企业加大了智能化、信息化的建设与应用,在企业用工及节约生产成本上取得一定突破,但部分传统产业由于在技术革新、智能化应用上还不够,企业转型和智能管理存在不足,在相关程度上还主要依赖于手工操作。

第四节 发 展 建 议

仙桃市将坚持"稳中求进"的工作总基调,立足新起点、开启新征程、描绘新蓝图。建议具体在"五新"上发力。

一、精心描绘新蓝图

一是构思新定位。认真贯彻省委、省政府"一芯两带三区"战略布局,按照产业向东、对接武汉的发展思路,积极推进"武仙同城"发展。积极引进和谋划一批格局性、支撑性项目在仙桃市布点实施,大力促进仙桃建成武汉副中心和江汉平原振兴发展高地。二是制定新规划。立足仙桃发展基础和实际,科学制定和谋划好"十四五"工业发展规划,合理布局主体功能区定位,加速建成产城融合、配套完善、宜业宜居的现代产业新城和经济高质量发展的新典范。三是建设新园区。全面参与和推进仙桃国家高新区建设,积极推进人才、资金、资源及配套服务向高新区聚集,努力把仙桃高新区建成支撑引领全市经济社会发展的核心增长极和全省示范的实力高新区、活力高新区、魅力高新区。

二、着力壮大新主体

一是推进项目建设。把推进项目建设、加大有效投资作为增后劲、壮主体、上规模的重中之重来抓。二是推进稳规进规。做好停产半停产企业跟踪服务,一企一策帮助企业解困,调动一切积极因素,保障企业重回正轨、重焕生机。加大小微企业扶持力度,支持小微企业扩大生产、壮大规模,步入发展快车道,扩大"小转企、新进规"规模。三是推进技术创新。积极引进和加大工程技术中心、创新中心建设、质量检测中心建设,支持骨干企业积极参与或领衔建设,加快建设一批省级、市级公共服务中心。

三、加快培育新动能

围绕供给侧结构性改革这条主线,在"巩固、增强、提升、畅通"八个字上下功夫,加快培育经济发展新动能。一是坚持去产能与盘存量并重。积极促进过剩产能加速淘汰,加快处置盘活"僵尸"企业力度。二是坚持调结构与促转型并举。加快传统产业结构调整步伐,促进先进技术和生产能力加速转化,积极创立自主品牌;支持食品加工业推进技术创新和产品创新。三是坚持去杠杆与补短板并进。加大贷款质押、担保费、中介服务清理力度,化解企业发展不公平、不平等的制约因素,放宽市场准入条件。积极引进各类产业培育、融资、咨询服务、产业基金等专业化机构,扩大服务企业领域和规模。

四、构建产业新体系

一是培优扶强优势产业。持续推进非织造布、食品、汽车零部件三个产业集群上规模、提档次,着力打造国内国际有影响力的重点产业集群。二是引进提升绿色产业。依托武汉打造世界级产业集群的机遇,培育和发展新能源新材料、生物医药等新兴产业,在集成电路、光电芯片、高端数控机床、工控软件等新技术上进行对接和合作,推动互联网、大数据、人工智能和实体经济深度融合。三是补齐配强产业链条。围绕产业基础高级化、产业链现代化的发展目标,持续推进强链、补链、延链,构建配套完整、功能完备的全产业链发展格局,促进产业升级,构建现代产业体系。

五、激发发展新动力

一是加大政策扶持。进一步加大惠企政策落实力度,扩大政策知晓面,加大向上争资力度,整合各类奖励扶持资金,增强为企业输血造血功能,更好地惠及仙桃市企业,使企业有更多获得感。二是推进融合发展。加大"企业上云"和信息化应用水平,积极推进企业信息化、智能化应用。三是推进品牌创建。加大"中国驰名商标""省级著名商标""地理标志"等品牌企业的奖励力度,引导和支持企业"增品种、提品质、创品牌",不断提升产品品牌"颜值",切实打造一批"拳头"产品,创建一批中国知名品牌,积极争创国际品牌。

第三十六章 潜 江 市

第一节 发展概况

2019年,潜江市紧紧围绕"东进南扩、产城融合,四区联动、全域振兴"的发展战略,全面贯彻实施省"万企万亿"技改工程,一手抓传统产业改造升级,一手抓新兴产业加快发展,采取超常举措,用足政策,汇聚智慧,聚精会神,全力以赴推动潜江市制造业加快实现质量效益提高、产业结构优化、发展方式转变、增长动力转换。

一、总体发展情况

(一)抓运行重调度,工业经济稳中有进

强化工业经济预警、监测和分析,坚持以旬保月、以月保季、以季保年,坚持每月召开工业经济形势研判会,重点分析生产、效益、价格等工业经济关键指标,综合分析用电量、增值税、货运量等匹配性指标,精准把握工业经济运行新动态、新变化。2019年全市工业总产值942.26亿元,规模以上工业增加值增长8.8%,高新技术产业完成增加值138.07亿元,同比增长20.8%,工业用电量322910万千瓦时。

(二)谋布局强产业,构建现代产业发展体系

紧紧围绕"东进南扩、产城融合,四区联动、全域振兴"战略布局,成立东片现代服务聚集区、南片智能制造聚集区、西片特色产业聚集区和北片石化精炼聚集区等四大片区,以完善潜江国家高新区体制机制为契机,构建"一园一业"产业高度聚集发展格局。依托潜江经济开发区、江汉盐化工业园等重点工业园区,推动江汉油田页岩气开采和战略储气库、金澳货运铁路、长飞科技园、微电子产业园等项目建设,推动新一代信息技术产业、新材料、石油化工、智能制造、特色食品等产业集群集聚发展,打造新化工、新能源、新科技、新特色四大千亿元板块,形成以主导产业为支撑、新兴产业为引领、特色产业为亮点的产业构架和体系。

(三)抓产业谋发展,推动产业集群加快建设

一是做好产业集群考核工作。2019年,指导总口管理区、潜江经济开发区、杨市办事处顺利完成了化工产业集群、特色食品产业集群和华中家具产业集群等三个全省成长型重点产业集群的年度考核材料上报工作,并新申报王场镇光电子信息新材料产业集群。

二是持续培育"隐形冠军"。组织企业积极申报支柱产业细分领域"隐形冠军"企业,2019年全省新认定"隐形冠军"企业481家,其中潜江市12家,包括"科技小巨人"企业2家、"隐形冠军"培育企业11家。

(四)重"两化"稳"上云",5G网络步伐迈新征程

一是持续推进"两化融合"。出台《潜江市2019年信息化和工业化融合暨"万企上云"行动计划》,引导企业深度开展信息化建设,组织开展"两化融合"示范(试点)企业申报,嘉添家具等13家企业获批市级"两化融合"示范(试点)企业,全市"两化融合"试点示范企业达到80家,省级"两化融合"试点示范企业21家。二是政企合力推动"万企上云"。制定全市"万企上云"工作计划,组织企业参加"万企上云"技术培训;启动"万企上云"申报工作,东颢制衣等23家企业获批第一批"万企上云"企业,拨付奖补资金22.6万元。三是稳步推进5G网络基础设施建设。持续降低中小企业宽带平均资费,优化提升网络性能和速率;启动5G通信管道建设规划和基础设施建设,将东岳路、刘杨路、奥体路、三江路、东城大道、兴盛路等城市主干道路5G通信管道建设纳入地下管线专项规划,为实现城区5G网络全覆盖提供基础。

(五)抓项目提质效,推动工业经济高质量发展

积极对接国家重大政策和省"万企万亿"技改工程,组织实施新一轮技术改造,鼓励企业开展"零地技改",推进旧厂区改造扩容、二次开发,推动环保、安全等基础设施改造提升;引导企业强化科技创新,改造提升现有生产工艺、技术和生产线,实施机器换人,建设智能生产线、智能车间和智能工厂。2019年,滚动调度工业项目126个,总投资329.8亿元。其中,技改扩规项目60个,总投资156.6亿元。投资59.69亿元的金澳科技油品升级加工系列项目、投资11.36亿元的长飞光纤年产2000吨光纤预制棒(四期)项目、投资10亿元的安井食品华中基地项目等一批重大项目加快建设,为工业经济稳增长快转型高质量发展奠定了坚实的基础。

二、重点产业发展情况

(一)石油化工

潜江市石油化工产业以金澳科技、江汉油田盐化工总厂、金华润化肥、可赛化工、方圆钛白、沃夫特等为代表企业。产业规模大,产业聚集度高,产业链初步建立,环保制约显著,是省重点成长型产业集群之一。现有规模以上企业42家,占全市规模以上工业企业总数15.38%;全年实现产值286.1亿元,占全市工业总产值的30.3%,17家重点企业完成全年税收7.8亿元,占比89.8%。

(二)先进装备制造

潜江市先进装备制造产业以江钻股份、江汉钻具、江汉环保、东风除尘、东方汽车零部

件、玉环汽配等为代表企业。产业以石油工程装备和环保装备为基础,向汽车零部件方向拓展,处于传统的装备制造阶段。现有规模以上企业55家,占全市规模以上工业企业总数20.15%;全年实现产值124.7亿元,占全市工业总产值的13.2%;12家重点企业完成税收9558万元,占比8.0%。

(三) 绿色食品

潜江市绿色食品产业以好彩头食品、华山公司、湖北交投莱克、尝香思食品、多优多、九缘食品、蜂之宝、虾乡稻、巨金米业等为代表企业。产业充分利用潜江市大豆、虾稻等丰富的特色资源,打造出了具有地域特色的支撑产业,是省重点成长型产业集群之一。现有规模以上企业50家,占全市规模以上工业企业总数18.32%;全年实现产值186.4亿元,占全市工业总产值的19.8%,3家重点企业完成税收1543万元,占比1.29%。

(四) 光电子信息

潜江市光电子信息产业以长飞光纤、长飞信越、菲利华、鑫友泰、菲布雷格等为代表企业。产业发展潜力大,科技含量高,税收贡献大。现有规模以上企业4家,占全市规模以上工业企业总数1.47%;全年实现产值22.0亿元,占全市工业总产值的2.33%,4家重点企业完成税收7693万元,占比6.44%。

(五) 生物医药

潜江市生物医药产业以永安药业、潜江制药、潜龙药业、江赫医材、福好医疗等为代表企业。产业具有良好的产业基础,具有一定的行业地位。现有规模以上企业10家,占全市规模以上工业企业总数3.66%;全年实现产值33.0亿元,占全市工业总产值的3.5%,7家重点企业完成税收7525万元,占比6.3%。

(六) 纺织服装

潜江市纺织服装产业以利维高服饰、东颢制衣、比帆制衣、奥瑟夫、中伦国际纺织、金松纱业、江汉棉纺厂、诺琦服饰、佳兴服饰、艾美制衣等为代表企业,是最具有潜江特色的传统产业,产业基础坚实,具有充足的产业工人,正在实施产业振兴工程。现有规模以上企业70家,占全市规模以上工业企业总数25.6%;全年实现产值213.2亿元,占全市工业总产值的22.6%,11家重点企业完成税收5830万元,占比4.9%。

(七) 家居制造

潜江市家居制造产业以全友家居、乐爱家居、金天拓家具、嘉添家具等为代表企业,是全国37个家具产业集群之一,是省重点成长型产业集群之一,并荣获"湖北省家具产业集群示范基地"。现有规模以上企业15家,占全市规模以上工业企业总数5.5%;全年实现产值40.0亿元,占全市工业总产值的4.3%,4家重点企业完成税收1504万元,占比1.3%。

（八）新能源新材料

潜江市新能源新材料产业以润苏能源、新硅科技、金华润气体岛等为代表企业，是石油化工产业的延伸产业，基础较为薄弱。现有规模以上企业7家，占全市规模以上工业企业总数2.6%；全年实现产值21.3亿元，占全市工业总产值的2.3%，3家重点企业完成税收1920万元，占比1.6%。

第二节 主要措施

一、做实产业平台

做实"四大产业聚集区"平台，强化"四大片区"指挥部功能，聚焦高端服务业、智能制造、石化精炼、特色产业，着力引进一批总部型、基地型、龙头型项目。做实产业基金平台，完善"资本引爆、产融互助"基金运营模式，发挥好潜江市潜力产业发展基金、润泽产业基金、湖北长江（潜江）产业发展基金撬动作用，加大与湖北高新投、湖北长江产业基金、江汉国翼产业发展基金战略合作力度，将潜江市产业基金打造成全省县域产业基金的标杆。做实国家高新区平台，理顺高新区管理体制，完善高新区功能，加快推进工业园区互联网平台建设和园区提升工程，强力推进园区道路、化工综合管廊、热电联供等项目建设，让潜江国家高新区名副其实。

二、壮大产业实力

坚持用新技术、新业态、新模式改造提升传统产业，支持传统企业攀大附强、合作重组、股份制改造、技术创新，继续对重点技改项目给予以奖代补支持，着力推动石油化工、纺织服装、农副产品加工、绿色食品、生物医药等产业向中高端迈进，提升传统产业可持续竞争力。抓好50个技改扩规项目建设，培育新进规企业20家以上。支持张金、龙湾、浩口等地建设服装产业园。大力发展新化工、新能源、新科技、新特色产业，加速推进金澳科技油品升级、输油管道、货运铁路以及江汉盐穴天然储气库、潜江微电子产业园等重大项目建设。全力做大微电子材料产业，积极对接武汉"芯屏端网"万亿产业集群，扎实做好"芯"产业配套，推动长飞潜江科技产业园、潜江微电子材料产业园、江汉盐化工业园协同发展。重点加快晶瑞微电子材料、中节能清洁生产、伊格特新材料、湖北兴训半导体等项目建设，着力推动湖北鼎龙、江苏达诺尔等签约项目加快落地，加大与日本高化学、三菱化学、日本丸红、台湾华立等龙头企业的跟踪对接力度。

三、提升产业水平

围绕打造国家4A、5A级景区，加快卓尔集团返湾湖国家湿地公园修复、曹禺文化旅游城、潜江城市客厅系列项目建设,打造江汉平原文化旅游新地标。设立旅游发展基金,加快楚国盐泉、龙湾章华台遗址、红色文化、龙虾旅游等项目的引进和建设,推动形成生态游、文化游、美食游、休闲康养游为一体的全域旅游格局。发展现代金融,继续加大各类金融机构的引进力度。发展现代物流,支持传化物流发展,完成城东物流专用公路建设。编制实施商业网点规划,优化商业空间布局和业态结构,提升城市商圈品质。优化土地供给,促进房地产业健康发展。大力发展电子商务等新业态。

四、以项目注入发展活力

深入实施"双招双引"一号工程,创新驻点招商、基金招商、园区招商、产业链招商、以商招商、节会招商等方式,完善招商引资政策,力争完成招商引资到位资金260亿元、签约项目110个。围绕打造四大千亿元板块,把建链型、延链型、补链型、强链型"四型"企业和项目作为主攻方向,着力引进龙头带动型和上下游配套型的大项目、好项目。围绕"一区六园"产业基础和优势特色,实施定向招商、精准招商,提高招商引资的精准度和成功率,加快形成专业化、特色化、集约化的园区集群。

五、以项目增强发展动能

完善项目开工、项目拉练、项目推进、项目服务、项目结账机制,继续实施"两月一开工、一季度一拉练"调度机制以及领导包联招商、包联项目、包联企业服务机制和项目建设硬账硬结督办机制,着力形成项目滚动建设的良性循环。全年力争新开工产业项目90个,切实抓好省重点督办项目、省级重点产业项目和32个10亿元以上项目,全力以赴抓好178个政府投资项目,力争固定资产投资达到590亿元,形成更多的投资量、实物量。突出抓好247省道(潜江)汉江大桥、234和318国道一级公路、潜枣高速高石碑至积玉口连接线、火车站综合换乘中心等交通项目建设,巩固好全国四好农村路示范市成果。强力推进中小河流重点县综合整治、四湖流域骨干河流治理、水系连通、老新二站、杨市泵站等水利项目建设,全面提升全国水生态文明城市建设水平。

六、以项目厚植发展后劲

全面启动"十四五"规划编制,高质量形成全市"十四五"规划纲要(草案)。围绕潜江市高质量发展区域和产业布局,加快谋划和建设一批引领性强、带动性大、成长性好的支撑项目,力争将江汉平原货运铁路西延、公铁水多式联运、国防战备公路、火力发电、东荆河河口整治、灌区续建配套等重大项目纳入国家、省"十四五"规划。抢抓国家提前下达2020年新增专项债的政策机遇,加强交通、能源、农业水利、生态环保、社会事业等重点领域的项目谋划储备,完善专项债券项目库。扎实做好资源枯竭型城市、国家独立工矿区、国家高新区、国家产业融合发展示范区、长江经济带和汉江生态经济带等重大政策争取工作。

第三节 存在问题

一、转型升级步伐有待加快

一是潜江市虽然加快了传统企业技改扩规和新兴产业的培育力度，但是新兴产业尚在起步阶段，发展尚需有一个过程；二是疫情期间，受国内外市场持续低迷、复苏乏力、市场不确定因素增多等影响，另外还有环保、安全要素趋紧的影响，保生存是企业的首要目标，企业投入技术改造的意愿不强。

二、高质量发展水平有待提高

目前在环保、安全政策高压态势下，在市场竞争日趋激烈、用工成本日益增加的情况下，潜江市石油化工、绿色食品、纺织服装等优势传统产业在智能化、自动化、绿色化方面进行了必要的技术改造，但是在科技成果转化过程中，多数企业更愿意实施大规模生产的成熟技术，不愿意承担中试和产业化过程中的研究风险，在"两化融合"方面还不够，与高质量发展的要求还有差距，还需投入大量资金进行技术升级改造提高智能化水平。

三、项目建设有待提速

项目前期手续办理流程需进一步明确优化，当前正处于机构改革交替期，出台了工业建设项目50个工作日内取得施工许可证改革工作方案，但项目审批大量的时间用在了50个工作日之前的项目选址、土地调规、国土审批等前期工作中。

第四节 发展建议

一、进一步加快推进项目建设

一是将总投资在5亿元及以上的工业项目纳入全市重点项目调度。建立市领导负责、部门牵头联系制度，成立工作专班、服务团队，定人定岗定责，确保项目早上马、早建成、早达产。二是强力推进重大项目建设。进一步强化责任意识和时间意识，抢抓进度，始终保持倒逼推进态势，以月保季、以季保年，确保纳入省级调度的重点项目全面完成年度工作目标；三是加强工业投资数据监测。加强工业投资的监测、分析和信息发布，引导投资方向，保持工业投资和工业技术改造投资稳步增长。

二、进一步推进企业高质量发展

一是强力推进工业绿色转型。抢抓国家实施长江经济带及汉江生态经济带发展的战略机遇,加快推进传统产业绿色化改造升级,全面推进危化品企业搬迁工作;进一步提高资源综合利用,积极发展循环经济,引导工业绿色转型。二是强力推进创新体系建设。以国家高新区为载体,以创新创业为抓手培育发展新经济,加速新技术突破、新产业生成、新业态涌现、新模式创造,培育发展一批具有先发优势的"四新经济",打造高质量发展高地。三是深入对接省"万企万亿"技改工程。加快推动化工传统产业向产业链下游延伸、向价值链高端跃升,大力发展新化工、新能源、新材料"三新"产业;积极引导装备制造、家居制造、绿色食品、纺织服装企业引进新工艺、新技术、新设备,推进实施技术改造、产品改造和信息化改造,深入推进智能化、绿色化、特色化、品牌化发展,打造转型发展增长极。

三、进一步优化企业发展环境

一是坚持环境助企。推动工业园区项目区域统一评价试点、园区标准地出让等系列审批事项改革,全力推行"马上办、网上办、一次办",通过代办制、限时办结制和审批流程优化再造,提高服务效率,实现工业项目 50 个工作日内取得施工许可证。二是坚持服务暖企。坚持主动服务、真心服务、热情服务、高效服务理念,开展为企业服务争当"金牌店小二"活动,切实帮助企业解决发展中的困难。

四、进一步增强企业发展信心

一是加强对上争取。积极引导企业精准对接国家、省相关政策,努力争取政策资金支持,加大对项目建设的支持力度。二是进一步创新支持传统产业改造升级政策。加大企业安全、环保设施改造等提升企业发展质量的支持力度,加快推进传统改造升级。三是落实支持民营经济发展相关政策。全面贯彻落实降低企业成本、破解资金难题、推进企业转型、优化发展环境等政策措施,增强企业发展信心。